Mit den richtigen Fragen den passenden
Berufsweg finden

Springer Nature More Media App

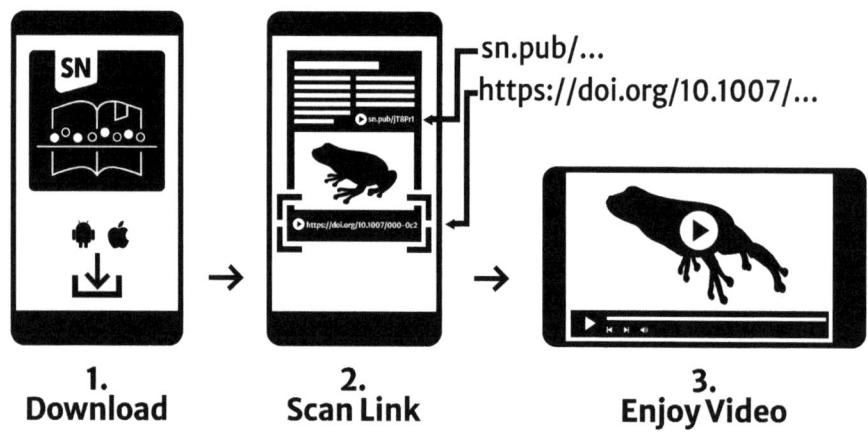

1. Download   **2.** Scan Link   **3.** Enjoy Video

Support: customerservice@springernature.com

Tillmann Grüneberg

Mit den richtigen Fragen den passenden Berufsweg finden

Selbsteinschätzung rund um die Ausbildungs- und Studienwahl

2. Auflage

Tillmann Grüneberg
Fachgruppe Beratungswissenschaften
Hochschule der Bundesagentur für Arbeit
Schwerin, Deutschland

Die Online-Version des Buches enthält digitales Zusatzmaterial, das durch ein Play-Symbol gekennzeichnet ist. Die Dateien können von Lesern des gedruckten Buches mittels der kostenlosen Springer Nature „More Media" App angesehen werden. Die App ist in den relevanten App-Stores erhältlich und ermöglicht es, das entsprechend gekennzeichnete Zusatzmaterial mit einem mobilen Endgerät zu öffnen.

Ursprünglich erschienen unter dem Titel: Mit den richtigen Fragen zum richtigen Studium

ISBN 978-3-662-66361-5   ISBN 978-3-662-66362-2 (eBook)
https://doi.org/10.1007/978-3-662-66362-2

Die Deutsche Nationalbibliothek verzeichnet diese Publikation in der DeutschenNationalbibliografie; detaillierte bibliografische Daten sind im Internet über https://portal.dnb.de abrufbar.

© Springer-Verlag GmbH Deutschland, ein Teil von Springer Nature 2019, 2023
Das Werk einschließlich aller seiner Teile ist urheberrechtlich geschützt. Jede Verwertung, die nicht ausdrücklich vom Urheberrechtsgesetz zugelassen ist, bedarf der vorherigen Zustimmung des Verlags. Das gilt insbesondere für Vervielfältigungen, Bearbeitungen, Übersetzungen, Mikroverfilmungen und die Einspeicherung und Verarbeitung in elektronischen Systemen.
Die Wiedergabe von allgemein beschreibenden Bezeichnungen, Marken, Unternehmensnamen etc. in diesem Werk bedeutet nicht, dass diese frei durch jedermann benutzt werden dürfen. Die Berechtigung zur Benutzung unterliegt, auch ohne gesonderten Hinweis hierzu, den Regeln des Markenrechts. Die Rechte des jeweiligen Zeicheninhabers sind zu beachten.
Der Verlag, die Autoren und die Herausgeber gehen davon aus, dass die Angaben und Informationen in diesem Werk zum Zeitpunkt der Veröffentlichung vollständig und korrekt sind. Weder der Verlag noch die Autoren oder die Herausgeber übernehmen, ausdrücklich oder implizit, Gewähr für den Inhalt des Werkes, etwaige Fehler oder Äußerungen. Der Verlag bleibt im Hinblick auf geografische Zuordnungen und Gebietsbezeichnungen in veröffentlichten Karten und Institutionsadressen neutral.

Planung/Lektorat: Caroline Strunz
Springer ist ein Imprint der eingetragenen Gesellschaft Springer-Verlag GmbH, DE und ist ein Teil von Springer Nature.
Die Anschrift der Gesellschaft ist: Heidelberger Platz 3, 14197 Berlin, Germany

Vorwort

Herauszufinden, wozu man sich eignet, und eine Gelegenheit zu finden, dies zu tun, ist der Schlüssel zum Glücklichsein.
John Dewey (amerikanischer Pädagoge, 1930, zitiert nach Burow 2011, S. 139).

Liebe Leserin, lieber Leser,
du weißt nicht, welchen Berufsweg du nach dem Abitur einschlagen sollst? Du bist unsicher, ob und welches Studium überhaupt das Richtige für dich ist? Vielleicht wäre auch eine Ausbildung oder ein duales Studium eine gute Idee. Ich habe dir in diesem Buch wichtige Informationen rund um die Themen Berufs- und Studienwahl sowie Finanzierung zusammengefasst. Du findest zwar vieles auch im Netz, musst dort aber erst mal Wichtiges von Unwichtigem trennen und einem eigenen „Faktencheck" unterziehen. Hier, extra für dich, habe ich alles auf die wichtigsten Aspekte komprimiert. Das soll dich aber nicht vom selbstständigen Denken und Suchen abhalten. Das Besondere an diesem Buch sind jedoch nicht die Infos, sondern die Übungen. Ich habe zu allen Schritten der Berufs- und Studienwahl ein paar Übungen beschrieben, die du in Ruhe alleine zu Hause oder im Austausch mit Freundinnen und Freunden machen kannst.

Sprich: Du kannst dieses Arbeitsbuch von vorne nach hinten durcharbeiten und so den logisch aufgebauten zehn Schritten der Berufs- und Studienwahl folgen. Du kannst natürlich auch sofort zu den Themen blättern, die dich interessieren. Mehr dazu erfährst du im Kap. 1.

Mir waren zwei Dinge wichtig beim Erstellen des Buches: erstens die Frage, welche Informationen und Tipps ich mir bei meiner Berufs- und Studienwahl gewünscht hätte. Auf das Thema Stipendien wäre ich nie gekommen, wenn mir ein Freund nicht einen Tipp gegeben hätte. Genau solche Tipps will ich dir geben. Ich denke dabei besonders auch an all diejenigen, die als Erste in ihrer Familie studieren. Ich habe viele solcher jungen Menschen beraten (bei ArbeiterKind.de und der Roland Berger Stiftung). Viele Fragen wurden mir immer wieder gestellt. Ich hoffe, ich kann die wichtigsten für dich beantworten und dir Mut machen für die Schritte nach der Schule.

Zweitens war die Frage wichtig, wie ich mich entscheiden kann, wenn ich viele Fähigkeiten und Interessen habe und vor so vielen Optionen im Leben stehe. Dieser spannenden Frage widme ich mich besonders. Eine Patentlösung gibt es nicht, doch ich habe viele Übungen und Denkanstöße zusammengetragen, die darin kein Problem oder eine Blockade sehen, sondern gerade in dieser Begabungsvielfalt eine Chance für Gestaltung. Denn egal, wie du dich zunächst entscheidest: Das Leben ist zu komplex, als dass dann alles endgültig entschieden und vorgezeichnet wäre. Du kannst dich immer wieder (neu) entscheiden und dich neu erfinden.

Vielleicht sind dieses Buch und die Gedanken, die es anstößt, auch über die Berufs- und Studienwahl hinaus eine Hilfe im Leben. Auf jeden Fall wird es spannend für dich sein, es aufzuheben und in ein paar Jahren noch mal hineinzuschauen – vor allem im Hinblick darauf, was du hineingeschrieben hast.

Eines ist jedoch als Vorwarnung voranzustellen: Niemand kann dir sagen, was das Beste für dich ist. Es gibt keinen allwissenden Berater (und keine Beraterin) oder sicheren Test, der dir sagt, was du machen sollst. Diese Verantwortung solltest und kannst du nicht abwälzen. Ratschläge von anderen (auch von mir) können helfen, aber du solltest immer prüfen, warum dir jemand einen Ratschlag gibt und ob die Basis des Ratschlags wirklich für dich passt. Was für den einen super ist, muss noch lange nicht für die andere passen. Jedoch können die richtigen Informationen und die richtigen Fragen dir helfen, deine eigene Entscheidung fundiert zu treffen. Viele davon findest du in diesem Buch. Daher wünsche ich dir nun erst mal ein gewinnbringendes Arbeiten. Denn mit den richtigen Fragen bist du nie im falschen Studium oder Beruf!

Der Fokus in diesem Buch liegt auf dem Studium – dennoch solltest du die anderen spannenden Optionen für deinen Berufs- und Lebensweg nicht vergessen. Eine Ausbildung, ein duales Studium oder auch das Selbststudium sind gute und oft auch bessere Möglichkeiten der Entwicklung. Die meisten Aufgaben und Fragen in diesem Buch helfen dir auch bei der Suche nach diesen Optionen.

Sollten dir beim Lesen und Durcharbeiten Fragen kommen und solltest du die Ergebnisse deiner Überlegungen noch einmal ausführlich analysieren wollen, kannst du dich gerne an mich oder andere Beraterinnen und Berater wenden. Dafür gibt es uns.

Ich habe mich in diesem Buch bemüht, immer beide Geschlechter zu nennen, wenn ich von bestimmten Berufsgruppen gesprochen habe. Gelegentlich habe ich dafür auch den Gender-Stern (*) verwendet. Nur aufgrund der Lesbarkeit habe ich manchmal darauf verzichtet und das generische Maskulinum verwendet. Dies impliziert immer beide Formen, schließt also die weibliche Form mit ein.

Ganz im Sinne des obigen Zitats eines pragmatischen Pädagogen wünsche ich dir viel Erfolg bei deiner Suche und auf deinem Weg zum Glücklichsein.

Viele Grüße

Schwerin, Deutschland   Tillmann Grüneberg

Danksagung

Dieses Buchprojekt begleitet mich schon eine Weile. Unzählige Menschen haben direkt und indirekt Einfluss darauf genommen. Ich danke für alle Hilfen und Hinweise.

Insbesondere danke ich Lisa Edelhäuser, Carola Lerch, dem gesamten Team vom Springer Verlag und Dietlind Grüne als freier Mitarbeiterin, die mich bei allen Publikationsschritten unterstützt haben.

Mein Dank gilt vor allem auch der Roland Berger Stiftung für die Unterstützung meiner praktischen Arbeit in Form von Aufträgen und großem Vertrauen. Vor allem jedoch bedanke ich mich für die vielen Fragen durch die Stipendiatinnen und Stipendiaten der Roland Berger Stiftung in meinen Seminaren zur Studienorientierung. Ebenfalls danken will ich den Komplizen Chemnitz und den guten Erfahrungen in den Seminaren zur Berufsorientierung.

Dank auch für die vielen Fachgespräche mit Kolleginnen und Kollegen des Deutschen Verbands für Bildungs- und Berufsberatung Deutscher Verband für Bildungs- und Berufsberatung (dvb), der Gesellschaft für Information, Beratung und Therapie an Hochschulen Gesellschaft für Information, Beratung und Therapie an Hochschulen (GIBeT) und der Erziehungswissenschaftlichen Fakultät der Universität Leipzig.

Ein paar Menschen möchte ich persönlich danken, die sich die Zeit genommen haben, die ersten Versionen dieses Buches genau und kritisch zu lesen, und mir gute Rückmeldungen und weiterführende Hinweise gegeben haben. Dies waren: Carolin Kleeberg, Susanne Dimmer, Martina Nohl, Klara Reichenbach, Solveig Rhinow und Team, Christoph Preuß, Thomas Röser, Katrin Jahn, Ingeborg Kreutter, Simon Damm, Antonia Dressel und Sandra von Pluto.

Spezieller Dank gilt meiner DEEP-Kollegin Carmen Muntel, von der ich mich durch viele Ideen inspirieren lassen durfte (unter anderem zur Kompetenzanalyse und Arbeitsplatzdiagnose sowie zur Fünf-Leben-Übung).

Grafische Gestaltung ist nicht meine größte Stärke, umso mehr danke ich neben dem Team von Springer denjenigen, die grafische Zuarbeiten geleistet haben: Mein größter Dank gilt Annegret Brodersen, von der die Zeichnungen (Strauß und Co.) in diesem Buch stammen. Inspiration und Ideen zum Cover kamen von Rainer Wessels. Bei Abbildungen im Buch half Sandra von Pluto. Erste Layouts und Ideen dazu lagen in der Hand von Susanne Dimmer und Denise Kirchner.

Für die Videos gilt mein besonderer Dank meinen Regisseuren und Freunden Robert Biermann und Rainer Wessels.

Ich habe bei meiner eigenen Studienwahl, zur Vorbereitung von Seminaren und auch zur Recherche für dieses Arbeitsbuch unzählige Studien- und Berufswahlratgeber gelesen. Manche Übungen in diesem Buch sind ganz und gar meine eigenen Kreationen. Andere wiederum basieren auch auf Ideen und Inspirationen aus diesen Büchern. Oftmals – und da wird es den Kolleginnen und Kollegen, die diese Ratgeber geschrieben haben, ähnlich gehen – lässt sich nicht mehr genau sagen, woher die Ideen ursprünglich kamen. Ich danke für alle Inspirationen. Bei den Übungen, wo ich es konnte, habe ich auf die Vorbilder klar Bezug genommen. An dieser Stelle möchte ich noch einmal besonders auf die Publikationen verweisen, die mich am meisten zur Kreation von Übungen angeregt haben. Dies sind: *Design your Life* von Robert Kötter und Marius Kursawe (vor allem Ideen zu Life-Equalizer, Mediennutzungsanalyse, äußerem Team, Prototyping; Kötter und Kursawe 2015), *Was ist dein Ding?* von Richard Nelson Bolles und anderen (vor allem in Bezug auf biografische Analyse; Bolles et al. 2013), *Bachelor nach Plan* von Sebastian Horndasch (vor allem in Bezug auf Studiensystem und Studienorganisation; Horndasch 2011), *Studienabbruch und Alternativen* von Peter Piolot (Ideen zum Umgang mit Studienabbruch; Piolot 2014), *Was soll ich studieren?* von Patrick Ruthven-Murray (Ruthven-Murray 2015) sowie *Abi, was nun?* von Holger Walther (Ideen zur Struktur und Einflussfaktoren der Studienwahl; Walther 2013), *Der Weg zum Stipendium* von Max-Alexander Borreck und Jan Bruckmann (vor allem zur Ergänzung meines Stipendienkapitels; Borreck und Bruckmann 2010), *Der große Studienwahltest* von Angela Verse-Herrmann und Dieter Herrmann (Verse-Herrmann und Herrmann 2015) sowie sämtliche anderen Bücher dieser Autoren (vor allem Idee zum Gedankenexperiment Vorlesungsverzeichnis sowie Überblicke zu Optionen und Entscheidungsalternativen), *Laufbahnberatung 4.0* von Martina Nohl (Nohl

2018) sowie ihre anderen Bücher (unzählige Impulse zu Übungen im Bereich Veränderungen und biografische Übergänge), *Entscheidungen treffen* von Matthias Nölke und *Schnelles Denken, langsames Denken* von Daniel Kahneman (Basis für viele meiner Übungen zum Entscheiden; Kahneman 2012) und schließlich der *Studienführer* der ZEIT (vor allem in Bezug auf aktuelle Webseiten und Entwicklungen in den Studiengängen).

Die Übung mit den Gummibärchen basiert auf einer Übung zu Prioritäten von Gudula Ritz nach einer Adaptation aus ihrem Programm „Selbstmanagement: Train the Trainer" 2013 (mit Anna Engel). Danke, dass ich sie verwenden darf. An dieser Stelle sage ich auch ein herzliches Dankeschön an das gesamte Impart-Team (Heiko Frankenberg, Julius Kuhl usw.) für die gute Ausbildung.

Dank an die Initiatorinnen/Initiatoren und Teams der Seiten 8000hours.org und watchado.de. Sie erlaubten mir, ihre Ideen in diesem Buch zu verwenden. Profitiert habe ich auch vom Studifinder/Selbsterkundungstool (Bundesagentur für Arbeit) und von dem Einblick, den mir die Entwickler*innen von eligo (insbesondere Christa Mette) gewährt haben.

Vielen Dank an die Initiative arbeiterkind.de, der ich seit Langem ehrenamtlich verbunden bin und deren Arbeit mir wichtig ist. Danke für alle Ideen, die ich von Website und dem essential *Als Arbeiterkind an die Uni* (Urbatsch und König 2017) mit in dieses Buch habe einfließen lassen können. Insbesondere geht mein Dank an die Gründerin Katja Urbatsch für die Unterstützung des Projekts. Auch Dank für alle Hinweise von meinem Stammtisch in Leipzig, insbesondere von Daniela Keil.

Herzlichen Dank auch an alle Mitarbeiterinnen und Mitarbeiter der Bundesagentur für Arbeit und der zentralen Studienberatungen für die Informationen und Hilfen durch ihre Webangebote.

Als akademische Inspirationen dienten mir vor allem die Ideen von Julius Kuhl, Daniel Kahneman, Gerhard Lehwald, Robert Sternberg Françoys Gagné, Kurt Heller, Martina Nohl sowie vielen anderen. Auch meine systemische Ausbildung vom Institut ABIS in Leipzig hatte großen Einfluss, ebenso die Erfahrungen meiner Ausbildung in Themenzentrierter Interaktion (TZI) am Ruth-Cohn-Institut in Österreich. Ich danke allen Dozentinnen und Dozenten, die meinen Weg begleitet und mich inspiriert haben. Dabei insbesondere mein Dank an meinen Doktorvater Heinz-Werner Wollersheim, der mich maßgeblich beim Aufbau der Beratungsstelle Zentrum für Potenzialanalyse und Begabtenförderung an der Universität Leipzig unterstützt hat und auch meine Forschungen zur Studienwahl begleitet.

Vielen Dank auch dem Evangelischen Studienwerk Villigst e.V. für die finanzielle Unterstützung meines Studiums und meiner Promotion, aber vor allem auch für alle inspirierenden und herausfordernden Gespräche und Begegnungen.

Dank schlussendlich und vor allem an meine Freundin, Eltern, Geschwister, Großeltern, Verwandten und an alle Freundinnen und Freunde, die mich tragen und alle meine Ideen ertragen und fördern.

Danke dir, liebe Leserin und lieber Leser, dass du dich der Auseinandersetzung mit dem Text gestellt hast. Ich hoffe, all diese verschiedenen Inspirationen haben dir geholfen.

Inhaltsverzeichnis

1	**Arbeit mit dem Buch und der App**	1
2	**Fragen und Anliegen klären**	11
	2.1 Wo stehst du gerade?	11
	2.2 Warum studieren?	22
3	**Eigene Ziele, Werte und Interessen erforschen**	33
	3.1 Werte	33
	3.2 Motivation	55
	3.3 Persönlichkeit	64
	3.4 Vorstellungen zum Beruf/berufliche Werte	71
	3.5 Interessen und Hobbys	86
	3.6 Verdichtung und Zusammenfassung	114
4	**Stärken und Schwächen analysieren**	121
	4.1 Kompetenzen	129
	4.2 Begabungen und Tests	143
5	**Orientierungsgespräche führen und Ideen entwickeln**	153
6	**Überprüfung der Selbsteinschätzung**	161
7	**Informationen sammeln und auswerten**	175

8 Rahmenbedingungen klären — 217
- 8.1 Zulassungsvoraussetzungen — 217
- 8.2 Information: Auslandsaufenthalt im Studium oder Ausbildung — 228
- 8.3 Studienfinanzierung — 231

9 Entscheidung treffen — 255
- 9.1 Rationales Entscheiden — 256
- 9.2 Emotionales Entscheiden — 258
- 9.3 Begabungsvielfalt — 264
- 9.4 Entscheidungsstrategien und Entscheidungsfehler — 265
- 9.5 Entscheidung prüfen — 276

10 Entscheidung umsetzen — 291

11 Entscheidung reflektieren — 325

Schlussworte — 335

Literaturverzeichnis — 337

Stichwortverzeichnis — 341

1

Arbeit mit dem Buch und der App

So, nun genug der Vorrede. Jetzt geht's ans Arbeiten. Wie mache ich das?

Aufbau/Gliederung
Dabei geht man am besten gut vorbereitet und strukturiert vor. Den Aufbau des Buches habe ich so gestaltet, wie ich normalerweise meine Beratungen und Workshops aufbaue. Zusammen mit anderen Beraterinnen habe ich dazu den DEEP-Circle entwickelt (Abb. 1.1). DEEP steht dabei für „Die Entwicklung eigener Potenziale!"

Aus diesem Zirkel und dem Begabungsmodell, das ich gleich erklären werde, lässt sich ein Vorgehen bei der Berufs- und Studienwahl in 10 Schritten ableiten:

1. Fragen und Anliegen klären.
2. Eigene Ziele, Werte und Interessen erfassen.
3. Stärken und Schwächen analysieren.
4. Orientierungsgespräche führen und Ideen entwickeln.
5. Überprüfung der Selbsteinschätzung.
6. Informationen sammeln und auswerten.
7. Rahmenbedingungen klären.
8. Entscheidung treffen.

Ergänzende Information Die elektronische Version dieses Kapitels enthält Zusatzmaterial, auf das über folgenden Link zugegriffen werden kann [https://doi.org/10.1007/978-3-662-66362-2_1]. Die Videos lassen sich durch Anklicken des DOI-Links in der Legende einer entsprechenden Abbildung abspielen, oder indem Sie diesen Link mit der SN More Media App scannen.

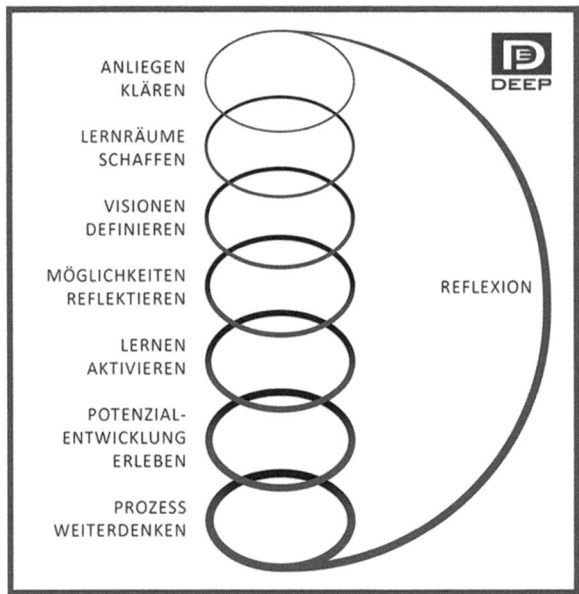

Abb. 1.1 DEEP-Circle von Dominik Wendland nach Ideen und im Auftrag von DEEP – Die Entwicklung eigener Potenziale! www.deep-potentiale.de/Wie-wir-arbeiten? (© DEEP – Die Entwicklung eigener Potenziale)

9. Entscheidung umsetzen.
10. Entscheidung reflektieren.

Du kannst diese nacheinander in genau dieser Reihenfolge bearbeiten oder schauen, wo du gerade stehst und Impulse haben möchtest. Zu allen Schritten findest du sowohl Hintergrundinformationen als auch Übungen.

Ich habe mal ein Brainstorming dazu gemacht, was alles Einfluss auf deine Berufs- und Studienwahl haben könnte (Abb. 1.2).

Dabei sind ganz schön viele verschiedene Sachen herausgekommen. Ich habe sie bewusst so chaotisch dargestellt – ein Chaos, das vielleicht dem in deinem Kopf ein wenig nahekommt. Das Buch soll dir helfen zu verstehen, was sich hinter diesen Begriffen verbirgt, inwieweit sie mit deiner Berufs- und Studienwahl zu tun haben und vor allem wie du Ordnung in dieses Chaos bringen kannst. Dabei helfen die vielen Fragen und Übungen.

Um zu beweisen, dass es auch übersichtlicher geht, und auch, um dir zu zeigen, dass das Buch auf einer langjährigen wissenschaftlichen Arbeit basiert, stelle ich dir in Abb. 1.3 mein Begabungs- und Berufswahlmodell vor, das die Basis für dieses Buch darstellt.

1 Arbeit mit dem Buch und der App   3

Abb. 1.2 Wortwolke von Einflussfaktoren der Berufs- und Studienwahl

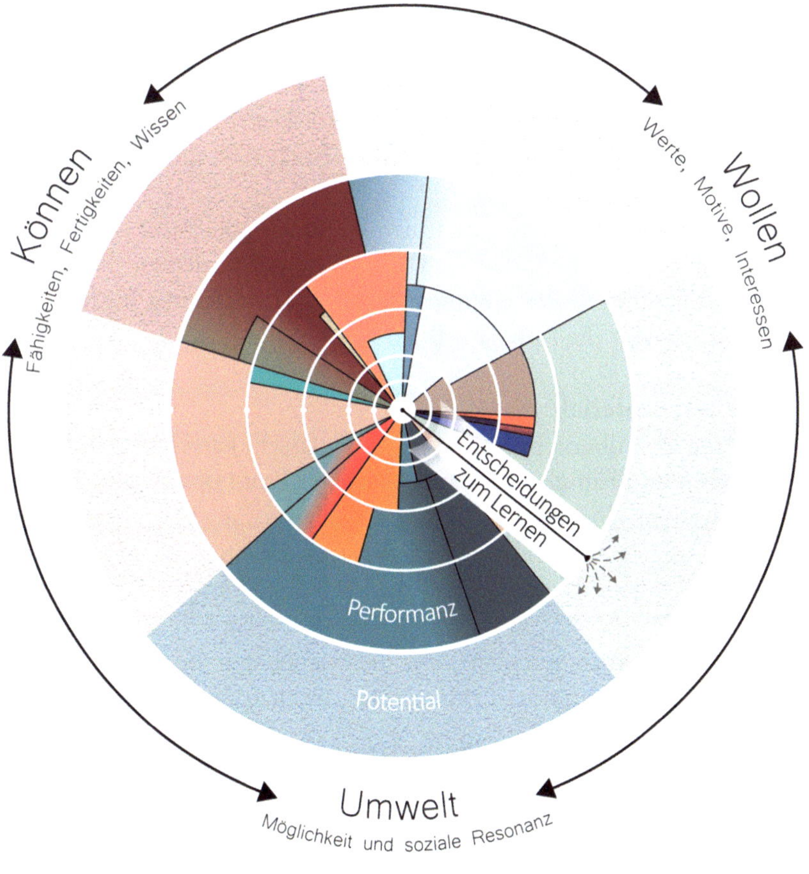

Abb. 1.3 Vereinfachte Darstellung des Begabungsmodells nach Grüneberg (grafische Umsetzung durch Paula Carstens)

Es zeigt den Entwicklungsweg zu einem Begabungsprofil. Dein Profil entwickelt sich dabei aus allen deinen Lernentscheidungen, den kleinen täglichen wie auch den großen Entscheidungen an Übergängen, wie zum Beispiel der Kurswahl in der Oberstufe oder nun deiner Berufs- und Studienwahl. Deine aktuelle Leistung (Performanz) kann dir helfen, deinen Entscheidungsraum, dein Potenzial, zu entdecken. Deine Performanz und damit abgeleitet dein Potenzial ergeben sich dabei aus drei Faktoren, die sich gegenseitig beeinflussen: Können, Wollen und Umwelt. Zu diesen drei Faktoren gibt eine Menge Unterfaktoren. In diesem Selbstcoachingbuch schaust du systematisch auf alle wichtigen Faktoren, die dein Profil bestimmen. Du analysierst dein Können, das heißt deine Fähigkeiten und Stärken, deine Fertigkeiten und die Bereiche, in denen du Wissen mitbringst. Du schaust auf ein Wollen, das heißt deine Wertebasis, die Motive, die dich antreiben, und natürlich deine Interessen. Mit diesem Bereich fängt das Buch an. Als Letztes schaust du auf die Einflussfaktoren aus der Umwelt; dabei sind vor allem die Menschen in deinem sozialen Umfeld entscheidend, die deine Entscheidungen und Wege unterstützen und eröffnen, aber dich vielleicht auch bremsen. Du bekommst von deinem Umfeld Feedback, das hier im Modell als soziale Resonanz benannt ist. Es ist wichtig, darüber zu reflektieren. Und natürlich hängen Entwicklungswege auch davon ab, ob du die Möglichkeit dazu bekommst, das heißt, ob es überhaupt Angebote gibt, ob du diese finanzieren kannst, bzw. ob sie dir offenstehen. Daher geht es in dem Buch auch um Bewerbungs- und Finanzierungsstrategien.

Aber keine Angst, so wissenschaftlich wie im Modell geht es nicht weiter. Jedoch wirst du erkennen, dass sich dieses Modell in deinem Profil wiederfindet, das du mithilfe der Übungen erstellst. Dazu kannst du das Online-Zusatzmaterial oder die App zum Buch nutzen.

Online-Zusatzmaterial
Um die Aufgaben übersichtlich zusammenzufassen, kannst du ein Profil deiner Interessen und Fähigkeiten erstellen. Dieses Profil ist eine gute Grundlage für die weitere Recherche und vor allem für Orientierungs- und Beratungsgespräche mit anderen. Eine Vorlage für ein solches Profil habe ich dir über den Link am Kapitelanfang zur Verfügung gestellt.

Es kann dann auch nützlich sein, die wichtigsten Entscheidungspunkte (Entscheidungsfaktoren oder Entscheidungsindikatoren, wenn du es abstrakter ausdrücken willst) in einer Entscheidungstabelle zu erfassen. Dabei gibt es eine allgemeinere Version für die Entscheidung über die Studienrichtung und eine für die Entscheidung zwischen Studiengängen an verschiedenen Hochschulen. Auch hierfür habe ich dir Vorlagen zur Verfügung gestellt.

Die Vorlagen sind mit Excel erstellt; du kannst die Tabellen gerne für dich anpassen, z.B. auch für die Ausbildungswahl. Wenn du die Tabellen nicht am Computer bearbeiten möchtest, lassen sie sich auch ausdrucken. Stelle dafür die Druckeinstellung auf „Blatt auf einer Seite darstellen" bzw., wenn die Tabelle sehr voll ist und die Schrift zu klein wird, auf „Alle Spalten auf einer Seite darstellen".

Doch bevor du nun anfängst, wie wild Dinge in diese Profile und Tabellen einzutragen, ein wichtiger Hinweis: Diese Strukturierungen helfen nur dann, wenn das, was du einträgst, gut durchdacht und belegt ist. Es hilft wenig, nur die spontanen Gedanken und Halbwissen von anderen einzugeben. Diese Tabellen helfen dir dann, wenn du dir wirklich Gedanken über deine Ziele und Kompetenzen gemacht hast und wenn du geprüfte Informationen einträgst bzw. deine Einschätzungen auf einer guten Recherche beruhen.

Dabei unterstützen dich die verschiedenen Übungen und Informationen in diesem Buch. Aber keine Angst – du musst sicher nicht alles in diesem Buch durcharbeiten. Manches ist für dich vielleicht weniger relevant, vieles weißt du sicher schon. Beim Rest lass dich inspirieren.

Die App zum Buch
Zum Buch gibt es auch eine passende mobile Version: Die DEEP!-App (Abb. 1.4). Der Vorteil der App ist, dass du alle deine Eingaben aus den Übungen automatisch in einem Profil am Ende zusammengefasst bekommst, das du exportieren kannst. Darüber hinaus enthält die App über das Buch hinaus zahlreiche Videos und Links, die sich in der App einfach aufrufen lassen. Zusätzlich haben wir dir ein Projektmanagementtool mit eingebaut. Die digitale Variante ermöglicht es dir, ganz einfach auch Feedback einzuholen, indem du einen Link zu einem Fragebogen über die App versendest und so direkt Rückmeldungen anderer in der App angezeigt bekommst. Zum Lesen ist das Buch sicherlich angenehmer, und auch das handschriftliche Schreiben im Buch sorgt für eine andere (und zum Teil bessere) Form der Selbstreflexion. Die App dagegen hat den Vorteil, dass du die Inhalte immer bei dir hast und auch zwischendurch daran weiterarbeiten kannst. Viele Kapitel sind in der App auch als Hörbuch eingesprochen: So kannst du unterwegs über deine Berufs- und Studienwahl nachdenken. Die App kann man in den App Stores

Abb. 1.4 Darstellung Startscreen der DEEP!-App

für iOS und Android kaufen bzw. sich als progressive Web-App auf den PC oder das mobile Endgerät laden. Und nun kommt das Großartige: Mit dem Kauf des Buches schenken wir dir deine persönliche Lizenz.

Wir haben auch ein Video aufgenommen, das dir die App und seine Funktionen kurz vorstellt (https://youtu.be/QPVwflYo5fc).

An mehreren Stellen im Buch weise ich direkt auf die Funktionen in der App hin. Es ist sinnvoll, beide Formate und ihre jeweiligen Vorteile zu nutzen.

Hier kommt die Anleitung zum Download und Registrierung deiner App zum Buch (Abb. 1.5):

Geh auf die Seite: https://beta.deep-app.de/.

Lies den Einleitungstext und klicke am Ende auf „Zur Anmeldung". Wähle unter den anschließenden Optionen „Registrieren mit Buchkauf" aus. (Du besitzt das Buch zur App?)

Anschließend kommen kurze Fragen, um zu prüfen, ob du das Buch wirklich gekauft hast. Wenn diese beantwortet sind, kannst du dich kostenlos für die App registrieren, die App herunterladen und installieren oder weiter im Browser nutzen.

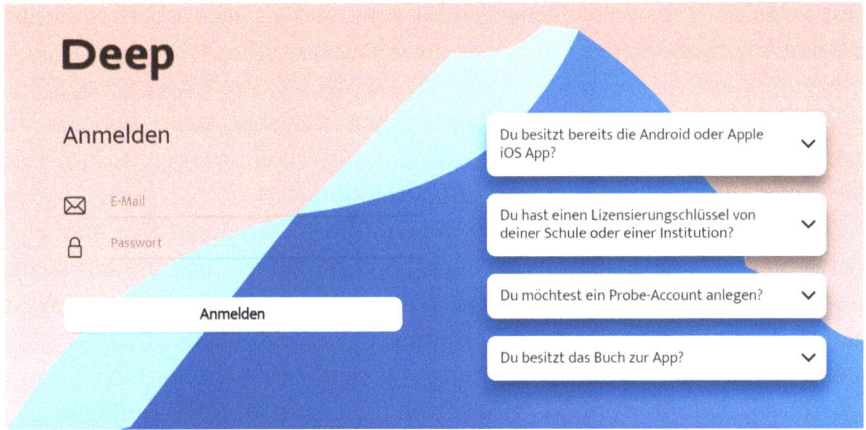

Abb. 1.5 Anmeldeoptionen DEEP!-App im Browser

Die Installation als Progressive Web App (PWA) ist leicht. Meist kommt eine automatische Installationsmöglichkeit, oder du kannst in der Browserzeile (je nach Browser) einen Button finden, der es dir erlaubt, die Seite als Offline-App zu installieren. Falls du jedoch Schwierigkeiten haben solltest, erhältst du nach der Registrierung auch noch eine Klick-Anleitung.

Bei Fragen wende dich gerne an support@deep-app.de.

Mehr Informationen zur App findest du auf www.begabungsvielfalt.de

Viel Spaß und Erfolg mit deiner DEEP!-App!

Hinweise zu den Übungen
Verschiedene Übungen für verschiedene Menschen: So unterschiedlich die verschiedenen Studiengänge und Bildungswege sind, so unterschiedlich sind auch die Menschen, wenn es um Reflexionsübungen geht. Die einen erzählen Geschichten, die anderen kommen beim Zeichnen auf Ideen, wiederum andere brauchen klare Pro-und-Kontra-Listen. Ich habe versucht, für alle Typen Übungen zu formulieren. Das heißt aber auch, dass du ruhig ganz subjektiv auswählen darfst, welche Aufgabe dich persönlich anspricht. Du musst nicht alles abarbeiten, um auf gute Ideen zu kommen. Bearbeite die Aufgaben und Themen, die dir gerade zentral erscheinen. Es soll dir Spaß machen, dich selbst besser kennenzulernen. Jedoch auch ein ehrlicher Tipp von mir: Manchmal bringen einen gerade die Fragen und Aufgaben weiter, die man auf Anhieb eher nicht mag. Ich bin zum Beispiel eher der sprachliche Typ: Es fällt mir eher schwer, auf mein Bauchgefühl zu hören. Wenn ich mich aber auf kreative Übungen wie Zeichnen einlasse, kommen mir manchmal ganz neue

und wichtige Gedanken. Deswegen sei auch mal experimentierfreudig und gib den ungewöhnlichen Aufgaben eine Chance.

Zum Beweis, dass ich mich auch solchen Aufgaben stelle, und für alle, denen eine Visualisierung hilft, zeigt Abb. 1.6 noch einmal den Aufbau einer Berufsberatung bei mir in grafischer Darstellung.

Manchmal sagt ein Bild mehr als tausend Worte. Vor allem aber spart es an vielen Stellen lange Erklärungen. Manchmal ist es aber auch nur ein kleiner Gedankenimpuls oder eine Auflockerung. Damit du nicht nur meine Worte hast, begleitet dich der Vogel Strauß durch das ganze Buch. Die Credits für die Vögel und die anderen Zeichnungen gehen aber nicht an mich – so gut zeichne ich dann doch nicht. Mein Dank dafür geht an Anne Brodersen.

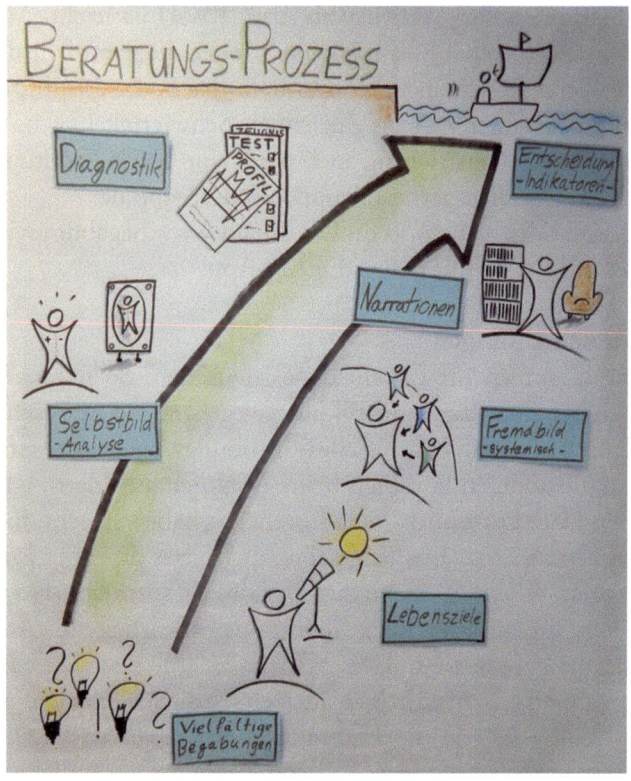

Abb. 1.6 Beratungsprozess Berufs- und Studienwahl

Material
Was du brauchst: Stift(e), Zettel/Notizheft, Computer/Smartphone mit Internetzugang, ggf. einen Drucker.

Bei vielen Aufgaben habe ich ein wenig Platz gelassen, damit du direkt hier in deinem Buch deine Gedanken eintragen kannst. Einen Stift parat zu haben ist daher ein Muss. Manchmal ist der Platz sicher ein wenig knapp bemessen (vor allem wenn du eine so große Schrift hast wie ich). Daher wäre es hilfreich, noch ein paar leere Zettel oder ein Notizheft bei der Hand zu haben.

Bei vielen Themen gebe ich dir direkte Hinweise auf Onlinequellen zur weiteren Recherche. Es kann also nützlich sein, ein Smartphone bzw. einen Computer mit Internetzugang parat zu haben. Einen Computer und einen Drucker brauchst du auch, wenn du, meinen Hinweisen folgend, eine Entscheidungstabelle nach meiner Vorlage erstellst oder dein Profil für Beratungsgespräche erstellen und ausdrucken willst.

Alles parat? Dann kann's jetzt ja losgehen!

2

Fragen und Anliegen klären

2.1 Wo stehst du gerade?

Als Erstes ist die Frage zu klären: Wo stehst du gerade? Bist du ganz am Anfang und beschäftigst dich zum ersten Mal mit deiner beruflichen Zukunft? Oder hast du schon konkretere Pläne und musst nur noch ein paar offene Fragen klären? Hast du schon eine Ausbildung oder ein Studium angefangen und überlegst abzubrechen, oder hast schon abgebrochen? Hast du noch viel Zeit für die Entscheidung, oder drängt sie?

Damit du dich selbst ein bisschen einordnen kannst, habe ich zunächst einmal eine realistische Zeitschiene aufgeschrieben – nicht um dich zu stressen oder um zu sagen, „genauso und nicht anders musst du vorgehen", sondern um dir zu zeigen, wann bestimmte Schritte möglicherweise am entspanntesten zu gehen sind. Wenn dir nun auffällt, dass du im Plan zurückliegst, ist das kein Weltuntergang. Entweder du gehst die nächsten Schritte konsequent und schnell an, oder du gönnst dir noch mehr Zeit für Reflexion, indem du dich nach der Schule zunächst mit anderen sinnvollen Dingen beschäftigst. Ewig aufschieben kann man manche Dinge jedoch nicht, deswegen: Plan machen und durchziehen. Konkrete Hinweise dazu folgen nach der Abbildung der Zeitschiene (Abb. 2.1).

Ergänzende Information Die elektronische Version dieses Kapitels enthält Zusatzmaterial, auf das über folgenden Link zugegriffen werden kann [https://doi.org/10.1007/978-3-662-66362-2_2]. Die Videos lassen sich durch Anklicken des DOI-Links in der Legende einer entsprechenden Abbildung abspielen, oder indem Sie diesen Link mit der SN More Media App scannen.

Abb. 2.1 Video zur idealen Zeitschiene erstellt, dieses kannst du mit der MoreMedia-App aufrufen. (Bild: © nasharaga/stock.adobe.com) (▶ https://doi.org/10.1007/000-9p5)

Tipp: Hinweise für eine realistische Zeitschiene

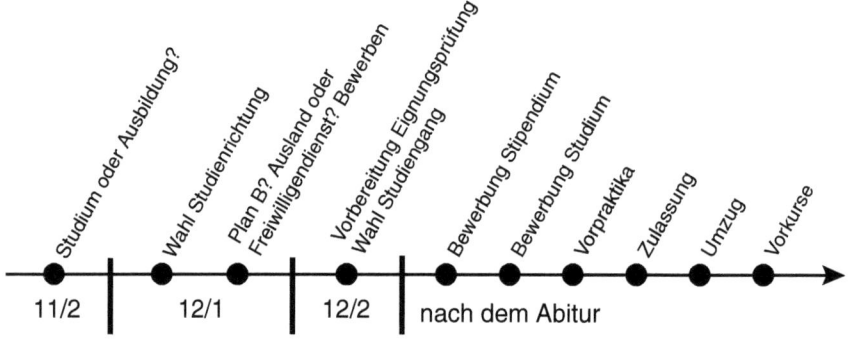

Am Anfang des zweiten Halbjahrs der 11. Klasse solltest du die Entscheidung für Studium oder Ausbildung/duales Studium treffen. Für die Ausbildung hättest du dich natürlich schon in der 9. Klasse entscheiden und dich bewerben können, sodass du nach der 10. Klasse in die Ausbildung gegangen wärst. Aber du hast dir Optionen offengelassen und dich erst mal für das Abitur/Fachabitur entschieden.

Wenn deine Entscheidung nun auf die Berufsausbildung oder das duale Studium fällt, solltest du jetzt den Bewerbungsprozess angehen. Oftmals endet die Bewerbungsfrist für ein duales Studium ein Jahr vor Beginn des Studiums. Bei einer Ausbildung solltest du einen längeren Vorlauf einplanen, auch wenn es unter Umständen bei freien Stellen manchmal schneller gehen kann. Für begehrte Plätze musst du immer mehr Zeit einplanen. Es bietet sich auf jeden Fall an, in dem angestrebten Beruf (und am besten auch beim gewünschten Arbeitgeber) ein Praktikum zu machen. So kannst du deine Idee noch mal prüfen und auch praktisch überzeugen. Mit dem Unterschreiben des Ausbildungsvertrages steht dein Plan für nach dem Abi fest. Deine Ausbildung beginnt dann zumeist im Herbst nach dem Abi. Genug Zeit für Entspannung, Vorbereitung und andere wichtige Dinge, wie z.B. Umzug in die erste eigene Wohnung.

Wenn du dich für ein Studium entscheidest, solltest du zumindest anfangen, dich konkreter damit zu beschäftigen, und schon erste Ideen für mögliche Studienfächer haben. Wenn es sich um ein zulassungsbeschränktes Fach mit einem Numerus clausus (NC) handelt, dann ist jetzt der späteste Zeitpunkt, um sich gegebenenfalls notenmäßig noch mehr reinzuhängen.

Um die ersten Ideen zu entwickeln, kannst du dieses Buch durcharbeiten, andere Ratgeber lesen, Orientierungstests machen, einen Beratungstermin bei der Berufsberatung der Bundesagentur für Arbeit wahrnehmen, Berufs- und Studienwahlmessen besuchen und Orientierungsgespräche führen. So kannst du schon einmal die möglichen Studienrichtungen und vielleicht auch schon konkrete Studiengänge und Hochschulen raussuchen, die dich interessieren.

Bis zum Ende der 11/2 bietet es sich an, die Hochschulen konkret zu besuchen. Oftmals finden im April/Mai sogenannte Hochschulinformationstage (HIT) statt. Dort kannst du dir einen Eindruck von der Hochschule verschaffen, Vorlesungen besuchen und mit Studierenden reden sowie die Stadt kennenlernen. In den Sommerferien kannst du auch noch mal auf eigene Faust in Wunschstädte und zu Wunschhochschulen fahren. Dort kannst du Termine in der Zentralen Studienberatung ausmachen, um deine Fragen zu klären. Wenn du im Ausland studieren oder ein Studium mit Eignungsprüfung absolvieren möchtest, solltest du dich spätestens jetzt intensiver damit auseinandersetzen.

Am Anfang der 12. Klasse gehst du dann die konkrete Studienentscheidung und Planung der nächsten Schritte an. Bis zum Ende der 12/1 solltest du den Wunschstudiengang und den Studienort festgelegt und die möglichen Pläne B bis Z haben. So kannst du entspannt in die Abiturvorbereitung und die Prüfungen gehen. Du weißt jetzt schon, ob du irgendwelche Eignungsprüfungen (Kunstmappe, Vorspiel, Sportprüfung, Testverfahren, Auswahlgespräche) vor dir hast. Wenn dies der Fall ist, kannst du beim Warten auf die Abiturergebnisse und in der Zeit danach intensiv an der Vorbereitung arbeiten (z. B. in Bezug auf das Vorspielen, Training und Zeichnen/Malen musst du aber schon erheblich eher angefangen haben). Wenn du noch ein Vorpraktikum absolvieren musst, kannst du dich spätestens jetzt darum kümmern (Suche und Bewerbung). Es könnte sein, dass du für dein Studium – vor allem, wenn du im Ausland studieren willst – Sprachnachweise (international anerkannte Tests) brauchst; darum solltest du dich ebenfalls rechtzeitig kümmern.

Manche Bewerbungen kannst du ab Mitte April abgeben (z. B. Hochschulstart.de); wenn du dich nicht in deinem Abiturjahr bewirbst, musst du das als Alt-Abiturient teilweise auch schon bis Ende Mai erledigt haben. Aber meistens startet der Bewerbungszeitraum mit dem 31.5. Dann kannst du dich mit deinem Abiturzeugnis bei den Hochschulen bewerben bzw. deine Bewerbung bei Hochschulstart.de eingeben. Die Bewerbungsfrist läuft meist bis zum 15.7. (bei zulassungsfreien Studiengängen auch länger, meist bis 15.9.). Denk auch gleich daran, wenn du die Option ins Auge gefasst hast, dich für einen Platz im Wohnheim zu bewerben (beim Studentenwerk, nach der Zulassung; unter Umständen geht es auch schon früher). Auf jeden Fall solltest nicht vergessen, BAföG zu beantragen, sobald du einen Studienplatz hast.

So, nun geht's entspannt in den verdienten Nach-Abi-Urlaub. Eine Sprachreise oder generell Reisen sind eine gute Möglichkeit, für das Studium wichtige Sprachen zu trainieren. Englisch brauchst du quasi in jedem Fach. So gestärkt kannst du dein Vorpraktikum antreten bzw. dich schon mal mit konkreten Planungen in Bezug auf das Studium beschäftigen (Umzug, Material etc.).

Je nach Aufwand und Bewerberzahlen erhältst du deinen Zulassungsbescheid im August oder September. Nicht verzagen, wenn es nicht auf Anhieb klappt! Da sich viele an mehreren Universitäten oder Hochschulen gleichzeitig bewerben (wie du auch), bestehen meistens noch gute Chancen auf Nachrückplätze. Manche Studienplätze werden auch kurz vor bzw. nach Studienbeginn noch per Losverfahren vergeben. Glückwunsch, wenn es sofort geklappt hat! Nun kannst du dich einschreiben; das nennt man auch immatrikulieren (weil du eine sogenannte Matrikelnummer bekommst). Denk spätestens jetzt an deinen BAföG-Antrag. Dann geht es konkret darum, eine Wohngemeinschaft (WG)/Wohnung zu suchen und umzuziehen. Wenn du einen zulassungsfreien Studiengang studierst oder dir aufgrund der Zulassungsbedingungen sicher bist, dass du einen Studienplatz bekommst, kannst du die Chance nutzen, vor dem großen Ansturm zu suchen. Das Studium an der Fachhochschule beginnt manchmal schon Mitte September und damit einen Monat vor der Uni.

Zum Teil finden Ende September und Anfang Oktober an deiner Hochschule schon Vorkurse (z. B. in Mathe) statt, die es vor allem für die sogenannten MINT-Fächer gibt. Selbst wenn du glaubst, du bist fit, kann dir der Vorkurs einiges bringen: erstens die Gewissheit, dass dem wirklich so ist, und zweites einen Wiedereinstieg ins Lernen. Und vor allem stellt es eine Möglichkeit dar, neue Freundinnen und Freunde zu finden. Außerdem ist nach dem Abi viel Zeit vergangen, in der vieles schon wieder vergessen wurde. Auch kann es sein, dass in deinem Kurs oder deinem Bundesland ein kleiner, entscheidender Baustein gefehlt hat. Eine weitere gute Möglichkeit in diesem

Kontext ist der Online-Mathe-Brückenkurs, der in Kooperation mehrerer Universitäten entstanden ist (www.ombplus.de). Aber auch für alle anderen Fächer gilt es, sich ein bisschen vorzubereiten und vom Abiparty-Modus wieder ein wenig in den Lernmodus umzuschalten.

Das Studium an der Uni beginnt dann meist Mitte Oktober. Wichtig ist die Einführungswoche (eine Woche vor Vorlesungsbeginn), in der du alle Infos rund ums Studium bekommst (Campus- und Bibliotheksführung, Modalitäten der Kurseinschreibung und Prüfungsanmeldung, Hochschulsport und Politik, andere Angebote) und deine Mitstudierenden (jetzt Kommilitonen und Kommilitoninnen genannt) kennenlernen kannst (meist gut im Kulturprogramm, sprich: Kneipentour). In der Einführungswoche stellst du dir dann auch spätestens deinen Stundenplan aus dem Vorlesungsverzeichnis zusammen und trägst dich in die Veranstaltungen ein. Und dann geht das Studium auch schon los!

Übung 2.1: Projektmanagement
So, da steckten jetzt schon einmal eine Menge Informationen drin. Nicht alles verstanden? Kein Problem. Versuch dir deine offenen Punkte als Frage zu notieren. Die Antwort findest du in den folgenden Kapiteln und Details auf den empfohlenen Internetseiten.

Was weißt du schon? Wo bist du unsicher? Welche Fragen hast du noch? Welche Informationen brauchst du?

Jetzt ist es vor allem wichtig zu schauen, an welcher Stelle du in deinem Berufs- und Studienwahlprozess gerade steckst. Was steht an? Was sind die nächsten Schritte?

Am besten machst du dir einen Zeit- und Projektplan, wie du deinen Berufs- und Studienwahlprozess weiter gestalten willst (von heute bis zum Ausbildungs- oder Studienstart). Anregungen, was du tun kannst, findest du in diesem Buch.

- Vielleicht verschaffst du dir nun zunächst einen Überblick über die Kapitel.
- Dann leg fest, wann du welche Teilziele erreichen willst (*milestones* wie: Ausbildungsberuf wählen, auf Ausbildungsstellen bewerben, Studienbereich wählen, Studiengang und Hochschule wählen, Bewerbung, Studienstart).
- Überleg dir nun, was du tun kannst, um diese Ziele zu erreichen (Selbstreflexion, Recherche, Stärken-Schwächen-Analyse, Tests, Beratung, Unibesuche, Praktika). Weitere Ideen kannst du während der Bearbeitung des Buches ergänzen.
- Überleg dir, wann du diese Maßnahmen umsetzen willst und wie viel Zeit du dafür benötigen wirst.

- Überleg dir auch, wer dir wie bei den einzelnen Schritten helfen kann (Gesprächspartnerinnen und Gesprächspartner, Kontaktvermittlung, finanzielle Unterstützung).

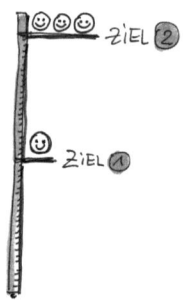

Wie könnte so ein erster Zeit- und Projektplan aussehen? Hier ein Beispiel für einen Endspurt:

- Guter Vorsatz fürs neue Jahr: Ich gehe meine Berufs- und Studienwahl an und mache bis zum 31.1. die Übungen zu meinen Interessen, Zielen und Stärken in dem Buch. Ich plane mir dafür bewusst ein ganzes Wochenende zur Selbstreflexion ein.
- Bis zum 10.2. informiere ich mich über Hochschulinformationstage in meiner Nähe und plane Besuche.
- Bis zum 28.2. führe ich Gespräche mit meinen Freund*innen, Geschwistern, Lehrer*innen und Eltern über meine Stärken und Schwächen und deren Ideen für meine Berufs- und Studienwahl. Die Aspekte, die ich annehmen kann, ergänze ich in meiner SWOT-Analyse (vgl. Übung 4.2).
- Ab dem 18.3. recherchiere ich meine Studienideen (eigene und andere). Ich nutze dafür neben den Internetsuchmaschinen auch Gespräche mit Personen aus meinem Netzwerk. Zum Beispiel bitte ich einen Freund meiner Mutter, ihn einmal einen Tag bei seinem Job begleiten und ihm meine Fragen dazu stellen zu dürfen.
- Bis zum 30.4. besuche ich Hochschulinformationstage (HIT).
- Bis zum 15.5. erstelle ich eine Entscheidungstabelle.
- Bis zum 30.6. führe ich ein Gespräch mit einem Berater oder einer Beraterin über meine Entscheidung und letzte Fragen.
- Bis spätestens 10.7. habe ich mich für mein Wunschstudienfach beworben.

Du siehst, beim Endspurt überschneidet sich das Abitur mit wichtigen Reflexionsaufgaben und Recherchen. Diesen Doppelstress willst du dir sicher nicht antun. Also fang lieber früh an und plane entspannte Aufgabenblöcke.

Es ist immer gut, sich das nächste wichtige Teilziel herauszugreifen und dieses konkret zu formulieren. Dabei hilft die Struktur einer Zielformulierung nach dem SMART-Modell. Diese Art und Weise der Zielformulierung kannst du dann auch für die nächsten Teilschritte verwenden.

In der App zum Buch haben wir dir ein Projektmanagement-Tool für deine Berufs- und Studienwahl eingebaut. Im To-do-Bereich kannst du wichtige Termine einpflegen (wie z. B. Bewerbungsfristen und Informationsveranstaltungen) und dich daran erinnern lassen. Deine Ziele und Aufgaben kannst du dort als SMARTe Ziele (nächste Übung) definieren und abarbeiten. Auch ist Platz für deine Notizen. Natürlich kannst du auch die digitalen (Kalenderapp, Notizapp) oder analogen Tools (Kalender, Notizbuch, Bulletjournal) nutzen, mit denen du schon arbeitest. Wichtig ist vor allem der Tipp, sich einen Plan zu machen und diesen regelmäßig zu prüfen und zu aktualisieren.

Übung 2.2: SMARTe Zieldefinition
Das SMART-Modell hilft dir dabei, dein Ziel konkret zu formulieren, damit es mess- und überprüfbar ist. Das können die konkrete Berufs- und Studienwahl und Bewerbung sein bzw. die noch zu erfüllenden Schritte (Praktika, Beratungen, Informationssuche). Plane auf jeden Fall zunächst ein kurzfristigeres Ziel; langfristige Ziele geraten schnell in Vergessenheit. Die einzelnen Buchstaben stehen für bestimmte Aspekte deiner Zieldefinition; dabei gibt es unterschiedliche Benennungen (je nach Autor), die Kernidee bleibt aber gleich. Beachte auch eine zweite Abkürzung: KISS (für: *keep it short and simple*):

S = spezifisch – Ziele müssen eindeutig und klar definiert sein.
Beschreibe dein Ziel so eindeutig wie möglich!

M = messbar – Ziele müssen messbar sein.
Wie kannst du in Zukunft „messen", ob du dein Ziel erreicht hast?

A = aktionsorientiert und realistisch – Ziele müssen durch dein Handeln erreichbar sein.
Was musst du tun, um dein Ziel zu erreichen? Kannst du es tun?

R = relevant, attraktiv und anspruchsvoll – Ziele müssen für dich bedeutsam sein.
Warum ist das Ziel für dich wichtig? Bist du bereit, dich für das Ziel ins Zeug zu legen?

T = terminiert – Ziele haben eine klare Terminvorgabe.
Bis wann soll das Ziel erreicht sein?

Ein Beispiel für einen Plan zur Studiengangrecherche nach dem SMART-Modell:

Spezifisch Ich benötige die Information über Bewerbungsvoraussetzungen für Produktdesign an der Hochschule XY, um zu prüfen, ob ich diese erfüllen kann und das Studium daher weiterhin für mich infrage kommt.

Messbar Ich habe eine Liste mit allen Bewerbungsvoraussetzungen. Ich weiß, welche ich davon zu welchem Grad erfüllt habe.

Aktionsorientiert Ich informiere mich auf der Hochschulseite und besuche den Hochschulinformationstag. Dort spreche ich mit der Studienfachberaterin und ggf. Studierenden. Mich informieren und kommunizieren kann ich. Begriffe und Formalitäten, die ich nicht verstehe, erfrage ich. Ich schaue erst mal nur bei einer Hochschule und vergleiche danach die Unterschiede. Für die Recherche plane ich zwei Stunden ein; den Termin des HIT halte ich mir frei.

Relevant Produktdesign ist ein Studienfach, das mich sehr reizt. Bevor ich mir falsche Vorstellungen mache, möchte ich schauen, ob ich überhaupt angenommen werden würde und was ich dafür tun kann. Zu wissen, was zum Beispiel in der Eignungsprüfung verlangt wird, hilft mir, meine Mappe zu planen.

Terminiert Bis zum 15.8. Daran könnte sich jetzt das nächste SMARTe Ziel anschließen, zum Beispiel die Erstellung der Bewerbungsmappe für den Studiengang.

Hier ist Platz, um dein erstes Ziel zu definieren. Was steht an?
Spezifisch

_____

_____

_____

Messbar

_____

_____

_____

Aktionsorientiert

🖉
_____
_____
_____

Relevant

🖉
_____
_____
_____

Terminiert

🖉
_____
_____
_____

Übung 2.3: Anliegen klären

Du wusstest noch nicht, was du da eintragen solltest? Oder du hast ein sehr grobes Ziel formuliert, zum Beispiel, sich mit der Berufs- und Studienwahl zu beschäftigen oder den Studiengang zu wählen? Vielleicht war es für das konkrete Projektmanagement noch zu früh. Daher gehen wir noch mal einen Schritt zurück zu den grundsätzlichen Dingen. Nachdem wir als Erstes die Frage geklärt haben, wo du stehst, kommt nun als Zweites die vielleicht wichtigere Frage: Was ist eigentlich dein Anliegen, deine Frage? Wobei soll dir dieser Ratgeber helfen?

🖉
_____
_____

Weiterführend kannst du dir die allgemeine Frage stellen: Mit welchen Themen und Fragen müsstest du dich beschäftigen, damit du deinem Anliegen näherkommst?

🖉
_____
_____

Manchmal hilft die Kopfstandmethode, um sich über die möglichen Schritte klar zu werden. Dreh die Frage um: Wie kannst du sicherstellen, dass dir das Buch auf keinen Fall hilft?

🖉
_____
_____

Und nun dreh deine Antworten um. Was kannst du tun, damit das Buch dir was bringt?

🖉
_____
_____

Denk auch noch mal über Ziele nach und darüber, wie du sie prüfen kannst. Woran könntest du nach der Beschäftigung mit diesem Buch erkennen, dass es dir was gebracht hat? Was wäre dann anders?

🖉
_____
_____

Würde irgendjemand eine Veränderung bemerken? Wer würde als Erstes etwas merken, und was würde diese Person bemerken?

🖉
_____
_____

Behalte deine Fragen und dein Anliegen immer im Hinterkopf, wenn du das Buch durcharbeitest. So sorgst du dafür, dass du den größtmöglichen Nutzen daraus ziehen kannst.

2.2 Warum studieren?

Bevor wir uns mit der Frage nach der Wahl des richtigen Studienfachs beschäftigen, ist es gut, erst einmal generell zu klären, warum man studieren möchte. Für das Studium gibt es eine Menge guter Gründe. Es ist wichtig, die eigenen Gründe zu kennen, denn daraus speist sich auch im Wesentlichen unsere Motivation.

Es ist auch gut, ein paar gute Gründe in der Hinterhand zu haben, die man möglichen Förderern (Eltern, Verwandten, Stipendiengeber) argumentativ darlegen kann. Bevor man mögliche Zweiflerinnen und Zweifler überzeugen kann, sollte man sich als Erstes selbst überzeugen.

Um in das Thema einzusteigen, kann das folgende Gedankenexperiment helfen.

Übung 2.4: Gedankenexperiment – Gründe fürs Studium
Stell dir vor, du begegnest jemandem, der noch nie vom Konzept Studium gehört hat. Er oder sie kommt vielleicht von einer abgelegenen kleinen Insel oder aus einem abgelegenen Dorf. Du erzählst, dass du bald studieren möchtest. Er oder sie fragt, was das denn sei. Die Begriffe Studium, Hochschule, Vorlesung oder Seminar sind ihm oder ihr unbekannt.

Versuch möglichst leicht und verständlich zu antworten. (Antworte in Gedanken; du kannst aber auch einen kleinen Text dazu schreiben.)
Was ist ein Studium? Warum studieren Menschen?

_____
_____
_____
_____

Dasselbe kannst du auch für die Ausbildung machen. Was ist eine duale Ausbildung? Warum machen Menschen eine Ausbildung?

_____
_____
_____
_____
_____

Zum Lernen und Sich-Entwickeln gibt es verschiedene Möglichkeiten. Es gibt formale Ausbildungen, aber auch das informelle Lernen durch das praktische Ausführen einer Tätigkeit oder auch nonformales Lernen durch Selbststudium und freie Formen. Jeder ist seines Glückes Schmied: Manche Menschen kommen auf spannenden Wegen auch ohne Ausbildung und Studium gut durchs Leben. Formale Bildungsgänge sind gute Qualifikationen, oftmals aber nicht immer nötig.

Bevor wir uns jetzt mit den „normalen" Wegen beschäftigen, ist es vielleicht spannend, noch mal zu prüfen, ob du nicht auch die informellen und nonformalen Wege berücksichtigen solltest. Vielleicht kennst du interessante Menschen, die auch ohne abgeschlossenes Studium oder Ausbildung „was geworden sind". Wäre das eine Option für dich? Was spricht deiner Meinung nach für ein selbstorganisiertes, autodidaktisches oder informelles Lernen und Arbeiten, und was spricht dagegen?

Dafür

✏️

_____

_____

_____

Dagegen

✏️

_____

_____

_____

Information: Allgemeine Gründe für ein Studium oder eine Ausbildung
Es gibt gute Gründe, ein Studium zu wählen. Die Initiative ArbeiterKind.de hat 10 überzeugende Gründe fürs Studium zusammengetragen (siehe www.ArbeiterKind.de/als-erste-studieren/warum-studieren). Diese habe ich dir hier noch mal, teilweise in meinen Worten, zusammengestellt und ergänzt. Markier mit einem Pluszeichen oder Haken, welche Gründe auch dich ganz persönlich überzeugen. Mehr Informationen zur Initiative und zu Gründen für das Studium findest du auch in dem Buch *Als Arbeiterkind an die Uni* (Urbatsch und König 2017).

Ich studiere, weil …

- ich Interesse an einem bestimmten Fach, den Fragen und Inhalten eines Studiengangs habe, ich endlich Gelegenheit habe, meine Leidenschaft zu vertiefen und mein Erkenntnisstreben zu befriedigen.
- das Studium Voraussetzung für einen bestimmten Beruf ist (z. B. Anwältin, Arzt, Lehrer, Psychotherapeut, Apothekerin, Bauingenieurin, Pfarrer, Architekt).
- ich mir im Studium über mein Fach hinaus wichtige berufliche Schlüsselqualifikationen aneignen kann, wie zum Beispiel: eigenständige Bearbeitung von Problemstellungen, rhetorische Fähigkeiten, Sozialkompetenzen und abstraktes Denken.
- der Bedarf an hoch qualifizierten Arbeitskräften wächst (Stichwörter: Informations- und Wissensgesellschaft, demografischer Wandel, Digitalisierung und Industrie 4.0).

- Akademiker*innen am wenigsten von Arbeitslosigkeit betroffen sind.
- *So gab es 2015 beispielsweise insgesamt 6,6 % Arbeitslose; bei Menschen mit Hochschulabschluss betrug die Quote nur 2,4 %, bei denen mit Ausbildung lag sie bei 4,6 %. Ohne Berufsabschluss lag der Wert bei 20,3 %. Es mag kleinere und größere Unterschiede je nach Branche geben, aber ein Studium ist in der Regel ein wirksamer Schutz vor Arbeitslosigkeit. Eine grafische Darstellung der Daten findest du auf* doku.iab.de/arbeitsmarktdaten/qualo_2016.pdf. *Die aktuellen Daten sind sogar noch besser (recherchier mal selbst, mehr Informationen dazu unter „Informationen sammeln und auswerten").*
- Hochschulabsolvent*innen häufig mehr verdienen und häufiger in Unternehmen in verantwortungsvolle Positionen aufsteigen (Karriereoption). Hier hilft ein Blick in die Statistik (siehe Abb. 2.2):

    *Was kann man hier sehen? Zum einen, dass es richtig ist, dass man mit einer Ausbildung früher anfängt, Geld zu verdienen. Bis Mitte 20 hat jemand mit einer Berufsausbildung schon eigenes Geld verdient – nicht unbedingt eine große Menge, aber insgesamt viel mehr, als wenn man studiert (es sei denn, man hat sich für ein kombiniertes duales Studium entschieden). Wenn man dann genauer hinschaut, sieht man, dass das Einstiegsgehalt von Menschen mit Hochschulabschluss nicht viel höher ist als das Gehalt, das jemand mit Berufsausbildung bekommt, der dann schon Berufserfahrung hat. So kommt es, dass Menschen mit Berufsausbildung Mitte bis Ende 20 schon meist weiter sind, was „klassische" Dinge angeht wie ein eigenes Auto, Hausbau und Familiengründung. Gehaltstechnisch holen Akademiker aber schnell auf; so steigt mit der Berufserfahrung das Gehalt schnell an. Ab Anfang/Mitte 30 steigen viele dann auch in erste verantwortliche Positionen auf. Mit dieser Karriere steigt das Gehalt kontinuierlich an, sodass in der zweiten Hälfte der Erwerbstätigkeit ein durchschnittlich deutlich höheres Jahresgehalt zu verzeichnen ist. Dadurch wird der anfängliche „Verlust" durch die Studienzeit mehr als ausgeglichen. Es handelt sich hierbei jedoch um Durchschnittsgehälter. Jemand mit einer Berufsausbildung, Berufserfahrung und einschlägigen Fachweiterbildungen kann durchaus auch sehr gute bis sehr hohe Gehälter und Einnahmen erzielen. Und es gibt auch einige Hochschulabsolventen, die Jobs nachgehen, in denen ihr Gehalt lediglich auf dem Niveau von jemandem mit Ausbildung liegt – je nach Branche sogar vielleicht darunter. Dennoch zeigt die Statistik klar, dass Berufe, die einen akademischen Abschluss verlangen, meist besser bezahlt werden bzw. dass ein Hochschulstudium in Deutschland zumeist karriereförderlich ist. Über den aktuellen Arbeitsmarkt für Akademiker*innen kann man sich gut bei der Bundesagentur für Arbeit (Publikationstitel der Reihe: Arbeitsmarkt für Akademiker) informieren. Informationen gerade auch*

Durchschnittliche Brutto-Jahresentgelte nach Lebensalter und höchstem Bildungsabschluss

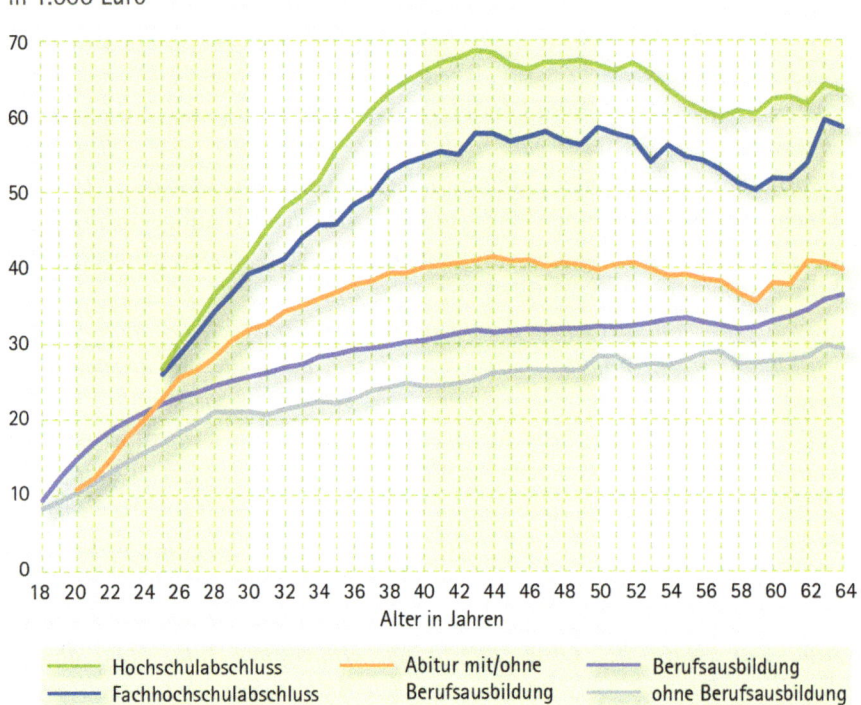

Abb. 2.2 Berechnungen des Instituts für Arbeitsmarkt und Berufsforschung (IAB) auf Basis der Stichprobe der Integrierten Arbeitsmarktbiografien (SIAB); IAB-Kurzbericht Nr. 1/2014. (© IAB Institut für Arbeitsmarkt und Berufsforschung)

für Geistes- und Sozialwissenschaftler findet man in den Publikationen des Wissenschaftsladens Bonn (www.wila-arbeitsmarkt.de).

Wenn du konkret nach Durchschnittsgehältern in bestimmten Branchen suchst, bieten sich folgende Seiten an: www.lohnspiegel.de, www.gehalt.de, entgeltatlas.arbeitsagentur.de.

Vergiss jedoch nicht: Es handelt sich um Durchschnittsgehälter, und es gibt große regionale und auch Branchenunterschiede. Zudem spielt der Grad der Spezialisierung eine Rolle. So verdient ein normaler Anwalt weit weniger als den angegebenen Durchschnitt, der von Spitzenverdienern wie Fachanwältinnen in großen Kanzleien hochgezogen wird.

- ich bereits innerhalb von drei, dreieinhalb, höchstens vier Jahren ein Bachelorstudium absolvieren kann und es damit auch nicht viel länger dauert als eine Ausbildung. Ein Masterstudium dauert mit zwei Jahren dann ähnlich lange wie wichtige Weiterqualifizierungen (z. B. Meister oder Techniker) in Ausbildungsberufen.
- ich meinen Horizont erweitern möchte (neue Ideen, neue Stadt, neue Leute, andere Kulturen und Länder entdecken) und mich damit selbst stark weiterentwickeln kann. Das ist mit einer Ausbildung in der Heimatstadt schwieriger, da man doch sehr in den vertrauten Kreisen und Umgebungen bleibt.
- es sich langfristig immer lohnt, in Bildung zu investieren, und es mich als Person weiterbringt. Ich habe durch Bildung auch die Chance, aus meiner sozialen Herkunft auszubrechen und vielleicht als erste Akademikerin ein Vorbild für andere (z. B. Geschwister oder eigene Kinder) zu sein.

Wenn du über eine Ausbildung nachdenkst, so gibt es ebenfalls einige sehr gute Gründe, die für eine duale Berufsausbildung sprechen. Auch hier habe ich zehn Gründe zusammengetragen. Prüfe, welche dich überzeugen.

Ich mache eine Ausbildung, weil ...

- ich Interesse am praktischen Tun habe. Wenn du genug vom reinen Theorielernen hast, bekommst du hier konkrete Anwendungen.
- ich großes Interesse an einem konkreten Berufsbild habe und mir gut vorstellen kann, genau diesen Beruf auszuüben.
- ich früh mein eigenes Geld verdienen möchte.
- die Berufsausbildung in Deutschland von hoher Qualität ist und von Arbeitgebern im In- und Ausland hoch angesehen ist.
- ich zunächst praktische Erfahrungen sammeln möchte, bevor ich mich weiterbilde.
- ich einen guten Eindruck von einem Ausbildungsunternehmen habe und dort gerne arbeiten möchte.
- ich mir vorstellen kann, mich in dem Beruf weiterzuentwickeln, und mit den entsprechenden Weiterbildungsabschlüssen gute Karrierechancen habe.
- ich meine Heimat für ein Studium nicht so schnell verlassen möchte.
- mein Traumberuf eine Ausbildung (und kein Studium) voraussetzt.
- die Ausbildung praxisrelevante, spannende und zukunftsorientiere Inhalte und Zusatzqualifikationen zu bieten hat.

Übung 2.5: Gründe für das Studium/die Ausbildung
Notiere noch mal in eigenen Worten die Gründe, die dich überzeugt haben. Gerne kannst du auch noch weitere Gründe ergänzen.

Warum willst du eigentlich studieren? Warum willst du eine Ausbildung machen?

✎
___
___
___

Was erwartest du vom Studium? Was erwartest du dir von einer Ausbildung?

✎
___
___
___

Information: Erfahrungen sammeln nach dem Abitur
Auf der Zeitschiene habe ich es schon angedeutet: Bevor das Studieren losgeht, gibt es noch eine Vielzahl von Möglichkeiten, die einem in der Pause zwischen Abitur (Mai) und Studienbeginn (September/Oktober) offenstehen. Dazu habe ich als Intro auch ein kleines Video erstellt (Abb. 2.3).

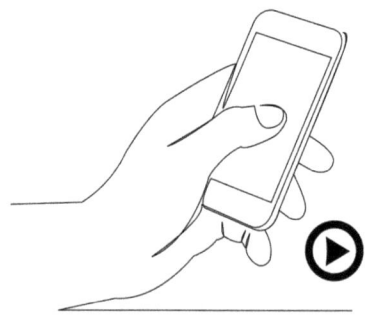

Abb. 2.3 Video zu Optionen für den Gap. (Bild: © nasharaga/stock.adobe.com) (▶ https://doi.org/10.1007/000-9p4)

Viele machen auch erst einmal ein Jahr (bzw. ein halbes Jahr) etwas anderes, um neue Erfahrungen zu sammeln oder um sich mehr Zeit für ihre Entscheidung zu nehmen. Hier findest du ein paar Optionen, über die du nachdenken kannst. Manche sind echt sinnvolle Optionen zur Studienvorbereitung (teilweise sogar Pflicht), andere sind auch einfach nur Belohnungen nach dem Abiturstress. Du kannst Angenehmes mit Nützlichem verbinden. Du kannst im Sinne des Prototyping (vgl. Abschn. 9.5, Übung 9.24) einfach mal Ideen ausprobieren. Und du musst natürlich nicht nur Sinnvolles tun. Man muss nicht unbedingt wie alle nach Australien, man kann auch hier chillen oder coole Dinge erleben. Vielleicht bringt einen der fachliche Nebenjob in Deutschland sogar weiter als *Work and Travel* in Australien. Hier ein paar Ideen für dein *gap* bzw. *gap year*:

- Arbeiten in Deutschland:
  - vorgeschriebene Praktika für das Studium (Vorpraktika)
  - freiwillige Praktika
  - Ferien- und andere Jobs
- Freiwilligendienste in Deutschland:
  - freiwilliger Wehrdienst, www.bundeswehr-karriere.de
  - Bundesfreiwilligendienst, www.bundesfreiwilligendienst.de
  - Freiwilliges Soziales, Kulturelles oder Ökologisches Jahr, www.bundesfreiwilligendienst.de/fsj-freiwilliges-soziales-jahr/, www.freiwilligendienste-kultur-bildung.de, https://foej.de/

Reisen und Arbeiten im Ausland:

- Freiwilligendienst im Ausland (Europäischer Freiwilligendienst go4europe.de, Entwicklungspolitischer Freiwilligendienst „weltwärts" www.weltwaerts.de, Kultureller Jugendfreiwilligendienst „kulturweit" www.kulturweit.de, internationaler Jugendfreiwilligendienst, Anderer Dienst im Ausland, Friedensdienst, www.go-out.de). Weitere geförderte Freiwilligendienste sind: Internationaler Jugendfreiwilligendienst (IJFD), Europäisches

Solidaritätskorps (ESK, https://europa.eu/youth/home_de) und Erasmus+ Jugend in Aktion (www.jugend-in-aktion.de), United Nations Volunteers. Im christlichen Bereich sind noch zu nennen: Diakonisches Jahr im Ausland (DJiA) und Missionar auf Zeit (MAZ). Weitere Seiten für Freiwilligendienste: www.ijgd.de, www.ijab.de, www.webforum-jugend.de, www.oneworld-jobs.org, www.afs.de

- Au-pair (www.au-pair-vij.org oder www.au-pair-agenturen.de). Achte darauf, dass deine Organisation der Au-Pair Society oder Gütegemeinschaft Au-Pair angehört bzw. das RAL-Gütezeichen Au-Pair trägt. Das sind Hinweise auf die Beachtung von Qualitätsstandards und Seriosität: www.au-pair-society.org
- Work and Travel (www.work-and-travel.de). Work & Travel ist vor allem in ökonomisch stärkeren Ländern eine Option, die entsprechende Visa-Regelungen haben; dies sind vor allem: USA, Kanada, Australien, Neuseeland. Hinzu kommt durch die Freizügigkeit eigentlich noch die gesamte EU. Weitere potenzielle Länder sind: Argentinien, Chile, Hongkong, Israel, Japan, Südkorea, Taiwan, Uruguay
- Arbeiten im Ausland. Typische Jobs im Ausland sind die Arbeit als Animateur oder Jugendcampbetreuer sowie Aushilfstätigkeiten im Hotel- und Gastronomiegewerbe. (Die Zentrale Auslands- und Fachvermittlung der Bundesagentur ist auch hierfür eine gute Anlaufstation www.zav.de.)
- Praktikum im Ausland (carl-duisberg-auslandspraktikum.de, https://www.daad.de/de/im-ausland-studieren-forschen-lehren/praktika-im-ausland/, AISEC)
- Wwoofing – Worldwide working on organical Farms (www.wwoof.net, www.oekojobs.de, workaway)
- Projekte und Camps: www.projects-abroad.de, Internationale Jugendbegegnungen, Workcamps (www.workcamps.org), Jugendaustausch (Lions Club, Rotary Club); Austausch über die Jugendwerke (Deutsch-Französisch, Deutsch-Griechisch, Deutsch-Polnisch, Deutsch-Tschechisch, Deutsch-Israelisch, Deutsch-Russisch usw.))
- Sprachreisen (Checkliste Sprachreisen: www.fdsv.de, Sprachreisestipendium: WELTBÜRGER-Stipendium)

Einfach Reisen (z. B. mit Stipendium, https://www.zis-reisen.de/start/, Reisestipendien des Deutsch-Französischen Jugendwerks DFJW oder bewerben für das neue Interrail-Angebot der Europäischen Union, www.youdiscover.eu). Einen guten Überblick gibt es auf: www.weltweiser.de oder www.rausvonzuhaus.de. Weitere Anbieter mit Überblick über mehrere Optionen: www.interconnections.de, www.travelworks.de

Sehr hilfreich können auch Messen zu Auslandsaufenthalten für junge Menschen sein. Hier kannst du verschiedene Anbieter und Angebote direkt kennenlernen, zwei Varianten sind die Messen „Auf in die Welt" (https://www.aufindiewelt.de/messen), die Jugendbildungsmessen (https://weltweiser.de/jugendbildungsmessen/) oder das Auslandsforum (https://auslandsforum.weltweiser.de/).

Gut zusammengestellte Informationen bieten auch die verschiedenen Seiten der Bundesagentur für Arbeit: https://abi.de/unterstuetzung/ueberbrueckungsmoeglichkeiten, https://www.arbeitsagentur.de/bildung/zwischenzeit/ins-ausland-gehen, https://www.arbeitsagentur.de/bildung/zwischenzeit/freiwilligendienst-leisten, https://studienwahl.de/orientieren/zwischenzeit

Tolle Erfahrungsberichte findest du auf: e-fellows.net: https://www.e-fellows.net/Studium/Schule-Abi-und-dann-studieren/Freiwilligendienst-Au-pair-Co. Ein Podcast mit Berichten zu den verschiedenen Varianten ist beim Studienkompass verfügbar: https://www.studienkompass.de/podcast/. Hier findest du Berichte zu: „Work & Travel, FÖJ, Au Pair in England, BFD Kultur, Raus in die Welt mit weltweiser, FSJ in Uganda, Praxissemester in Ecuador, Auslandssemester in den USA, FSJ am Universitätsklinikum Würzburg, Mit Reisestipendium in Andalusien"

Kapitel-Check
- Du weißt jetzt, wo du dich bei deiner Berufs- und Studienwahl befindest: am Anfang, mittendrin oder in der Detailklärung.
- Du weißt auch, ob du noch entspannt Zeit oder ein bisschen mehr Druck hast.
- Du weißt, mit welchen Fragen du dich beschäftigen willst und was ein nächstes Ziel sein könnte.
- Du hast schon mal ein paar gute Gründe für und Vorstellungen über mögliche Ausbildungsschritte gesammelt.
- Vielleicht gibst du dir selbst ein wenig mehr Zeit für die Suche, indem du ein sinnvolles *gap year* planst.

Mit diesen Vorüberlegungen bist du gut gerüstet, um mit dem nächsten Schritt zu starten, nämlich der Reflexion deiner Interessen und Ziele.

3

Eigene Ziele, Werte und Interessen erforschen

Die nächsten Übungen regen dazu an, über die eigenen Ziele und Werte im Leben nachzudenken. Anschließend beschäftigen wir uns konkreter mit den allgemeinen Aspekten, die dir für deinen Beruf wichtig sind (berufliche Werte). Zum Abschluss des Kapitels geht es um deine inhaltlichen Interessen. Alle drei sind wichtige Aspekte, die du bei deiner Studien- und Berufswahl mit einbeziehen solltest. Die ersten Übungen zu den Werten sind manchmal als Einstieg ein wenig abstrakt, wenngleich ich sie sehr wichtig finde. Du kannst dich, wenn du willst, auch als Erstes mit den Interessen beschäftigen. Sie bilden zumeist den wichtigsten Ausgangspunkt auf der Suche nach einem passenden Studienfach oder Beruf.

3.1 Werte

Übung 3.1 Gedankenexperiment – Rückblick aus der Zukunft
Bevor wir uns konkret mit dem Vergleich verschiedener Berufs- und Studienoptionen beschäftigen, ist es sinnvoll, den Blick noch einmal auf das große Ganze zu werfen: dein ganzes Leben, in das sich die Berufsentscheidung als ein Element einfügt. Hast du Lust, dich auf eine spannende Reise zu begeben,

---

Ergänzende Information Die elektronische Version dieses Kapitels enthält Zusatzmaterial, auf das über folgenden Link zugegriffen werden kann [https://doi.org/10.1007/978-3-662-66362-2_3]. Die Videos lassen sich durch Anklicken des DOI-Links in der Legende einer entsprechenden Abbildung abspielen, oder indem Sie diesen Link mit der SN More Media App scannen.

dir größere Fragen zu stellen? Dann lehn dich zurück, lass dich auf das folgende Experiment ein und lass deine Gedanken fließen.

Geh auf eine gedankliche Reise: Du bist jetzt in deiner letzten Lebensphase angekommen. Du bist jetzt Oma/Opa, seit ein paar Jahren in Rente und so richtig im Ruhestand angekommen. Du sitzt in deinem Lieblingssessel, vielleicht auch in einem Schaukelstuhl auf der Veranda. Du hast richtig Muße und freie Zeit. Im Moment stresst dich nichts. Du hast vielleicht eine Tasse Tee oder ein Glas Wein in der Hand. Du denkst über dein ganzes Leben nach, was alles gewesen ist, was du erlebt hast. Du stellst dir die Frage: Worauf bin ich stolz in meinem Leben? Was macht mich zufrieden und glücklich?

Was sind deine ersten Bilder und Gedanken, die dir in den Sinn kommen? (notier Stichwörter und Eindrücke.)

_____
_____
_____

Stell dir nun, immer noch gedanklich als zukünftige/r Oma/Opa, die folgenden Fragen:
Worin war ich erfolgreich, worauf bin ich stolz?

_____
_____
_____

3 Eigene Ziele, Werte und Interessen erforschen

Was war mein glücklichster beruflicher Moment?

✎ _____
_____
_____

Was war mein glücklichster privater Moment?

✎ _____
_____
_____

Welche Menschen waren mir wichtig? Für welche Menschen war ich wichtig?

✎ _____
_____
_____

Was war mir noch wichtig: welche Themen, welche Dinge?

✎ _____
_____
_____

Was war mein Beitrag zur Gesellschaft?

_____
_____
_____

Wenn du auf deine Antworten und Gedanken schaust, kannst du vielleicht ein paar Werte und Grundsätze benennen, die für dich und dein Leben wichtig sind.

_____
_____
_____
_____
_____

Überleg nun, inwiefern und warum diese auch für deine Berufs- und Studienentscheidung wichtig sein können.

_____
_____
_____

Information: *Ikigai* – Glück und Sinn im Leben
In der japanischen Tradition gibt es den Ausdruck *Ikigai*. Dieser steht als Konzept für den Sinn des Lebens bzw. für die Freude und Kraft, die man daraus zieht, etwas gefunden zu haben, für das es sich zu leben lohnt (Begriff einfach mal googeln). Die Frage dahinter beschäftigt schon seit Jahrhunderten viele Menschen. Antworten, die viele Menschen teilten und teilen, finden sich

in vielen Religionen wieder. Unsere Herkunft, Familie, Kultur und Religion prägen das, was wir für sinnvoll erachten. Du musst selbst schauen, welchen Sinn du deinem Leben gibst. Da helfen kluge Sprüche wie „Es ist nicht wichtig, dem Leben mehr Tage, sondern den Tagen mehr Leben zu geben" oder „Der Sinn des Lebens ist es, dem Leben einen Sinn zu geben" nicht so richtig weiter. Dennoch ist eben diese Suche eine wichtige Antriebskraft für das Leben. Eine befriedigende Tätigkeit zu finden ist ein Aspekt davon. In der vorangegangenen Übung hast du aber bestimmt noch weitere Themen gestreift, die für ein sinnvolles Leben wichtig sind. Innerhalb der Glücksforschung (ja, so was gibt es, ebenso wie die Sinnforschung: www.sinnforschung.org) wurden verschiedenste Bereiche ausgemacht, die Menschen Glück und Sinn in ihrem Leben geben (z. B. Layard und Neubauer 2005 oder: https://www.ted.com/talks/robert_waldinger_what_makes_a_good_life_lessons_from_the_longest_study_on_happiness?). Dabei werden zum einen wichtige Menschen und die Qualität unserer Beziehungen genannt (das soziale und familiäre Umfeld), zum anderen auch eine befriedigende Arbeit, darüber hinaus noch Gesundheit, finanzielle und allgemeine Sicherheit und persönliche Freiheit und nicht zuletzt eine eigene Einstellung zu existenziellen philosophischen Fragen (z. B. eine religiöse Einstellung).

Du wirst in deinem Leben immer wieder neue Antworten auf die Sinnfrage finden. Jedoch werden sich bestimmte Aspekte wie ein roter Faden durchziehen. Mal sehen, was dein Ich in 10, 15 oder 30 Jahren über deine heutigen Überlegungen denkt. Mit der Berufs- und Studienwahl allein beantwortet man die Frage nach dem Sinn nicht, das wäre zu hoch aufgehängt. Aber ganz im Sinne von *Ikigai*, der Suche nach etwas, wofür es sich aufzustehen lohnt, kannst du versuchen, ein paar Gedanken miteinander zu verbinden. Diese liefern dir auch Hinweise zur Berufs- und Studienwahl. Aus dem, was dir wichtig ist und was gut für andere Menschen bzw. die Welt als Ganzes ist, kannst du deine Mission, deinen Auftrag ableiten. Aus dem, was gebraucht

Abb. 3.1 Video zum Thema Werte in der Berufs- und Studienwahl. (Bild: © nasharaga/stock.adobe.com) (▶ https://doi.org/10.1007/000-9p9)

wird, und dem, was du kannst, ergeben sich konkrete berufliche Optionen. Und das, was du gut kannst und was dir wichtig ist, bildet deine Leidenschaft. Alles zusammen ergibt dein *Ikigai*.

Warum Werte wichtig für die Berufs- und Studienwahl sind und wie das Ikigai-Modell aufgebaut ist, kannst du dir auch in meinem Video erklären lassen (Abb. 3.1).

Übung 3.2: Existenzielle Frage

Dir waren die Fragen noch nicht schwer genug? Du willst noch tiefer schürfen? Dann unternimm noch ein weiteres Gedankenexperiment.

Was soll dein bester Freund oder deine beste Freundin über dich bei deiner Beerdigung sagen?

_____

_____

_____

Okay, ich gebe zu: kein leichter Einstieg. Du wolltest doch nur wissen, was du nach der Schule mal machen sollst, und nicht gleich alle Fragen des Lebens beantworten. Aber ich finde die Frage spannend. Es lohnt sich, darüber nachzudenken.

Vielleicht jedoch noch mal ein Start mit einer leichteren Übung. Du darfst kreativ spinnen.

Übung 3.3: Fünf Leben

Wenn du fünf Leben leben dürftest und du dir aussuchen könntest, welche – was würdest du wählen? Du darfst dabei auch völlig verrückt sein. Was würde dich reizen? Ein Frosch zu sein oder ein Vogel? Ein berühmter Künstler oder Wissenschaftler? Eine Pflanze? Jemand vom anderen Geschlecht? Sportler oder Politiker? Deiner Fantasie sind keine Grenzen gesetzt. Du darfst all deine Träume, vielleicht auch deine Kindheitsträume wahr machen. Wer möchtest du sein? Mit wem möchtest du tauschen? Falls du den Film kennst: Wähl deinen Platz in der Matrix.

Schreib als Erstes deine fünf Leben auf.

Leben 1

_____

Leben 2

_____

Leben 3

_____

Leben 4

_____

Leben 5

🖊
_____

Wenn dir nicht so viel einfällt, kannst du dich auch fragen: Wer sind meine Vorbilder? Und warum?

Notier anschließend, was sich hinter den Ideen verbirgt. Warum hast du diese Leben gewählt?

Leben 1

🖊
_____

Leben 2

🖊
_____

Leben 3

🖊
_____

Leben 4

🖊
_____

Leben 5

🖊
_____

Überleg anschließend: Was von diesem Leben lebe ich jetzt schon?
Leben 1

_____

Leben 2

_____

Leben 3

_____

Leben 4

_____

Leben 5

_____

Und als letzter Schritt: Was von diesem Leben könnte ich wirklich in dem einen Leben erreichen, das mir gegeben ist? Welche ähnlichen Dinge kann ich tun, und welche Erfahrungen kann ich vielleicht machen?
Leben 1

_____

Leben 2

🖉
_____

Leben 3

🖉
_____

Leben 4

🖉
_____

Leben 5

🖉
_____

Leider kann man sich nicht einfach so Leben auswählen wie Avatare in einem Computerspiel. Aber noch mal ernsthaft, vielleicht auch als Zusammenfassung deiner fünf Leben: Was würdest du tun, wenn du dir ganz sicher wärst, damit nicht zu scheitern?

🖉
_____

_____

_____

In der nächsten Übung geht es darum herauszufinden, wie du Prioritäten setzt. Viele Dinge sind wichtig, die Frage ist: Was ist dir am wichtigsten? Wie entscheidest du? Wenn du deine Prioritäten kennst, kannst du hinterher prüfen, inwieweit der gewählte Beruf zu deinen Prioritäten passt oder ob du harte

Abstriche machen musst. Hört sich abstrakt an, muss es aber nicht sein. Zur Motivation schnapp dir eine Tüte Gummibärchen (oder Smarties) oder was du gerade zur Verfügung hast und mach die Übung.

Übung 3.4: Werte und Prioritäten bestimmen mit Gummibärchen

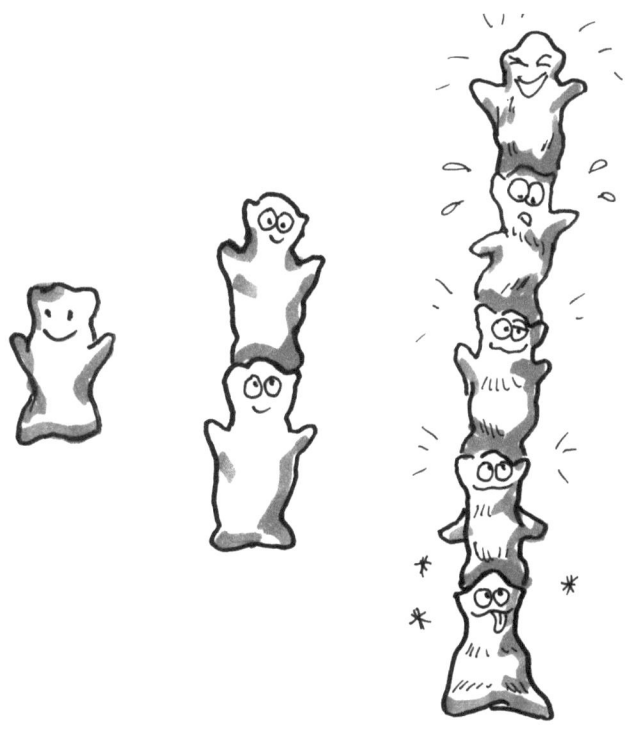

Deine Ressourcen sind begrenzt. In dieser Übung stehen dir 20 Gummibärchen als Gesamtressourcen zur Verfügung. Diese stehen für deine tägliche Zeit und Kraft, die du einsetzen kannst. Überleg dir, wie du deine Zeit und Kraft einsetzen willst, indem du die Gummibärchen auf die Tabelle verteilst. Je mehr Gummibärchen du einsetzt, desto wahrscheinlicher ist es, dass du das Ziel bzw. den Wert erreichst. Unsere grundlegenden Werte sind Überzeugungen, die uns im Leben leiten, oder Bereiche, die uns besonders wichtig sind. Manche davon sind uns wichtiger als andere. Für jedes Ziel/jeden Wert kannst du bis zu 5 Gummibärchen einsetzen.

Ziel/Wert	1	2	3	4	5
Lernen und Beruf (Kompetenzentwicklung und Karriere)					
Berufliches Netzwerk (Kontaktpflege mit Geschäftspartnern, Kollegen)					
Zeit für die Familie (Eltern, Geschwister, später eigene Kinder)					
Zeit für Partnerschaft/Beziehung					
Zeit für Freunde und Feiern					
Zeit für Sport und Gesundheit					
Zeit für Schlaf und Entspannung					
Hobbys und Zeit für sich selbst					
Soziales/politisches Engagement					
Religiosität/Spiritualität/Lebensphilosophie					

Wenn du deine Verteilung abgeschlossen hast, kannst du die Übung noch verschärfen: Im Leben gibt es immer Dinge und Vorfälle, die unsere Ressourcen einschränken – in diesem Fall werden deine Ressourcen halbiert. Du hast nur noch 10 Gummibärchen. Reduzier deine verteilten Gummibärchen um 10 (indem du sie aufisst). Welche interessanten Verschiebungen in den Prioritäten ergeben sich daraus? Wie hast du deine Entscheidungen getroffen?

Hier wird deutlich, was dir wirklich wichtig ist. Beachte dies bei der Entscheidung in beruflichen Situationen. Die Prioritäten verschieben sich manchmal im Leben – du kannst diese Übung nutzen, um dir immer wieder deine Prioritäten klar zu machen. Du kannst die Ziele/Werte in der Liste auch gerne durch eigene ersetzen oder ergänzen (wobei Letzteres die Sache nicht leichter macht). Ideen zu weiteren und eigenen Werten bekommst du in den nächsten Übungen. Inwieweit deine Werte und deine Prioritäten zu dem Beruf bzw. in die berufliche Realität passen, kannst du prüfen, indem du mit Menschen sprichst, die schon im Berufsleben stehen und diesen Beruf ausüben. Frag deine Eltern, die Eltern deiner Freunde oder Freunde deiner Eltern, wie sie die Gummibärchen verteilen würden und ob und wie das mit ihrem Beruf vereinbar ist. Auch in den Videos von berufe.tv oder whatchado.de, auf die wir später noch zurückkommen werden, kannst du erahnen, welche Prioritäten bestimmte Berufsfelder verlangen. Du kannst diese Übung in deinem Leben immer mal wieder durchspielen – vor allem, wenn du ein diffuses Gefühl hast, unzufrieden damit zu sein, wie es gerade läuft. Außerdem ist sie eine gute Entschuldigung zum Naschen. Ganz ohne Kalorien kommt die Übung in der App aus: Dort kannst du digitale Gummibärchen verteilen.

Übung 3.5: Wertesystem

Ich habe eben schon erklärt, dass unsere grundlegenden Werte Überzeugungen sind, die uns im Leben leiten. Manche davon sind uns wichtiger als andere. Wir wollen uns im Folgenden ansehen, was dir besonders wichtig ist.

Wenn uns Werte wirklich leiten, dann können wir sie doch am besten an unserem Handeln sehen (und weniger an unseren Absichtserklärungen). Deswegen stell dir vor, du müsstest eine Jahresbilanz darüber aufstellen, nach welchen Werten du im vergangenen Jahr gelebt hast. Geh die folgende Liste durch und notier jeweils, wie wichtig dir der Wert im vergangenen Jahr war (Skala von 1 = unwichtig bis 5 = wichtig). Stell dir vor, du müsstest zu jeder Einschätzung eine konkrete Begebenheit benennen, eine Geschichte erzählen, wo dieser Wert zum Ausdruck kam. Notier dir ein bis zwei Stichpunkte zu dieser Geschichte. Überleg dir auch, wann und wie oft du weniger im Sinne dieses Wertes gehandelt hast. Vielleicht musst du deine erste Einschätzung auch noch mal korrigieren.

Bei der Liste habe ich mich an den universalistischen Werten orientiert, die der Forscher Shalom H. Schwartz mit seinem Team aus diversen Befragungsstudien abgeleitet hat (verständliche Quelle zum Nachlesen: Stangl 2017). Ich habe versucht, die Begriffe möglichst verständlich zu beschreiben, und auch teilweise noch ähnliche oder alternative Begriffe ergänzt. Damit sind sicherlich viele, aber nicht alle Werte erfasst, die Menschen wichtig sind. Vielleicht sind es auch nicht die Begriffe, die du benutzen würdest. Du kannst gerne noch weitere Werte ergänzen. Eine gute Übersicht, die auch Definitionen enthält, findest du auf der Seite www.wertesysteme.de/alle-werte-definitionen.

- **Selbstbestimmtes und nonkonformes Denken:** Mir ist es wichtig, mir selbst Gedanken zu machen und mir eine eigene Meinung zu bilden. Auch abweichende und ungewöhnliche Ideen sind mir wichtig.

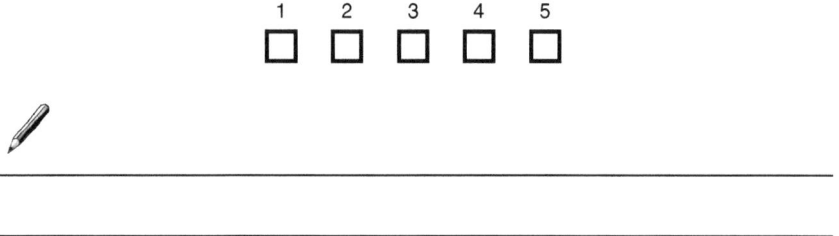

- **Freiheit und selbstbestimmtes Handeln:** Mir ist es wichtig, dass vor allem ich selbst mein Handeln bestimme. Ich möchte möglichst frei und unabhängig sein.

   1 2 3 4 5
   ☐ ☐ ☐ ☐ ☐

- **Neugier und Anregung:** Es ist mir wichtig, mir immer neue Themen, Anregungen und Herausforderungen zu suchen. Ich schätze neue Erfahrungen von Abenteuern bis hin zu intellektueller Stimulation. Es ist mir wichtig, neue und innovative Dinge zu erschaffen. Kreativität spielt eine große Rolle für mich.

   1 2 3 4 5
   ☐ ☐ ☐ ☐ ☐

- **Aktivität und Lebenskraft:** Es ist mir wichtig, nicht zum Stillstand zu kommen. Ich habe einen starken Bewegungsdrang und schätze Sport und Anstrengung.

   1 2 3 4 5
   ☐ ☐ ☐ ☐ ☐

3 Eigene Ziele, Werte und Interessen erforschen 47

- **Streben nach Genuss (Hedonismus):** Es ist mir wichtig, das Leben sinnlich zu genießen. Schmecken, Riechen, Tasten, Sehen und Hören auf unterschiedlichste Art und Weise sind mir ein Genuss. Spaß und Freunde sind wichtig, ebenso die schönen Dinge und die Ästhetik.

  1   2   3   4   5
  ☐   ☐   ☐   ☐   ☐

  _____
  _____

- **Erfolg und Anerkennung/Ruhm:** Mir ist es wichtig, erfolgreich zu sein und von anderen Anerkennung zu bekommen.

  1   2   3   4   5
  ☐   ☐   ☐   ☐   ☐

  _____
  _____

- **Macht und Verantwortung:** Es ist mir wichtig, die Dinge und konkret auch andere Menschen zu beeinflussen. Ich möchte, dass mein Wort etwas gilt, und bin bereit, Verantwortung zu übernehmen.

  1   2   3   4   5
  ☐   ☐   ☐   ☐   ☐

  _____
  _____

- **Reichtum und materielle Ressourcen:** Mir ist es wichtig, immer genügend Sach- und Finanzmittel zu haben. Das gibt mir ein Gefühl von Macht, Sicherheit und Kontrolle.

  1 2 3 4 5
  ☐ ☐ ☐ ☐ ☐

  ✎
  _____
  _____

- **Ansehen und Image:** Mir ist es wichtig, was andere über mich denken. Ich will mein (positives) Image nicht verlieren.

  1 2 3 4 5
  ☐ ☐ ☐ ☐ ☐

  ✎
  _____
  _____

- **Ruhe und persönliche Sicherheit:** Mir ist es wichtig, dass in meinem persönlichen nahen Umfeld Ruhe, Harmonie und Sicherheit herrschen.

  1 2 3 4 5
  ☐ ☐ ☐ ☐ ☐

  ✎
  _____
  _____

- **Gesellschaftliche Sicherheit und Stabilität:** Es ist mir wichtig, in einem sicheren Land zu leben, in dem das politische System vor allem stabil bleibt.

  1 2 3 4 5
  ☐ ☐ ☐ ☐ ☐

  ✎
  _____
  _____

- **Tradition:** Es ist mir wichtig, auf kulturelle oder familiäre bzw. religiöse Traditionen zu achten und diese zu bewahren.

    1 2 3 4 5
    ☐ ☐ ☐ ☐ ☐

    ✎ _____
    _____

- **Rechtschaffenheit:** Es ist mir wichtig, gesellschaftliche Regeln, Pflichten und Gesetze zu befolgen. Tugenden wie Disziplin und Fleiß, Pünktlichkeit, Ordnung und Höflichkeit sind mir sehr wichtig.

    1 2 3 4 5
    ☐ ☐ ☐ ☐ ☐

    ✎ _____
    _____

- **Anpassung und Sanftmut:** Es ist mir wichtig, niemanden zu verärgern oder ihm Schaden zuzufügen; eher passe ich mich an und wirke beruhigend auf ihn/sie ein.

    1 2 3 4 5
    ☐ ☐ ☐ ☐ ☐

    ✎ _____
    _____

- **Bescheidenheit und Demut:** Es ist mir wichtig, meinen Platz zu kennen; ich will nicht nach mehr streben, als mir zusteht. Ich will dort meinen Dienst tun.

| 1   2   3   4   5 |
| ☐   ☐   ☐   ☐   ☐ |

✎
_____

_____

- **Fürsorge und Familie:** Es ist mir wichtig, dass es denen, die mir nahestehen, gut geht.

| 1   2   3   4   5 |
| ☐   ☐   ☐   ☐   ☐ |

✎
_____

_____

- **Nächstenliebe und Mitgefühl:** Es ist mir wichtig, meinen Nächsten zu lieben wie mich selbst. Empathie und Mitgefühl mit anderen sind mir wichtig.

| 1   2   3   4   5 |
| ☐   ☐   ☐   ☐   ☐ |

✎
_____

_____

- **Verlässlichkeit und Ehrlichkeit:** Es ist mir wichtig, in den Kreisen und Gruppen, in denen ich mich bewege, als vertrauenswürdig, verlässlich und ehrlich zu gelten. Auch (ungeschriebene) Gesetze der Ehre möchte ich einhalten, zum Beispiel Loyalität und Treue.

| 1   2   3   4   5 |
| ☐   ☐   ☐   ☐   ☐ |

✎
_____

_____

- **Gleichheit und Gerechtigkeit:** Es ist mir wichtig, mich für gesellschaftliche Belange wie Gleichheit, Gerechtigkeit und Schutz der Menschen, die sich nicht schützen können, einzusetzen.

    1   2   3   4   5
    ☐   ☐   ☐   ☐   ☐

    ✎ _____

    _____

- **Umweltschutz und Nachhaltigkeit:** Es ist mir wichtig, die Umwelt, Natur/Schöpfung zu bewahren. Nachhaltigkeit ist eine Leitlinie meines Handelns.

    1   2   3   4   5
    ☐   ☐   ☐   ☐   ☐

    ✎ _____

    _____

- **Toleranz und Akzeptanz:** Es ist mir wichtig, die Andersartigkeit anderer anzuerkennen, ihnen zuzuhören und sie verstehen zu wollen.

    1   2   3   4   5
    ☐   ☐   ☐   ☐   ☐

    ✎ _____

    _____

Für alle diese Werte gibt es gute Argumente; sie alle sind vielen Menschen wichtig. Vielleicht fiel es dir schwer, Abstufungen zu machen. Ich mache es dir noch schwerer: Du sollst nun in einem zweiten Schritt noch mal eine Auswahl treffen. Welche dieser Werte sind dir oder sollen dir in deinem Leben besonders wichtig sein? Wie definierst du diese Werte? Wie willst du das, was du beschrieben hast, in Zukunft erreichen? Dabei helfen auch deine Belege und Beispiele von Erfahrungen aus dem letzten Jahr. Manchmal ist es auch hilfreich zu überlegen, wer in deiner Umgebung diese Werte teilt und wer dein Vorbild für diese Werte ist. Auch das bringt dich auf konkrete Ideen, wie sich dieser Wert im praktischen Handeln zeigt. Überlege anschließend, welchen Einfluss die Studien- und Berufswahl auf die Erfüllung dieser Werte hat. So verspricht ein Beruf wie Staatsanwalt ein gewisses Ansehen und Macht, während für einen Sozialarbeiter vielleicht gesellschaftliche Belange und Fürsorge im Mittelpunkt stehen. Als Selbstständiger habe ich größere Freiheiten, dafür vielleicht als Verwaltungsangestellter mehr Jobsicherheit. Ein Beruf trägt im besten Fall zur Erfüllung der Werte bei. Er sollte zumindest nicht das Gegenteil von dir verlangen. Es ist aber auch völlig okay, bestimmte Werte primär im Privaten, in der Familie oder im Rahmen eines ehrenamtlichen Engagements zu verfolgen.

Schreib zu deinen fünf wichtigsten Werten auf, erstens, welche Bedeutung dieser Wert für dich hat, wie du ihn definierst, zweitens, wie du ihn erreichen möchtest, und drittens, ob es Berufe gibt, in denen du diesen Wert besonders einbringen kannst, in denen er wichtig ist.

Wert 1

_____

_____

_____

_____

Wert 2

_____

_____

_____

_____

Wert 3

_____
_____
_____
_____

Wert 4

_____
_____
_____
_____

Wert 5

_____
_____
_____
_____

Values in Action
Wenn du dich noch weiter mit dem Thema Werte und Persönlichkeit auseinandersetzen möchtest empfehle ich dir den Test „Values in Action". Dabei werden Werte als Stärken, als Charakterstärken, beschrieben, die dich aus-

zeichnen. Er basiert auf der Sichtweise der positiven Psychologie und umfasst 24 Charakterstärken. Die Charakterstärken oder auch Tugenden sind eng verknüpft mit deinen Werten. So wirst du einige Überschneidungen zur vorherigen Werteliste feststellen. Auch hier gilt, diese Stärken zeigen sich in der Art und Weise, wie du die Welt siehst und wie du in ihr handelst. Daher auch „Values in Action", also Werte in Aktion, im Tun. Den Fragebogen kannst du nach Registrierung kostenlos auf der Seite der Universität Zürich ausfüllen. Er umfasst 264 Fragen, zu denen du dich selbst einschätzen sollst. Er dauert etwa 30 min. Du solltest dir daher ein bisschen Zeit für die Selbstreflexion nehmen.

Den Fragebogen findest du auf: https://www.charakterstaerken.org/
Nachdem du die Fragen beantwortet hast, erhältst du eine persönliche Auswertung mit dem Ranking deiner Stärken. Schau dir wiederum vor allem die ersten drei bis fünf Stärken an. Überleg, wie sich diese Stärken in verschiedenen möglichen beruflichen Kontexten zeigen könnten bzw. wo du sie aktuell in deinem Leben zeigst. Zur vertieften Interpretation der Begriffe empfiehlt sich der folgende Hintergrundgrundtext: https://www.charakterstaerken.org/VIA_Interpretationshilfe.pdf

Du merkst schon, dass dieses Tool ein bisschen anspruchsvoller ist. Aber für alle, die sich für Psychologie interessieren und/oder tiefer in das Thema einsteigen wollen, eine spannende Aufgabe. Vielleicht haben deine Eltern auch Lust, den Test zu machen, und ihr kommt über Gemeinsamkeiten und Unterschiede ins Gespräch.

Übung 3.6: Life-Equalizer
Bei den letzten Übungen ging es um Werte in deinem Leben und wie du sie berücksichtigst. Das kann schon mal abstrakt sein. Vielleicht hilft dir ein gedankliches Bild, das ich in dem spannenden Buch *Design Your Life* (Kötter und Kursawe 2015) gefunden habe. Die Autoren empfehlen, sich einen Equalizer vorzustellen, also das Teil in deiner Musikanlage, mit dem du Höhen und Tiefen einstellst. Dabei gibt es, je nach Musik und Raum, unterschiedliche Einstellungsmöglichkeiten. Stell dir vor, du passt dein Leben und das, was dir gerade wichtig ist, ebenso wie einen Equalizer immer an die aktuellen Gegebenheiten an. Nimm dir ein Blatt Papier und zeichne einen Equalizer. Nimm die fünf Werte oder Charakterstärken aus der vorherigen Übung oder vielleicht auch die Aspekte aus der Gummibärchenübung und schreib sie unter die Schieberegler. Nun kannst du gedanklich oder mit verschiedenen Farben den Equalizer jeweils auf deine verschiedenen Zukunftsideen einstellen. Wähl dazu eine Skala für den Schieberegler (z. B. 1 bis 10). Wie stark

wäre dieser Aspekt/Wert bei diesem Ziel aufgedreht? Würde dir der Gesamtklang so passen, oder würden bestimmte wichtige Töne untergehen?

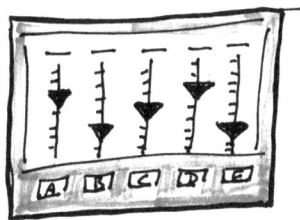

3.2 Motivation

Für deinen beruflichen Weg und das Studium brauchst du auch eine gehörige Portion Motivation. Worauf basiert diese überhaupt? Was sind eigentlich Motive, und was haben sie mit Motivation zu tun? Julius Kuhl beschreibt Motive als „intelligente Bedürfnisse" (vgl. Kuhl 2001). Diese Bedürfnisse sind sowohl unbewusst als auch bewusst tief in uns verankert. Sie basieren auf unseren individuellen Erfahrungen und bilden so ein individuelles Profil. Motive bestimmen, wie befriedigend bestimmte Handlungen und Handlungsoptionen für uns sind, man könnte auch sagen, wie die Energiebilanz aussieht, wenn wir etwas tun. Immer wenn wir etwas tun (auf eine Party gehen, für die Schule/Uni lernen, anderen etwas erklären), brauchen wir Energie. Wenn diese Handlung oder ihre Folgen unseren Motiven entsprechen, dann ist die Bilanz positiv. Wir haben hinterher gleich viel oder sogar mehr Energie als vorher. Wenn wir also einen Studien- oder Berufsweg einschlagen, sollten wir schauen, dass er zu unseren Motiven passt. Auch geben uns unsere Motive Auskunft darüber, woher wir, wenn wir mehr Motivation, mehr Energie brauchen, neue bekommen. Das hilft uns dann konkret, uns zum Beispiel zum Lernen fürs Abi oder Studium zu motivieren. Doch bevor wir uns die Theorie anschauen, kannst du erst mal selbst überlegen.

Übung 3.7: Motive und Motivation
Lehn dich zurück. Schließ die Augen und entspann dich. Geh durch den heutigen Tag, die letzten Tage zurück, denk an das Wochenende und an die letzte Woche. Stell dir deine Energiekurve vor. Wann warst du voller Energie und motiviert? In welchen Aufgaben, Momenten und Themen konntest du voll aufgehen?

Vergleich diese Momente. Was waren Kennzeichen und Gemeinsamkeiten? Versuch Begriffe/Schlagwörter/kurze Stichpunkte für das, was diesen Momenten gemeinsam war, zu finden. Wie könnte man diese als Motive nennen? Schreib anschließend die wichtigsten drei „Motive", die dir eingefallen sind, auf.

🖉

_____

_____

_____

Nun vergleichen wir und nutzen abstraktere Begriffe. Kuhl unterscheidet dabei drei bzw. vier sogenannte Basismotive; er folgt damit Theorien amerikanischer Forscher wie Murray und McClelland (vgl. Kuhl 2001). Diese Basismotive sind für alle Menschen wichtig. Doch hat jeder eine individuelle Rangfolge. Schauen wir uns zunächst einmal die Definitionen an.

- **Anschluss:** Ich bin dadurch motiviert, dass ich mit anderen Menschen in Beziehung trete, um anderen sozial zu begegnen und Beziehungen zu führen, sozial eingebunden zu sein.
- **Leistung:** Ich bin dadurch motiviert, dass ich mich einem inneren (meinem eigenen) oder einem äußeren (Wettbewerb, Schule, Uni) Gütemaßstab stelle und meinen Rangplatz im Vergleich zu anderen erkenne oder meinen Aufgabenerfolg messe und mich als kompetent erlebe.
- **Macht:** Ich bin dadurch motiviert, dass ich Einfluss auf andere habe. Das meint sowohl die positive Komponente des Helfens, Beratens und Lehrens als auch die negative Komponente des Abhängigmachens, Manipulierens und Belehrens (Ratschläge erteilen). Machtmotivation zeigt sich auch darin, dass ich Spaß daran habe, eine verantwortungsvolle Position in einer Gruppe zu bekleiden und Dinge zu gestalten. Versuch sie also erst mal positiv zu sehen.

Es wird diskutiert, ob es noch ein viertes Basismotiv gibt: das Freiheitsmotiv, das die Motivation ausdrückt, frei von anderen und völlig für sich/autonom zu sein.

Das Thema Motive habe ich auch nochmal in einem kleinen Erklärfilm zu verdeutlichen versucht (Abb. 3.2):

3 Eigene Ziele, Werte und Interessen erforschen 57

Abb. 3.2 Video zum Thema Motive und Motivation. (Bild: © nasharaga/stock.adobe.com) (▶ https://doi.org/10.1007/000-9p7)

Nun überleg einmal, wie stark du diese Motive bei dir einschätzt, wie dein Profil aussieht (1 = wenig, 10 = stark). Das geht besonders gut, wenn du für jedes Motiv konkrete Beispiele in deinem Leben findest. Vielleicht kannst du die Ideen des Gedankenexperiments nutzen und diese zuordnen. Also, was motiviert dich?

Anschlussmotiv

1	2	3	4	5	6	7	8	9	10
☐	☐	☐	☐	☐	☐	☐	☐	☐	☐

Zum Beispiel: Ich spiele im Fußballverein, weil ich die Kameradschaft im Team so großartig finde.

✎
_____
_____
_____

Leistungsmotiv

1	2	3	4	5	6	7	8	9	10
☐	☐	☐	☐	☐	☐	☐	☐	☐	☐

Zum Beispiel: Ich freue mich über den positiven Kommentar meiner Lehrerin unter der Klassenarbeit. Ich habe mich wirklich angestrengt.

_____

_____

_____

Machtmotiv

1	2	3	4	5	6	7	8	9	10
☐	☐	☐	☐	☐	☐	☐	☐	☐	☐

Zum Beispiel: Ich fand es klasse, dass ich letzte Woche die meisten in meinem Freundeskreis von meiner Idee, ins Schwimmbad zu fahren, überzeugen konnte.

✏️
_____
_____
_____

Freiheitsmotiv

1	2	3	4	5	6	7	8	9	10
☐	☐	☐	☐	☐	☐	☐	☐	☐	☐

Zum Beispiel: Ich habe am Wochenende eine lange Fahrradtour allein gemacht. Das hat gutgetan.

✏️
_____
_____
_____

Nun kannst du prüfen: Je mehr eine Handlungssituation deiner individuellen Motivkonfiguration entspricht, desto motivierender wird sie für die sein. Prüf deine Berufs- und Studienideen, inwieweit sie deinen Motiven entsprechen. Wenn dich eine genauere Erfassung deiner bewussten und unbewussten Motive interessiert, kannst du bei mir (und anderen Beraterinnen und Beratern) einen Test von Julius Kuhl machen (mehr dazu beim Thema „Persönlichkeitstest", Abschn. 3.3).

Information: Extrinsische und intrinsische Leistungsmotivation, Erkenntnisstreben, *grit* und *flow*
Die Leistungsmotivation ist natürlich von großer Wichtigkeit, wenn es darum geht, einen Bildungsabschluss zu machen. Ohne Leistungsmotivation wird es schwer, das Abi, eine Ausbildung oder ein Bachelorstudium durchzuziehen.

Vielleicht hast du schon mal von der Unterscheidung zwischen extrinsischer und intrinsischer Motivation gehört? Extrinsisch bedeutet, dass man etwas tut, um eine bestimmte Reaktion von außen zu bekommen, zum Beispiel ein Lob oder eine Belohnung, bzw. um Kritik oder Bestrafung zu vermeiden. Intrinsisch bedeutet, dass die Motivation von innen heraus kommt, sprich, dass ich etwas aus eigenem Antrieb tue, weil es mir wichtig ist oder mir Spaß macht. Oftmals spielen beide Aspekte eine Rolle und vermischen sich auch teilweise. Dennoch ist es immer sinnvoll, sich zu fragen, warum man ein bestimmtes Leistungsziel verfolgt. Bei der extrinsischen Motivation können wir eher von Erfolgsmotivation bzw. Misserfolgsvermeidungsmotivation sprechen. Wichtig ist das Resultat am Ende (z. B. eine Note). Gerhard Lehwald unterscheidet von dieser Art der Leistungsmotivation die Tätigkeitsmotivation, wo schon im Tun selbst eine Befriedigung steckt. In Bezug auf Bildungsprozesse hat er dafür auch den Begriff des Erkenntnisstrebens geprägt; dabei handelt es sich um einen Zustand der Motivation, ausgelöst durch einen interessierenden Gegenstand, der dich dazu veranlasst, neue Informationen durch gezielte Informationssuche aufzunehmen. Du kannst den Grad deines Erkenntnisstrebens daran festmachen, wie sehr du bereit bist, dich dabei anzustrengen und in die Tiefe des Gegenstands vorzudringen (vgl. Lehwald 2009). Wenn dein Erkenntnisstreben besonders hoch ausgeprägt ist, spricht dies auf jeden Fall für ein forschungs- und wissenschaftsorientiertes Studium. Es ist auch ein Indikator dafür, wie stark dein inhaltliches Interesse eine Rolle bei der Berufs- und Studienwahl spielen sollte. Zum Erkenntnisstreben steht auch ein Fragebogen zum Download und zur Selbstauswertung im Internet zur Verfügung. Dieser wurde auf der Basis der Vorlage von Lehwald für die Altersgruppe ab 16 angepasst. Du findest ihn unter: https://pro-for-school.jimdofree.com/produkte/fes-16plus-k/

Einen weiteren Begriff im Kontext der Leistungsmotivation hast du vielleicht auch schon mal gehört, den Flow (vgl. Csíkszentmihályi 2010). Mit dem Flow-Erleben (engl. *flow* = fließen und strömen) wird ein Zustand beschrieben, in dem du dich völlig in eine Aufgabe vertiefst und in ihr aufgehst. Du bist dabei konzentriert und von der Aufgabe gefangen. Du bist in einem Zustand glücklicher Produktivitäts- und Schaffenskraft. Wenn du dich einmal an die letzten Wochen und Monate zurückerinnerst: Gab es solche Momente? Und, wenn ja, bei welchen Themen und Tätigkeiten hast du sie erlebt?

Merkmale, an denen du das festmachen kannst, sind: Es gab ein klares und selbstbestimmtes Ziel, das Feld/Thema war begrenzt, die Aufgabe war nicht zu leicht und nicht zu schwer, du hattest ein Gefühl von Kontrolle und Mühelosigkeit, und vor allem hast du beim Bearbeiten Raum und Zeit um dich herum vergessen.

✎
_____
_____
_____

Nicht jeder kennt den Flow oder kann solche Momente so eindeutig identifizieren. Aber wenn es Bereiche gibt, die dich in den Flow bringen, dann frag dich, welche Berufe oder Studienfächer dazu passen könnten. Das ist ein wirklich starker Hinweis.

Ein weiterer Begriff, der aktuell verstärkt verwendet wird, ist *grit* (engl. für Biss oder Mumm). Er beschreibt die Kombination aus Begeisterungsfähigkeit und langfristigem Durchhaltevermögen. Er wird vor allem von der amerikanischen Psychologin Angela Duckworth (vgl. Duckworth 2017) verwendet. Sie vertritt die These, dass Leidenschaft, Ausdauer (im Sinne von Selbstdisziplin) und Zuversicht stärker als Intelligenz oder andere Startfaktoren entscheidend für Erfolg sind. Du findest gute und verständliche Videos von ihr bei TED (www.ted.com) oder YouTube. Einfach mal *grit* oder Duckworth eingeben.

Tipp: Wenn Leistungsmotivation in ihren soeben beschriebenen Facetten so wichtig ist, stellt sich die Frage, wie du sie steigern kannst. Eine Antwort ist denkbar leicht: indem du ein Feld und einen Gegenstand wählst, die dir wichtig sind und in denen du erfolgreich handeln kannst. Deine grundlegende Leistungsmotivation speist sich schon als Kind daraus, dass du dich als der Verursacher von etwas erlebst. (Schon mal ein stolzes Kind auf dem Töpfchen gesehen? Dann weißt du, was ich meine.) Auch jetzt noch ist es für die Leistungsmotivation wichtig, dass du deinen Anteil an einem Resultat erkennen kannst. Es steigert deine Leistungsmotivation nicht, für Dinge gelobt zu werden, auf die du keinen Einfluss hattest und die nicht auf deinen eigenen Entscheidungen oder Handlungen basieren.

Wir haben eine gewisse Tendenz, unseren Einfluss in bestimmter Weise einzuschätzen. Psychologen sprechen dabei von Attributionsstilen. Günstig ist es, unsere Erfolge (eine Eins in Mathe) unseren Fähigkeiten und unsere Misserfolge Pech zuzuschreiben. (Wenn die Arbeit in Englisch nicht unangekündigt und ich nicht zu faul gewesen wäre, hätte ich eine bessere Note gehabt.). Leider passiert es häufig, dass wir das auch umgekehrt attribuieren. So erscheint uns die Eins in Mathe als zufälliges Glück, während die schlechte Note in Englisch Ausdruck fehlenden Talents und mangelnder Fähigkeiten ist.

Überleg mal, wie deine Einschätzungen/Attributionen langfristig deine Motivation beeinflussen.

Frag dich nun, in welchen Bereichen du vor allem dich selbst (deine Anstrengung und Entscheidungen) als maßgeblich für deinen Erfolg erlebst. Auch das könnten starke Anzeiger für eine passende Berufs- und Studienwahl sein.

✎
_____
_____
_____

Neben solchen Faktoren gibt es noch eine Menge weiterer Faktoren, die deine Leistungsmotivation positiv und negativ beeinflussen. Auf manche hast du einen direkten Einfluss und kannst sie ändern. Andere sind schwerer in den Griff zu bekommen, aber dennoch wichtig zu betrachten.

Positive Einflüsse sind: Sympathie dem/der Lehrenden gegenüber, allgemeines Lernklima, Anregungen aus der Umwelt, eigenes Interesse, sach- und problembezogene Aufgabenstellungen, individuelles Feedback, gegebenenfalls auch positiver Vergleich mit anderen und Wettbewerb.

Negativ wirken: Antipathie mit dem/der Lehrenden, negativer Vergleich mit anderen und starke Konkurrenz, dauerhafte Unter- und Überforderung, Gewalt, Mobbing, Angst.

Körperliche Faktoren haben einen nicht unerheblichen Einfluss: Antriebsarmut aufgrund von Konstitution, Schlafstörungen, Vitamin- und Mineralstoffmangelzuständen oder einer Erkrankung, aufgrund von Depressionen, psychosomatischen Störungen, Medikamentenmissbrauch oder Drogenkonsum.

Die Liste soll nicht dazu dienen, dir eine Menge guter Entschuldigungen zu liefern, warum etwas leistungsmäßig nicht läuft. Wir unterschätzen oft unseren eigenen Anteil. Wie gesagt, vieles davon liegt zumindest teilweise auch in deinem Einflussbereich. Du kannst Feedback einfordern, um eine realistische Einschätzung zu bekommen, und lernen, dich selbst einzuschätzen (so erkennst du auch deinen Anteil am Erfolg und Misserfolg). Es ist auch wichtig, sich manchmal selbst zu loben. Außerdem wirkt das Körperliche nicht nur negativ: Lächeln, Entspannungsübungen und Power-Posen helfen auch positiv. Auch kannst du mit körperlichen Belohnungen wie einem Spaziergang an der frischen Luft oder manchmal auch mit dem direkten Schokoladen-Dopamin-Boost helfen. Wenn du deine Ziele klar setzt (und dir konkret vorstellst), kann dir das helfen (dazu dienen ja auch die vielen Aufgaben zu den Lebenszielen hier im Buch). Was auch hilft, sind ein klares Zeitmanagement und ein verlässlicher Plan. Regelmäßig an Aufgaben und Themen zu arbeiten, ist ungemein hilfreich (siehe *grit*: Selbstdisziplin). Wenn Anschluss bei den Motiven für dich wichtig ist, solltest du darauf achten, in Gruppen zu lernen und Erfolge gemeinsam zu feiern. Generell ist es wichtig, Erfolge auch mal zu feiern. Wir haben oft einen zu starken Negativfokus. Deswegen schaue ruhig auch mal auf die kleinen erreichten Teilziele; allein schon das Durchhalten macht stolz. Dabei hilft es, sich vor allem angemessene Aufgaben (siehe Flow, nicht zu leicht und nicht zu schwer) zu stellen. Achte darauf, wer dich bei deinen Aufgaben unterstützen kann und dir persönlich und emotional zugewandt ist. Such dir Vorbilder; sie machen Mut mit ihrem Beispiel. Vermeide Menschen und Umgebungen, die dich runterziehen. Versuch vor allem selbstständig zu arbeiten, nimm dir Zeit fürs Denken und für deine Fragen. Betreibe Sprachhygiene, das heißt, vermeide negative Formulierungen und Begriffe. Wenn ich glaube und sage, dass ich etwas bestimmt nicht schaffe, dann erhöhe ich die Wahrscheinlichkeit, dass dies auch eintritt. Das nennt man eine sich selbst erfüllende Prophezeiung. Statt negativ in die Zukunft zu schauen, erinner dich regelmäßig an die großartigen Dinge, die passiert sind. Dafür kannst du ein Erfolgs- und Dankbarkeitsjournal führen.

So, das waren jetzt eine Menge Tipps und ein Ritt durch die Psychologie. Schau, was dir als für dich relevant und sinnvoll erscheint. Nimm dir jetzt vielleicht einen Aspekt fürs Abi oder für den Ausbildungs-/Studienstart vor.

3.3 Persönlichkeit

Information: Persönlichkeit und ihre Testung

Ein kleiner Videoeinstieg in das Thema Persönlichkeit (Abb. 3.3):

Mit Werten und Motiven sind wir ganz stark in den Bereich der Persönlichkeit, der Persönlichkeitspsychologie eingedrungen. Die eigene Persönlichkeit ist eine sehr komplexe Sache, die man selbst meist am besten einschätzen kann. Aber auch hier ist die Einordnung von außen/von anderen manchmal interessant und hilfreich. Für die Berufs- und Studienwahl kann uns unsere Persönlichkeit ein paar Hinweise darauf geben, in welchen beruflichen Feldern wir uns eher wohl fühlen würden und wo wir uns mehr dafür anstrengen müssten. Es ist aber nicht so, dass unsere Persönlichkeit zwangsläufig vorgibt, wo wir hinpassen. So finden sich im Schauspiel, aber auch im Lehramt eher extrovertierte Menschen, denen es leichter fällt, vor anderen zu reden. Aber gerade, wenn ich mir das mühsam aneignen musste, macht mich das zu etwas Besonderem, zum Teil sogar besser in dem Bereich. Die persönliche Passung ist also nichts Absolutes. Persönlichkeit entwickelt sich in den ersten Lebensjahren und erweist sich danach als relativ stabil. Sie ändert sich nur langsam

Abb. 3.3 Video zum Thema Persönlichkeit und Berufs- und Studienwahl. (Bild: © nasharaga/stock.adobe.com) (▶ https://doi.org/10.1007/000-9p8)

und wenn, dann vor allem durch intensive Beziehungen. Persönlichkeit kannst du als deine typische erste Reaktion auf bestimmte Dinge (Reize von außen) verstehen. Jedoch lernst du mit der Zeit, mit dir selbst umzugehen; deine erlernte zweite Reaktion kann die erste Reaktion ausgleichen. So gelingt es einem introvertierten und unsicheren Menschen durch Selbstberuhigungsübungen dennoch, einen Vortrag vor vielen Menschen zu halten. Letzteres könnte man auch als Selbstkompetenz beschreiben.

Wenn du nach Persönlichkeitstests googelst, findest du viele Tests, die versuchen, dich in einen bestimmten Persönlichkeitstyp einzuordnen. Ein solches Schubladendenken ist nur begrenzt sinnvoll, da zum einen keine Schublade wirklich so genau passt und du zum anderen immer eine Chance zum Lernen und zur Entwicklung hast. Deswegen lesen sich manche Typenbeschreibungen auch wie gute Horoskoptexte. Sie sind so allgemein, dass ganz bestimmt irgendwas davon auf dich zutrifft. Dennoch ist es richtig, dass es bestimmte Merkmale gibt, die es uns ermöglichen, zwischen Menschen zu differenzieren. Und ein bisschen spannend finden wir es schon, bestimmte Typen zu unterscheiden. Solange du dich und andere nicht für immer in der Begrenzung einer Schublade versteckst, ist eine solche Reduktion der Komplexität okay und auch sinnvoll. Das bekannteste und anerkannteste System sind die sogenannten *Big Five*. Das sind fünf Persönlichkeitsmerkmale, die sich gut mit Tests abbilden lassen und bei denen sich die Psychologen einig sind, dass sich Menschen darin relevant unterscheiden. Mit Tests kannst du einschätzen, wie stark diese bei dir im Vergleich zu anderen ausgeprägt sind (im Vergleich zum Beispiel zu einer Normstichprobe von Menschen desselben Geschlechts, Alters und Landes). Ich beschreibe diese Begriffe kurz mal, und du kannst spontan einschätzen, wie stark diese Eigenschaft jeweils bei dir ausgeprägt ist (1 = nicht ausgeprägt, 5 = voll ausgeprägt).

Extraversion: nach außen gehen, gesellig und kommunikativ sein, auf Leute zugehen, auch mal gerne im Mittelpunkt stehen.

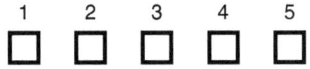

Emotionale Verletzlichkeit: das Gegenteil von emotionaler Stabilität. Gefühle nehmen einen eher stärker mit, man ist schneller verunsichert.

Offenheit für Erfahrungen: neugierig sein, das Neue und Unbekannte schätzen, fantasievoll sein, immer auf der Suche sein, mutig sein, manchmal auch ein bisschen unbeständig sein.

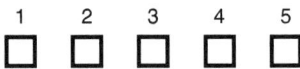

Gewissenhaftigkeit: verlässlich sein, Dinge organisieren, Sachen ordentlich, sorgfältig und effektiv machen, sich an Regeln halten.

Verträglichkeit: sich für andere interessieren, mitfühlend sein, Kooperationen schätzen, positiv und freundlich auf andere zugehen und wenig misstrauisch und konkurrenzorientiert sein.

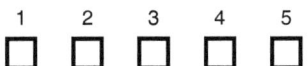

Das war jetzt erst mal nur eine sehr grobe Selbsteinschätzung. Weitere Fragen zur Selbsteinschätzung findest du im Selbsttest zur Persönlichkeit von Aljoscha Neubauer (https://aljoschaneubauer.files.wordpress.com/2018/03/persoenlichkeit.pdf). Wenn du an einer feineren Analyse interessiert bist, kannst du auch einen Test machen. Im deutschsprachigen Raum sind zur Messung der *Big Five* die Tests der Reihe mit dem Kürzel NEO weitverbreitet. Einen solchen Test solltest du nur bei einem geschulten Psychologen bzw. einer geschulten Psychologin machen. Einige Finanzberatungsunternehmen (z. B. MLP, Horbach) bieten Persönlichkeitstests von kommerziellen Anbietern (wie z. B. Insights, Golden Profiler of Personality), die sonst viel Geld kosten, für Studierende kostenlos an. Sie wollen dich damit natürlich als Kunden gewinnen. Sei also ein wenig vorsichtig mit deinen Daten und frag dich immer, welche Interessen hinter einem solchen Angebot stehen. Vor allem aber sei vorsichtig, welche Modelle hinter solchen Tests stehen. Weitverbreitet sind die Tests nach dem DISG-Modell oder dem MBTI-Modell. Darin finden sich auch Ansätze der schon beschriebenen *Big-Five*-Faktoren, aber auch ältere, zum Teil wenig überprüfte Persönlichkeitstheorien. Sie sind zwar spannend und sicherlich auch nicht völlig unschlüssig, aber ich würde dir von Tests abraten, die dich einem Persönlichkeitstyp zuordnen und dann unzählige Schlüsse daraus ableiten, wie zum Beispiel dem 16-Personalities-Test, der auf dem MBTI (Myers-Briggs-Typen-Inventar) basiert. Zum Thema Persönlichkeit findest du im Internet neben den schon genannten eine Menge anderer, zumeist unseriöser Tests, die meist das Niveau von Selbsttests in Teeniezeitungen nicht übertreffen. Schau dir genau die Qualität solcher Tests an, bevor du daraus irgendwelche Schlüsse ziehst. Gib vor allem nicht zu viel Geld für Tests aus; nutze, wenn überhaupt, kostenlose Portale, die gängige Tests umsonst anbieten, zum Beispiel Plakos. Wenn du kein Geld für einen Test bei einem Fachmann oder einer Fachfrau ausgeben willst und dennoch mal einen fundierten Big-Five-Eindruck bekommen möchtest, empfehle ich dir das Portal der Fachrichtung Psychologie der Universität Münster. Dort kannst du einen vernünftigen Test umsonst machen; du musst dich im Gegenzug nur anmelden und wirst zu Befragungen eingeladen. Damit hilfst du der Forschung, du kannst dich aber auch jederzeit wieder abmelden: www.psy-web.uni-muenster.de. Eine Alternative dazu sind die Tests zur Persönlichkeit auf der Schweizer Seite https://www.laufbahndiagnostik.ch/fragebogen. Auch hier kannst du nach Registrierung kostenlos Fragebögen zu deiner Persönlichkeit ausfüllen und bekommst eine fundierte Auswertung. Wie schon beschrieben, geben dir Persönlichkeitstests für deine Berufs- und Studienwahl nur wenig konkrete Hinweise. Sie können dir aber helfen, dich besser zu verstehen und dich einzuordnen. So können sie auch Ausgangspunkt bei der Bewältigung von persönlichen und sozialen Schwierigkeiten sein. Sie sind dann sinnvoll, wenn es um konkrete Fragen der Bewältigung von (sozialen und persönlichen) Problemen geht.

Ein Persönlichkeitsmodell finde ich dabei sehr hilfreich und möchte es dir noch mal genauer vorstellen. Bei den Motiven haben wir es schon angeschnitten, denn es gehört zur Theorie von Julius Kuhl (Kuhl 2001).

Information: Persönlichkeits-System-Interaktionstheorie
Die Motive sind ein Element, eine Ebene in Kuhls Theorie. Er hat versucht, verschiedene Modelle und Theorien in einem Gesamtmodell zusammenzufassen. Dieses nennt er Persönlichkeits-System-Interaktionstheorie (PSI). Er

hat versucht, diese Theorie auch verständlich zu beschreiben; wenn du Interesse hast, kannst du im Internet den Text „Eine neue Persönlichkeitstheorie" von 2005 finden (www.psi-austria.at/assets/psi-light_kuhl2005.pdf). Wenn dich praktische Tipps zu den nun gleich vorgestellten Persönlichkeitssystemen interessieren, empfehle ich dir das Buch *Die Kraft aus dem Selbst,* das er zusammen mit Maja Storch geschrieben hat. Mehr Informationen findest du auch auf www.psi-theorie.com.

Kuhl beschreibt Persönlichkeit auf sieben Ebenen, die zum Teil im Unbewussten liegen (z. B. Affekte und Temperament). Die Motive sind genau auf der Grenze zwischen Unbewusstem und Bewusstem. Die bewussteste Ebene sind die Selbststeuerungskompetenzen, mit denen wir unsere zum Teil unbewusste persönliche Erstreaktion verstärken oder ausgleichen können. Wichtig dabei ist das Zusammenspiel von vier Persönlichkeitssystemen.

Auf der logischen Seite ist dies zum einen das wichtige Objekterkennungssystem. Dieses entdeckt Unstimmigkeiten, zum Beispiel den Ball, der auf die Straße rollt, oder die Schlange im Gras. Zum anderen gibt es das Intentionsgedächtnis. Das ist unser Denken und Planen, sprich, unsere rationale Seite, der Verstand – man könnte auch sagen, der innere Projektmanager bzw. die innere To-do-Liste.

Auf der emotional-ganzheitlichen Seite gibt es zum einen die intuitive Verhaltenssteuerung, unser spontanes Handeln, zum Beispiel ein Kind, das seinen Ball wegrollen sieht und dann ohne nachzudenken spontan auf die Straße läuft.

Zum anderen gibt es unser Extensionsgedächtnis, unsere geronnene Erfahrung oder einfach unser Selbst. Dieses betrachtet die Dinge aus dem Überblick; es hilft, uns zu beruhigen und langfristige Ziele in den Blick zu nehmen.

Diese vier Systeme, als gedankliches Bild, hat jeder Mensch. Sie interagieren miteinander und steuern so unser Verhalten. Jedes kann nützlich, aber auch hinderlich sein. Wenn ich zu stark in einem System bin, sind Impulse der anderen Systeme blockiert. Wenn ich zum Beispiel voll im Objekterkennungssystem bin, kann ich einen Text gut auf Fehler hin lesen, jedoch bekomme ich auf der ganzheitlichen Ebene nicht mit, was der Autor mir sagen will, vor allem kann ich es nicht aufnehmen. Wenn ich voll auf der Denk- und Planungsebene bin, komme ich manchmal überhaupt nicht zum Handeln. Wenn ich das Selbst vernachlässige, kann es sogar dazu kommen, dass ich zwar rational ein Studium plane, es jedoch nicht zu mir passt. Wenn ich hingegen nur in der Sphäre des Selbst rumhänge, komme ich auch nicht dazu, einen Plan pragmatisch durchzuziehen. Intuitives Handeln voller Energie ist zwar toll, doch manchmal ist Nachdenken vor dem Sprechen/Handeln nicht ganz dumm.

Ganz vereinfacht könnte man sagen, dass Menschen gewisse Tendenzen zu bestimmten Systemen haben. Bist du eher ein …

- Planer und Denker? (Intentionsgedächtnis)
- Macher? (intuitive Verhaltenssteuerung)
- Visionär? (Extensionsgedächtnis)
- Fehlersucher? (Objekterkennungssystem)

Überleg dir, wie sich die Systeme bei dir zeigen und wie sich diese Systeme auf deinen Bildungs- und Berufsweg auswirken können.

Intentionsgedächtnis

_____
_____
_____

Intuitive Verhaltenssteuerung

_____
_____
_____

Extensionsgedächtnis

_____
_____
_____

Objekterkennungssystem

✏️
_____
_____
_____

Es ist auch so, dass wir unsere Motive mit einer bestimmten Konfiguration dieser Systeme umsetzen, d. h., zur Umsetzung von Motiven sind manche Systeme manchmal besser geeignet als andere: Es kommt auf die Mischung an. Es hilft zu erkennen, wo wir vielleicht zu extrem drauf sind. So brauchen wir zwar einen Fehlerfokus bei Klausuren, um Leistung zu erbringen. Doch zu viel blockiert uns und macht Angst; wir vergessen den Inhalt und das Selbst. Eine Struktur des Intentionsgedächtnisses hilft; jedoch müssen wir auch anfangen zu schreiben. Bei der Macht helfen Selbst und Intuition; ein bisschen Strategie ist gut, jedoch ist zu viel schon Manipulation. Wenn es um Beziehungen und Anschluss geht, sollten wir ganz im Fühlen, im Selbst und in der Intuition sein; entdecken wir zu viele Unstimmigkeiten, wird uns das negativ ausgelegt. Erkennen wir sie gar nicht, sind wir naiv. Haben wir zu viele Intentionen, zum Beispiel den Fünfjahresplan für die Beziehung beim ersten Date, wird das oft negativ ausgelegt. Haben wir aber gar keine Zukunftspläne, ist dies auch nicht unbedingt gut. Du siehst: Ein differenzierter Blick hilft.

Kuhl spricht gerne auch von Persönlichkeitsstilen; diese machen uns als Mensch aus. Nur wenn wir zu extrem zu einem Stil tendieren, kann es zu Problemen mit anderen kommen. Erst dann ist es womöglich eine Störung, die sich im absoluten Extremfall zu einer „klinischen" Persönlichkeitsstörung entwickeln kann.

Das soll an dieser Stelle zum Thema Persönlichkeitstheorie erst mal reichen. Wenn es dich interessiert, gibt es zu Persönlichkeitsstilen, Motiven und Selbststeuerungskompetenzen eine Testreihe, die sich Entwicklungsorientierte Systemdiagnostik (EOS) bzw. Therapiebegleitende Osnabrücker Persönlichkeitsdiagnostik (TOP) nennt. Solche Tests und vor allem die Gespräche mit geschulten Beratern können dir helfen, bestimmte Schwierigkeiten besser zu verstehen und Lösungsressourcen zu finden. Die Tests und Gespräche sind leider nicht ganz billig, aber manchmal hilft eine Inspektion der Persönlichkeit, bevor etwas aus dem Ruder läuft. Einen Berater oder eine Beraterin in deiner Nähe, der oder die PSI-Diagnostik anbietet, findest du unter www.impart.de/partnerNeu.php.

Nicht ganz so umfangreich, aber auch auf Persönlichkeitsfaktoren, Motive und Selbstkompetenzen zielt der Test „Soziale Kompetenzen" vom Selbsterkundungstool (SET) der Bundesagentur für Arbeit ab (www.arbeitsagentur.de/selbsterkundungstool). Diesen wiederum kannst du umsonst machen. Ein weiterer Test, der deine Persönlichkeit mit möglichen Berufen/Berufsprofilen in Verbindung setzt, ist der BOA (Berufsorientierung für Absolventen) von der ZEIT (www.jobs.zeit.de/campus/berufstest). Dieser könnte für dich insbesondere spannend sein, wenn du mit deinem Studien- oder Ausbildungsweg schon etwas weiter bist. Für alle Tests gilt: Mach dir erstens Gedanken darüber, was du herausfinden willst. Eine Diagnostik ohne klaren Auftrag ist in der Regel sinnlos. Und zweitens hilft es ungemein, mit jemandem, der sich mit der Theorie und den Begriffen auseinandergesetzt hat, über solche Tests zu sprechen. Nur so kannst du meistens einen Mehrwert daraus ziehen. Ein Berater oder eine Beraterin hilft dir, die Testergebnisse für dich einzuordnen und nutzbar zu machen – also auch am besten kein Test ohne Beratung.

3.4 Vorstellungen zum Beruf/berufliche Werte

Bislang sind wir noch eher im Allgemeinen geblieben; wir haben uns dich und dein ganzes Leben im Kontext angeschaut. Studium und Beruf sind nur ein Teil davon, wenngleich auch ein relevanter. Deswegen ist es wichtig, dass du mit deiner Persönlichkeit und deinen Zielen auch zur Realität eines Berufes passt. Die nächsten Übungen zielen darauf ab, konkreter zu erfassen, was deine beruflichen Werte sind, was dir wichtig für deinen Beruf ist. Wir steigen wieder mit einer Übung zu den inneren Bildern und Vorstellungen ein. Zu der nächsten Übung habe ich auch ein kurzes Erklärvideo erstellt (Abb. 3.4).

Abb. 3.4 Video zur Übung innere Bilder. (Bild: © nasharaga/stock.adobe.com) (▶ https://doi.org/10.1007/000-9p6)

Übung 3.8: Innere Bilder

In meinen Berufswahlseminaren habe ich oft festgestellt, wie konkret sich Traumjobs manchmal in unseren Vorstellungen zeigen. Dabei spielen unsere Kindheitsträume, aber auch unsere aktuellen Werte eine große Rolle. Wenn du dir jetzt ganz spontan (ohne langes Nachdenken) dich selbst in ein paar Jahren im Beruf vorstellst – welche Bilder hast du da im Kopf? Beantworte die nächsten Fragen stichpunktartig.

Welche Arbeitskleidung trägst du (z. B. Blaumann, Handwerkerkluft, Businesslook, Uniform, weißer Labor-/Arztkittel oder ganz normale Alltagsklamotten)?

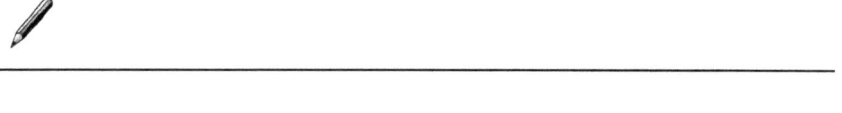

Bei welcher konkreten Tätigkeit siehst du dich?

_____

_____

Mit welchen Menschen bzw. welchen Maschinen/Werkzeugen hast du zu tun?

_____

_____

Welche Berufe könnte jemand anderes aus den spontanen Antworten ablesen?

_____

_____

Warum diese Übung? Bei vielen von uns sind Träume und Überzeugungen vor allem auch in mehr oder weniger deutlichen Bildern abgespeichert. Diese inneren Bilder sind mächtig. Sie prägen uns. Viele davon sind in Filmen, Büchern und in der Werbung präsent. Manchmal entsprechen diese Darstellungen der Realität des Berufes wenig bzw. stellen sie nur einen Ausschnitt dar. Trotzdem sind es gerade solche Bilder, die junge Menschen wie dich in bestimmte Berufe bringen. Typische Beispiele sind: der Zahnarzt im Cabrio mit lässigem Look, der Halbgott in Weiß, der mächtige Chef/Boss, die knallharte Staatsanwältin, der Entwicklungshelfer in Afrika, der verrückte Erfinder im Labor, der Hacker in seinem Chaos, der naturverbundene Förster im Wald, der Star auf der Bühne oder die Heldin in Uniform. Dir fallen bestimmt noch mehr ein. Manchmal kann man erleben, dass durch bestimmte Filme und Serien richtige Trends entstehen; so wollen auf einmal viele junge Menschen wegen CSI und Co. in das Feld der Gerichtsmedizin oder ins Profiling. Andere wollen coole Anwälte wie in der Serie „Suits" werden. Arztserien (z. B. „Grey's Anatomy", „Scrubs") haben schon immer einen realistisch-unrealistischen Einblick in den Beruf vermittelt. Die Liste ließe sich noch endlos fortsetzen. Solche Darstellungen können großartige Impulse sein, sich für einen Beruf zu begeistern. Doch schau, ob diese Bilder der Realität entsprechen.

Vor allem aber kannst du sie natürlich nutzen, um konkreter zu beschreiben, was dir bei deinem Arbeitsplatz wichtig ist. Dazu folgen als Fortsetzung zu dieser Übung zunächst die Übung „Idealer Arbeitstag" und anschließend die „Arbeitsplatzdiagnose".

Übung 3.9: Mein idealer Arbeitstag

Stell dir vor, du hast deine Ausbildung/dein Studium abgeschlossen und den Berufseinstieg gemeistert. Du bist richtig in deinem Beruf angekommen. Es ist ein „normaler" Arbeitstag und trotzdem ein idealer Arbeitstag, denn alles, was dir bei deiner Tätigkeit wichtig ist, hat seinen Raum. Geh mental durch diesen Tag.

Wie beginnt dein Tag? Wann stehst du auf? Wie kommst du zur Arbeit?

_____
_____
_____

Welche Menschen begegnen dir an deinem Arbeitsplatz? Auf welche Weise hast du mit ihnen zu tun?

_____
_____
_____

3 Eigene Ziele, Werte und Interessen erforschen

Mit welchen Maschinen, Gegenständen und Tools hast du zu tun? Was machst du damit?

🖉
_____
_____
_____

Was sind die „kleinen" Dinge, die dir Freude an deinem Arbeitstag machen?

🖉
_____
_____
_____

Woran merkst du, dass du deine Arbeit gut gemacht hast? Wer oder was gibt dir Feedback?

🖉
_____
_____
_____

Wie endet dein Arbeitstag? Was hast du abgeschlossen, und was ist noch offen?

🖉
_____
_____
_____

Übung 3.10: Arbeitsplatzdiagnose
Wir bleiben ein wenig bei der idealen Vorstellung von deiner Tätigkeit und deinem Arbeitsplatz. Doch nun sollst du in einem zweiten Schritt gewichten: Was ist dir besonders wichtig bei deiner Arbeit? Gibt es Aspekte, die du ausschließen möchtest?

Sammle diese Aspekte und bewerte sie anschließend mit folgenden Symbolen:

(- -) No-Go – will ich auf keinen Fall.
(-)   Würde ich gerne vermeiden.
(+/-) Würde ich in Kauf nehmen, muss aber nicht unbedingt sein.
(+)   Das wäre schön.
(++)   Must-have – will ich auf jeden Fall.

Bereiche, an die du denken kannst, sind:

Bist du im Homeoffice oder musst du irgendwohin? Wie weit ist der Arbeitsplatz von deinem Wohnort entfernt? Wie kommst du dorthin (zu Fuß, mit Auto, Fahrrad, Bus oder Bahn)? Musst du/Darfst du für deine Arbeit viel reisen?

✎
_____

_____

Wie ist dein Arbeitsplatz gestaltet (Material, Maschinen, Computer, Bücher, Telefon etc.)?

✎
_____

_____

Was für ein Ort ist es (Büro, Großraumbüro, Werkstatt, Fabrikhalle, Stall, Labor, Baustelle, Acker etc.)? Mehr drinnen oder mehr draußen?

✎
_____

_____

Wie ist die Arbeitsatmosphäre (Lautstärke, Förmlichkeit etc.)?

✎
_____

_____

Hast du Kolleginnen und Kollegen, oder bist du eher nur für dich? Wie viele Kolleginnen und Kollegen sind in deinem Team? Wie müssen sie sein, damit du dich im Team wohlfühlst?

_____

_____

Wie ist die Hierarchie? Hast du Vorgesetzte? Wenn ja, was ist dir in Bezug auf die Vorgesetzten wichtig?

_____

_____

Hast du mit Kundinnen und Kunden zu tun? Wenn ja, welche Klientel (Kinder, Jugendliche, Erwachsene, Menschen mit bestimmten Schwierigkeiten, kranke Menschen, ältere Menschen)?

_____

_____

Wie sind die Arbeitszeiten („9 to 5", Schichtdienst, Überstunden, Flexibilität)?

_____

_____

Was sonst noch? Was ist dir noch zu deinem möglichen Arbeitsplatz eingefallen?

_____

_____

_____

Wenn du später deine Ausbildungs-/Studienoptionen bewertest, schau genau, inwiefern die möglichen Berufsoptionen deinen Vorstellungen entsprechen. Welche Aspekte passen sehr wahrscheinlich? Gibt es Dinge, bei denen du Abstriche machen musst? Oftmals kennen wir bestimmte Berufsfelder gar nicht genau. Hier helfen Praktika, Gespräche mit Berufstätigen, Jobvideos und Berufsreportagen (z. B. bei www.berufe.tv und www.whatchado.com) und natürlich Tage der offenen Tür und Betriebsbesichtigungen. Mehr Hinweise dazu findest du unter „Informationen sammeln" (Kap. 7).

Übung 3.11: Eigenschaften idealer Berufe
Bei der letzten Übung ging es zunächst vor allem um äußere Bedingungen des Arbeitsplatzes. Diese kannst du bei der nächsten Analyse im Hinterkopf behalten, sie bleiben wichtig. Jedoch kommen nun auch noch Fragen hinzu, die auf deine beruflichen Werte abzielen. Hierbei gibt es sicher Überschneidungen mit deinen allgemeinen Werten, die du in den vorherigen Übungen erarbeitest hast. Die Fragen sind so gestellt, dass du immer einschätzen sollst, wie stark der Aspekt in deinem idealen Beruf umgesetzt sein soll (1 = wenig, 5 = viel).

Wie viele Entscheidungen triffst du selbst (und nicht deine Vorgesetzten)?

1 2 3 4 5
☐ ☐ ☐ ☐ ☐

Wie viel Verantwortung für andere hast du?

1 2 3 4 5
☐ ☐ ☐ ☐ ☐

Wie viel kontrollierst du andere und gibst Feedback?

1 2 3 4 5
☐ ☐ ☐ ☐ ☐

Wie viel Stress und Leistungsdruck gibt es?

1 2 3 4 5
☐ ☐ ☐ ☐ ☐

Wie viel Abwechslung bringt deine Tätigkeit?

☐ 1 ☐ 2 ☐ 3 ☐ 4 ☐ 5

Wie viel Freiheit hast du beim Durchführen einer Tätigkeit, wie sehr musst du dich strikt an Pläne halten?

☐ 1 ☐ 2 ☐ 3 ☐ 4 ☐ 5

Wie viel Flexibilität gibt es bei deiner Arbeitszeit?

☐ 1 ☐ 2 ☐ 3 ☐ 4 ☐ 5

Wie viel hast du auch privat mit Kollegen zu tun?

☐ 1 ☐ 2 ☐ 3 ☐ 4 ☐ 5

Wie viel Teamarbeit gibt es?

☐ 1 ☐ 2 ☐ 3 ☐ 4 ☐ 5

Wie viel gesellschaftliches Ansehen erhältst du für/durch deinen Job?

☐ 1 ☐ 2 ☐ 3 ☐ 4 ☐ 5

Wie viel direktes Feedback bekommst du für deine Arbeit?

☐ 1 ☐ 2 ☐ 3 ☐ 4 ☐ 5

Wie viel Kreativität kannst du einbringen? Wie viel Spielraum ist für Experimente?

☐ 1 ☐ 2 ☐ 3 ☐ 4 ☐ 5

Wie viel Konkurrenzdruck und Wettbewerb gibt es?

1 2 3 4 5
☐ ☐ ☐ ☐ ☐

Wie viel Neues kannst du in deinem Fachgebiet lernen?

1 2 3 4 5
☐ ☐ ☐ ☐ ☐

Wie viel Neues kannst du in deinem Bereich entwickeln? Wie viel Forschung und Entwicklung ist möglich?

1 2 3 4 5
☐ ☐ ☐ ☐ ☐

Wie viel ist praktisches (handwerkliches) Tun?

1 2 3 4 5
☐ ☐ ☐ ☐ ☐

Wie viele kognitive Herausforderungen gibt es?

1 2 3 4 5
☐ ☐ ☐ ☐ ☐

Wie viel Jobsicherheit gibt es in dem Berufsfeld?

1 2 3 4 5
☐ ☐ ☐ ☐ ☐

Wie vereinbar sind Beruf und Familie?

1 2 3 4 5
☐ ☐ ☐ ☐ ☐

Wie viel Kontakt zu anderen Menschen hast du?

1 2 3 4 5
☐ ☐ ☐ ☐ ☐

Wie viel hilfst du anderen Menschen direkt?

1　2　3　4　5
☐　☐　☐　☐　☐

Wie viel Freiraum hast du zum ungestörten (Allein-)Arbeiten?

1　2　3　4　5
☐　☐　☐　☐　☐

Wie viel Durchsetzungsvermögen braucht es? Wie viel Diskussion gibt es?

1　2　3　4　5
☐　☐　☐　☐　☐

Wie viel Risiko möchtest du eingehen?

1　2　3　4　5
☐　☐　☐　☐　☐

Schau auf alle Aspekte, bei denen du viel (5) oder wenig (1) angekreuzt hast. Versuch daraus deine fünf wichtigsten beruflichen Werte abzuleiten. (Frag dich bei negativen Aspekten, was das im Umkehrschluss heißt.) Notier Stichwörter, die das ausdrücken, was dir daran wichtig ist (z. B. Anspruch, Möglichkeit zum Lernen, Freiheit, Helfen etc.).

Top 5 berufliche Werte:

_____
_____
_____
_____
_____

Übung 3.12: Karrieren

Eine spannende Möglichkeit, die Überlegungen aus der letzten Übung zusammenzufassen, ist die Idee, in Karrieretypen zu denken. Ich beschreibe dir, inspiriert durch Karriereanker von Edgar Schein (nach Nohl 2018, S. 310), verschiedene Prototypen von möglichen Karrieren (Laufbahnen). Natürlich gibt es auch Mischformen, aber schau mal, welche Beschreibung am besten zu dir passt. Vergleich diese mit den fünf wichtigsten Punkten aus der letzten Übung. Stimmen diese mit dem Typus überein? Mit dem jeweiligen Karrierebegriff bekommst du ein Schlagwort, mit dem du berufliche Optionen dahingehend prüfen kannst, ob dort eine solche „Karriere" möglich ist.

- Fachkarriere: Ich bin der Experte in meinem Gebiet.
- Managementkarriere: Ich habe den Überblick und entscheide.
- Selbstständigenkarriere: Ich entscheide über alles, was mich betrifft, und bin dafür verantwortlich.
- Sicherheitskarriere: Hauptsache, unbefristet und klare Rahmenbedingungen.
- Kreativkarriere: Hauptsache, meine Ideen haben Platz, ich kann mich ausdrücken und verwirklichen.
- *Social-impact*-Karriere: Meine Tätigkeit muss in erster Linie der Sache, dem Allgemeinwohl dienen.
- *Challenge*-Karriere: Hauptsache, es wird nicht langweilig und es gibt immer neue Herausforderungen und was zu lernen.
- Freizeitoptimiererkarriere: Hauptsache, neben der Arbeit bleibt Zeit für Hobbys und Familie.

Übung 3.13: Gehalt und Selbstverwirklichung

Auf der Liste der Entscheidungsindikatoren/wichtigsten Entscheidungsgründe für einen Beruf stehen Gehalt und Selbstverwirklichung meist recht weit oben. Beide wurden schon in den vorherigen Übungen angeschnitten. Wahrscheinlich sind auch dir beide Aspekte nicht ganz unwichtig. Stell dir vor, du bildest beide Gründe in einem Koordinatensystem ab (x/y-Achse wie im Matheunterricht). Den Zusammenhang zwischen der Höhe des Gehalts und dem Grad an Freiheit und Selbstverwirklichung kann man (leider) für viele Berufe und Bereiche mit einer schrägen Linie beschreiben. Manche Berufe liegen auch auf anderen Punkten im System. Nehmen wir aber der Einfachheit halber einmal an, die meisten liegen auf dieser Linie. Wo würdest du dein Kreuz in Bezug auf deinen Wunschberuf setzen?

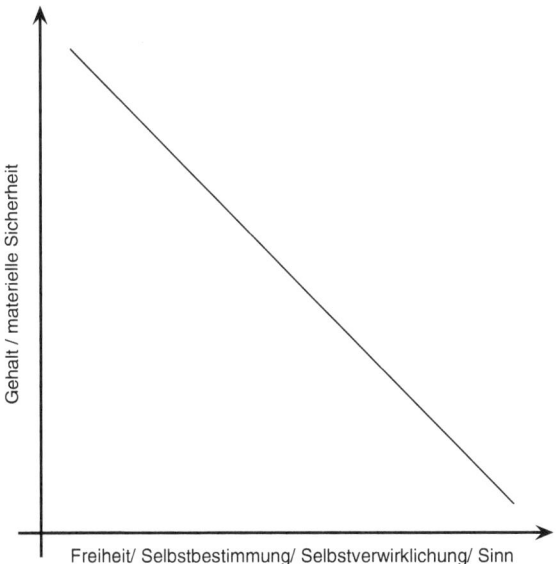

Was bedeutet der Schnittpunkt mit der Gehaltslinie für dich in Zahlen (Monats-/Jahresgehalt)?

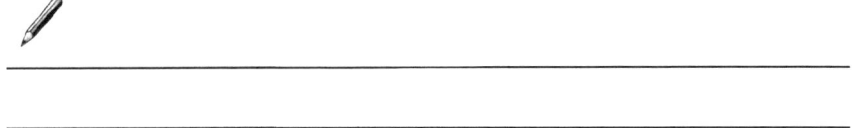

Wenn dir kein Betrag einfällt, ist es meist einfacher und griffiger zu formulieren, woran man festmachen würde, dass man genug verdient. Eine Formulierung dafür kann lauten: „Ich möchte so viel verdienen, dass ich mir im ICE einen Kaffee kaufen kann, ohne mich über den Preis aufregen zu müssen." Oder so: „Ich möchte so viel verdienen, dass ich mir die Konzertkarte für meine Lieblingsband kaufen kann, ohne mir Gedanken über meinen Kontostand machen zu müssen." Sei einfach kreativ und finde deine Formulierung.

🖉
_____

_____

_____

Im Internet finden sich Datenbanken, in denen du nach Durchschnittsgehältern für bestimmte Berufe und Branchen suchen kannst. Dazu habe ich schon etwas bei den 10 Gründen für das Studium geschrieben (Abschn. 2.2). Um eine genauere Vorstellung von deinem Geldbedarf und den monatlichen Kalkulationen zu bekommen, kann ich dir die Rubrik „Kontoauszug" in der Zeitung „Die ZEIT" empfehlen. Dort berichten einzelne Menschen, was sie konkret in ihrem Beruf verdienen und wofür sie was ausgeben. Wenn du dich mit dem Thema Versicherungen und finanzielle Vorsorge beschäftigst – etwas, was du spätestens mit dem Auszug aus dem Elternhaus tun solltest –, kann ich dir empfehlen, mit einem neutralen Finanz- und Versicherungsberater zu sprechen. Diese bieten zum Teil auch Finanzgutachten an. Besonders im Hinblick auf die Vorsorge (Rente etc.) ist es sinnvoll, sich konkretere Gedanken dazu spätestens beim Jobeinstieg zu machen. Diese Gespräche und Gutachten helfen dir auch, eine Vorstellung von deinem Geldbedarf zu bekommen, wenn du einen gewissen Standard erreichen bzw. halten möchtest. Trau dich auch, mit deinen Eltern und Verwandten über Geld zu sprechen. Was verdienen sie, und was ist ihnen beim Gehalt wichtig? Was haben sie diesbezüglich bei ihrer Berufswahl richtig und auch falsch gemacht? Versuche, deine eigene Position dazu zu finden. Geld ist weder so wichtig noch so unwichtig, wie manche glauben. Wie wichtig ist es für dich?

Was bedeutet der Schnittpunkt mit der Selbstverwirklichungslinie für dich konkret? Über welche Bereiche willst du frei verfügen? Wie viele fremde Arbeitsaufträge erfüllst du? Wie viele und welche eigenen Projekte verfolgst du? Wie viel Zeit bleibt für Freizeit und Urlaub? Wie flexibel sind deine Arbeitszeiten? Notier spontan deine wichtigsten Punkte:

🖉
_____

_____

_____

Schau nun noch mal auf deine Gehaltsvorstellungen und auf deine beruflichen Werte. Meinst du, sie lassen sich miteinander vereinbaren? Gibt es mögliche Bereiche, in denen du Abstriche machen kannst oder auch müsstest? Benenne mögliche Konfliktfelder.

✏️
_____
_____
_____

Für viele Konfliktfelder lassen sich individuelle Lösungen finden. Bei manchen, wie der Vereinbarkeit von Familie und Karriere, hat sich schon einiges getan, obwohl noch immer viele Schwierigkeiten zu überwinden sind. Die Arbeitswelt ist im Wandel (Industrie und Arbeit 4.0), manche Lösungen wie Sabbaticals (Freistellung auf Zeit für eigene Projekte) und *Homeoffice* haben schon festen Einzug gehalten. Manche Freiheiten gehen auch mit dem Verzicht auf Sicherheit oder Statussymbole einher. Diese Übung soll dich nicht entmutigen, sondern dir helfen, genau solche Konfliktfelder frühzeitig zu erkennen und mögliche Lösungen zu erproben und zu verhandeln. Was sind mögliche Lösungen für dich?

Sicher, manche haben auch einfach Glück. Doch auf den Sechser im Lotto zu setzen ist keine gute Strategie – außer wiederum noch mal als Aufgabe zur Selbstreflexion.

Übung 3.14: Lottogewinn-Frage

Stell dir vor, du gewinnst so viel Geld im Lotto, dass du für dein Leben ausgesorgt hast. Was tust du nun? Wie sieht dein weiteres Leben aus?

Nun überleg dir, was davon auch ohne den Lottogewinn erreichbar ist, in einem Leben mit normaler Karriere und kleinen Glücksfällen. Was macht dich im Leben glücklich, ohne dass du im Lotto gewinnen musst?

Ich mache diese Übung immer wieder zur Kontrolle. Dabei kann ich regelmäßig feststellen, wie wenig ich eigentlich ändern würde. Klar, es gäbe Dinge, die ein Lottogewinn ermöglichen würde, die jetzt nicht gehen. Aber wenn man im Großen und Ganzen sagen kann, dass man gar nicht so viel anders machen würde, ist das eine gute Anzeige, dass man nicht auf einem so falschen Weg ist.

3.5 Interessen und Hobbys

Nun steigen wir nach all diesen großen konkreten wie unkonkreten Gedanken in die genauere Exploration möglicher Berufe, Ausbildungen und Studienfächer ein. Da der Beruf den eigenen Interessen entsprechen sollte, sind diese erst einmal ein guter Ausgangspunkt. Also sollten wir zunächst grob deine Interessen erfassen.

Was tust du gern? Womit verbringst du meist deine freie Zeit? Denke an die Bereiche Musik, Sport, Kunst, Computer, Apps, Social Media, Internet, Handwerk, Technik, Ehrenamt, Familie, Freunde, Lesen usw.

🖉
_____
_____
_____
_____
_____

Welche Interessen und Hobbys sind dir wichtig? In welchen Vereinen, AGs und Gruppen bist du aktiv?

🖉
_____
_____
_____
_____
_____

Wichtig ist, dass man seine Hobbys nicht zum Beruf machen muss. Bei manchen ist dies auch sehr schwierig oder könnte bedeuten, dass man genau das Element verliert, das einem die Freude am Hobby gebracht hat. Dennoch ist es wichtig, nach den gemeinsamen Elementen in Hobbys zu suchen. Fragen, die dabei helfen können, sind folgende: Welche Herausforderungen oder Probleme sprechen dich an? Mit welchen Fragen, Themen und Aktivitäten beschäftigst du dich aus eigenem Antrieb?

Übung 3.15: Interessenentwicklung
Für deine Zukunftsentscheidung kann noch mal der Blick in die Vergangenheit spannend sein. Erinnere dich: Gab es Fotos von dir mit fünf oder zehn Jahren? Was sieht man darauf? Wer waren deine Freunde? Was habt ihr gespielt? Wo hast du gelebt? Was hast du im Kindergarten und in der Schule gerne gemacht? Was waren deine Hobbys? Warst du in einem Verein? Mit wem hast du gespielt? Womit hast du dich beschäftigt? Was waren deine damaligen Traumberufe?

Meine Interessen mit fünf Jahren

Meine Interessen mit zehn Jahren

✎
_____
_____
_____
_____
_____

Und was machst du heute gerne? Was liebst du? Was begeistert dich? Wobei vergisst du die Zeit? Jobbst du? Engagierst du dich für irgendetwas? Gibt es etwas, was dir in der Schule besonders viel Spaß macht? Was ist von deinen Kindheitsträumen immer noch präsent?

Meine Interessen heute

✎
_____
_____
_____
_____
_____

Übung 3.16: Roter Faden der Interessen/Hitparade

Erkennst du einen roten Faden, was deine Interessen angeht? Was belegt die ersten fünf Plätze auf deiner Hitparade der Interessen? Notier deine Top 5, am besten immer mit Argumenten, warum dieses Interesse an dieser Position steht.

🖉
_____
_____
_____
_____
_____

Übung 3.17: Kein Interesse/Shitparade
Man kann ein Studium oder einen Beruf danach auswählen, was einen interessiert. Es ist aber auch legitim und sinnvoll, danach zu schauen, was einen nicht interessiert. Welche Themen und Bereiche möchte man in Zukunft eher vermeiden? Also, woran hast du kein Interesse? Was findest du überflüssig? Mit welchen Themen und Aktivitäten kann man dich so gar nicht motivieren? Welchen Inhalten und Fächern aus der Schule möchtest du nach der Schule möglichst nie wieder begegnen?

🖉
_____
_____
_____
_____
_____

Hierfür kannst du ebenfalls eine Top-Liste erstellen. Vielleicht reichen zunächst die Top 3 deiner „Shitparade". Auch hier solltest du die Stichwörter und Argumente nicht vergessen, warum etwas auf dieser Liste und Position gelandet ist.

Übung 3.18: Interessen mit den fünf Sinnen beschreiben
Die bisherigen Fragen waren sehr kognitiv geprägt. Um noch ein bisschen näher an die Gefühle und Emotionen heranzukommen, hilft es manchmal, auch unseren Körper und unsere Sinne einzubeziehen. Vielleicht kommst du mit den folgenden ungewöhnlichen Fragen auf ungewöhnliche und wichtige Antworten.

Wann fühlst du dich körperlich wohl? In welchem Umfeld und bei welchen Aktivitäten? Wie körperlich aktiv möchtest du beruflich sein?

Welche Geschmäcker sind dir wichtig? Wie wichtig sind dir kulinarische Erfahrungen? Suchst du einen Beruf, in dem Geschmack wichtig ist?

Welche Gerüche lösen bei dir positive Erinnerungen aus? Was kannst du nicht riechen? Mit welchen Gerüchen möchtest du gerne zu tun haben? Mit welchen so gar nicht?

✎
_____
_____
_____

Was siehst du dir gerne an? Welche Bilder sprechen dich an? Wie wichtig sind dir ästhetische Erfahrungen? Sind visuelle Wahrnehmung und Gestaltung dein Ding?

✎
_____
_____
_____

Worauf hörst du besonders gerne? Welche Klänge sollen dich begleiten? Hast du ein besonderes Gehörtalent?

✎
_____
_____
_____

Sinneserfahrungen sind mit bestimmten beruflichen Feldern verwoben. Manchmal ist es sehr wichtig, einen besonders geschulten oder feinen Sinn für etwas zu haben, um diese Tätigkeit überhaupt gut ausüben zu können. Welche Berufe erscheinen dir nach deinen Präferenzen in diesem Sinne besonderes „Sinn"-voll?

✎
_____
_____
_____

Information: Wie wichtig ist Interesse bei der Studienwahl?

Esheißt nicht, dass man nur danach studieren sollte, was einen interessiert und was einem Spaß macht. Wir werden im nächsten Kapitel auch noch auf den Aspekt schauen, was man kann. Darüber hinaus sollten wir die Werte aus den vorherigen Übungen nicht vergessen, auch diese sind wichtig für die Berufswahl. Jedoch ist es ziemlich sicher, dass es sehr hart sein und sehr wahrscheinlich auch nicht von Erfolg gekrönt sein wird, etwas nur zu studieren, weil der Beruf beispielsweise gerade nachgefragt ist. Schlechte Ingenieure braucht auch niemand. Du wirst dann gut in einem Berufs- oder Studienfeld sein, wenn du dich für die Inhalte und Fragen begeistern kannst. Ein Mindestmaß an Erkenntnisstreben braucht es zum Studium. Bei manchen steht sogar das Interesse am Fach an oberster Stelle, und die „Verwertung" des Gelernten kommt erst weit danach. Die Studienwahl so getrennt von der Berufswahl zu sehen, braucht Mut und Idealismus. Das ist zwar ehrenwert, aber nicht immer sinnvoll. Auch das reine Interesse ist nicht immer ein Garant für Erfolg. Dennoch darf und sollte das Studium auch, vielleicht sogar wirklich in erster Linie, dem reinen Interesse, dem Erkenntnisstreben folgen. Schau doch mal darauf.

Weitere Ideen und Hinweise dazu, wie relevant deine inhaltlichen Interessen für die Berufswahl sein sollten und wie du sie herausfindest, liefert dir ein kurzes Video (Abb. 3.5).

Übung 3.19: Erkenntnisstreben

Wie stark dein Erkenntnisstreben ist, kannst du mit einem Fragebogen erheben. Dieser gibt dir eine Rückmeldung zu deinem intrinsischen Leistungsmotiv und deiner kognitiven Anstrengungsbereitschaft. Über die Theorie hinter dem Fragebogen hatte ich schon in Bezug auf das Leistungsmotiv

Abb. 3.5 Video zu Interesse und Erkenntnisstreben. (Bild: © nasharaga/stock.adobe.com) (▶ https://doi.org/10.1007/000-9pa)

geschrieben (Abschn. 3.2). Der gesamte Fragebogen zum Erkenntnisstreben ab 16 Jahre (FES – 16+) inklusive der Materialien für die Auswertung und Interpretation steht auf der Webseite pro-for-school.jimdo.com kostenlos zum Download zur Verfügung. Der Test gibt dir Auskunft darüber, wie stark dein Erkenntnisstreben im Vergleich zu anderen ist. Auch finden sich Fragen zur Richtung des Erkenntnisstrebens. An dieser Stelle möchte ich diese Fragen zuspitzen. Dafür dient die folgende Aufgabe: Stell dir vor, du könntest bzw. dürftest dein Leben nur einer Frage widmen: Worüber würdest du gern forschen und Erkenntnis gewinnen?

✎
_____
_____
_____

Das war vielleicht ganz schön schwer für dich. Nicht jedem und vor allem nicht jedem in deinem Alter ist es vergönnt, schon ein Lebensthema gefunden zu haben. Dennoch kann es elektrisierend sein, sich diese Frage zu stellen. In dem Film „Der Club der toten Dichter" wird ein Gedicht zitiert; darin geht es um das unendliche Spiel der Kräfte, zu dem ein jeder einen Beitrag, einen Vers der Geschichte beiträgt. Es endet mit der Frage: Was wird dein Vers, dein Beitrag sein? Du kannst dich dieser Frage widmen, indem du dir auch die folgenden Fragen stellst. Lass dabei wieder einmal deinen spontanen Gedanken freien Lauf: Was soll mein Beitrag in der Welt sein? Worüber möchte ich Erkenntnis erlangen? Was möchte ich können? Mit welchen Tätigkeiten will ich mein Leben verbringen?

✎
_____
_____
_____

Thematisch konkreter: Stell dir vor, du darfst in einer großen Zeitschrift einen Artikel veröffentlichen, den viele lesen werden, oder du wirst als Hauptredner auf eine große Konferenz eingeladen. Worüber würdest du schreiben oder sprechen wollen? Was könnte deine Expertise und deine Botschaft sein?

Wissenschaft und wissenschaftliche Erkenntnis ist ein Weg, sich Themen und großen (und auch kleinen) Fragen zu nähern. Jedoch ist Wissenschaft nicht der einzige Weg, um sich Themen und Fragen zu widmen. Dennoch solltest du schauen, inwieweit es Studiengänge und wissenschaftliche Disziplinen gibt, die sich deinen Themen widmen.

Information: Trennung von Studienwahl und Berufswahl?
Auch wenn du kein konkretes Thema benennen kannst, solltest du bedenken, dass thematisches Interesse den Kern eines wissenschaftlichen Studiums ausmacht. Ich sprach eben von der Trennung zwischen Studienwahl und Berufswahl, man könnte auch sagen, der Trennung zwischen Studium und Berufsausbildung. Die meisten Studiengänge nennen sich nicht ohne Grund „Irgendetwas"-Wissenschaften (z. B. Politikwissenschaft, Ingenieurswissenschaft). Es geht primär darum, einen Erkenntnisgegenstand mit wissenschaftlichen Methoden zu untersuchen. Du wirst als Wissenschaftler ausgebildet. Das ist an erster Stelle der Beruf, für den ein Studium ausbildet. Das ist das praktische Handeln, das du lernst. Du lernst, mit den Methoden eines Faches (Experimenten, Feldstudien, Ausgrabungen, Exegese, Hermeneutik etc.) eine Fragestellung zu untersuchen, und du lernst den Stand der Forschung kennen und verstehen. Du kannst dabei viel Wissen erwerben, das du hinterher auch in der beruflichen Praxis brauchst. Ebenso helfen dir die wissenschaftlichen Methoden, in der Praxis Fragestellungen zu durchdenken und dich schnell in neue Themen einzuarbeiten. Aber primär praktisch ist das Studium nicht. Das lernst du in Praktika und im Berufseinstieg schnell. Wenn du vor allem Praxis möchtest, dann ist eine Ausbildung wirklich besser.

Am Beispiel ausgedrückt: Im erziehungswissenschaftlichen Studium lernst du nicht, wie man Kinder erzieht, sondern wie man Kindererziehung und Bildungssysteme analysieren kann. Ähnliches gilt für viele Studiengänge.

Davon wiederum sind Studiengänge zu unterscheiden, die zu einem konkreten Beruf führen (z. B. Medizin). Hier sind mehr Inhalte auch konkret berufspraktisch eingebaut. Aber auch hier steht zunächst die Wissenschaft im Vordergrund. Praxis kommt dann in reflektierten Praxisphasen hinzu, manchmal sogar erst ganz am Ende des Studiums (z. B. bei den Rechtswissenschaften). Das bedenken viele nicht, die bei einem Studium nur an den praktischen Beruf denken. Informier dich gründlich, dann folgt kein böses Erwachen in den ersten Semestern, wenn dir vor lauter Theorie die Praxis fehlt.

Übung 3.20: Idealer Stundenplan
Doch vielleicht bzw. eigentlich ganz sicher gibt es theoretische Themen, die dich interessieren. So gibt es ja auch sicher in der Schule Themen, die dich interessieren, und Themen, die dich weniger interessieren. Stell dir vor, du hättest die besten Lehrerinnen und Lehrer und die tollste und engagierteste Klasse/Studiengruppe. Stell dir vor, du hättest freie Auswahl an Themen. Du könntest jeden Tag der Woche mit einem Thema, einem Fach füllen. Welche Themen und Fächer schaffen es in deinen idealen Stundenplan?

_____

_____

_____

_____

_____

Gehen wir von den formalen Bildungssettings (damit ist so etwas wie Schule, Ausbildung oder Hochschule gemeint) noch mal zurück zu deinen Aktivitäten im Privaten.

Übung 3.21: Zimmernutzungsanalyse
Ich gebe zu: Manchmal bin ich ein bisschen sehr psychologisch unterwegs; ich interessiere mich doch sehr für andere Menschen. Wenn ich dich durch irgendeinen Zufall zu Hause besuchen würde und du mich in dein Zimmer einladen würdest, dann könnte ich nicht anders – ich würde sofort anfangen, dein Zimmer zu analysieren: Welche Bilder oder Poster hängen an der Wand? Wie aufgeräumt ist es? Welche Materialien und Gegenstände stehen oder liegen herum? Welche Sportsachen finde ich? Welche Bücher stehen im Regal? Welche Spiele, DVDs und CDs kann ich erkennen? Welche Pokale oder Urkunden finden sich? Welchen Klamottenstil kann ich erkennen? Wie ist die Ästhetik der Einrichtung? Finden sich Dinge, die selbst gebaut oder gestaltet wurden?

Manchmal kann ich damit schon ein sehr genaues erstes Profil einer Person erstellen. Stell dir vor, jemand würde nur aus deinem Zimmer ein Profil von dir erstellen, und diese Person würde dir nur aufgrund von dem, was sie dort gesehen hat, einen Studiengang oder einen Beruf empfehlen. Schau dich noch mal in deinem Zimmer um. Was glaubst du, welche Empfehlung würde ich oder diese Person aussprechen?

🖉
_____
_____
_____

Ist die Idee passend? Findest du dabei einen spannenden Gedanken? Vielleicht auch nicht, denn vieles von dir kann ich auf den ersten Blick nicht sehen. Es ist versteckt in deinem Computer und Smartphone. Damit beschäftigt sich die nächste, ganz ähnliche Übung.

Übung 3.22: Mediennutzungsanalyse
Google, Instagram, TikTok, Facebook und Co. wollen alle nur das Beste von dir – deine Daten. Denn das, was du suchst, teilst oder gestaltest, sagt viel über dich aus. Dies ermöglicht es Außenstehenden, dich zu beurteilen, zum Beispiel, um dir passgenaue Werbung zu schicken.

Passgenau – hey, genau darum geht es doch auch in deiner Berufs- und Studienwahl. Und was die können, kannst du schon lange. Stell dir mal vor, du müsstest dir selbst einen Studiengang oder Beruf empfehlen – ausschließlich auf deinem Mediennutzungsverhalten basierend . Was würde dabei wohl rauskommen? Was ist deine erste spontane Idee?

🖉
_____
_____

Meistens sind die ersten Ideen gar nicht so schlecht, aber wir wollen doch mal mit genaueren Daten arbeiten. In dieser Übung erinnerst du dich daran, wie du Internet und Smartphone nutzt.

Geh systematisch durch die einzelnen Medien, Bereiche, Aktivitäten, Seiten, Portale oder Apps und beantworte stichpunktartig die Fragen. Anschließend fasst du dein Profil zusammen.

- Wo und wie bist du aktiv?
- Was interessiert dich und warum?
- Wer und was ist dir wichtig?

Zum Beispiel: In welchen Bereichen liest du dich bei Wikipedia fest? Stell dir vor, du würdest einen Blog starten, was wäre der Inhalt?

Konkretere Fragen zu den einzelnen Bereichen findest du jeweils beispielhaft in Klammern. Es geht immer darum, was dein Konsumverhalten bzw. deine Aktivitäten über dich aussagen. Vielleicht sind da Aspekte dabei, die auch für deine Studien- und Berufswahl spannend sein könnten und an die du noch gar nicht gedacht hast. Immerhin bist du dort freiwillig unterwegs und nicht wie in der Schule dazu gezwungen, dich mit bestimmten Themen zu beschäftigen.

Fernsehen, Streams und Co.: Netflix, Prime, Disney+ …
(Welche Dokus hast du geschaut? Welche Themen, Genres sprechen dich an?)

_____

_____

Shopping und Handarbeit: Brands4friends, Dawanda, stylefruits.de…
(Interessierst du dich für Mode? Den Modemarkt? Bist du geschickt im Entwerfen und Nähen?)

3 Eigene Ziele, Werte und Interessen erforschen

🖉
_____

_____

Bücher und Literatur: Blinkist, Audible, Bookbeat, Ausleihkonto bei der Stadtbücherei…
(Welche Bücher liest/hörst du? Gibt es thematische Schwerpunkte?)

🖉
_____

_____

Online-Lexika: Wikipedia und Co.
(Nach welchen Themen suchst du bei Wikipedia? Bei welchen Themen kannst du nicht aufhören zu lesen?)

🖉
_____

_____

Zeitungen/Zeitschriften: SZ, Bild, Spiegel, National Geographic …
(Bei welchen Zeitungen und Zeitschriften schaust du regelmäßig auf die Homepage? Wo liest du die meisten Artikel? Welche Themen interessieren dich da?)

🖉
_____

_____

Programmierung: Chip.de, GitHub, …
(Kannst du eine Programmiersprache? Nutzt zu Open-Source-Software? Hast du dich schon mal in Programmierforen herumgetrieben? Dich an Softwareprojekten beteiligt?)

✏️
_____
_____

Radio/Podcasts: Deutschlandfunk, Spotify, Audible…
(Hörst du regelmäßig Sendungen zu bestimmten Themen? Welche Podcasts hast du abonniert?)

✏️
_____
_____

Blogs: Blog.de, Tumblr, Jimdo, myblog.de
(Welche Blogs liest du regelmäßig? Worum geht es da? Hast du schon selbst Blogs verfasst?)

✏️
_____
_____

Karten und Mobilität: Google Maps, Komoot, Bahn Navigator, …
(Wie und wo bist du unterwegs? Was könnte man aus deinem Bewegungsprofil ablesen?)

✏️
_____
_____

Dating-Plattformen: Tinder, Lavoo, Friendscout24, OkCupid …
(Wie stellst du dich online dar? Welche Interessen sprechen dich bei anderen an? Welche Talente findest du super?)

✏️
_____
_____

Bewertungs- und Vergleichsportale: Amazon, Idealo, TripAdvisor, ...
(Bei welchen Produkten recherchierst du genau? Womit kennst du dich aus? Wo könntest du andere beraten?)

🖉
_____

_____

Soziale Netzwerke: Instagram, TikTok, Facebook, Twitter ...
(Wem folgst du? Gibt es bestimmte Themen, die dich ansprechen? Worum geht es in deinen Posts? Bei welchen Aktionen/Challenges bist du mit dabei? Welchen Gruppen hast du dich angeschlossen? Folgst du Politiker*innen oder Aktivisten? Was für ein Persönlichkeitsprofil kann man aus deinen Likes ableiten?)

🖉
_____

_____

Frageportale: Gute-Frage.net, Wer-weiß-was.de, Frag-Mutti.de, ...
(Zu welchen Fragen recherchierst du im Internet? Hast du schon einmal selbst als Experte/Expertin Fragen beantwortet?)

🖉
_____

_____

Kommunikation: Telegram, Signal, WhatsApp, Snapchat ...
(In welchen Gruppen bist du aktiv? Worum geht es da? Welche Inhalte werden geteilt? Bist du in bestimmten Vereinen? Zu welchen Aktionen verabredest du dich?)

🖉
_____

_____

Tracking und Self-Measurement-Tools: Runtastic, Google Fit, Samsung Health, …
(Wie wichtig sind dir Sport und Fitness? Wie hältst du dich fit? Ist es dir wichtig, dich für dich selbst bzw. zur Darstellung nach außen zu tracken? Was könnte man aus deinen Daten ableiten?)

🖉
_____

_____

Gaming: WOW, LOL, FIFA, BigPoint, Zylom, Steam, Twitch …
(Was zockst du so? Welche Art von Spielen kannst du am besten? Welche Fähigkeiten zeigst du dabei? Was beeindruckt dich bei anderen Spieler*innen?)

🖉
_____

_____

Videos: YouTube, Vimeo, TikTok …
(Welchen Kanälen folgst du? Welche Inhalte findest du am interessantesten? Welche Tutorials guckst du?)

🖉
_____

_____

Musik: Spotify, Deezer, TuneIn, Soundcloud, Bandcamp, …
(Gehst du völlig in der Musikwelt auf? Welches Genre interessiert dich? Ist es mit einer bestimmten Kultur verbunden? Machst du auch selbst Musik? Kannst du dir einen Beruf vorstellen, in dem Musik eine Rolle spielt?)

🖉
_____

_____

Fotos: Flickr, Pixelio, Pinterest, Photoshop, Picasa, Instagram, …

(Fotografierst du selbst? Hast du dich intensiver mit Bildbearbeitung beschäftigt? Welche Motive interessieren dich?)

✎ _____
_____

Nun hast du eine ganze Menge Informationen über dich zusammengetragen. Jetzt kannst du selbst zum Profiler werden: Schau auf deine Notizen und fasse die wichtigsten Punkte im nachfolgenden Profil zusammen.

Themen, die mich interessieren:

✎ _____
_____
_____
_____
_____

Themen und Menschen, die mir besonders wichtig sind:

✎ _____
_____
_____

Dinge, die ich gerne tue:

✎ _____
_____
_____

Themen und Menschen, für die ich mich engagiere:

🖊
_____

_____

_____

Wenn du nur diese Informationen von dir in einem Profil sehen würdest, zu welchen Berufen oder Studiengängen würdest du dir Werbung schicken?

🖊
_____

_____

_____

Dann schick dir doch einfach mal Werbung! Recherchiere zu den Ideen ein paar Websites und schicke dir selbst eine Werbe-E-Mail! Spam oder Nicht-Spam, das ist hier die Frage.

Du kannst auch dein Profil mit Freund*innen tauschen und ihr schickt euch gegenseitig „Werbung" aufgrund eurer Datenanalyse zu.

Übung 3.23: Interessen und Präferenzen strukturiert beschreiben
Nun haben wir schon einige Interessen gesammelt. Wenn du über das nachdenkst, was dich interessiert, kannst du mehrere Unterscheidungen treffen, die insbesondere für deine Berufs- und Studienwahl relevant sind. Es kommt bei den Interessen einerseits auf die Erkenntnisgegenstände an (Was interessiert mich?), andererseits können wir dabei unterscheiden, ob es uns eher konkret (im Sinne von konkreten Anwendungen, angewandtem Wissen) oder eher abstrakt (im Sinne des einfachen Wissen- oder Verstehenwollens, theoretischen Wissens) interessiert.

Schau zunächst in diese Liste und stell eine Rangfolge deiner 5 stärksten Interessen auf (nummerier einfach hinter den Stichwörtern). Überleg anschließend, ob es sich dabei um ein eher konkretes oder ein eher abstraktes Interesse handelt. Es geht um den Schwerpunkt (konkret oder abstrakt), die jeweils andere Richtung schließt den anderen Aspekt nicht aus – keine Theorie ohne Praxis und keine Praxis ohne Theorie. Bei der Übung geht es darum zu sagen, was dich von beidem im Moment mehr reizt. Unterstreich entsprechend mit zwei verschiedenen Farben.

- Menschen psychologisch (ich selbst, Verhalten anderer Menschen oder Gruppen)
- Menschen biologisch (Körper und Funktion, Medizin)
- Tiere (Fauna)
- Pflanzen (Flora)
- Geologie/Lebensräume/Ökosysteme
- Naturgesetze/physikalische Gesetze
- logische Gesetze, Zahlen und Abfolgen (Algorithmen)
- Sprache/Kommunikation/Medien
- Fremdsprachen
- Kultur (Literatur, Musik, Kunst usw.)
- fremde Kulturen
- Design/Gestaltung
- Geschichte/Zeugnisse der Vergangenheit
- Technik/Elektronik/technische Gegenstände/mechanische Mechanismen
- Materialien/Stoffe/Elemente (z. B. Werkstoffe, Lebensmittel)
- Bau(werke)/Architektur
- Sport/Spiele
- Philosophie/Religion (Metaphysik)
- Staat (Politik, Rechtssystem, Verwaltung)
- Wirtschaft/Management

Neben den Gegenständen selbst ist die Praxis des Handelns in der Beschreibung unserer Interessen wichtig. Was tust du gerne? Auch hier können wir unterscheiden, ob du die Handlungen eher konkret (praktisch-manuell/mit den Händen) tun willst oder eher abstrakt (das heißt durch Denkleistungen). Wähl aus den unten aufgeführten Handlungen die drei wichtigsten Bereiche für dich aus und entscheide dich, ob du diese eher konkret oder abstrakt gerne machst (manche sind normalerweise schon in einer Richtung eindeutig). Unterstreich wieder in den zwei verschiedenen Farben.

- herstellen/reparieren
- verkaufen/verhandeln
- helfen/beraten
- vermitteln/anleiten
- verstehen/lernen
- beobachten/kontrollieren

- planen/ordnen
- führen/entscheiden
- dienen/bedienen
- ausführen/betreiben
- gestalten/entwickeln

Nun nimm deine Top 5 der Interessenbereiche und verknüpf sie jeweils mit deinen Top 3 der Handlungen/praktischen Tätigkeiten. Wähl die praktische Tätigkeit, die du in diesem Interessenbereich am liebsten oder am besten einbringen kannst. Formulier nun deine Top 5 der Interessen noch mal als strukturierte Interessen, das heißt mit einem Handlungsbezug (z. B.: Ich beobachte gerne Tiere, ich möchte gerne andere Kulturen verstehen, ich bediene gerne technische Anlagen etc.).

_____

_____

_____

_____

Überleg, in welchen Berufen du diese Interessen einbringen kannst, welche Berufe dahinterstehen könnten.

_____

_____

_____

_____

Als letzten Schritt bei den Interessen kannst du dir Gedanken machen, unter welchen Rahmenbedingungen du diesen strukturierten Interessen gerne nachgehst bzw. nachgehen willst. Diese Frage hat dann schon konkreter mit deinen beruflichen Wünschen zu tun. Überleg, was deine allgemeinen Präferenzen in Bezug auf die folgenden Rahmenbedingungen sind:

Zeit/Dauer	Wie viel zeitlichen Raum sollen die Interessensgegenstände und Handlungen in deinem Leben/Beruf haben?
Ort(e)	An welchen Orten möchtest du diesen Interessen nachgehen (Büro, Geschäft, Fabrik, Praxis, draußen, drinnen)?
Land/Stadt	Wo sollte dieser Ort sein, in welcher Stadt, in welchem Land?
Lebewesen, Gegenstände, Materialien	Mit welchen Gegenständen und Materialien bzw. Lebewesen möchtest du gerne arbeiten bzw. damit zu tun haben?
Menschen	Mit welchen und wie vielen Menschen möchtest du Kontakt haben bzw. zusammen mit ihnen diesen Interessen nachgehen?
Materieller und sozialer Status	Welcher Status soll mit der Tätigkeit verbunden sein?

Verbinde deine Top 5 der Interessen mit den Rahmenbedingungen. Welche Studienfächer und Berufe fallen dir dazu spontan ein? Wenn es noch keinen Beruf dazu gibt, wie müsste der Beruf heißen, der diese Dinge beinhaltet?

_____
_____
_____
_____
_____

Wenn dir nichts dazu einfällt, kannst du dich mit deinen Eltern, Freundinnen und Freunden oder professionellen Beraterinnen und Beratern über deine strukturierten Interessen unterhalten. Je mehr Leute du fragst, auf desto mehr Wissen und Interessen kannst du zurückgreifen. Wenn andere deine Interessen nicht sofort nachvollziehen können bzw. sie für unwichtig/unbedeutend halten, versuche ihnen deine Begeisterung zu vermitteln. So weißt du hinterher selbst noch viel besser, was du interessant findest. Und vielleicht erfindest du dir wirklich deinen eignen Beruf.

Übung 3.24: Berufe finden oder Berufe erfinden
Stell dir vor, du würdest deine Interessen wild kombinieren. Du kannst alles mit allem kombinieren (5×5-Matrix: 5 Zeilen und 5 Spalten).

Welche Berufe würden sich daraus ergeben (z. B. Fremdsprachen lernen und Sport anleiten = Trainer einer internationalen Mannschaft; Maschinen herstellen und Design entwickeln = Industriedesigner)?

Welche Berufe müssten dafür noch erfunden werden (z. B. Tiere beobachten und Elektronik bedienen = Trainer für Robotertiere; Bauwerke planen und Computer spielen = professioneller Architekt für digitale Bauwerke im *Game Design*)?

🖉
_____

_____

_____

_____

_____

Wenn du nicht glaubst, dass es den Beruf gibt, google ihn einfach mal. Es gibt fast nichts, was es nicht gibt. Auch auf whatchado.de findest du Berufe, die es vor ein paar Jahren noch gar nicht gab (z. B. Feel-Good-Manager, Profigamer, UX-Designer, Big Data Analyst und Influencer). Du kannst auch mutig sein und auf Facebook posten, ob irgendwer jemanden kennt, der mit so was sein Geld verdient. Denk nicht immer nur an die offensichtlichen Dinge, sondern auch an die verdeckten. Die größten Innovationen kommen meist von denjenigen, die an einer verrückten Idee dranbleiben. Denk einfach mal wie ein Start-up-Gründer: Was ist meine besondere Fähigkeit, zu welchem Zweck kann ich sie einsetzen? Für wen könnte das interessant sein? Wer würde dafür Geld ausgeben? Ist meine Idee so gut, dass ich selbst in mich investieren würde? Warum könnten das andere tun (z. B. Eltern)? Du magst ein spezielles Produkt? Hast ein besonderes Faible? Manchmal kannst du die verrücktesten Kombinationen deiner Interessen zu einem Beruf machen. Was sind deine kreativen Ideen?

3 Eigene Ziele, Werte und Interessen erforschen

_____

_____

_____

Information: Interessentests
Du hast dich deinen Interessen zunächst mit verschiedenen Übungen zur Selbstreflexion genähert. Ein anderer Weg zur Analyse von Interessen sind Interessentests. Dort sollst du mithilfe verschiedener Fragen einschätzen, was deine Präferenzen sind. Bei Interessentests wird ein Bild deines Interessenprofils erstellt und mit möglichen Berufs- und Studienfächern abgeglichen.

Interessentests können bei der ersten Selektion von Suchbereichen helfen, sie sagen einem aber nicht konkret, was man machen soll, und auch nicht, ob man dafür geeignet ist. Sie stellen eine Passung von Interessen und Persönlichkeit mit groben Berufsbereichen her. Die meisten dieser Tests folgen nämlich dem Berufswahlmodell RIASEC von John L. Holland (vgl. Tarnai 2014). Er teilt die Berufspersönlichkeit der Menschen in sechs Typen ein. Dabei umfassen die Typen nicht nur Interessen, sondern auch Werte, Persönlichkeit und deine Selbsteinschätzung in Bezug auf Kompetenzen:

- **R**ealistic: handwerklich-technischer Bereich *(doers)*, z. B.: *Ich repariere gerne Maschinen und arbeite gerne mit technischen Geräten.*
- **I**nvestigative: naturwissenschaftliche Forschung, intellektueller Bereich *(thinkers)*, z. B.: *Ich führe gerne Experimente durch und beschäftige mich gerne mit abstrakten Problemen.*
- **A**rtistic: Kultur- und künstlerischer Bereich *(creators)*, z. B.: *Ich setze mich gerne mit Kunst und Kultur auseinander und drücke meine Gedanken durch eigene Texte, Musik oder Malen aus.*
- **S**ocial: karitativer, pädagogisch-psychologischer Bereich *(helpers)*, z. B.: *Ich helfe gerne anderen Menschen, indem ich ihnen etwas beibringe oder für sie sorge.*
- **E**nterprising: wirtschaftlicher Bereich *(persuaders)*, z. B.: *Ich plane gerne und versuche andere von meinen Ideen oder Produkten zu überzeugen.*
- **C**onventional: Büro- und Servicebereich *(organizers)*, z. B.: *Ich bringe Dinge gerne in eine klare Ordnung und organisiere und dokumentiere Prozesse.*

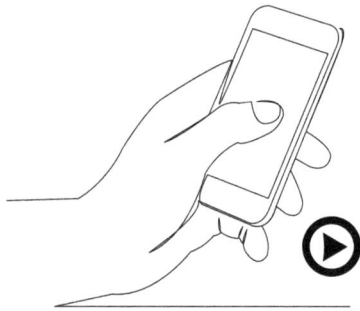

Abb. 3.6 Video zum RIASEC-Modell. (Bild: © nasharaga/stock.adobe.com)
(▶ https://doi.org/10.1007/000-9pb)

Zum RIASEC-Modell habe ich auch wieder ein kleines Erklärvideo erstellt, in dem ich die sechs Typen noch einmal erkläre (Abb. 3.6):

Sechs Bereiche oder Typen sind für viele deiner Fragen oftmals nicht differenziert genug. Es ist also normal, wenn dir die Ergebnisse nicht ganz passend erscheinen. So können alle Bereiche noch weiter differenziert werden. So umfasst beispielsweise der forschende Typ sowohl naturwissenschaftliches Forschen als auch geistes- und gesellschaftswissenschaftliches Forschen, oder der konventionelle Typ kann in organisatorisch-prüfend und verwaltend-organisatorisch aufgeteilt werden. Auch könnten noch weitere Typen ergänzt werden. So sind zum Beispiel der sportliche und sprachliche Bereich wenig integriert.

In seinem Buch *Studienwahl unter den Folgen einer radikalen Differenzierung* hat Marco Schröder sich die Mühe gemacht, sich einen Überblick über die gesamte Studienlandschaft zu verschaffen (vgl. Schröder 2015). Bei seiner Analyse hat er sehr ähnliche Studiengänge zusammengefasst und kommt dennoch noch auf über 3000 grundständige Studiengänge. In einer Befragung fand er heraus, dass viele, die sich für einen bestimmten Bereich interessieren, zwar besser als die daran nicht besonders Interessierten über allgemeine Studiengänge in diesem Feld Bescheid wissen, dass aber auch sie nicht die speziellen Studiengänge kennen. Das kannst du auch von keinem Berater oder Test erwarten. Tests, die auf dem RIASEC-Modell basieren, geben dir den Hinweis, in welchen Berufsfeldern du nach spannenden Studiengängen suchen kannst. Bei der ersten Recherche kannst du zunächst nach den klassischen Studiengängen schauen, aber es lohnt sich, jeweils auch nach neuen spezialisierten Studiengängen zu suchen. Vielleicht gibt es ja genau deine Kombination und deine Wunschrichtung (Tab. 3.1). Damit du einen ersten Eindruck bekommst, habe ich aus der Studie von Schröder jeweils die „klassischen" und „speziellen" Beispiele zu den einzelnen RIASEC-Kategorien herausgeschrieben (vgl. Schröder 2015, S. 118–123). Einen größeren Über-

Tab. 3.1 Klassische und spezielle Studienfächer zum RIASEC-Modell

	Klassisch	Speziell
R: praktisch-technisch	Allgemeiner Maschinenbau, Bauingenieurswesen, Elektrotechnik, Agrarwissenschaft …	Umwelthydrologie, Industrial System Design, Embedded Systems Engineering, technische Kybernetik …
I: naturwissenschaftlich-forschend	Geografie, Informatik, Mathematik, Biologie …	Geodäsie und Geoinformatik, Kognitionswissenschaft, Computerlinguistik, Informationslogistik …
A: künstlerisch-sprachlich	Musik, Schauspiel, Kunstwissenschaft, Philosophie …	Schmuck und Objekte der Alltagskultur, Transportation Interior Design, Informationsdesign, Musikdesign …
S: sozialwissenschaftlich	Lehramt Geschichte/Deutsch, Pädagogik, Psychologie, Grundschullehramt …	Familienwissenschaft, Gender Studies, Bildungsplanung und Instructional Design, Beschäftigungsorientierte Beratung und Fallmanagement …
E: unternehmerisch	Betriebswirtschaft, International Business, Tourismus, Unternehmensjurist	International Fashion Retail, Unternehmensrestrukturierung, Internationaler technischer Vertrieb, Global Process Management
C: konventionell	Statistik, Öffentliches Recht, Lehramt für Politik/Wirtschaft …	Mathematische Finanzökonomie, Facility Management, medizinische Dokumentation und Informatik, allgemeine Finanzverwaltung …

blick zu Studiengängen findest du in diesem Buch dann im Kapitel zum Sammeln von Informationen (Kap. 7).

Schon an dieser Tabelle merkst du, wenn du dir die Studiengänge und ihre Zuordnung anschaust, dass viele Studiengänge auch Anteile aus anderen Bereichen enthalten. So haben fast alle Studiengänge aufgrund des wissenschaftlichen Anteils einen I-Anteil. Bei Kombinationen wie Lehramt oder Wirtschaftsingenieurwesen ist die eindeutige Zuordnung noch schwieriger. Viele Tests vergeben daher für die Studiengänge einen Code aus drei RIASEC-Bereichen. So lässt sich zwar mehr differenzieren, aber du merkst, dass kleine Unterschiede in deinem Rating dann größere Unterschiede im Passungsresultat bedeuten. Daher sind alle Ergebnisse immer mit Vorsicht zu genießen und dienen nur der ersten Orientierung. Alle Feinheiten deines Profils und des Studiengangprofils werden durch so ein System sicher nicht erfasst.

Dennoch ist es spannend und schadet auch nicht, einen solchen Test zu machen. Ich empfehle diesbezüglich den Test der Bundesagentur für Arbeit („Check-U"), der in Zusammenarbeit mit einem privaten Institut und basierend auf dem Vorläufer Studifinder NRW entwickelt wurde. Er ist kostenlos, differenziert das RIASEC-Modell an zwei Punkten auf acht Dimensionen und deckt sowohl Ausbildung als auch Studium ab. Du findest ihn auf der Seite www.arbeitsagentur.de/selbsterkundungstool (bei den Tests unter dem Stichwort „Meine beruflichen Vorlieben"). Darüber hinaus findest du dort auch einen weiteren Interessentest (Meine Interessen), der sich auch an deinen Schulfächern orientiert. Einen übersichtlichen Selbsttest findest du auch bei Aljoscha Neubauer (https://aljoschaneubauer.files.wordpress.com/2018/03/interessen.pdf).

Ein guter Kurztest, der dir hilft, deine beiden stärksten RIASEC-Bereiche zu identifizieren, ist der Berufsfeldfinder (BFF), der sowohl Interessen als auch Aufgaben und Fähigkeiten abfragt. Du findest ihn als kostenlosen Online-Test auf der Seite; https://bff.ifbk-online.de/survey/1. Vom selben Anbieter gibt es auch noch den Interessen- und Typen-Selbsttest, der etwa 15–20 min dauert (https://start.phraze.io/de/c/3v7r0sci).

Auch die kostenlose App „Aivy" enthält einen Test nach dem RIASEC-Prinzip und noch weitere kurzweilige Tests zu Persönlichkeitsfaktoren. Ein reiner RIASEC-Test ist auch auf https://www.schuelerpilot.de/orientierungstest/ zugänglich.

Einen absoluten Kurztest findest du auf dem CCT-Portal fürs Lehramtstudium: https://studieninteressierte.cct-germany.de/CCT/Ais.

Ein weiterer bekannter schneller Test ist der Studieninteressentest (SIT), der auf der Seite: www.hochschulkompass.de/studium-interessentest.html oder bei der *Zeit* unter: studiengaenge.zeit.de/sit zugänglich ist.

Viele Universitäten haben für ihr Studienangebot auch eigene Tests entwickelt. Der bekannteste und älteste seiner Form ist der Borakel (das Bochumer Orakel) unter www.borakel.de. Du findest Ähnliche Tests bieten mittlerweile viele Unis, zum Beispiel www.interessentest.uni-wuerzburg.de, bzw. auch manche Bundesländer an: www.was-studiere-ich.de.

Während diese Tests kostenlos sind, gibt es auch kostenpflichtige Tests. Hier kann ich den umfangreichen Interessen- und Leistungstests des geva-instituts empfehlen, der etwa 38 EUR kostet und eine umfangreiche Auswertung beinhaltet (www.geva-institut.de/unsere-geva-tests/studienwahl-geva-test). Diesen und andere etablierte Tests, zum Beispiel auch den Allgemeinen Interessen-Struktur-Test (AIST) oder den Explorix, solltest du am besten nur in Verbindung mit einer Beratung bei einem geschulten Berater oder einer geschulten Beraterin machen. Auch für die anderen kostenlosen (und im Fall des Studifinder/des Selbsterkundungstools auch nicht weniger umfangreichen) Tests gilt natürlich, dass eine Beratung zur Einordnung der Testergebnisse sehr hilfreich ist. Manche Tests liefern umfangreiche Erklärungen, andere geben einfach nur ein Ergebnis und eine *Matching*-Liste aus. Es kann helfen, solche Testergebnisse zu einem Beratungsgespräch mit einem erfahrenen Berater/einer erfahrenen Beraterin mitzubringen und sie sich erklären zu lassen.

Wenn du deinen RIASEC-CODE (Ranking deiner drei höchsten Typen, z. B. CEI) kennst, entweder durch einen systematischen Fragebogen (siehe die empfohlenen Tests) oder einfach, indem du dir die Bereiche durchliest und ein spontanes Ranking machst, dann kannst du in Matching-Tabellen nachschauen, welche Berufe und Studienfächer dazu passen könnten. Unter folgendem Link findest du eine solche Liste: https://studieninteressierte.cct-germany.de/Media/Default/Tests/Ais/AIS_Liste.pdf.

Wenn du einen für dich spannenden Beruf bzw. ein berufliches Feld gefunden hast, kannst du nach diesem Beruf suchen. Dazu bietet sich die Schlagwortsuche auf https://berufenet.arbeitsagentur.de/ an.

Wenn deine Englischkenntnisse nicht ganz so schlecht sind, kannst du im amerikanischem O*Net, einer der umfangreichsten Datenbanken zu Berufen, nach passenden Berufen in Bezug auf RIASEC-Interessenprofile suchen. Die Seite ist natürlich schwerpunktmäßig dem amerikanischen Arbeitsmarkt angepasst, aber viele Berufsfelder mit ihren gesuchten Fähigkeits- und Interessenprofilen sind so auch in Deutschland zu finden. Geh auf https://onetonline.org/find/descriptor/browse/Interests/.

Wähl bei „Interests" deinen stärksten Bereich aus, zum Beispiel „Social". Anschließend erscheint eine lange Liste von Berufen, die im Schwerpunkt dem Bereich zugeordnet werden können. Du kannst diese Liste nun weiter eingrenzen, indem du oben deine weiteren stärkeren Interessenbereiche auswählst. Wähle zunächst nur den zweitstärksten aus (z. B. „Enterprising"). Wenn du auch den dritten Bereich (z. B. „Conventional") auswählst, wird die Liste zum Teil sehr eingeschränkt. Probier es einfach aus. Eine weitere Variante, die Liste einzugrenzen, ist die Wahl der Job Zone. Damit ist gemeint, welchen Ausbildungsgrad der Beruf voraussetzt. In dieser Hinsicht unterscheidet sich das amerikanische Bildungssystem stärker vom deutschen Bildungssystem. Je höher die Job Zone, desto mehr Zeit braucht die Ausbildung; die Ebenen 4–5 entsprechen am ehesten akademischen Berufen.

3.6 Verdichtung und Zusammenfassung

In diesem ersten sehr umfangreichen Kapitel musstest bzw. konntest du viel über dich selbst nachdenken. Viele Aufgaben weisen gedankliche Zusammenhänge auf. Es geht um dein ganzes Leben; deine Ziele, Werte und Interessen greifen ineinander. Im Folgenden findest du weitere Aufgaben und Übungen zur Selbstexploration, zur Selbsterkundung. Sie können deine bisherigen Gedanken ergänzen, aber vor allem auch verdichten und zusammenfassen. Schau, welche Aufgaben davon dich vielleicht ansprechen. Sie sind noch mal kreativ und aufwendig, aber auf jeden Fall lohnend.

Übung 3.25: Wie sehe ich mich selbst in fünf Jahren?

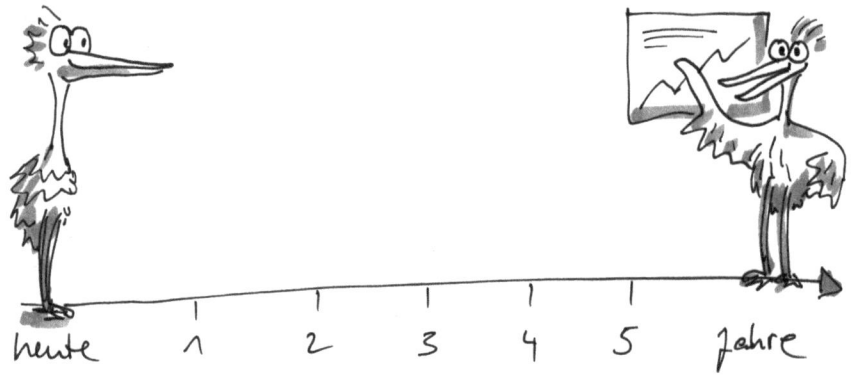

Vielleicht kennst du die berühmte Frage aus Personalauswahlgesprächen: „Wo sehen Sie sich selbst in fünf Jahren?" Überlege ohne den Druck eines Auswahlgesprächs: Wie sieht dein Leben in fünf Jahren aus? Du wirst wahrscheinlich am Ende des Studiums sein oder nach der Ausbildung schon erste Berufserfahrung gesammelt haben.

Wo wohnst du? Wie wohnst du? Was machst du? Was interessiert dich gerade? Mit welchen Menschen hast du zu tun? Was ist gerade wichtig für dich? Welche Hobbys, Themen und Ehrenämter sind wichtig geblieben? Was sind die nächsten Schritte und Entscheidungen?

Versuch dir dein Leben so konkret wie möglich vorzustellen.

3 Eigene Ziele, Werte und Interessen erforschen   115

🖉
_____
_____
_____
_____

Überleg nun, was von diesen Ideen jetzt schon durch deine Berufs- und Studienwahl beeinflusst wird

🖉
_____
_____
_____

Übung 3.26: Lebenslauf schreiben (retrospektiv oder prospektiv)
Für Ausbildungsbewerbungen aber auch in vielen Bewerbungsverfahren für Stipendien und Universitäten wird von dir ein tabellarischer Lebenslauf verlangt. Ein paar Institutionen fordern jedoch auch einen drei- bis vierseitigen ausformulierten Lebenslauf.

So einen Lebenslauf (retrospektiv – also über das schon gelebte Leben) zu schreiben, ist eine spannende Übung, vor allem, wenn man auf einmal vor der Aufgabe steht zu selektieren, was für einen selbst wirklich wichtig und prägend war.

Wenn du die Idee des Rückblicks aus der Zukunft (aus der Perspektive von dir selbst als Oma/Opa) aufgreifst, kann es auch eine spannende Übung sein, so einen Lebensbericht fiktiv (prospektiv – über das kommende Leben) zu verfassen. Probier's doch mal!

Lebenslauf schreiben Nimm dir Zeit zum Nachdenken über die Vergangenheit. Schreib deinen Lebenslauf auf maximal drei bis vier DIN-A4-Seiten als Text auf. Stell dir vor, dieser Lebenslauf dient der Bewerbung für ein Studium bzw. soll Menschen davon überzeugen, dein Studium zu fördern. Schreib deine Lebensgeschichte auf, sodass jemand, der dich nicht kennt, einen guten Eindruck von dir als Person und deinen Motivationen gewinnen kann.

Auswertung
- Was waren prägende Stationen und Personen?
- Welche Interessen und Begabungen kommen vor? Ab wann treten sie auf? Welche davon machen dich aus?
- Welche Krisen und Brüche gab es, und wie wurden sie bewältigt? Welche Ressourcen waren dabei wichtig, und welche Kompetenzen wurden dabei erworben?
- Welche Themen und Fragen tauchen immer wieder auf?
- Welcher rote Faden ist erkennbar?

Zukünftige Lebensgeschichte erfinden Bitte leg dich auf drei aktuell mögliche Ausbildungs- oder Studienoptionen fest und spiele diese jetzt einmal gedanklich durch. Beginne zunächst in der kurzen Frist bei den nächsten Schritten. Dann schau auf dein Leben in fünf Jahren (mittlere Frist) und wirf dann noch einen Blick darüber hinaus (lange Frist). Denk über alles nach, was in diesem möglichen Lebenslauf so passiert – bei dieser Berufs- und Studienwahl: deine Bewerbung für den Studien- oder Ausbildungsplatz, Auszug von zu Hause und ggf. Umzug in eine neue Stadt, der Studien- oder Ausbildungsalltag und die neuen Freundinnen und Freunde, die Vorlesungen oder Berufsschule, das mögliche Auslandssemester, Praktika, Schwerpunktsetzungen, beruflicher Einstieg, Karriere, Weiterbildungen und berufliche Neuorientierungen. Stell dir alles möglichst genau vor: Wo und mit wem und wie wohnst du, was tust du, was ist dir wichtig? Wie ist dein Familienstand? Hast du Kinder? Wo engagierst du dich? Welche Hobbys sind dir weiterhin wichtig?

Auswertung
Analysier, in welchen Beschreibungen und Ideen du dich (am ehesten) wiederfindest. Welche findest du eher schlecht oder unpassend? Leite aus diesen Überlegungen noch mal die wichtigsten Entscheidungsindikatoren für die Berufs- und Studienwahl ab (wichtigste Gründe und Argumente, mit denen du deine Entscheidung abwägen kannst). Vielleicht passt eine dieser drei Ideen, vielleicht kannst du aber noch andere Ideen in Bezug auf die wichtigsten Entscheidungsindikatoren prüfen. Überleg, wie du die Geschichten noch passender für dich gestalten kannst. Wenn es dir schwerfällt, Geschichten zu erfinden, könnte das daran liegen, dass du dich über vieles vielleicht noch gar nicht informiert hast. Hier gilt es Informationslücken zu schließen. Du kannst diese Übung daher auch noch nach der Recherchephase machen. Sie eignet sich auch als Entscheidungsübung.

Übung 3.27: Ich-AG-Logo und -Slogan

Überleg, welches Logo dich gut repräsentieren würde, wenn du dich als Ich-AG (dich selbst als ein Unternehmen mit einer Marke und Produkten/Dienstleistungen) präsentieren müsstest. Nimm dir ein Blatt Papier und bringe die Formen und Symbole zu Papier, die zu dir passen. Überleg, warum sie passen und wie sie sich ineinanderfügen.
Wenn du das Logo fertig hast, kannst du auch ein kurzes Firmenmotto (z. B. „Nike – Just do it", „Merkel – Wir schaffen das") formulieren.
Was ist dein Markenkern? Was ist dein Markenzeichen? Was von deiner Persönlichkeit ist das, was du nach außen darstellen willst? Was treibt dich an? Was macht dich glücklich? Was ist der Erfolg, den du suchst? Wie wirst du dich entwickeln?

Abb. 3.7 Video zur ICH-AG-LOGO-Übung. (Bild: © nasharaga/stock.adobe.com)
(▶ https://doi.org/10.1007/000-9pc)

Hier mein Beispiel: Ich als Berater stehe vor allem für Reden und Zuhören, Motto: „Das Richtige fragen".

Auch für diese Übung habe ich ein kleines Video gestaltet. Vielleicht wird dann deutlicher, wie die Übung funktioniert (Abb. 3.7):

> **Kapitel-Check**
>
> - Du hast dich mit der wichtigen, aber auch schweren Frage nach dem Sinn deines Lebens auseinandergesetzt. Du hast einen Blick auf deine Träume und Visionen geworfen. Vielleicht hast du daraus ein paar Grundsätze und Ziele ableiten können, die dir auch bei deinem Studien- und Berufsweg wichtig sind.
> - Du hast geschaut, welche Elemente dir in deinem Leben wichtig sind und wie du Prioritäten setzt.
> - Darüber bist auf das Thema Werte gekommen. Du hast wichtige Werte für dich analysiert. Von allen, die dir wichtig sind, hast du die wichtigsten fünf herausgearbeitet.
> - Profil: Trag deine fünf wichtigsten Werte in dein Profil ein (siehe Abschn. 3.1).
> - Du hast dir auch Gedanken dazu gemacht, wie sich verschiedene Werte in verschiedenen Berufen umsetzen lassen. Die Passung zu den eigenen Werten ist damit der eine Entscheidungsfaktor in deiner Berufs- und Studienwahl.

3 Eigene Ziele, Werte und Interessen erforschen

- Du hast dich mit Motivationstheorie und deinen persönlichen Motiven auseinandergesetzt. Du hast vielleicht neue Ideen gewonnen, wie du dich in der Schule und dann auch im Studium oder in der Ausbildung motivieren kannst.
- Profil: Trag deine Motivrangfolge in das Profil ein.
- Du hast etwas über Persönlichkeitspsychologie gelernt und Informationen zu Persönlichkeitstests bekommen. Auch konntest du erste Selbsteinschätzungen vornehmen. Wenn du willst, kannst du deine Big-Five-Selbsteinschätzungen oder -Testergebnisse in deinem Profil ergänzen. Auch dein vorherrschendes System aus der PSI-Theorie könntest du eintragen.
- Profil: Trag, falls du damit etwas anfangen konntest, dein *Big-Five*-Ergebnis und Haupt-PSI-System in das Profil ein.
- Du hast dich in deinen möglichen zukünftigen Beruf hineinversetzt. Du hast geprüft, welche Rahmenbedingungen dir dabei wichtig sind. Du hast eingeschätzt, welche beruflichen Werte dir besonders am Herzen liegen.
- Profil: Trag deine beruflichen Must-haves und No-Gos in das Profil in. Beschränke dich jeweils auf die wichtigsten drei. Trage die fünf wichtigsten beruflichen Werte ein.
- Du hast dich mit deinen Gehaltsvorstellungen und den Graden der Selbstverwirklichung und Freiheit auseinandergesetzt. Du hast versucht, Zahlen oder Anhaltspunkte dafür zu formulieren.
- Profil: Trag deine Zahl bzw. deine Anhaltspunkte als Stichwort bei Gehalt und Selbstverwirklichung in deinem Profil ein.
- Du hast dir Gedanken über deine aktuellen und vergangenen Interessen gemacht und den roten Faden herausgearbeitet. Du hast dich als Profiler versucht und dein Zimmer und deine Mediennutzung analysiert.
- Profil: Trag deine Top 5 der Interessen und deine Top 3 der Nichtinteressen ins Profil ein.
- Du konntest dir erste Gedanken machen, in welchen Studienfächern und Bereichen deine Interessen ihren Raum finden würden. Du hast versucht, sie strukturiert zu beschreiben und daraus Ideen abzuleiten.
- Du hast verstanden, wie Interessentests funktionieren, und einen im Internet gemacht.
- Profil: Trag deine am stärksten eingeschätzten (oder getesteten) drei RIASEC-Typen in dein Profil ein.
- Am Ende konntest du versuchen, mit kreativen Aufgaben noch einmal deine Gedanken zu bündeln. Du hast dir deine mögliche Zukunft genauer vorgestellt und deinen Markenkern entdeckt. Wenn dir in dieser oder den anderen Übungen noch weitere Punkte eingefallen sind, die für dein Profil besonders wichtig sind, solltest du diese ergänzen.

4

Stärken und Schwächen analysieren

Wenn wir uns über Stärken und Schwächen unterhalten, dann sprechen wir meist von positiven und negativen Eigenschaften einer Person, also auch von bestimmten Fähigkeiten und Talenten. Im Kompetenzbegriff denken wir beides zusammen. Der bekannte Sprachwissenschaftler Noam Chomsky (vgl. Chomsky 1973) beschreibt Kompetenz als „die einer Person innewohnende Fähigkeit". Ausgehend von der „Performanz" als Akt der Anwendung einer Fähigkeit sagt er, dass sich nur durch die beobachtbare Performanz auf Kompetenz schließen lässt. Einfach ausgedrückt: Wenn jemand eine Leistung zeigt, dann führen wir das auf seine Fähigkeiten zurück. Daher ist es wichtig, genau auf das zu schauen, was wir wirklich tun und machen.

Übung 4.1: Auflistung Stärken und Schwächen
Lehn dich zurück und überleg dir: Wann warst du richtig stolz auf dich, so richtig zufrieden mit dir? Welche deiner Stärken hast du in dieser Situation eingesetzt? Überleg auch, wie du spontan auf die Frage, was du nicht so gut kannst, antworten würdest. Was sind die Dinge, an denen du regelmäßig scheiterst, deine Schwächen?

Ergänzende Information Die elektronische Version dieses Kapitels enthält Zusatzmaterial, auf das über folgenden Link zugegriffen werden kann [https://doi.org/10.1007/978-3-662-66362-2_4]. Die Videos lassen sich durch Anklicken des DOI-Links in der Legende einer entsprechenden Abbildung abspielen, oder indem Sie diesen Link mit der SN More Media App scannen.

Fertige als Erstes eine Liste mit deinen Stärken und Schwächen an und gib Beispiele dafür an. Du kannst ja erst einmal mit deinen drei größten Stärken und Schwächen anfangen.

Ich kann xy gut, weil …

✎
_____
_____
_____

Ich scheitere an xy, weil …

✎
_____
_____
_____

Manchmal bleibst du an Aufgaben oder Themen dran, die nicht unbedingt deine größte Stärke sind, aber für andere dir wichtige Dinge relevant sind. (Zum Beispiel bin ich nicht gut in Fremdsprachen, aber ich kommuniziere gerne; ich versuche also, an den Fremdsprachen dranzubleiben, um auch mit Studierenden aus anderen Ländern reden zu können. Oder: Ich interessiere mich für Zusammenhänge von psychologischen Faktoren, daher muss ich mich mit der ungeliebten Mathematik [Statistik] beschäftigen.) Du siehst schnell, dass manche vermeintliche Schwächen zuweilen einfach eine Frage der richtigen Motivation und anderer Rahmenbedingungen (z. B. ein guter Lehrer, eine gute Lehrerin) sind.

In welchen Bereichen kannst du mit der richtigen Motivation Schwierigkeiten überwinden und warum?

✎
_____
_____
_____

Tipp: Wenn dir bei deinen Stärken nichts einfällt, kannst du auch einen spielerischen Weg wählen. Beim Stärken-Memospiel spielst du mit deiner Familie oder Freunden ganz normal nach Memoryprinzip. Der Unterschied ist, dass auf den Karten Stärken und Ressourcen abgebildet sind. Wenn du ein Pärchen findest, musst du spontan eine wahre Geschichte erzählen, wo du diese Stärke schon einmal gezeigt hast. Das ist eine gute Möglichkeit, um darüber ins Gespräch zu kommen. Und glaub mir, als Kind war Memory viel leichter als jetzt. Probier es doch mal aus. Du findest Karten dafür im ehrenamtlichen Spieleverein Herrnhuter Spiele. Die Karten dort hat dieselbe Illustratorin gestaltet, von der auch die Zeichnungen in diesem Buch sind: herrnhuterspiele.de/spiele/unsere-spiele (Titel des Spiels ist: „Starke Erinnerungen").

Eine andere Möglichkeit, deine Stärken und Schwächen zu analysieren, ist es, sich an eine Situation oder Aufgabe zu erinnern, die dir Schwierigkeiten bereitet hat, die du am Ende aber dennoch gelöst hast. Versuch zuerst die Geschichte dieser Problemlösung zu erzählen. (Was war das Problem, wie kam es zur Lösung, und worin bestand diese?) Notier die wichtigsten Aspekte. Beantworte danach folgende Fragen: Welche deiner Fähigkeiten hast du nutzen können, um am Ende doch zu einer Lösung zu kommen? Welche waren hinderlich oder fehlten?

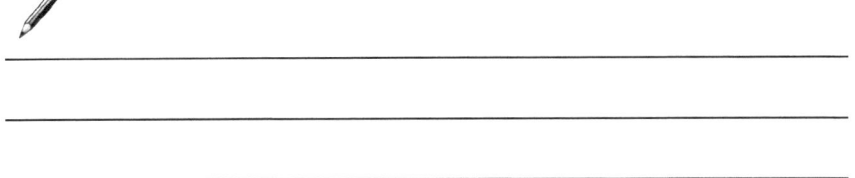

Es ist immer gut, sich aktiv an seine eigenen Erfolgsgeschichten zu erinnern. Doch manchmal gelingt dies anderen besser. Wenn du dich mit deinen Stärken beschäftigst, kann es sinnvoll sein, die Wahrnehmungen und Beurteilungen anderer zu berücksichtigen. Du kannst sie direkt um Rückmeldung und Bewertung bitten (dazu mehr unter dem Aspekt „Orientierungsgespräche führen", siehe Kap. 5), oder du kannst dir überlegen, was sie wohl über dich sagen würden. Das nennt man zirkuläres Fragen.

Stell dir zum Beispiel vor, du könntest bei der letzten Notenkonferenz „Mäuschen spielen" und hören, was deine verschiedenen Lehrerinnen und Lehrer über dich sagen. Worin bist du gut? Was sind nicht so deine Talente? Was denkst du, würdest du da so zu hören bekommen? Vielleicht nehmen verschiedene Lehrer dich sehr unterschiedlich wahr? Schreib ein paar erste Gedanken auf.

🖉
_____
_____
_____

Du kannst dieses Vorgehen auch auf die Zukunft ausdehnen. Stell dir vor, dein Schulleiter hält zum Abschluss eine Laudatio auf deine Leistungen. Oder noch weiter: Deine Studiengangsleiterin schlägt dich aufgrund deiner Studienleistungen für einen Preis vor. Oder du kannst Bewertungen deines Ausbilders in deiner Personalakte lesen oder stellst dir dein Arbeitszeugnis vor, mit dem du nach der Ausbildung übernommen wirst. Oder ganz weit in die Zukunft: Deine Chefin hält bei der Pensionierung eine Rede über deine Verdienste vor dem ganzen Team. Überleg dir, was diese Personen wohl über dich sagen könnten?

🖉
_____
_____
_____
_____
_____

Übung 4.2: SWOT-Analyse
Nun hast du schon ein paar erste gute Ideen zu deinen Stärken und Schwächen. In dieser Übung geht es darum, diese zu systematisieren. Die SWOT-Analyse kommt aus dem Management, wo man sie zur Prüfung von Projekten nutzt. Da dort fast alles auf Englisch ausgedrückt wird, stehen die Buchstaben für englische Begriffe: S (*strengths* = Stärken), W (*weaknesses* = Schwächen), O (*opportunities* = Möglichkeiten) und T (*threats* = Gefahren). Du kannst diese Systematik nutzen, um über deine Stärken und Schwächen zu reflektieren.

Benutz die Vorlage hier im Buch (Download über den Link am Kapitelanfang) oder nimm ein leeres DIN-A4-Blatt für deine eigene SWOT-Analyse. Die Idee ist, jeweils einen Schritt erschöpfend zu durchdenken (sprich: bis dir wirklich nichts mehr einfällt) und erst dann den nächsten Schritt zu machen. Folge dabei den Nummern in der folgenden Reihenfolge der Analyse. Für jede Nummer findest du in der Übersicht ein Beispiel von mir.

1. Schreib alle Stärken auf, die dir zu deiner Person einfallen. Überlege, wofür du von anderen geschätzt und gelobt wirst. Welche Aufgaben werden dir in der Familie oder in Gruppen übertragen? Was macht deine Eltern auf dich stolz? Was würden deine Geschwister sagen, welches deine coolsten Eigenschaften sind? Was schätzen deine Freunde an dir? Was sagen Lehrerinnen und Lehrer? Was macht dir Spaß und fällt dir leicht – in der Schule und privat?
2. Schreib deine Schwächen auf. Überleg dir, wofür du kritisiert wirst. Vor allem: Wofür kritisieren dich Lehrerinnen und Lehrer und deine Eltern zu Recht? Welche Aufgaben würden dir deine Freundinnen und Freunde eher nicht zutrauen? Was fällt dir schwer und macht dir keinen Spaß? Wo hast du vielleicht schon Rückschläge erlitten? Wo bist du unsicher?
3. Überleg dir konkret (mit Beispielen), welche Möglichkeiten aus deinen Stärken für das Studium, die Ausbildung und den Beruf erwachsen. Wo kannst du die Stärken einbringen? Was wird dir gelingen und leichtfallen? Wo bist du besser als andere?
4. Überleg dir konkret (mit Beispielen), welche Gefahren/Probleme dir deine Schwäche(n) im Studium, in der Ausbildung und im Beruf bereiten könnten. Wo könntest du vielleicht durchfallen? Wo müsstest du Hilfe in Anspruch nehmen und vom wem? Wer oder was gleicht deine Schwächen im Moment aus? Wie könntest du das auch in Zukunft gewährleisten?
5. Mach einen gedanklichen Kopfstand und überleg dir, welche Stärken auch aus deinen Schwächen erwachsen können (welche Stärken darin stecken). Gibt es auch Situationen und berufliche Felder, wo diese Schwäche nicht so ins Gewicht fällt, vielleicht sogar von Vorteil ist?
6. Geh noch einen Schritt weiter und frag dich, welche Schwächen auch mit deinen Stärken einhergehen. Wenn du eine Stärke ins Extrem weiterdenkst, merkst du schnell, dass sie nicht immer gut ist. Gibt es auch Situationen und berufliche Felder, in denen sich diese Stärke eher als nachteilig erweisen könnte? Welche Risiken birgt sie?
7. Notier für die neu hinzugekommenen Stärken wiederum Möglichkeiten.
8. Notier für die neu hinzugekommenen Schwächen wiederum Gefahren.

Hier ein Beispiel für alle 8 Schritte:

S	O
(1) Neugier	(3) Begeisterungsfähigkeit für viele Themen
(5) Schnelles Arbeiten, hohe Produktivität	(7) Deadlines werden eingehalten
W	T
(2) Unsauberes Arbeiten	(4) Scheitert an Formfehlern
(6) Kann sich nicht beschränken	(8) Verzettelt sich in zu vielen Projekten

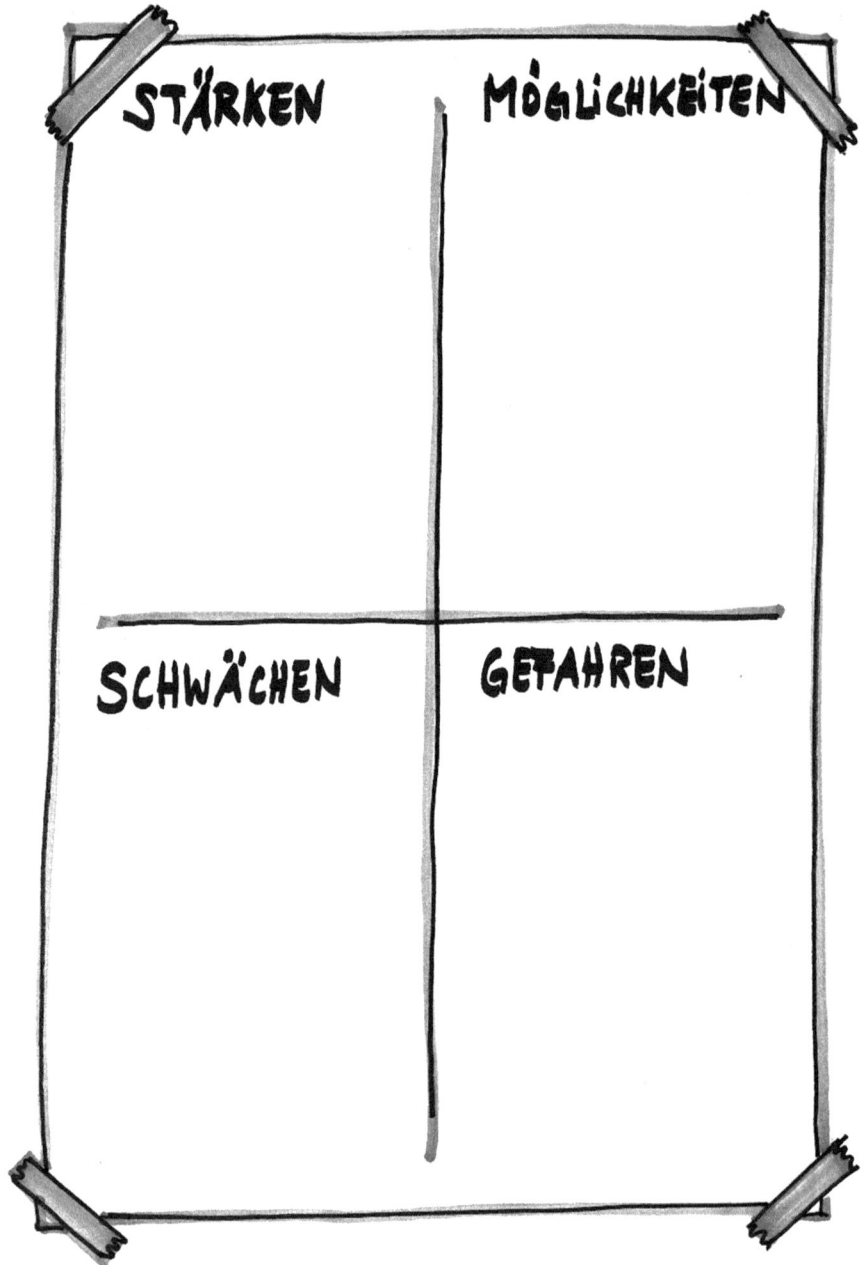

Übung 4.3: Fähigkeitsprofil

Neben der SWOT-Analyse kannst du auch ein Fähigkeitsprofil anhand wichtiger fachlicher Performanzbereiche aufstellen. Kein Mensch ist auf allen Gebieten gleich leistungsstark. Wie schätzt du dich selbst in den folgenden Bereichen ein? In diesem Schritt geht es zunächst um deine Selbsteinschätzung. Diese kannst du, zumindest für manche dieser Bereiche, mithilfe von Tests überprüfen. In der folgenden Liste findest du Bereiche, die klassischerweise mit Intelligenztests gemessen werden, aber auch Bereiche, die wichtige Ausdrucks- und Fähigkeitsformen von Menschen sind. Der Forscher Howard Gardner spricht dabei von multiplen Intelligenzen. Ich würde eher davon sprechen, dass dies deine bevorzugten Formen der Auseinandersetzung mit der Welt sowie deine bevorzugten Ausdrucksformen deiner Gedanken und Gefühle sind. Du nutzt diese Bereiche unterschiedlich stark, und du wirst festgestellt haben, dass du in manchen Dingen besser und in anderen eher schlechter als andere bist. Schätze dich daher auf einer Skala von 1 = unterdurchschnittlich, über 2 = eher unterdurchschnittlich, 3 = durchschnittlich, 4 = eher überdurchschnittlich bis 5 = überdurchschnittlich ein.

Künstlerisch-musischer Bereich (gestalten, zeichnen, singen, musizieren, komponieren etc.):

1	2	3	4	5
☐	☐	☐	☐	☐

Sozial-kommunikativer Bereich (empathisch sein, andere verstehen, Reden halten, andere beeinflussen, jemandem etwas vermitteln, einfühlsam kommunizieren etc.):

1	2	3	4	5
☐	☐	☐	☐	☐

Mathematisch-naturwissenschaftlicher Bereich (analysieren, mit Zahlen und Mengen umgehen, logisch denken, programmieren, Experimente machen und Beweise führen etc.):

Sprachlich-literarischer Bereich (Texte verstehen, sich mündlich und schriftlich ausdrücken, Fremdsprachen erlernen und sprechen etc.):

Technisch-handwerklicher Bereich (technisches Verständnis besitzen, physikalische Kräfte einschätzen, bauen, reparieren, Fehlerquellen finden etc.):

Körperlich-kinästhetischer Bereich (den ganzen Körper sowie eigene Körperteile koordinieren, Bewegungen lernen, Sport treiben, tanzen etc.):

Räumlich-visueller Bereich (sich Dinge räumlich vorstellen und mental rotieren, visuell denken, sich orientieren etc.):

Intrapersonaler Bereich (für eigenes Empfinden sensibel sein, sich selbst verstehen, eigene Gefühle bewusst machen, benennen und regulieren etc.):

Die Beschreibungen basieren auf einem Fragebogen, den meine Kollegin Julia Röder, aufbauend auf der Theorie der multiplen Intelligenzen von Gardner, formuliert hat (vgl. Gardner 1988). Einen ähnlichen Begabungsselbsttest hat der Psychologe Aljoscha Neubauer entwickelt (vgl. Neubauer 2018). Er nutzt dabei ähnliche Kategorien wie sprachlich, logisch/mathematisch, räumlich, intrapersonal, kinästhetisch und musikalisch. Hinzu kommen noch Begriffe, die durchaus in den obigen Bereichen stecken, aber noch mal anders formuliert sind, wie interpersonal (zwischenmenschlich), naturalistisch (gemeint ist der Umgang mit Tieren und Pflanzen), kreativ und ästhetisch. Du findest den Selbsteinschätzungsbogen auf der Seite https://aljoschaneubauer.files.wordpress.com/2018/03/talente.pdf.

In einem nächsten Schritt ist es wichtig, auch fremde Wahrnehmungen zu deinen Selbsteinschätzungen einzuholen. Wie schätzen dich andere in den genannten Bereichen ein, welche Skalenwerte hätten sie genommen? Hol dir mindestens zwei Fremdwahrnehmungen ein und notier die Unterschiede in der Wahrnehmung. Das solltest du auch für alle anderen Kompetenzbereiche in der nächsten Aufgabe machen.

Notier die drei Bereiche, in denen du dich am stärksten eingeschätzt hast, bzw. übertrag sie direkt in dein Profil.

✎
_____
_____
_____

Tipp: Dir fallen keine Stärken ein bzw. du weißt nicht so recht, was sich hinter bestimmten Begriffen verbirgt? Erklärvideos helfen. Auf der Seite Planet Berufe gibt es für ein paar typische Stärken tolle Erklärvideos: https://planet-beruf.de/schuelerinnen/video. Dort werden zum Beispiel die folgenden Stärken erklärt: räumliches Denken, Zusammenhänge erkennen, Sorgfalt, Textverständnis, Belastbarkeit, mathematisches Verständnis, Einfühlungsvermögen, Selbstständigkeit, Verantwortungsbewusstsein, handwerkliches Geschick, technisches Verständnis, Kommunikationsfähigkeit, Teamfähigkeit, Organisationsfähigkeit, Konfliktfähigkeit. Die Erklärungen helfen dir auch in der folgenden Übung zur Kompetenzeinschätzung.

4.1 Kompetenzen

Information: Kompetenzen
Das Schlagwort Kompetenz ist nun schon mehrmals gefallen. In der nächsten Übung geht es darum, dich mit deinem Kompetenzprofil zu beschäftigen. Dabei stellt sich als Erstes die Frage, was eigentlich eine Kompetenz ist.

(Jedenfalls ist das die Frage, die sich ein Wissenschaftler/eine Wissenschaftlerin wahrscheinlich als Erstes stellt.) Daher folgt hier zunächst eine einfache und hoffentlich verständliche Einführung in den Begriff.

Kompetenzen beschreiben den Entwicklungsstand von Grundlagen für Handlungen, die ein Mensch auszuführen in der Lage ist. John Erpenbeck und Volker Heyse sprechen daher von Handlungsvoraussetzungen (vgl. Heyse und Erpenbeck 2004). Es geht bei der Beschreibung von Kompetenzen darum, diejenigen Handlungsvoraussetzungen zu identifizieren, die du in verschiedenen Situationen nutzen kannst. So bleibst du handlungsfähig, auch wenn du vor eine völlig neue, sich verändernde, unüberschaubare oder komplexe Herausforderung gestellt wirst. Die wesentlichen Grundlagen deiner Handlungsfähigkeit sind zum einen das Können, das heißt das Wissen und die Fertigkeiten, die für diese Handlung notwendig sind, zum anderen das Wollen, das heißt die Motivation und Bereitschaft, solche Handlungen auszuführen. Manchmal kommt noch das Dürfen hinzu, ganz im Sinne der anderen, dir vielleicht auch bekannten Definition von Kompetenz als die Erlaubnis, etwas zu tun. Das sind dann beispielsweise rechtlich-gesetzlich verankerte Dinge (z. B. ein Führerschein zum Fahren eines Autos) oder unternehmenshierarchische Berechtigungen (z. B. die Entscheidungsbefugnis zur Bestellung von Waren).

Damit du selbstständig Handlungen ausführen kannst, brauchst du die Fähigkeit, deine Handlungsspielräume (im Können, Wollen und Dürfen) zu erkennen, geeignete Handlungen zur Zielerreichung auszuwählen und diese dann auch aktiv durchzuführen.

Du musst dich also selbst reflektieren und organisieren können. Daher spricht man bei Kompetenzen auch von „Selbstorganisationsdispositionen" (so z. B. Erpenbeck et al. 2017). Bei Kompetenz geht es darum, was jemand wirklich kann, das heißt, es geht nicht ausschließlich darum, welche formalen Qualifikationen (Abschlüsse und Zertifikate) jemand hat. Wenn man also Kompetenzen beschreiben will, nimmt man alle Lernprozesse in den Blick. Was wurde in formalen Lernumgebungen (z. B. Schule, Studium, Aus- und Weiterbildungen) gelernt? Was in nonformalen Lernumgebungen (z. B. Einarbeitung in Nebenjobs, Teamtraining im Sportverein) und was in informellen Lernumgebungen (zum Beispiel Erfahrungen durch Nebenjobs, Gesprächen mit Mitschüler*innen etc.)? Dabei soll eben nicht nur das Lernen in der Schule, sondern auch im privaten Bereich berücksichtigt werden (z. B. Sprachkompetenzen durch Reisen und VHS-Kurse, technische Fachkompetenz durch Ehrenamt beim Technischen Hilfswerk, Führungskompetenz durch Trainer*innentätigkeit im Sportverein).

Kompetenzen setzen je nach dem Ziel der Handlung eine Kombination von Denkfähigkeiten, Wissen und praktischen Fähig- und Fertigkeiten voraus. Manche Kompetenzen sind an ganz spezifische Handlungssituationen gebunden, andere sind in vielen verschiedenen Handlungssituationen erkenn- und anwendbar. Dann spricht man von Transferierbarkeit (Übertragbarkeit). Um solche Kompetenzen soll es in der nächsten Übung gehen.

Dabei unterscheidet man zwischen allgemeinen Fachkompetenzen (die spezifischen Fachkompetenzen müssten für jedes Studium und jeden Beruf einzeln definiert werden und würden den Rahmen hier sprengen), Methodenkompetenzen, Sozialkompetenzen und Selbstkompetenzen. Methodenkompetenzen sind Fähigkeiten zur Strukturierung von Problemen und zum Treffen zielgerichteter Entscheidungen. Sozialkompetenzen beschreiben die Fähigkeiten, die man braucht, um in sozialen Alltagssituationen kommunikativ und kooperativ zu handeln. Selbstkompetenzen meinen deine persönlichen Fähigkeiten zur Selbsteinschätzung und selbstständigen Entwicklung.

Man beschreibt Kompetenzen meist in Kompetenzstufen, sodass man eine Einschätzung vornehmen kann, ob jemand Anfänger in einem Gebiet oder schon Profi/Meister/Experte ist. Es geht darum zu schauen, wie viel Anwendungserfahrungen und Kenntnisse du hast. Ein guter Maßstab dafür ist es, wie selbstständig du etwas tun kannst (mit Hilfe, ohne Hilfe, als Hilfe für andere) und wie neu und komplex die Aufgaben sein dürfen, die du noch bewältigen kannst. Letzteres ist eine gute Zusammenfassung dieser Ausführungen. Du erkennst Kompetenzen daran, wie gut du Aufgaben und Herausforderungen in dem Bereich bewältigen kannst.

Übung 4.4: Meine Kompetenzen

In dieser Übung geht es darum, deine Kompetenzen zunächst selbst einzuschätzen und danach auch von anderen einschätzen zu lassen. So entsteht dein persönliches Kompetenzprofil.

Für die Einschätzung der anderen kannst du die Kompetenzlisten einfach mehrmals kopieren, wenn du nicht willst, dass sie vorher durch deine Selbsteinschätzungen beeinflusst werden.

Du findest gemäß den vier Kompetenzbereichen (Fach-, Methoden-, Sozial- und Selbstkompetenzen) eine Liste mit wichtigen Kompetenzen in diesem Bereich. Die Listen sind sicher nicht erschöpfend, dennoch habe ich mich bemüht, dir einen Überblick über wesentliche Bereiche zu verschaffen, die du in vielen kompetenzorientierten Verfahren findest.

Versuch dich jeweils möglichst genau einzuschätzen. Das gelingt am besten, indem du dir Beispiele vorstellst, in denen du diese Kompetenz gebraucht hast und schon beweisen konntest. Und es hilft dir später auch, solche Kompetenzen in Bewerbungen zu belegen. Notier also immer mindestens ein Beispiel zu deiner Einschätzung. Dabei können Erfahrungswerte aus Schule, Hobby, Ehrenamt oder auch Freiwilligendienst, Au-pair, Work & Travel, Praktikum, Nebenjobs, Erststudium, Berufsausbildung usw. herangezogen werden. Wenn du zu bestimmten Kompetenzen schon Rückmeldungen von anderen erhalten hast, die du nachvollziehen kannst, hilft dir das bei deiner Selbsteinschätzung.

Die Einschätzung nimmst du auf einer Skala von 1 bis 5 vor. Dabei beschreibt 1 die Stufe eines Anfängers, der in diesem Gebiet noch eher Hilfe und Unterstützung braucht und noch nicht so viel gelernt und bewältigt hat. Bei manchen Kompetenzen kannst du auch einfach sagen: Ist bei mir schwach ausgeprägt. Die Stufe 5 hingegen beschreibt jemanden, der ein echter Meister, Profi oder Experte in diesem Gebiet ist, schwierige Aufgaben meistern und ggf. auch andere in diesem Gebiet unterstützen kann. Da könntest du auch sagen: Ist bei mir stark ausgeprägt. Die Grade dazwischen sind der Weg vom Anfänger zum Profi bzw. zwischen schwach und stark ausgeprägt.

Fachkompetenzen

	1	2	3	4	5
Allgemeinwissen					
Beispielsituation:					
Wirtschafts-und politisches Verständnis					
Naturwissenschaftliches Verständnis					
Technisches Verständnis					
Erste Hilfe					
Ernährung					
Musik/Musikinstrumente					
Kunst/Fotografie					
Umgang mit Pflanzen und Tieren					
Sport/Sportarten					
Office-Softwareanwendung (Word, Excel, Power-Point und Co.)					

Programmiersprachen				
Grafik-, Video-, Bildsoftware				
Webdesign/Webseiten				
Deutsch				
Englisch				
Französisch				
Spanisch				
Weitere Sprachen:				

Selbstkompetenzen

	1	2	3	4	5
Selbstständigkeit/Selbstmanagement/Selbstbestimmung					
Beispielsituation:					
Zuverlässigkeit/Verantwortungsbewusstsein					
Selbstbewusstsein/Selbstsicherheit					
Begeisterungsfähigkeit/Neugier/Lernbereitschaft					
Initiative/Eigeninitiative					
Konzentrationsfähigkeit/Selbstberuhigung					
Durchhaltevermögen/Frustrationstoleranz/Belastbarkeit/Stressbewältigung					
Entscheidungsfähigkeit/Zielorientierung					
Selbstreflexion/Integration von verschiedenen Persönlichkeitsfacetten					
Flexibilität/Spontanität					
Kritikfähigkeit/Misserfolgsbewältigung					

Sozialkompetenzen

	1	2	3	4	5
Teamfähigkeit/Teamorientierung					
Beispielsituation:					
Solidarität/Hilfsbereitschaft					
Empathie/Sensitivität/Einfühlungsvermögen					
Interkulturelle Sensibilität/Kompetenz					
Toleranz/respektvoller Umgang					
Überzeugungsfähigkeit/Durchsetzungsfähigkeit/Überzeugungskraft					
KommunikationsfähigkeitKonflikt- und Kritikfähigkeit/Feedbackkompetenz					
Motivations- und Begeisterungsfähigkeit von anderen und Gruppen					
Selbstmarketing/Netzwerken					

Methodenkompetenzen

	1	2	3	4	5
Lerntechniken/Lernkompetenz					
Beispielsituation:					
Rhetorische Fähigkeiten/verbales Ausdrucksvermögen					
Schriftliches Ausdrucksvermögen					
Präsentationstechniken/freies Sprechen					
Moderation/Moderationstechniken					
Zeitmanagement/Organisationsfähigkeit					
Führungsfähigkeit/Entscheidungsprozesse leiten					
Wissenschaftliche Arbeitstechniken/Methoden					
Logisches, abstraktes und Transferdenken/Problemlösen					
Kreativität/Kreativitätstechniken/Einfallsreichtum/Phantasie					
Sorgfalt/Qualitätskontrolle					

Als zweiter Schritt ist es spannend, sich die Einschätzungen von jemand anderem zu holen. Such dir mindestens zwei möglichst verschiedene Personen, denen du zutraust, dich in Bezug auf diese Kompetenzen einschätzen zu können. Lass sie ihre Einschätzung vornehmen; bitte auch sie, wenn möglich, Beispiele für die Einschätzungen zu notieren. Lege dann die Einschätzungen übereinander. Wo stimmen sie überein, wo gibt es Abweichungen? Bei Einschätzungen, die du nicht nachvollziehen kannst, solltest du nachfragen, aber nicht in Rechtfertigungen verfallen. Mehr zum Umgang mit Orientierungsgesprächen findest du in Kap. 5. So ausführlich die Listen durchzugehen ist aufwendig, für die eigene Einschätzung aber unglaublich hilfreich. Gegenseitige Rückmeldung mit dem besten Freund oder der besten Freundin ist ein spannendes Unterfangen. Nimm dir die Zeit dafür. Auch wenn es teilweise hart ist – ehrliche Einschätzungen bringen dich weiter.

Tipp: In der DEEP!-App (App zum Buch) kannst du deine Einschätzungen digital vornehmen und anschließend das 360-Grad-Feedbacktool nutzen. Dabei generierst du mit der App einen Link, den du dann an Menschen schicken kannst (per Mail oder Message), die dich einschätzen können und sollen. So kannst du deine Selbstwahrnehmung mit den Fremdeinschätzungen automatisiert vergleichen.

Wenn du deine Einschätzungen vorgenommen und auch die Rückmeldungen von anderen verarbeitet und eingearbeitet hast, solltest du für dein Profil jeweils deine drei stärksten Kompetenzen (Stufe 4 und 5) aus den vier Kompetenzbereichen auswählen.

Fachkompetenzen

_____

_____

_____

Selbstkompetenzen

_____

_____

_____

Sozialkompetenzen

🖉
_____
_____
_____

Methodenkompetenzen

🖉
_____
_____
_____

Übrigens: Vieles von dem, was du hier erfasst hast, kannst du gut für das Anschreiben und den tabellarischen Lebenslauf bei einer Bewerbung verwenden. Spätestens im Bewerbungsgespräch wird es hilfreich sein, die Beispiele und Belege parat zu haben. Die meisten Assessment-Center zielen genau auf die Überprüfung solcher Kompetenzen ab. Es lohnt sich also, diese Selbsteinschätzung immer mal wieder hervorzuholen, wenn es um Bewerbungen geht, und ein Update der Kompetenzeinschätzung zu machen.

Übung: Physische Kompetenzen
Die bisherigen Fragen und Übungen fokussierten und fokussieren sehr stark auf den Bereich mentaler (psychischer) Fähigkeiten wie Intelligenz, Kreativität und soziale Kompetenz. Diese sind wesentliche Voraussetzungen für viele Studienfächer und Berufe. Du solltest jedoch nicht vergessen, dass es auch noch körperliche Voraussetzungen gibt. Manche mentalen Fähigkeiten wären nichts ohne die Verbindung zum Körperlichen. Physische Kompetenzen zeigen sich in Stärken

- der Wahrnehmung: besonders gut sehen, hören, schmecken, riechen und tasten zu können bzw. eine besondere Differenzierungsfähigkeit darin erarbeitet zu haben;
- der muskulären Ausprägung: besonders ausgeprägte und trainierte Kraft, Schnelligkeit und Ausdauer;

- der motorischen Steuerung: gute Reflexe, Beweglichkeit, Koordination, gutes Körpergefühl und Gleichgewicht.

Diese physischen Fähigkeiten sind für bestimmte Studienfächer und Berufe (Sport, Tanz, Musik etc.) elementar, aber auch für viele andere Bereiche relevant (Arbeit im Labor, an Maschinen, an und mit Menschen etc.).

Überlege
Wo ist deine Sinneswahrnehmung besonders gut und differenziert?
Wo liegen deine größten „körperlichen" Stärken? Wo hast du Schwächen?

_____

_____

_____

_____

Wenn du an diese Stärken in den Übungen bislang noch gar nicht gedacht hast, ergänze sie in deiner SWOT-Analyse bzw. erstell dafür eine eigene SWOT-Analyse. Professionelles Feedback zu solchen physischen Stärken bekommst du von Ärzten (z. B. Hausarzt oder Arbeitsmediziner), etwa im Rahmen der Musterung oder von Eignungsuntersuchungen, vor allem aber von Profis in den jeweiligen Disziplinen, meist im Rahmen von Trainings zu bzw. in den jeweiligen Eignungsprüfungen (für Sport, Musik, Tanz, Schauspiel etc.). In diesem Kontext ist natürlich auch wichtig zu prüfen, ob es irgendwelche gesundheitlichen Einschränkungen bei dir gibt, die bestimmte Tätigkeiten oder Berufe ausschließen.

Information: Kompetenzentwicklung

In vielen Bereichen werden ein Studium oder eine Ausbildung dich und deine praktischen Erfahrungen auf jeden Fall voranbringen. Die Bereiche, in denen deine Einschätzung eher in den unteren Kompetenzbereichen liegt, könnten Bereiche mit Entwicklungspotenzial sein. Während wir bei den Fachkompetenzen zum Teil einfach Kurse belegen können (Sprachkurs, Programmierkurs etc.), fällt es manchmal schwerer zu bestimmen, wie man Selbst-/Methoden- und Sozialkompetenzen entwickeln kann. Viele davon entwickeln sich eher beim non-formalen und informellen Lernen. Dennoch empfehle ich dir, auch einen Blick auf das Kursangebot an der Hochschule im Bereich Schlüsselqualifikationen oder Berufsqualifikationen zu haben. Dort findest du zum Teil gute Kurse zu Präsentationstechniken, wissenschaftlichem Schreiben, Lerntechniken, Projektmanagement, Konfliktrhetorik, Networking, interkultureller Kompetenz, Entspannungstechniken und Kreativitätstechniken. Persönlich kann ich dir empfehlen, vor allem das Angebot zum Thema Sprechen und Rhetorik zu besuchen. Da kann sich jeder verbessern. Gerade in der verbalen Selbstdarstellung liegt viel Potenzial für den Berufs- und Studienerfolg. Ein fester Stand, eine gute Atmung und ein gutes Konzept sind meist schon die halbe Miete für ein gutes Referat – nicht, weil du damit andere blendest (jedenfalls nicht nur), sondern weil dir das Sicherheit und Ruhe gibt und du damit deine wirkliche Kompetenz zeigen kannst. Auch Projektmanagement und Lerntechniken solltest du dir spätestens an der Hochschule oder in der Berufsschule aneignen, wenn du sie nicht schon in der Schule gebraucht hast. All diese Techniken helfen aber nichts, wenn du sie nicht praktisch erprobst und sie für dich mit Leben füllst. In Bezug auf Selbstkompetenzen, die du gerade in der Bewältigung von Krisen brauchst, kann ich dir empfehlen, frühzeitig Beratungen aufzusuchen. Mit professioneller Hilfe die eigenen Bewältigungsressourcen zu finden, bringt einen ungemein weiter. Ein weiterer Tipp: Lern von den Besten, die du kennst. Überleg dir, wer in deinem Freundeskreis Experte oder Expertin für eine Kompetenz ist, und lass dich vom ihm oder ihr coachen. Es gibt bestimmt Dinge, die ihr euch gegenseitig beibringen könnt.

Übung 4.5: Crowdfunding
Kreative Übung zwischendurch. Beim Thema Interessen hattest du schon die Aufgabe, dir einen Beruf zu erfinden. Du kannst diese Idee jetzt weiterdenken. Stell dir vor, du müsstest einen Businessplan für deine Zukunft schreiben – über deine mögliche Studien- und Berufskarriere, über alle gewöhnlichen und außergewöhnlichen Ideen. Ein Businessplan dient Investoren (Geldgebern und Unterstützern) dazu zu entscheiden, ob es sich lohnt, in dich zu investieren. Deine Ausbildung wird im Wesentlichen vom Staat und deinen Eltern bezahlt. Stell dir vor, du müsstest einen überzeugenden Plan vorlegen,

der dieses Investment rechtfertigt. Du kannst auch noch einen Schritt weitergehen und dir vorstellen, dass du deine Ausbildung und Pläne dadurch finanzierst, dass du ein Crowdfunding-Projekt startest. Du stellst dich selbst auf einer Plattform vor, und alle deine Freunde und Bekannten oder sogar völlig Fremde würden in dich investieren.

Mit welchen Kompetenzen überzeugst du? Wie sieht der Plan aus? Welchen zukünftigen Problemen und Aufgaben wirst du dich widmen? Welche Lösungen bietest du an? Wie „zahlst" du das Investment zurück (durch Dienst an der Gesellschaft, durch Verdienst)?

✎
_____
_____
_____
_____
_____

Was macht dich einzigartig? Was ist dein „unique selling point" (das, was dich von allen anderen abhebt)?

✎
_____
_____
_____

Zum Glück musst du dein Studium oder deine Ausbildung nicht auf diese Weise finanzieren. Dennoch gibt es viele, die dich auf deinem Weg unterstützen. Einmal so zu denken und zu argumentieren, schadet nicht.

Information: Kompetenztests und Kompetenzbilanzierungen
Wenn dir mein kleiner Kompetenzüberblick noch nicht genug war und du deine Selbstreflexionen weiter vertiefen und systematisieren möchtest, empfehle ich dir, mithilfe eines Kompetenzberaters/einer Kompetenzberaterin einen guten Kompetenztest zu analysieren oder eine Kompetenzbilanz zu erarbeiten.

Zu den Selbst-, Methoden- und Sozialkompetenzen findest du im Selbsterkundungstool „Check-U" der Bundesagentur für Arbeit (kostenlos) und im geva-test (kostenpflichtig) schon einige Anhaltspunkte. Wie du „Check-U" nutzen kannst und was dafür spricht, erklärt dieses kurze Video: planet-beruf.de/schuelerinnen/video/eklaer-video-check-u.

Von den reinen Kompetenztests ist der KODE der umfangreichste und etablierteste. Auf der Seite www.kodekonzept.com findest du mehr Informationen und auch Anbieter. Der Test baut auf dem Konzept von Heyse und Erpenbeck 2004 auf und differenziert 64 Kompetenzen in einem Schema. Das Schema und gute Erklärungen zu den Kompetenzen findest du auf kompetenzatlas.fh-wien.ac.at/?page_id=1096. Auch sei hier nochmals auf das Modul der Selbstkompetenzen bei der EOS-Diagnostik nach Julius Kuhl verwiesen. Diese Tests basieren auf Fragen, zu denen du dich selbst einschätzen sollst.

Eher biografisch und ganz ähnlich wie viele Aufgaben in diesem Buch arbeiten Kompetenzbilanzierungen. Diese begleiten dich durch einen strukturierten Prozess der Selbstreflexion. Bekannte und gute Verfahren sind der ProfilPASS und vor allem der ProfilPASS für junge Menschen (www.profilpass.de), der TalentKompass NRW (www.der-talentkompass.de) und – ein bisschen weniger umfangreich – der Berufswahlpass (www.berufswahlpass.de). Du kannst zum Beispiel den TalentKompass kostenlos herunterladen, und auch den Berufswahlpass bekommst du mitunter in der Schule (und demnächst auch als App-Download). Diese Verfahren bringen dir aber nur dann etwas, wenn du konsequent damit arbeitest. Auf den jeweiligen Seiten findest du Anregungen, aber vor allem Berater*innen, die dir dabei helfen können.

4.2 Begabungen und Tests

Jetzt geht es noch mal darum, deine Fähigkeiten und Kompetenzen von anderen bzw. im Vergleich mit anderen einschätzen zu lassen.

Information: Intelligenz und Begabung

Die allgemeine Intelligenz wird meist durch den Intelligenzquotienten (IQ) ausgedrückt. Ihm misst man eine hohe prognostische Qualität in Bezug auf Schul- und Universitätsleistungen zu. Das heißt, mit dem IQ kann man bis zu einem gewissen Grad den Erfolg in der Schule und im Studium vorhersagen. Deswegen ist er auch für die Berufs- und Studienwahl spannend. Die allgemeine Intelligenz wird an Leistungen (Performanz) in den Bereichen mathematisches, sprachliches und räumliches Denken gemessen. Diese Bereiche hast du schon beim Fähigkeitsprofil eingeschätzt. Ein Intelligenztest versucht, diese durch Testaufgaben zu messen (z. B. Zahlenreihen fortsetzen, logische Muster erkennen, Matheaufgaben lösen, sprachliche Kategorien erkennen, Objekte mental rotieren). Das Gemeinsame aller Bereiche ist das abstrakt-logische Denken oder einfach das allgemeine Denkvermögen und die Denkgeschwindigkeit. Dieses soll durch den IQ-Wert abgebildet werden. Dieser Wert gibt an, wo in der Rangfolge unter allen anderen deines Alters, Landes, deiner Schulstufe und deines Geschlechts du dich befindest. Der durchschnittliche Bereich reicht von 85 bis 115 (Mittelwert 100); über 115 ist jemand überdurchschnittlich begabt, und ab 130 spricht man von einer weit überdurchschnittlichen Begabung oder Hochbegabung.

Das entspricht einer eher statischen Auffassung von Begabung. Jemand, der sein Abitur abgelegt hat, kann in der Regel davon ausgehen, einen IQ von mindestens 100–120 zu haben und damit auch für ein Hochschulstudium kognitiv geeignet zu sein. Deswegen ist das Abitur auch eine allgemeine Hochschulzugangsberechtigung. Einen Intelligenztest musst du also eigentlich in der Regel nicht machen, um deine Ausbildungs- und Studieneignung zu prüfen. In einzelnen Fällen kann es jedoch interessant sein, zum einen eine hohe Begabung und zum anderen besondere Begabungen festzustellen. Du kannst zum Beispiel mit einem solchen Test herausfinden, welcher der drei Bereiche (mathematisch, sprachlich und räumlich) bei dir besonders ausgeprägt ist. Gerade wenn du eine Ahnung hast, dass deine Schulnoten in diesen Bereichen weniger aussagekräftig sind (wegen eigener Faulheit, schlechten Pädagoginnen und Pädagogen oder anderen Verzerrungsfaktoren), kann es sinnvoll sein, dies mit einem Test ein wenig zu objektivieren. Einen Test solltest du also immer nur dann machen, wenn du eine klare Fragestellung hast. Wenn du wissen willst, wie es bei dir um diese Strukturbereiche von Intelligenz bestellt ist, kannst du zu einem Psychologen/einer Psychologin oder anderen kompetenten Beratern gehen und einen IQ-Test machen. Die (kostenlosen) Onlinetests, die vorgeben, einen IQ zu messen, sind fast alle nicht verlässlich. Achte darauf, dass du zu einem Diagnostiker oder einer Diagnostikerin gehst, der/die aktuelle und normierte Tests verwendet, dass also die Vergleichsmaßstäbe aktuell sind. Auch ist es immer sinnvoll, zwei verschiedene Tests zu machen, um das Ergebnis zu überprüfen. Denn auch bei solchen Tests gibt es Schwankungen und Verzerrungen. Auf www.fachportal-hochbegabung.de/intelligenz-tests findest du einen guten Überblick über geeignete Testverfahren. Über dasselbe Fachportal kannst du auch nach Beratungsstellen suchen, die eine seriöse Intelligenzdiagnostik anbieten. Das kann insbesondere dann spannend sein, wenn du dich von der Schule nicht genug gefordert fühlst und nach Anregungen für zusätzliche Förderung in bestimmten Gebieten bis hin zu einem Frühstudium suchst.

Auf der Seite Psychomeda findest du einen Online-IQ-Test (https://www.psychomeda.de/online-tests/iq-test.html). Denk immer daran, dass du mit deinen Daten bezahlst und ein solcher Test nicht die Bedingungen einer Diagnostik bei einem Psychologen/einer Psychologin erfüllt. Dennoch kann ein solcher Test ganz interessant zur Einschätzung sein.

Neben den Intelligenztests gibt es sehr ähnliche Testverfahren, die eher Leistungen in den einzelnen Bereichen messen und näher an den schulischen Aufgaben orientiert sind. Diese liefern dir zwar kein IQ-Ergebnis, aber genau den Überblick über deine Leistungsbereiche, den du für die Berufs- und Studienwahl verwenden kannst. Diese allgemeinen Leistungstests bringen dich in Verbindung mit noch fachspezifischeren *Self-Assessments* bei der Berufs- und Studienwahl weiter als ein IQ-Test. Deswegen noch mal der Hinweis: Du musst kein Geld für einen solchen Test bei der Berufs- und Studienwahl ausgeben, vor allem, wenn du den folgenden Hinweis berücksichtigst. Eine hohe Intelligenz bedeutet nicht automatisch Erfolg im Leben oder Studium. Es kommt darauf an, welche Ziele man hat und wie man diese – unter den gegebenen persönlichen und sozialen Rahmenbedingungen – verfolgt. Das nennt man eine dynamische Begabungsauffassung (in Abgrenzung zum statischen IQ). In der Definition von Robert Sternberg zur erfolgreichen Intelligenz kommt dies gut zum Ausdruck:

> … intelligence is (1) the ability to achieve one's goals in life, given one's sociocultural context, (2) by capitalizing one's strengths and correcting or compensating for weaknesses (3) in order to adapt to, to shape, and select environments (4) through a combination of analytical, creative and practical abilities (Davidson und Sternberg 2005, S. 328).

Übersetzt und erklärt heißt das: Intelligenz ist die Fähigkeit, die eigenen Ziele im Leben zu erreichen. Es ist relevant, was für dich wichtig ist; Glück und Wohlbefinden oder auch Erfolg sind individuelle Maßstäbe. Jedoch werden Ziele durch den eigenen soziokulturellen Hintergrund beeinflusst, das heißt, deine Familie und die Gesellschaft, in der du lebst, bestimmen Ziele und Erfolgsmaße mit. Man erreicht diese Ziele, indem man seine Stärken nutzt. Das zeigt sich auch darin, dass man sie zur Korrektur oder Kompensation der eigenen Schwächen verwendet. Man kann auf dem Weg der Zielerreichung dabei mit verschiedenen Strategien zum Erfolg kommen. Man kann sich an seine Umwelt und Rahmenbedingungen anpassen, man kann aber auch versuchen, sie zu verändern, oder sich eine passende Umgebung auswählen. Auch darin besteht Intelligenz: den Platz und Ort zu finden, wo man seine Stärken am besten nutzen kann, oder sich diesen Platz zu schaffen. Zu guter Letzt besteht Intelligenz nicht nur in kognitiven Fähigkeiten, wie sie ein Intelligenztest misst, sondern auch in kreativen (z. B. Fantasie und Einfallsreichtum) und praktischen (z. B. motorischen) Umsetzungs-Fähigkeiten; diese lassen sich nur schwer bzw. gar nicht messen, sind aber für den Erfolg bei der Zielerreichung nicht weniger wichtig. Dasselbe gilt für die anderen Fähigkeitsbereiche, die du in deinem Profil eingeschätzt hast. Das heißt, die reine kognitive Begabung, der IQ, ist nur ein Teilbereich deines gesamten Begabungsprofils.

Der deutsche Wissenschaftler Kurt Heller hat dazu ein Begabungsmodell entwickelt (vgl. Heller 2010), das all diese Bereiche als Begabungsfaktoren enthält (ein sogenanntes multifaktorielles Modell, das heißt, Begabung ist nicht nur Intelligenz). Damit diese aber in Leistungen, in Performanz, umgesetzt werden können, muss man auch sogenannte Moderatoren beachten, das heißt, weitere Einflussfaktoren, die bestimmen, ob du deine Begabungen überhaupt nutzen kannst. Das sind persönliche Faktoren wie die schon angesprochene Leistungsmotivation, Anstrengungsbereitschaft, Lernstrategien und Stressbewältigungskompetenz. Auch ist es relevant, wie dein Selbstkonzept der Begabung aussieht, was du zu können glaubst. Hier hilft ein Test manchmal, falsche Vorstellungen zu korrigieren (so sind viele junge Frauen meist mathematisch begabter, als sie selbst glauben). Aber auch Umweltfaktoren haben einen starken Einfluss auf die Begabungsentwicklung, zum Beispiel familiäre Unterstützung, Klassenklima, Unterrichtsqualität und sogenannte kritische Lebensereignisse, die einen aus der Bahn werfen. Wenn es dich interessiert, findest du das Modell auf der Seite www.km.bayern.de/download/285_dasmuenchnerhochbegabungsmodell_heller.pdf (oder einfach googeln: Heller Begabungsmodell). Es zeigt dir, wie viele Faktoren einen Einfluss auf dein Begabungs- und Leistungsprofil haben. Genetische Faktoren bestimmen einen Teil davon, aber deine Begabung entfaltet sich in Auseinandersetzung mit der Umwelt. Vieles hat einen Einfluss, auch der Zufall. Talent und Begabung zeigen sich manchmal in der Leichtigkeit und Schnelligkeit, mit der du bestimmte Dinge lernst oder feststellst, dass andere schneller lernen. Doch kannst du dich nicht damit rausreden, dass du einfach keine

Begabung hättest. Leistungen setzen immer intensive Lernprozesse voraus. Dein Begabungsprofil ist das Ergebnis dieser intensiven Lernprozesse und der vielen Faktoren, die dabei eine Rolle spielen. Zu schauen, wo du deine Stärken hast, hilft dir bei der Berufs- und Studienwahl, doch auch an deinen Schwächen kannst du arbeiten. Manche Begabungen zeigen sich erst in der richtigen Lernumgebung.

Begabungen erkennst du also nicht ausschließlich durch Tests, sondern wenn du schaust, wo du exzellente Leistungen erbringst. Diese Leistungen sind immer auch Resultat deiner Entscheidung, dich kontinuierlich, mit dem Ziel der Verbesserung, mit einer Sache zu beschäftigen. Es wurde untersucht, wie lange jemand braucht, um vom Anfänger zum Experten (vom Novizen zum Meister) in einem bestimmten Bereich zu werden (z. B. vom ersten Geigenspiel bis zum Konzertgeiger). Das Ergebnis besagt, dass es mindestens 10.000 Stunden braucht, um etwas richtig gut zu beherrschen – 10.000 h des Übens mit dem Ziel der Verbesserung (vgl. Ericsson et al. 2007). Keinem fällt eine Gabe einfach so zu. Es braucht klare Ziele, Anstrengung, Lerngelegenheiten (Ort, Zeit) und ein gutes Feedback. Infolgedessen musst du dich immer wieder dafür entschieden haben, dich einer Sache zu widmen. Wenn du also in einem IQ- oder Leistungstest ein gutes Ergebnis in einem bestimmten Bereich erzielt hast, zeigt das vor allem auch, dass du gute Rahmenbedingungen (wie genetische Faktoren, familiäre Unterstützung, gute Lehrer und Trainer) und eine hohe eigene Motivation und Disziplin in diesem Bereich hattest. Das wiederum sind gute Anhaltspunkte für die Prognose, dass du dich in diesem Bereich weiterentwickeln kannst und vielleicht auch willst. Schau dir dazu nochmal mein Begabungsmodell am Anfang des Buches an.

Übung 4.6: Leistungstests und Noten
Leistungstests zielen, wie oben beschrieben, auf deine Fähigkeiten in verschiedenen Bereichen ab. Sie geben dir Rückmeldung zu deinen mathematischen, textbezogenen und räumlichen Fähigkeiten. Im kostenlosen Leistungstest „Meine Fähigkeiten" im Rahmen des Selbsterkundungstools „Check-U" der Bundesagentur für Arbeit (https://www.arbeitsagentur.de/bildung/welche-ausbildung-welches-studium-passt oder einfach „Check-U" googeln) kannst du diese Fähigkeiten überprüfen, darüber hinaus werden auch weitere Kompetenzen wie dein kreatives Denken und deine Sorgfalt abgebildet. Wie schon beschrieben, ist ein solcher Test eine gute Möglichkeit zur Überprüfung der Selbsteinschätzung. Ein kostenpflichtiger Leistungstest, der dir in Kombination mit deinen Interessen ein *matching* zu möglichen Berufen und Studienfelder als Rückmeldung gibt, ist der geva-test. Wenn es dir um deine Fähigkeiten in Bezug auf einzelne Studienfächer geht, bringen dir die *Self-Assessments*

genauere Ergebnisse. Die allgemeinen Leistungstests liefern dir eine Orientierung, die du mit deinen schulischen Leistungen vergleichen kannst. Anders als deine Noten vergleichen sie dich bundesweit mit Gleichaltrigen. Das kann deine Selbsteinschätzung wertvoll ergänzen.

Eine Form der Leistungsrückmeldung, auf die du schon zurückgreifen kannst, sind deine Schulnoten. Auch diese kannst und solltest du bei deiner Berufs- und Studienwahl berücksichtigen. Die Noten in der Schule unterliegen einer Menge Faktoren, die ihre Aussagekraft einschränken: Zum einen kommt es auf die Vergleichsgruppe (Klasse, Stufe, Schule, Bundesland) an. So kann dein Biologiekurs durch einen engagierten Lehrer der Beste im ganzen Bundesland sein; du bist in dem Kurs vielleicht eher mittelmäßig (3). Wenn du dann das Zentralabitur machst, kann es sein, dass du dich auf einmal im Einser-Bereich wiederfindest. Die Unterschiede an einer Schule sind schon groß, im Bundesland noch viel größer, und aufgrund der unterschiedlichen Schulsysteme und Curricula ist ein Vergleich zwischen Bundesländern unmöglich. Du wirst im Studium feststellen: Trotz ähnlicher Noten ist jemand aus Sachsen vielleicht in Mathe weiter, aber du bist dafür weiter in Bio gekommen.

Zum anderen hängt viel von der subjektiven Bewertung der Lehrkraft ab. Menschen können niemals objektiv bewerten, und Schulnoten sind auf jeden Fall nicht objektiv. Jeder Lehrer/jede Lehrerin hat bestimmte Schwerpunkte und Vorlieben. Es kann sein, dass du bei dem einen eine gute Note bekommst und bei der anderen eine mittelmäßige bis schlechte. Auch hängt viel von dir und deiner Motivation ab. Wenn andere Dinge wichtiger waren, kann selbst in einem Lieblingsfach die Note abrutschen und damit wenig über dein eigentliches Interesse und deine Leistungsfähigkeit aussagen.

Du solltest Noten also nicht überbewerten; dennoch können sie trotz aller Kritik Hinweise geben, in welchen Bereichen Interessen und Stärken vorhanden sind.

Was sind deine fünf besten Fächer nach Noten?

_____

_____

_____

_____

_____

Bestimmte Schulfächer finden sich auch als gleichlautende Studienfächer an der Uni, andere Schulfächer beschäftigen sich mit Themen, die in bestimmten Studienfächern eine Rolle spielen. Daher sind sie durchaus wertvolle Hinweise auf mögliche Studienfächer. Gleiches gilt für Ausbildungsberufe, die zum Teil sehr explizit Fähigkeiten in bestimmten Fächern voraussetzen (z.B. im naturwissenschaft-mathematischen oder sprachlichen Bereich). Schau neben den Noten dabei auch gerne auf Ergebnisse in Schülerwettbewerben oder andere Zeugnisse und Zertifikate deines Könnens.

Um die Verzerrungen durch Lehrerinnen und Lehrer oder andere Faktoren zu vermeiden, kannst du folgendes Gedankenexperiment machen: Stell dir vor, du hättest in allen Fächern engagierte und kompetente Lehrkräfte, eine aktive und interessierte Schulklasse und eine optimale Lernumgebung. In welchen drei Fächern wärst du dann besonders gut? Welche drei Fächer würden dich am meisten interessieren?

Top 3 der Fächer: besonders gut und besonders interessiert.

✎
_____
_____
_____

Überleg nun in einem zweiten Schritt, welche möglichen Studienfächer oder Berufe zu diesen Schulfächern passen würden.

✎
_____
_____
_____

Man kann die Frage aber auch andersherum stellen: In welchen Schulfächern sollte man gut sein bzw. für welche Schulfächer sollte man sich interessieren, wenn man überlegt, ein Studienfach oder Beruf aus einem bestimmten Fachbereich zu wählen?

Überleg dir, welche Fach- und Berufsbereiche (linke Spalte) dich interessieren, und vergleich die Schulfächer mit deinen besten und deinen Lieblingsfächern aus dem Gedankenexperiment (rechte Spalte). Ein paar generelle Punkte kannst du dabei feststellen: Mathe brauchst du für alle Naturwissenschaften und Gesellschaftswissenschaften und eher nicht für Geisteswissenschaften, Sprachen und künstlerisch-musische Fächer. Deutsch und mittlerweile Englisch sind überall wichtig (Fächerliste vgl. Verse-Herrmann und Herrmann 2015 sowie Ruthven-Murray 2015).

Theologische Fächer, Philosophie	Religion, (alte) Sprachen, Geschichte, Philosophie
Naturwissenschaftliche Fächer	Biologie, Mathematik, Physik, Chemie, Erdkunde
Agrar-, Forst- und Ernährungswissenschaften	Naturwissenschaften, Erdkunde
Medizinische und gesundheitswissenschaftliche Fächer	Biologie, Chemie, Physik, Sport
Technische und ingenieurwissenschaftliche Fächer	Mathematik, Physik, Technik/Werken, Informatik
Verwaltungs- und rechtswissenschaftliche Fächer	Deutsch, Mathematik, Sozialkunde/Politik, Wirtschaft
Wirtschaftswissenschaftliche Fächer	Deutsch, Wirtschaft, Sozialkunde/Politik, Mathematik, Erdkunde
Sprach-, Literatur-, Geschichts-, Kulturwissenschaften	Fremdsprachen, Deutsch, Geschichte, Religion, (alte) Sprachen
Sozial- und gesellschaftswissenschaftliche Fächer, Medien und Journalismus	Deutsch, Geschichte, Fremdsprachen, Philosophie
Psychologie, Pädagogik, Soziale Arbeit und Erziehungswissenschaft	Deutsch, Sozialkunde/Politik, Pädagogik, Mathematik (Statistik)
Freie und angewandte Kunst, Design, Musik und Musikwissenschaft	Kunst, Musik, Textilgestaltung, Werken, (Sprachen), (Informatik)
Sport/Sportwissenschaften	Sport, Naturwissenschaften
Mathematik, Informatik/Informationswissenschaften	Mathematik, Informatik, Sprachen

Übung 4.7: Self-Assessments

Self-Assessment kann man übersetzen mit Selbsteinschätzung. Es geht darum zu beurteilen, ob man sowohl das Interesse als auch die Fähigkeiten für ein bestimmtes Studienfach mitbringt. Im Gegensatz zu allgemeinen Interessentests oder allgemeinen Leistungs- und Kompetenztests werden nur die relevanten Parameter für ein bestimmtes Fach oder Studienfeld abgeprüft. So werden deine mathematischen Fähigkeiten und dein physikalisches Wissen eingeschätzt, wenn du dich für ein technisches Fach interessierst, oder deine Mustererkennungsfähigkeit bei Medizin. Die Aufgaben orientieren sich meist an den Anforderungen in den ersten Semestern. Du musst nicht alles können, ein paar Lücken lassen sich immer aufholen. Doch wenn du bei den *Self-Assessments* grundlegende Schwierigkeiten mit den Aufgaben hast und vor allem die Themen jetzt schon langweilig findest, ist das ein wertvoller Hinweis darauf, deine Wahl noch mal zu überdenken. Im positiven Sinne sagen sie dir, dass dir die Aufgaben des Faches liegen und dich die Themen interessieren.

4 Stärken und Schwächen analysieren

Abb. 4.1 Video zum Thema Online-Self-Assessments. (Bild: © nasharaga/stock.adobe.com) (▶ https://doi.org/10.1007/000-9pd)

Eine sichere Prognose können sie nicht geben, jedoch eine gute. Sie können dich in deiner Wahl bestärken. In den letzten Jahren sind für viele Fächer an den verschiedensten Hochschulen solche *Self-Assessments* erstellt worden.

Zum Thema Self-Assessments haben wir auch wieder ein kleines Erklärvideo erstellt: (Abb. 4.1)

Einen Überblick über qualitativ gute *Self-Assessments* bieten die Seiten www.osa-portal.de und www.check-wunschstudium.de/tests. Dort kannst du nach deinen Wunschfächern suchen. Auf der Seite www.studienwahltest.de findest du Übersichten nach Studienbereichen.

Generell kann ich die Assessments der RWTH Aachen empfehlen. Diese Hochschule hat als Erste mit der Entwicklung angefangen und mittlerweile einen umfangreichen Katalog erstellt: www.assess.rwth-aachen.de (Informatik, E-Technik und Technische Informatik, Maschinenbau, Physik, Psychologie, Englisch, Französisch, Spanisch). Viele Unis haben in letzter Zeit solche Tests entwickelt, schau einfach auf den jeweiligen Uni-Webseiten und such nach OSA (Online Self-Assessment), zum Beispiel auf den Seiten der Universitäten Bonn, Würzburg, Berlin, Freiburg, Cottbus, Frankfurt usw.

Für das Lehramtsstudium gibt es mehrere spannende Seiten:

- www.cct-germany.de
- mwk.baden-wuerttemberg.de/de/hochschulen-studium/lehrerbildung/lehrerorientierungstest-fuer-studieninteressierte
- www.self.mzl.lmu.de

Der „Medizinertest" hat eine Doppelfunktion. Im Gegensatz zu den anderen Assessments kann er mittlerweile als relevanter Faktor in die Studiengangsbewerbung eingehen (mehr dazu unter Information: Medizin und Co.,

Abschn. 8.1). Im Gegensatz zu allen anderen Tests ist er auch kostenpflichtig und kann nur einmal wiederholt werden: www.tms-info.org.

Besonders empfehlenswert sind die sogenannten Studienfeldbezogenen Beratungstests (SFBT). Diese kannst du bei der Bundesagentur für Arbeit im Rahmen des Berufspsychologischen Service machen. Einen Termin kannst du über die Hotline 0800 4 5555 00 oder www.arbeitsagentur.de (Termin mit einem Berufsberater con.arbeitsagentur.de/prod/apok/kontakt/de/terminvereinbarung/berufsberatung) vereinbaren.

Es gibt solche Tests für folgende Studienfelder: Naturwissenschaften, Ingenieurwissenschaften, Wirtschaftswissenschaften, Informatik/Mathematik, philologische Studiengänge und Rechtswissenschaften.

Kapitel-Check
- Du hast dir Gedanken über deine Stärken und Schwächen gemacht. Du hast sie in einer SWOT-Analyse systematisiert und auf Möglichkeiten und Gefahren geprüft.
- Profil: Trag deine drei größten Stärken und deine drei größten Schwächen in das Profil ein.
- Du hast dich mit deinen Fähigkeitsbereichen (Begabungen) beschäftigt. Du weißt, in welchen Bereichen deine Schwerpunkte liegen.
- Profil: Trag deine Top-3-Fähigkeitsbereiche ins Profil ein.
- Du hast dich mit der Systematik des Kompetenzbegriffs beschäftigt und dich in Bezug auf wesentliche Kompetenzen selbst eingeschätzt. Auch hast du überlegt, welche Entwicklungspotenziale du bei den Kompetenzen noch hast. Vielleicht hast du das Ganze auch mit einem Kompetenztest oder einer Kompetenzbilanzierung vertieft.
- Profil: Trag deine Top 3 der Fach-, Methoden-, Selbst- und Sozialkompetenzen ins Profil ein.
- Du hast deine Kompetenzeinschätzung durch den Leistungstest überprüft, ggf. hast du auch noch andere Tests gemacht.
- Du hast deine Schulnoten und Lieblingsfächer im Hinblick auf deine Berufs- und Studienwahl analysiert.
- Profil: Trag die Ergebnisse aus dem Selbsterkundungstool zum mathematischen, textbezogenen, räumlichen Denken und der Denkgeschwindigkeit ein. Füge Einschätzungen zu weiteren Kompetenzen wie Sorgfalt, Teamfähigkeit etc. hinzu und ergänz deine Top-3-Schulfächer nach Interesse/Fähigkeit und deine Top-5-Schulfächer nach Noten.
- Du hast dich über *Self-Assessments* im Internet informiert und planst, deine konkreten Studienideen damit noch mal zu überprüfen. Du kannst Ergebnisse zu diesen Tests und weitere Überlegungen im Profil ergänzen.
- Dein Profil ist jetzt vollständig. Hier ein Beispiel für ein ausgefülltes Profil. Dein eigenes kannst du mit der Vorlage (siehe Link am Kapitelanfang) erstellen. Oder wenn du die App verwendet hast, als PDF exportieren.

5

Orientierungsgespräche führen und Ideen entwickeln

Nachdem du nun ausführlich in die Selbstreflexion gegangen bist und zum Teil schon Ideen und Wahrnehmungen anderer eingeflossen sind, solltest du diese Außenwahrnehmungen noch mal systematisch erheben. Das hilft dir, deine Selbstwahrnehmung zu überprüfen und auch auf neue Ideen zu kommen.

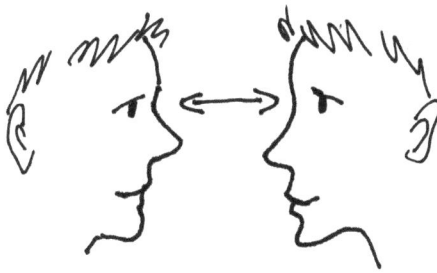

Ergänzende Information Die elektronische Version dieses Kapitels enthält Zusatzmaterial, auf das über folgenden Link zugegriffen werden kann [https://doi.org/10.1007/978-3-662-66362-2_5]. Die Videos lassen sich durch Anklicken des DOI-Links in der Legende einer entsprechenden Abbildung abspielen, oder indem Sie diesen Link mit der SN More Media App scannen.

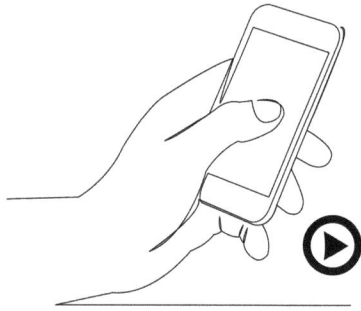

Abb. 5.1 Kreatives Video zum Johari-Fenster. (Bild: © nasharaga/stock.adobe.com) (▶ https://doi.org/10.1007/000-9pf)

Übung 5.1: Johari-Fenster
Als gedankliches Modell will ich dir dabei das sogenannte Johari-Fenster vorstellen, gerne auch in Videoform (Abb. 5.1):

Das Johari-Fenster wurde von Joseph Luft und Harry Ingham entworfen (vgl. Nohl und Egger 2016, S. 130). Es stellt vier Bereiche deiner Person, deiner Persönlichkeit mit ihren Stärken und Schwächen dar. Durch reine Selbstreflexion kommst du nur an die Bereiche, die dir bekannt sind.

	Mir bekannt	Mir unbekannt
Anderen bekannt	Offen	Mein blinder Fleck
Anderen unbekannt	Mein Geheimnis	Unbekanntes Land

Manche davon sind auch anderen bekannt: Das ist deine offene Persönlichkeit. Hier helfen nur Gespräche – vor allem dadurch, dass sie uns an Dinge erinnern, die vielleicht nicht mehr ganz so präsent sind. Dann gibt es einen Teil von dir, den du kennst, den du anderen aber nicht unbedingt offenbarst: Das sind deine Geheimnisse. Dann gibt es noch einen Teil, der weder dir bekannt ist noch bislang durch andere erkennbar war: Das ist das unbekannte Land deiner unbewussten Wünsche und möglichen Entwicklungspotenziale. Dieses Land offenbart sich nur, wenn du auf die Reise gehst. Sobald solche persönlichen Veränderungen dir und anderen bekannt werden, werden sie Teil der anderen Bereiche. Der wichtigste Anteil, bei dem dir Gespräche mit anderen helfen können, sind unsere blinden Flecken. Das sind Eigenschaften von uns, die uns nicht bekannt (bzw. nicht präsent) sind, die aber andere kennen. Gespräche helfen uns, unsere blinden Flecken zu beleuchten. Damit sind weniger dunkle oder schlechte Stellen gemeint, sondern eher auch Dinge, die für uns so selbstverständlich sind, dass wir sie gar nicht mehr wahrnehmen. Manchmal sind uns unsere größten Stärken gar nicht bewusst. Ich habe schon von der Attribution gesprochen, dass wir manchmal dazu tendieren, unsere Erfolge dem Zufall zuzuschreiben, statt uns darauf zu besinnen, welchen Anteil wir daran hatten. Auch haben wir in unserer Gesellschaft einen Fehlerfokus: Wir schauen schneller und genauer auf das, was noch nicht läuft, als uns all das bewusst zu machen, was schon gut ist. Manchmal hält uns auch „falsche" Bescheidenheit davon ab, uns und anderen einzugestehen, dass wir etwas besonders gut oder richtig gut können. Feedback von anderen hilft uns also nicht nur dabei, an unseren Schwächen zu arbeiten, sondern unterstützt uns vor allem auch darin, unsere positiven Eigenschaften zu erkennen. Du kannst dir diese vier Bereiche auf ein Blatt Papier malen. Zu „offen" hast du in den vergangenen Übungen viel gearbeitet. Überlege, welche Geheimnisse du wohl hast. Auch darfst du über das unbekannte Land spekulieren. Ergänz nach deinen Feedbackgesprächen, was du über deine blinden Flecken erfahren hast. Mal sehen, wie viele du findest.

Übung 5.2: Mein Netzwerk
Bevor du Gespräche führst, kannst du dir erst mal klar werden, wer in deinem Netzwerk geeignete Ansprechpartnerinnen und Ansprechpartner wären. Mein wichtigster Hinweis: Sprich die Personen an, denen du generell ein Urteil über dich zutraust. Das können die Menschen sein, die dich schon sehr lange und gut kennen, wie Eltern und Geschwister, manchmal auch Verwandte, zu denen ein enger Bezug besteht. Auch bestimmte Lehrerinnen und Lehrer oder andere Mentorinnen und Mentoren, Trainerinnen und Trainer, deren Meinung du ernst nimmst und die dich in deinen Interessen und Begabungen gefördert haben, und natürlich deine guten Freundinnen und Freunde, die dir meist den ehrlichsten Spiegel vorhalten. Manche Menschen kennen uns nur in einem Kontext (z. B. im Sportverein, in der Schule), andere wiederum, beispielsweise enge Freunde, kennen uns aus mehreren Bereichen (z. B. Schule, Urlaub, Party und privat). Diejenigen, die uns aus mehreren Kontexten kennen, haben meist ein differenzierteres Bild von uns. Es kann aber auch spannend sein, mit jemandem zu sprechen, der uns gar nicht so gut kennt, weil ihm oder ihr vielleicht bestimmte Eigenschaften klarer auffallen, die den anderen vielleicht nicht mehr erwähnenswert erscheinen. Um zu überlegen, wer in deinem Netzwerk ist, zeichne es doch einfach mal auf.

Nimm dir ein Blatt Papier. Mal einen größeren Kreis in die Mitte. Das ist der enge Kern. Dort kommen die Menschen rein, die dir nah sind (enge Freundinnen und Freunde, die Eltern, die Geschwister, Partner oder Partnerin, Mentorinnen und Mentoren usw.). Im nächsten Kreis stehen die Menschen, mit denen du sonst noch mehr zu tun hast (Mitschülerinnen und Mitschüler, Lehrerinnen und Lehrer, Mitglieder aus Vereinen und Gruppen, denen du angehörst, Verwandte usw.). Im dritten, dem äußersten Kreis können Namen von Menschen stehen, mit denen du eher selten zu tun hast. Du kannst beim Erstellen deines Netzwerks auch gut auf die sozialen Netzwerke zurückgreifen, in denen du aktiv bist (Facebook, Instagram, WhatsApp usw.), und schauen, mit wem du viel Kontakt hast und im Austausch bist.

In einem zweiten Schritt überlegst du, welche dieser Personen du aktiv bitten möchtest, dir Feedback zu deiner Person und deiner Berufs- und Studienwahl zu geben. Überleg dir auch ganz im Sinne des Projektmanagements, wann und vor allem zu welcher Gelegenheit du mit ihnen ein gutes Gespräch führen kannst.

Übung 5.3: Feedback- und Orientierungsgespräche führen

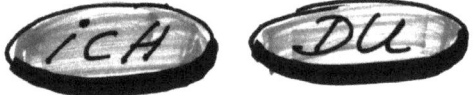

Zu Feedbackgesprächen haben wir auch ein Erklärvideo produziert; darin wird noch mal persönlicher deutlich, was ich dir mit dem folgenden Text mit auf den Weg geben möchte (Abb. 5.2):

Befrag diese Personen zu den Bereichen, zu denen du bislang selbst reflektiert hast. Du kannst gerne die Fragen aus den Aufgaben umwandeln. Hier ein paar Vorschläge, was du konkret fragen kannst:

Abb. 5.2 Video zu Feedbackgesprächen zur Berufs- und Studienwahl. (Bild: © nasharaga/stock.adobe.com) (▶ https://doi.org/10.1007/000-9pe)

- Zu deiner Persönlichkeit:
  - Welche typische Geschichte charakterisiert mich? Was fällt dir als Erstes ein, wenn du an mich denkst?
  - Frage nach Adjektiven, die dich und deinen Charakter beschreiben (z. B. verlässlich, faul, hilfsbereit, optimistisch, fair, stark, kritisch, lebhaft, ruhig, sensibel, ungeduldig, witzig, aufmerksam, freundlich, heiter, mutig, empathisch, reif, selbstsicher, spontan, weise, tapfer, unabhängig, warmherzig, vernünftig usw.)
- Zu deinen Stärken:
  - Erinnerst du dich an Erfolgsgeschichten von mir? Welche Fähigkeiten habe ich deiner Meinung nach dabei gezeigt?
  - Wofür würdest du meine Unterstützung suchen?
  - Welche Rolle/Aufgabe würdest du mir in einem wichtigen Projekt anvertrauen?
  - Welche meiner Fähigkeiten wäre auf einer einsamen Insel wichtig?
- Zu deinen Schwächen:
  - Woran sollte ich noch arbeiten?
  - Von welchen Aufgaben sollte ich mich eher fernhalten? Welche würdest du mir nicht anvertrauen?
- Zu deinen Interessen:
  - Welches Hobby oder Spezialinteresse verbindest du mit mir?
  - Worüber rede ich sehr oft?

Frag dann anschließend, welches Studienfach bzw. welchen Beruf sie sich bei dir spontan vorstellen könnten, was sie dir empfehlen würden. Frag definitiv auch nach dem Warum. Wieso finden sie, dass der Beruf passt? Frag Personen, die dir nahestehen (Eltern, Freunde), auch, welche Wünsche für deine Zukunft hinter der Empfehlung stehen.

Manchmal wiederholen Freunde und Eltern gerne die Studienfächer und Berufe, die du im Gespräch schon mal erwähnt hast. Sie wollen dich nicht zu sehr beeinflussen und dir deine Entscheidung lassen. Das ist gut. Manchmal wollen sie auch Träume nicht zerstören oder lassen sich von deiner Begeisterung mitreißen. Frag daher nach, was sie wohl gesagt hätten, wenn du noch keine Ideen genannt hättest.

Eine gute Methode, um von Freunden zum Teil eine ehrlichere Einschätzung zu bekommen, ist die Wettmethode. Biete eine symbolische oder reale Wette an (Einsatz z. B. ein Abendessen). Was glaubst du: Welchen Beruf werde ich in zehn Jahren ausüben? Manchmal kommen dann ganz andere Ideen (z. B.: „Du sagst zwar, du willst Künstlerin werden. Finde ich auch cool und passend. Aber ganz ehrlich: In zehn Jahren bist du Anwältin geworden. Du kannst reden, und außerdem ist Geld nicht völlig unwichtig für dich."). Du kannst auch mit deinem gesamten Freundeskreis einen Wetttopf aufmachen, und jeder wettet anonym, was die anderen in zehn Jahren so machen. Jeder bekommt die Auswertung, was für ihn oder sie gewettet wurde (aber nicht von wem). In zehn Jahren trefft ihr euch und wertet aus, wer am besten getippt hat. Das ist sehr witzig (vor allem, wenn ihr nicht nur Studium und Beruf, sondern auch andere Dinge prognostiziert), es kann aber wirklich dabei helfen anzufangen, sich ehrlich Einschätzungen zu geben.

Information: Feedback erhalten und richtig zuhören

Wichtig ist: Hör dir das Feedback an und schreib die wichtigsten Punkte (währenddessen oder hinterher) auf. Notizen sind zwar gut, Zitate sind jedoch besser. Du kannst daher auch dein Smartphone nutzen, um die Gespräche aufzuzeichnen (vorher fragen). Dann kannst du sie dir hinterher ganz in Ruhe anhören und das Gesagte noch einmal rekapitulieren.

Wenn du etwas nicht verstehst, frag nach. Bedank dich danach für das Feedback. Geh nicht in den Erklärungs- und Rechtfertigungsmodus, sondern akzeptier die Aussagen im ersten Schritt als ehrliches Feedback. Lass sie ein paar Stunden sacken, und geh dann noch mal in Ruhe und allein an die Frage, welche Aspekte du annehmen kannst. Manchmal ist man schnell dabei, Lob zu relativieren und Kritik überzubewerten. Versuch diesem Impuls zu widerstehen.

Fass die Nennungen zusammen (auch mit Häufigkeit der Nennungen). Nimm dir dafür ein Blatt Papier und notier dir: Stärken und Persönlichkeit, Schwächen/ausbaufähige Kompetenzen sowie die Empfehlungen.

Übung 5.4: Nutzung des Profils

Am Ende des Gesprächs, nachdem du die spontanen Einschätzungen deines Gegenübers erhalten und dich dafür bedankt hast, kannst du deine bisherigen Überlegungen vorstellen. Du kannst ihm oder ihr dein Profil zeigen (Ausdruck auf einer DIN-A4-Seite, basierend auf der Vorlage hier im Buch oder als Export deines Profils aus der DEEP!-App). Es stellt deine Zusammenfassung der wichtigsten Punkte aus den vorherigen Übungen dar. Im ersten Schritt wird es noch mal spannend sein, bei welchen Aspekten dein Gegenüber spontan zustimmt und welche vielleicht überraschen. Das ergänzt das Feedback noch mal (auch um Aspekte, die bislang nicht thematisiert wurden). Anschließend bitte deinen Gesprächspartner oder deine Gesprächspartnerin zu überlegen, welche Studienfächer oder Berufe er/sie aufgrund seines/ihres Wissens und seiner/ihrer Erfahrung jemanden mit diesem Profil empfehlen würde. Gerne kannst du auch die kreative Frage stellen: Wenn man für jemanden mit diesem Profil einen Beruf erfinden müsste, welcher wäre dies?

Notier alle Ideen und übertrag sie auf dein Zusammenfassungsblatt.

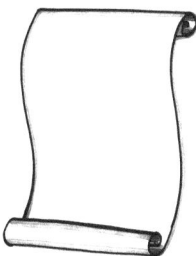

Kapitel-Check

- Du hast dir verdeutlicht, dass nicht alle Aspekte deiner Persönlichkeit, deiner Stärken und Schwächen, dir einfach durch Selbstreflexion zugänglich sind. Du hast überlegt, welche Personen aus deinem Netzwerk dir ein wertvolles Feedback geben könnten.
- Du hast Orientierungsgespräche geführt. Du hast sie gut vorbereitet und gut nachbereitet (reflektiert).
- Du hast von anderen Ideen für Studiengänge und Berufe gesammelt. Du hast dir Rückmeldung zu deinem Profil geben lassen.
- Du hast alle Rückmeldungen und Ideen notiert und zusammengefasst.

6

Überprüfung der Selbsteinschätzung

Nachdem du deine Orientierungs- und Feedbackgespräche geführt und zusammengefasst hast, kannst du deine Selbsteinschätzungen nun noch mal systematisch überprüfen. Nimm dir dafür am besten noch mal dein Profil vor. Welche Aspekte des Profils wurden von anderen ebenfalls genannt und bestätigt? Welche Dinge wurden genannt, bei denen du bei der Reflexion des

---

Ergänzende Information Die elektronische Version dieses Kapitels enthält Zusatzmaterial, auf das über folgenden Link zugegriffen werden kann [https://doi.org/10.1007/978-3-662-66362-2_6]. Die Videos lassen sich durch Anklicken des DOI-Links in der Legende einer entsprechenden Abbildung abspielen, oder indem Sie diesen Link mit der SN More Media App scannen.

Gesprächs entschieden hast: Das ist deine Wahrnehmung, aber nicht meine. Welche Aspekte deiner Selbstreflexion wurden zwar nicht genannt, sind aber dennoch wichtig? Du kannst dein Profil ergänzen oder wichtige Überschneidungen und Abweichungen notieren.

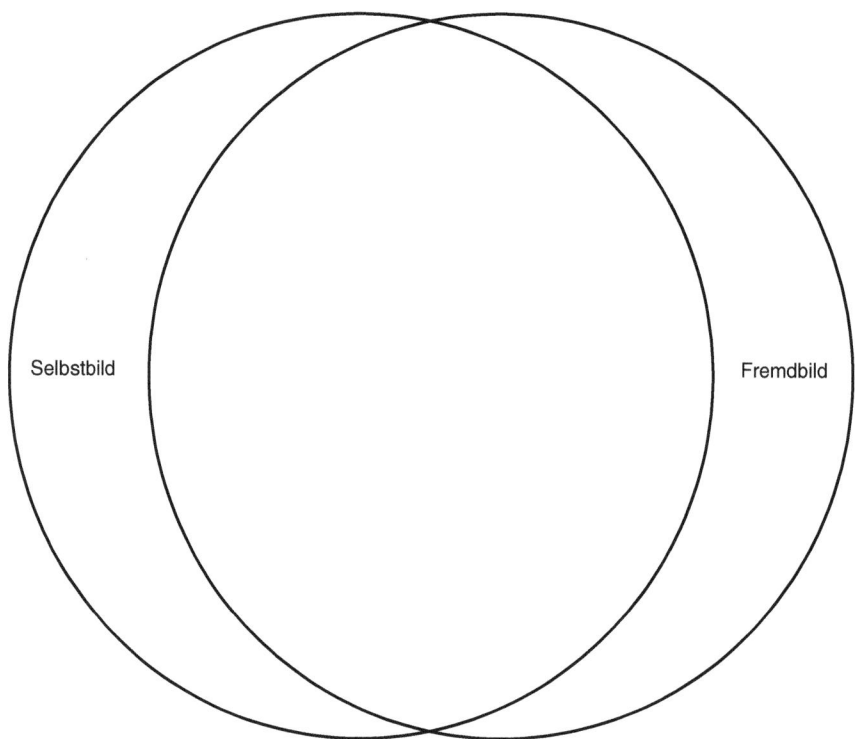

Nun kannst du einen Schritt weitergehen: Passen die Empfehlungen zu deinen eigenen Ideen? Passen sie zu deinem vollständigen Selbstbild? Welche Ideen sind neu und es wert, in Betracht gezogen zu werden? Welche nicht? Schau vor allem, ob dies Vorstellungen sind, die zu dir passen, oder ob darin nicht auch Wünsche anderer zum Ausdruck kommen, die nicht zu dir passen. Manchmal projizieren andere Wünsche in uns (haben Wünsche für uns), die nicht unsere eigenen sind. Zum Beispiel versuchen Eltern manchmal bewusst oder auch unbewusst, ihre eigenen Ziele durch ihre Kinder zu verwirklichen. Oder ihnen sind bestimmte Dinge (wie Ansehen, Gehalt) wichtiger als dir. Die Wünsche anderer können auch gut passen, und oft sind es auch gute und nachvollziehbare Wünsche. Es ist aber dennoch wichtig, dass du dich fragst, was dir wichtig ist. Manchmal muss man sich von anderen freimachen. Wenn es dir schwerfällt, dies zu entscheiden und umzusetzen, kann eine Beratung mit einer neutralen und vertrauensvollen Person sehr hilfreich sein.

Neben direkten Wünschen und Vorstellungen von Eltern, Freunden und Verwandten spielt natürlich auch die Gesellschaft eine große Rolle. Bestimmte Berufe sind anerkannt und beliebt, andere eher weniger. Oftmals finden sich auch starke Klischees von Berufen. Das wirkt vor allem im Bereich der Geschlechter. Es ist (leider) immer noch so, dass bestimmte Studienfächer und Berufe als eher männlich oder als eher weiblich gelten. Dies hat meist wenig mit den realen Fähigkeiten von Männern und Frauen zu tun und auch eher wenig mit unterschiedlichen Interessen. Es hängt stark damit zusammen, wie wir aufgewachsen sind, welche Männer- und Frauenbilder uns vorgelebt wurden. Auch davon, wie viele Männer und Frauen wir in diesen Berufen kennen. Das prägt uns schon früh und führt dann teilweise auch schon dazu, dass wir wirklich bestimmte Fähigkeiten ausbilden und uns bestimmte Charakterzüge zu eigen machen. Das ist aber kein Naturgesetz, sondern eine Frage der Entwicklung und auch unserer Entscheidungen. Unsere Alltagssprache zeigt uns, wie tief verwurzelt solche Zuordnungen sind. So sprechen wir öfter von Erzieherinnen (und wenig von Erziehern) sowie öfter von Ingenieuren (und wenig von Ingenieurinnen).

Ich habe mich in diesem Buch bemüht, immer beide Geschlechter zu nennen, wenn ich von bestimmten Berufsgruppen gesprochen habe. Manchmal habe ich aber der Lesbarkeit zuliebe darauf verzichtet. Manchmal habe ich auch den Gender-Stern (*) verwendet. Diese Sprachdebatte wirst du sicher im Studium irgendwann führen (produktiv oder weniger produktiv) oder hast sie in der Schule oder im Privaten schon geführt. Meiner Auffassung nach gibt es genauso viele mögliche gute Grundschullehrer, wie es mögliche Grundschullehrerinnen gibt. Und es gibt genauso viele potenzielle Chemikerinnen, wie es Chemiker gibt. Vor allem aber ist Geschlecht kein wirklich sinnvolles Kriterium bei der Studien- und Berufswahl. Es gibt so viele unterschiedliche Nuancen davon, wie Menschen leben, so viel zwischen männlich und weiblich, dass eine Zuordnung von Eigenschaften und damit möglichen Berufen reichlich undifferenziert ist. Lass dich bei deiner Berufs- und Studienwahl nicht zu sehr von Geschlechterklischees leiten. Wenn es zu dir, deinen Zielen, Werten, Interessen und Kompetenzen passt, dann werde Maschinenbauerin oder Erziehungswissenschaftler. Überleg dir, wie stark solche Rollenzuschreibungen bei deiner Berufs- und Studienwahl wirken. Du musst jetzt nicht aus Prinzip das Muster durchbrechen, denn ebenso kann dein Profil genau ins Muster passen. Aber sich die Frage zu stellen, ist wichtig. Mach dazu folgendes Gedankenexperiment.

Übung 6.1: Junge oder Mädchen
Stell dir vor, du wärst nicht als Junge, sondern als Mädchen geboren bzw. erzogen worden oder umgekehrt: nicht als Mädchen, sondern als Junge. Deine Fähigkeiten und Interessen wären dieselben. Wie würdest du entscheiden?

Wenn du dir vorstellen kannst, dich dann für andere Studiengänge und Berufe zu entscheiden, dann solltest du noch mal ernsthaft darüber nachdenken, was dich daran jetzt hindert. Es gibt durchaus Faktoren wie immer noch unterschiedliche Bezahlung und Karrierechancen, die einen realen Nachteil darstellen. Vor allem im Hinblick auf die Vereinbarkeit von Familie und Beruf ist noch einiges zu tun. Einen „untypischen" Beruf zu wählen kann durch Vorurteile und manche noch existierende Benachteiligung den Weg für dich schwieriger machen (siehe auch: www.studienwahl.de/orientieren/typisch). Aber je mehr Menschen sich stärker an ihren Bedürfnissen, Interessen und Fähigkeiten orientieren, desto eher ändert sich das System und desto eher werden Hürden abgebaut. Hab keine Angst und such dir Unterstützung, die es zuhauf gibt. Manchmal kann es auch von großem Vorteil sein, nicht das zu machen, was alle machen. Mach dein Ding!

Wenn du dich mit dem Thema noch weiter auseinandersetzen möchtest, empfehle ich dir die Seite der Initiative Klischeefrei (www.klischee-frei.de). Sie setzt sich dafür ein, Geschlechterklischees in der Berufs- und Studienwahl zu überwinden. Dort findest du viele Anregungen zur Auseinandersetzung sowie hilfreiche Links (zu Partnerorganisationen) und Informationen (z. B. Faktenblätter über Statistiken zu geschlechtsspezifischen Unterschieden bei Ausbildung, Studium oder Arbeitsmarkt). Eine gute Einführung ist der Erklärfilm, den Klischeefrei erstellt hat: www.klischee-frei.de/de/klischee-frei_55929.php.

Übung 6.2: Chor „innerer Stimmen" aufstellen

Die verschiedenen Wünsche von uns selbst, aber auch die unserer Eltern und Freunde oder gesellschaftliche Klischees und Erwartungen haben wir zuweilen wie Stimmen im Ohr. Wenn wir vor Entscheidungssituationen stehen, kommt es uns manchmal so vor, als würden uns diese Stimmen in verschiedene Richtungen ziehen wollen. Vielleicht kennst du die Vorstellung von einem Engelchen und Teufelchen auf den Schultern bei moralischen Fragen. Auch bei der Berufs- und Studienwahl gibt es mehrere innere Stimmen und verinnerlichte fremde Stimmen, die uns mal in die eine, mal in die andere Richtung ziehen. Manchmal hilft es uns, diese Stimmen greifbarer und erlebbarer zu machen.

Überleg dir als Erstes, welche Stimmen dir einfallen: Versuch genau zu überlegen, was der Kern dieser Stimme ist, und gib ihr einen kurzen Satz („Ich möchte was Praktisches machen", „Ich will etwas von der Welt sehen", „Ich will nicht so weit weg von meiner Familie", „Mach was Sicheres"…). Dann frag dich, wie diese Stimme klingt (neutral oder emotional, z. B. wütend, fordernd, ängstlich usw.) und wie laut sie ist (ganz leise, leise, mittel, laut, sehr laut). Stell dir vor, die Stimmen würden alle gleichzeitig auf dich einreden. Welche hörst du vor allem, welche sind nah bei dir (laut), welche ein wenig weiter weg (leise)? Wem gehören diese Stimmen? Dir („Ich will Spaß")? Deinen Eltern („Das ist doch eine brotlose Kunst!")? Dem gesellschaftlichen „man" („So was macht man nicht. Such dir was Anständiges!")? Was würde passieren, wenn du manche Stimmen leiser bis aus- bzw. lauter drehst? Welche Stimmen willst du oder solltest du auch einfach mal leiser drehen und ignorieren? Was hörst du dann? Du merkst schnell, auf welche Stimmen du gerade mehr hören willst. Überleg dir, was und wie du die anderen Stimmen etwas leiser machen kannst. Aber hör genau hin. Manche Stimmen klingen zwar schön und verlockend, aber sind sie es wirklich?

Falls dir diese Übung gedanklich zu abstrakt war, kannst du auch deine Freund*innen um dich herum aufstellen. Gib jeder/jedem einen Satz, der dann gleichzeitig gesagt wird, und stell sie um dich herum im Raum auf. Was passiert, wenn du ihre Position änderst? Klingt verrückt, ist aber eine tolle und auch interessante Übung.

Du kannst die Stimmen auch mit dem Smartphone bzw. mit dem Computer aufnehmen und am Computer übereinanderlegen und unterschiedlich regeln (z. B. mit dem kostenlosen Programm „Audacity"). Ist gar nicht so schwer. Und es ist etwas anderes, die inneren Stimmen bewusst zu hören. So kannst du auch leichter entscheiden, auf welche Stimmen du nicht mehr hören willst. Das führt uns sehr schnell zum Thema Glaubenssätze.

Übung 6.3: Traditionen, Familienmottos und Glaubenssätze
Unsere Familie, unsere Herkunft beeinflusst unsere Berufs- und Studienwahl manchmal stärker, als wir glauben – sowohl positiv als auch negativ. Da gibt es die klaren Beispiele von Familienbetrieben, die an die nächste Generation weitergegeben werden bzw. so etwas wie eine berufliche Tradition. Es gibt gute Gründe, warum viele solchen Traditionen folgen. Der Beruf ist bekannt und kann eingeschätzt werden. Es gibt bestehende Strukturen und Netzwerke. Und vielleicht hat man auch schon das nötige Handwerkszeug gelernt. Aber nicht immer sind die Berufe unserer Eltern auch das Richtige für uns. Manche Traditionen schränken uns ganz schön ein. Manches ist gar nicht so offensichtlich. Hast du Lust, auf die Suche nach deinen Familientraditionen zu gehen? Welche Berufe kommen häufiger vor? Denke an Eltern, Onkel und Tanten, Omas und Opas, Urgroßeltern usw.

Traditionelle Berufe in meiner Familie:

_____
_____
_____
_____

Eine andere gute Möglichkeit, sich Familientraditionen zu verdeutlichen, sind Sprüche oder Mottos, die in deiner Familie immer wieder genannt werden („Ordnung ist das halbe Leben", „Ohne Fleiß kein Preis", „Familie ist alles", „Wir bleiben uns treu", „Es wird schon gut gehen", „Immer nach oben", „Wir schulden niemandem was", „Leben heißt dienen", „Gott mit uns", „Bescheidenheit ist eine Zier", „Traditionen müssen bewahrt bleiben", „Familie ist Geborgenheit", „Familie ist eine Bande, die fest zusammensteht" usw.). Diese Sprüche haben auch bewusst und unbewusst Einfluss auf unsere Entscheidungen. Welche Sprüche werden in deiner Familie immer wieder gesagt? Was könnte euer Familienspruch sein?

_____
_____

Solche Mottos findest du historisch auf den Wappen von Adelsfamilien. Du kennst vielleicht die Familiensprüche aus „Game of Thrones" („Der Winter naht", „Familie, Ehre, Pflicht", „Ungebeugt, ungezähmt, ungebrochen"). Wappen zeigen meist Symbole, die mit der Familie verbunden sind; neben Symbolen der Macht (Löwen, Adler etc.) sind dies vor allem auch Symbole, die für die Berufe und Handlungen der Familie stehen (Werkzeuge, Gesten). Stell dir vor, deine Familie hätte ein solches Wappen. Wie würde euer modernes Wappen aussehen?

Zeichne ein Wappen mit vier Feldern und such Symbole, die für deine Familie stehen könnten. Hier habe ich mal ein Beispiel für ein Ruhrpott-Familienwappen gestalten lassen (Geselligkeit, Liebe, Fußball, Zeche/Fabrik); der passende Familienspruch dazu: „Wer arbeitet, darf auch feiern".

Nimm dir ein Blatt Papier und lass deine Gedanken spielen. Zur Anregung habe ich diese Kreativaufgabe auch noch mal mit dem Programm Doodly als Erklärfilm visualisiert (Abb. 6.1):

Abb. 6.1 Video zur Kreativaufgabe Familienwappen. (Bild: © nasharaga/stock.adobe.com) (▶ https://doi.org/10.1007/000-9pg)

Mal sehen, was deine Familie dazu sagt, solltest du bereit sein, es zu zeigen. Das könnte doch ein guter Ausgangspunkt sein, über familiäre Traditionen und Werte zu sprechen.

Du merkst vielleicht beim Zeichnen, dass es bestimmte Aspekte der Familientradition gibt, die du nicht oder nicht so stark teilst. Du darfst dich auch gegen das Familienmotto, gegen die Familientraditionen und gegen die üblichen Karrieren entscheiden. Vielleicht musst du das sogar. Spätestens mit dem Übergang in Studium und Beruf wirst du dein eigenes Leben leben. Und nicht jede Abweichung muss einen Bruch bedeuten. Manchmal ist es gut, wenn sich Traditionen ändern.

Wie würdest du dein eigenes Motto beschreiben? Was fehlt noch für dein Wappen?

✏️
_____
_____
_____

Wenn du an das Thema Beruf, Lernen, Karriere, Studium usw. denkst: Gibt es da noch andere Sprüche, Mottos und Grundsätze? Welche Mottos hast du, welche haben deine Eltern?

✏️
_____
_____
_____

Vielleicht fällt es dir schwer, solche Grundsätze zu benennen. Nicht alle werden explizit genannt. Manchmal lassen sie sich nur aus Reaktionen auf Handlungen oder aus der Ablehnung anderer Entwürfe ableiten. Solche Grundsätze können zu etwas werden, das wie ein Glaubenssatz wirkt. Manche negativen Glaubenssätze begleiten uns ein Leben lang, zum Beispiel „Meine Eltern haben meine Geschwister lieber als mich", „Nur wer was leistet, ist was wert", „Ich tauge zu nichts", „Unsere Familie ist vom Schicksal verflucht", „Ich werde nur geliebt, wenn ich mich für andere aufopfere", „Man darf nicht versuchen, seine Eltern zu übertreffen", „Man muss in seiner

Schicht/Klasse bleiben", „Ich darf kein Risiko eingehen", „Geld macht arrogant", „Männer sind Schweine", „Die anderen wollen dir immer was Böses", „Das Leben ist hart", „In meiner Familie war niemand erfolgreich, also schaffe auch ich nichts" usw.

Viele dieser Glaubenssätze treffen bei näherer Betrachtung so gar nicht zu, vor allem nicht in ihrer Absolutheit. Aus manchen wie „Dafür bin ich zu blöd" kann so etwas wie eine sich selbst erfüllende Prophezeiung werden. Denn wenn ich den Glaubenssatz akzeptiere, dann tue ich nichts dagegen und gebe das Heft des Handelns aus der Hand. Jetzt sei noch mal selbstkritisch. Welche Mottos und Glaubenssätze hast du, die dich manchmal beschränken, dir die Motivation rauben, dich davon abhalten, etwas zu probieren oder zu machen? Welche dieser Sätze sind berechtigt, welche würdest du gerne ablegen?

🖉
_____

_____

Manchmal braucht es Zeit, um negative Glaubenssätze abzulegen (in manchen Fällen sogar eine längere Therapie oder ein Coaching). Doch glaub mir, es lohnt sich. Eine Möglichkeit besteht darin, sich auf positive Glaubenssätze zu besinnen, wie zum Beispiel „Ich bin etwas wert", „Ich bin in Ordnung so, wie ich bin", „Menschen lieben mich, egal, was ich tue", „Ich kann erfolgreich sein, ich bringe alles dafür mit", „Gott/das Universum hat einen Plan für mich", „Ich bin genug", „Ich bin frei" usw. Was ist deine positive Grundeinstellung? Aus welchem Grundsatz ziehst du Kraft?

🖉
_____

_____

Übung 6.4: Was hast du in die Familie eingebracht?
Okay, du merkst, ich mache ein bisschen Psychocoaching mit dir. Aber gerade, wenn du dich wirklich mit deinem Selbst- und Fremdbild auseinandersetzt, kann es schnell intensiv werden. Eine weitere Übung, die ich sehr schätze, ist die Frage von Anteilen in der Familie. Wenn du schon über das Familienwappen ins Gespräch gekommen bist, könnte das eine weitere Idee für ein gutes Gespräch mit deinen Eltern sein. Überleg dir als Erstes, welche positive Eigenschaft du von deiner Mutter gelernt/übernommen hast. Finde einen Begriff und am besten auch ein Symbol (z. B. einen Gegenstand) dazu. Überleg dann zweitens, welche positive Eigenschaft du von deinem Vater gelernt/übernommen hast. Finde auch dafür einen Begriff oder ein Symbol. So könntest du zum Beispiel von deinem Vater die Liebe zur Natur und Achtsamkeit gegenüber anderen Lebewesen übernommen haben (hierfür könnte ein Beobachtungsfernglas stehen). Von deiner Mutter könntest du das handwerkliche Geschick übernommen haben, das rechtzeitige Reparieren von Gegenständen (dafür könnte ein geklebtes Buch stehen). Dann überleg dir, was du in die Familie eingebracht hast, was weder deine Mutter noch dein Vater können oder haben. Das könnte beispielsweise Interesse an politischen Themen oder eine bestimmte ästhetische Wahrnehmung sein. Finde auch hier ein Symbol (z. B. Protestsong-CD oder Kunstposter). Wenn du länger nachdenkst, fallen dir bestimmt noch mehr Eigenschaften und Fähigkeiten ein, die du entweder von Vater oder Mutter übernommen hast bzw. Sachen, die du dir selber erarbeitet hast. Manchmal ist es aber auch gut, sich jeweils auf das für einen selbst Wichtige zu beschränken. Wenn du willst, such das Gespräch mit deinen Eltern. Erzähl ihnen von deinen Überlegungen. Du wirst feststellen, wie sehr es sie freuen wird zu hören, was du Positives von ihnen gelernt hast, und sie werden sicherlich noch weitere Dinge nennen können, die du eingebracht und so auch sie bereichert hast. Das ist ein schöner Auftakt für ein Gespräch über deine Zukunftsvorstellungen.

Wie schon beschrieben, ist die Berufs- und Studienwahl eine Positionierung innerhalb der familiären und elterlichen Wünsche und der eigenen Position. Es ist auch eine Positionierung dazu, welche Fähigkeiten, Interessen und Werte, die einem die Eltern nahezubringen versucht haben, man weiterführt. Wenn man ihnen Respekt und Wertschätzung entgegenbringt, ist es für die Eltern oft leichter zu akzeptieren, wenn man auf anderen Gebieten dann eigene Wege geht.

Übung 6.5: Vorstellungen, *Impression Management* und mehr

Beim Vergleich unseres Selbst- und Fremdbildes fallen uns schnell auch Bereiche auf, in denen unser gewünschtes Selbstbild nicht mit dem übereinstimmt, was andere über uns denken und sagen. Neben der Idee davon, wer wir sind, sind wir auch beeinflusst davon, was wir gern von uns zeigen und wie bzw. wer wir nach außen sein wollen. Oftmals ist der erste Eindruck für unsere Wirkung auf andere entscheidend. Bis zu einem gewissen Maße tun wir viel dafür, diesen Eindruck zu kontrollieren und je nach Situation zu verändern (das nennt man auch *Impression Management*). Es geht darum, einen positiven Eindruck zu hinterlassen – sogar so weit, dass wir uns damit selbst belügen. Dennoch bzw. gerade deswegen kann es sehr interessant sein, einen Blick darauf zu werfen, wie wir uns anderen präsentieren bzw. präsentieren wollen. Im Folgenden findest du ein paar Situationen, die du kennst bzw. in die du dich hineinversetzen sollst. Anschließend kannst du deinen Selbst- und Fremdbildvergleich auch noch um einen Ist-Soll-Vergleich ergänzen. Das heißt, du überlegst im Vergleich zu den Rückmeldungen, die du von anderen in den Feedbackgesprächen bekommen hast: Wo wirke ich schon so, wie ich mich selber sehe, und wo noch nicht? Es geht nicht darum zu schauen, wie gut du schauspielerst und dich selbst und andere täuschst, sondern es geht um die Frage, wer du sein willst, in welche Richtung deine Entwicklung wirklich gehen könnte. Die Szenarien können dabei noch weitere erhellende Gedanken liefern. Neben dem Eindruck, den du machst, sammelst du auch zirkulär (durch Hineinversetzen in andere) weitere Ideen zu deinem Profil. Notier am Ende die wichtigsten Gedanken.

- Wie stellen deine Eltern dich ihren Freunden vor? Wie reden sie über dich und deine Talente, Pläne und Persönlichkeit?
- Stell dir vor, du müsstest noch mal die Schule wechseln: Wie würdest du dich deiner neuen Klasse vorstellen?
- Wenn du im Lehrerzimmer lauschen könntest (z. B. bei einer Notenkonferenz), was, meinst du, erzählen deine verschiedenen Lehrerinnen und Lehrer über dich, dein Verhalten und deine Fähigkeiten?
- Wenn du hören könntest, wie deine besten Freundinnen und Freunde dich beschreiben, wenn sie einem/einer Unbekannten erzählen sollten, wer du bist und warum sie mit dir befreundet sind, was würden sie wohl erzählen?
- Wenn dein/e Trainer/Trainerin (oder andere aus deinem Hobbybereich) von einem Talentscout gefragt würde, was dich ausmacht, was würde er/sie erzählen?
- Was würden deine Freunde und Freundinnen über dich erzählen, wenn sie dich verkuppeln wollten?
- Stell dir vor, du gehst zu einem Vorstellungsgespräch (Job oder Studium): Was erzählst du von dir?
- Stell dir vor, du gehst zu Beginn deines Studiums/deiner Ausbildung in einer neuen Stadt auf eine WG-Party: Was antwortest du auf die Frage, wer du bist und was du so machst?
- Stell dir vor, du bist im Job angekommen: Was steht auf deiner Visitenkarte? Wie stellst du dich an der Hotelbar vor?
- Stell dir vor, dein/e Chef/Chefin in deinem Job schreibt dir ein Arbeitszeugnis/eine Beurteilung zur Beförderung: Was steht drin?

Welche positiven Eigenschaften von dir sind dir noch klarer geworden? Welche Ziele und Entwicklungspotenziale hast du entdeckt?

Kapitel-Check

- Du hast deine Selbstreflexionen (dein Selbstbild) mit den Rückmeldungen von anderen verglichen.
- Du hast über Abweichungen nachgedacht. Du hast positives Feedback angenommen und hast dir berechtigte Kritik zu Herzen genommen.
- Du hast über mögliche Erwartungen anderer, zum Beispiel deiner Eltern, aber auch der Gesellschaft, nachgedacht.
- Du hast geprüft, wie stark dich Geschlecht und andere Klischees in deiner Wahl beeinflussen.
- Du hast dir Gedanken über deine Familie gemacht und was sie dir mit auf den Weg gibt.
- Du hast überlegt, wie du auf andere wirkst und wie du wirken willst.
- Du hast deine Ziele geschärft und weitere Potenziale entdeckt.

7

Informationen sammeln und auswerten

Nachdem du nun die Grundlagen geklärt hast, dir viele Gedanken über dich selbst, deine Fähigkeiten, Interessen und Ziele gemacht hast, geht es nun darum, aufbauend auf den Ideen, die du schon in Bezug auf mögliche Fächer und Berufe hattest, in die konkrete Recherche zu gehen. Wie sieht das Angebot eigentlich aus? Welche unterschiedlichen Formen sind zu beachten? Wo finde ich Informationen?

Übung 7.1: Erster Überblick/Suche mit dem Orakel
Eine wichtige Informationsquelle sind die Materialien, die du sicher von der Bundesagentur für Arbeit in der Berufsberatung oder im Berufsinformationszentrum (BIZ) bekommen hast. Kennst du das dicke „grüne Buch" (Titel: *Studien- und Berufswahl*) bzw. das etwas dünnere „weiße Buch" (Titel: *Berufe aktuell*)?

Wenn du noch gar keine Idee hast, wonach du suchen kannst, befrag das Orakel. Nimm die Bücher, schließ die Augen und schlag eine Seite auf. Stell dir vor, das Orakel hat gesprochen, und du sollst nun genau diesen Beruf bzw. diesen Studiengang ergreifen. Überleg ernsthaft: Was würde dafür sprechen und was dagegen? Wenn du gute Argumente nennen kannst (und nicht nur „Oh, nee!"), dann darfst du das Orakel erneut befragen. Durch das Aus-

---

Ergänzende Information Die elektronische Version dieses Kapitels enthält Zusatzmaterial, auf das über folgenden Link zugegriffen werden kann [https://doi.org/10.1007/978-3-662-66362-2_7]. Die Videos lassen sich durch Anklicken des DOI-Links in der Legende einer entsprechenden Abbildung abspielen, oder indem Sie diesen Link mit der SN More Media App scannen.

© Springer-Verlag GmbH Deutschland, ein Teil von Springer Nature 2023
T. Grüneberg, *Mit den richtigen Fragen den passenden Berufsweg finden*,
https://doi.org/10.1007/978-3-662-66362-2_7

einandersetzen mit den Optionen (das heißt auch wirklich mal zu lesen, was das ist), bekommst du manchmal schon schnell eine klarere Vorstellung davon, wonach du suchst. Wenn du weißt, was du nicht willst, stell dein Argument auf den Kopf, und du hast, was du willst. Ebenso für diese Methode und einen ersten Überblick geeignet ist der Ideenfächer von www.studieren.de.

Information: Studienfelder
Pragmatischer ist es jedoch, die Suche auf bestimmte Studienfelder einzuschränken. Wähl daher im ersten Schritt die Studienfelder, also die Gruppen von Studienfächern aus, die dir zunächst als passend zu deinem Profil erscheinen. Dafür hast du ja die ganze Vorarbeit geleistet. Du startest also schon mit einer gewissen Vorstellung.

Ich habe eine Liste zusammengestellt, die sowohl die normalen, etwas bekannteren Fächer enthält als auch außergewöhnliche, eher kleine Fächer. Es gibt Tausende von Studiengängen; die Liste kann und soll daher nicht erschöpfend sein. Sie soll dir nur einen Eindruck verschaffen, was alles so in die Fächergruppe fällt, und Lust machen, selber weiter zu recherchieren.

Als ersten Schritt könntest du die Studienfelder auswählen, die für dich am ehesten infrage kommen. Hier ein paar Beispiele (normale und außergewöhnliche):

Sprach-, literatur- und kulturwissenschaftliche Fächer	• Afrikanistik • Amerikanistik • Anglistik • Germanistik • Geschichte • Kulturwissenschaft • Romanistik • Sinologie (Chinastudien) • Theaterwissenschaft

Theologische und philosophische Fächer	• Philosophie • Evangelische Theologie • Katholische Theologie
Mathematik- und Naturwissenschaften	• Mathematik • Physik • Biologie • Geowissenschaften • Geografie • Chemie • Informatik • Mineralogie
Agrar-, Forst- und Ernährungswissenschaften	• Agrarbiologie • Landwirtschaft • Lebensmitteltechnologie • Weinbau • Ökotrophologie
Medizinische Fächer	• Humanmedizin • Veterinärmedizin (Tiermedizin) • Zahnmedizin • Pharmazie • Medizintechnik
Technische und ingenieurwissenschaftliche Fächer	• Architektur • Bauingenieurwesen • Umwelttechnik • Wasserbau • Maschinenbau • Elektrotechnik • Mechatronik • Biotechnologie • Verfahrenstechnik • Umweltingenieurwissenschaften • Luft- und Raumfahrttechnik
Rechts-, Wirtschafts- und Gesellschaftswissenschaften	• Betriebswirtschaftslehre • Volkswirtschaftslehre • Soziologie • Wirtschafts(-ingenieurwesen, -recht, -informatik) • Jura • Wirtschaftspädagogik • Politikwissenschaften
Pädagogik/Erziehungswissenschaft und Sozialwesen	• Lehramt Grundschule • Förderpädagogik • Erziehungswissenschaften • Frühpädagogik • Soziale Arbeit • Sozialpädagogik • Psychologie
Informationswissenschaften	• Buchwissenschaft • Computerlinguistik • Bibliothekswissenschaften • Journalistik • Medienwissenschaften

Freie und angewandte Kunst sowie Musik/ Theater	• Bühnenbild • Grafik • Kirchenmusik • Theaterwissenschaften
Sport und Gesundheit	• Sporttourismus • Sportmanagement • Sportpsychologie • Pflegewissenschaft • Sportkommunikation

Information: Datenbanken zu Studiengängen

In Deutschland gibt es, je nachdem, wie man zählt, etwa 3000 grundständige Studiengänge (in der Regel Bachelorstudiengänge). Mit Masterstudiengängen sind es dann schon etwa 9000 verschiedene. Wenn man dann alle Sondernamen und Spezialisierungen hinzurechnet, kommt man auf über 20.000 Studiengänge. Da kann man schnell den Überblick verlieren. Zum Glück gibt es mittlerweile gute Recherchedatenbanken. Dort kannst du auf verschiedene Art und Weise recherchieren, wie erklärt dir ein Video am Besten (Abb. 7.1).

Abb. 7.1 Video zur Studiengangsrecherche. (Bild: © nasharaga/stock.adobe.com) (▶ https://doi.org/10.1007/000-9ph)

www.hochschulkompass.de ist eine Seite, die von der Hochschulrektorenkonferenz, einem freiwilligen Zusammenschluss staatlicher und staatlich anerkannter Hochschulen in Deutschland, betrieben wird. Die Informationen werden von den Mitarbeiterinnen und Mitarbeitern der Hochschulen, meist den Zentralen Studienberatungen, gepflegt. Du kannst also davon ausgehen, dass die Informationen in der Regel aktuell und zutreffend sind. Dies gilt insbesondere auch für Übersichten zu Bewerbungsfristen. Du kannst entweder nach einem konkreten Studiengang oder nach einem Schlagwort, einem Gebiet, suchen. Ferner kannst du nach Zulassungsart, Abschluss und Studienform filtern. Damit kannst du die Suche sinnvoll einschränken. Zu den Zulassungsarten, Abschlüssen und Studienformen findest du im Folgenden weitere Informationen. Du kannst aber auch nach konkreten Hochschulen suchen bzw. schauen, welche Hochschulen es in einer bestimmten Region gibt. Dort findest du auch die passenden Links.

Die Seite www.studienwahl.de ist quasi das „grüne Buch" *(Studien- und Berufswahl)* der Bundesagentur für Arbeit in digital. Es gibt sogar eine kostenlose App zur optimierten Suche mit dem Smartphone, mit der du ebenfalls nach Studiengängen oder Schlagwörtern suchen kannst. Zudem findest du viele Informationen rund ums Studium. Auch hier kannst du nach Kriterien filtern. Die Informationen sind jedoch knapper gehalten als beim Hochschulkompass. Im Wesentlichen findest du damit heraus, wo es was gibt.

Die Wochenzeitung *Die ZEIT* hat unter www.zeit.de/studiengaenge eine umfangreiche Datenbank zu Studiengängen programmiert, die auf dem Hochschulkompass aufbaut. Zum Teil findest du auch Angaben zu Studiengängen im Ausland. Hier kannst du besonders gut nach Studienbereichen/Studienfeldern recherchieren und so auf neue Ideen kommen. Die Informationen zu den Studiengängen sind umfangreich und journalistisch aufgearbeitet. Ein großes Plus im Vergleich zu den anderen offiziellen Datenbanken sind die Studiengangsbeschreibungen.

Darüber hinaus gibt es zahlreiche weitere Infoseiten rund ums Studium und Datenbanken zu Studienfächern. Diese werden meist von privaten Dienstleistern betrieben. Zum Teil sind die Informationen auch gut und kompetent aufgearbeitet. Bezüglich der Aktualität solltest du dich aber immer auf den Seiten der Hochschulen informieren. Zum Teil finanzieren sich die im Folgenden genannten Portale auch durch Werbung; so nehmen private Hochschulen einen größeren Raum ein. Da du auf diesen Portalen jedoch auch noch zahlreiche Tipps rund ums Studium findest, lohnt es sich, doch mal reinzuschauen:

- www.studieren.de
- www.studienrichtung.de
- www.studis-online.de

Wenn du dich besonders für kleine, sogenannte Orchideenfächer interessierst, bietet dir die Seite www.kleinefaecher.de/kleine-faecher-suche einen Überblick sowie – und das ist besonders relevant – Informationen über Größe und Ausstattung der Fachbereiche. Auch siehst du, in welchen größeren Fächern diese Spezialdisziplinen ihren Platz haben.

Information: BerufeNet
Die beste Datenbank zur Recherche bezüglich deiner beruflichen Zukunft ist das BerufeNet der Bundesagentur für Arbeit (https://berufenet.arbeitsagentur.de/). Hier findest du die verlässlichsten Informationen zu allen Berufen, sowohl zu denen, die ein Studium als auch zu denen, die eine Aus- oder Weiterbildung voraussetzen. In der Datenbank sind nicht nur gute Beschreibungen der Tätigkeit zu finden, sondern auch aktuelle Arbeitsmarkt- und Gehaltszahlen. Ein großes Plus sind die Beispielbilder und zum Teil auch Filme, die einen guten Eindruck von den Berufen vermitteln. Darüber hinaus ist spannend, dass immer auch ähnliche oder vergleichbare Berufe angezeigt werden. Ferner findest du hier auch Informationen über verschiedene Zugangswege sowie Aus- und Weiterbildungsmöglichkeiten. Da du hier, je nach deinem Entscheidungsstand, mit unterschiedlichen Suchstrategien suchen kannst, bietet sich die Datenbank gut für eine vertiefte Recherche an.

Suche nach Tätigkeitsfeldern
Nachdem du dir systematisch Gedanken zu deinen Interessen und Fähigkeiten gemacht hast, kommt als nächstes die Suche nach passenden Berufen. Vielleicht hast du schon ein paar konkrete Ideen, die dir selbst gekommen sind oder die du aus Tests und Gesprächen gewonnen hast. Vielleicht sind diese Ideen aber eher nur grob. Wenn du dein Profil betrachtest, kommen dir vielleicht zunächst eher allgemeine Tätigkeitsfelder in den Sinn. Das ist ein guter Ausgangspunkt: Überleg dir, welche Tätigkeitsfelder zu dir passen, und such innerhalb dieser Felder: berufenet.arbeitsagentur.de. Jedes Feld ist dann noch weiter unterteilt. Aus folgenden Tätigkeitsfeldern kannst du wählen:

- Bau, Architektur, Rohstoffe
- Chemie, Pharmazie, naturwissenschaftliche Laboranalyse
- Einkauf, Lager, Logistik, Verkehr
- Elektro, Energie, Ver- und Entsorgung
- Forschung, Entwicklung, Konstruktion, Technisches Zeichnen
- Gastgewerbe, Tourismus, Veranstaltungsmanagement, Hauswirtschaft

- Gesundheit, Sport, Körperpflege
- Holz, Papier, Kunststoff, Farben und Lacke, Textil
- IT, Computer, Datenerhebung, -analyse
- Landwirtschaft, Umwelt, Lebensmittel
- Medien, Kultur, Gestaltung, Kunst
- Metall, Maschinen- und Fahrzeugbau
- Produktionsplanung und -steuerung, Qualitätssicherung, Instandhaltung
- Recht, Steuern, Wirtschaftsprüfung
- Schutz und Sicherheit, Reinigung
- Soziales, Pädagogik
- Wirtschaft, Verwaltung, Sprachen

Suche nach Berufsfeldern

Wenn du schon konkrete Berufe/Berufsbereiche bzw. den Bereich der Berufsausbildungen im Sinn hast, kannst du statt nach Tätigkeitsfeldern auch nach Berufsfeldern suchen. Anschließend kannst du auch noch konkreter zu bestimmten Berufen suchen (bibb.de) bzw. auch andere Portale hinzuziehen (karista.dekarista.de).

Im BerufeNet werden dir folgende Felder zur Auswahl gestellt (zu den einzelnen Feldern gibt es auch übersichtliche Broschüren zum Download: https://www.arbeitsagentur.de/bildung/download-center-biz-berufsfelduebersichten):

- Landwirtschaft, Natur, Umwelt
- Produktion, Fertigung
- Bau, Architektur, Vermessung
- Metall, Maschinenbau
- Elektro
- IT, Computer
- Naturwissenschaften
- Technik, Technologiefelder
- Wirtschaft, Verwaltung
- Verkehr, Logistik
- Dienstleistung
- Gesundheit
- Soziales, Pädagogik
- Gesellschafts-, Geisteswissenschaften
- Kunst, Kultur, Gestaltung

Suche nach Studienfeldern

Wenn du vor allem an Berufe gedacht hast, die ein Studium voraussetzen, such nach akademischen Studienfeldern. Dabei wirst du feststellen, dass es immer verschiedene Wege zu einem Beruf gibt bzw. ein Studienfach Wege in verschiedene Berufsbereiche ermöglicht. Wähl zunächst die allgemeinen Studienbereiche aus und lass dich in deiner Recherche auch in die weniger bekannten Bereiche innerhalb des Studienfelds ziehen. Auch hier wieder zunächst die Seite der Bundesagentur: berufenet.arbeitsagentur.de und danach andere Portale wie: hochschulkompass.de oder karista.de aufsuchen.

Im BerufeNet findest du folgende sehr grobe Studienfelder, mit einem Klick darauf siehst du, wie weit sich diese ausdifferenzieren:

- Agrar-, Forst-, Ernährungswissenschaften
- Ingenieurwissenschaften
- Mathematik, Naturwissenschaften
- Medizin, Gesundheitswissenschaften, Psychologie, Sport
- Wirtschaftswissenschaften
- Rechts-, Sozialwissenschaften
- Erziehungs-, Bildungswissenschaften, Lehrämter
- Sprach-, Kulturwissenschaften
- Kunst, Musik

Egal, welche Suchstrategie du nutzt, mit BerufeNet kommst du vielleicht auch auf spannende Berufe neben den ganz bekannten. Auch siehst du bei vielen Berufen, dass es nicht nur den einen Weg zum Ziel gibt, sondern in bestimmten Berufsfeldern der Einstieg durch eine Ausbildung, ein Studium, eine Weiterbildung oder einfach Praxiserfahrungen gelingt. Speichere dir die für dich interessantesten Berufe ab und vergleiche sie. Du findest bei Studienfächern eine Kurz- und eine Langbeschreibung, Ideen zu Kombinationsmöglichkeiten und Studiengangsbezeichnungen. Ebenso kannst du dir Informationen zu Zugangsvoraussetzungen und Perspektiven anzeigen lassen. Darüber hinaus finden sich Ideen für mögliche Alternativen. Bei den Berufen findest du neben den Zugangswegen auch Tätigkeitsbeschreibungen und derzeitige Berufsaussichten. Du siehst, es lohnt sich, diese Informationsquelle genau zu analysieren. Wenn du die Informationen nicht genau einordnen kannst oder vertiefende Fragen hast, helfen dir Berufs- und Studienberater*innen weiter.

Information: Zu Berufen recherchieren
Neben der Recherche zu den Studienfächern solltest du dir natürlich auch Gedanken über mögliche Berufe machen, die du mit dem Studium anstrebst.

Bei manchen Studienfächern steht ein konkretes Berufsbild im Hintergrund, bei anderen ist das (noch) nicht so klar. Der Vorteil eines Studiums ist, dass du breit ausgebildet wirst und hinterher potenziell in den verschiedensten Bereichen arbeiten kannst. Dennoch ist es wichtig, sich frühzeitig mit den beruflichen Möglichkeiten auseinanderzusetzen, auch um im Studium schon relevante Zusatzqualifikationen zu erlangen und Branchen und Bereiche für Praktika zu identifizieren. Bei einer Berufsausbildung ist der spätere Weg schon deutlich vorgezeichneter, aber auch hier gibt es nach dem Berufseinstieg viele mögliche Entwicklungswege.

Viele Tipps rund ums Studium und den Berufseinstieg bekommst du auf Onlineseiten von Zeitungen. Auf diesen findest du auch zahlreiche Berichte zu Branchen und Berufen. Es gibt spezifische Angebote für Studierende wie www.unicum.de, www.einstieg.com und www.abi-magazin.de/index.htm. Aber auch die Seiten von großen Zeitungen haben Angebote in diesem Bereich. Einfach mal unter dem Stichwort Karriere schauen, zum Beispiel auf www.zeit.de/campus und www.sueddeutsche.de/karriere. Von der FAZ (Frankfurter Allgemeine Zeitung) findest du einen Berufe-Check – eine gute Möglichkeit die Aspekte, die du unter „berufliche Werte" erarbeitet hast, anhand einer interaktiven Datenbank zu prüfen (faz.net/aktuell/wirtschaft/berufe-check/). Auch auf vielen Jobportalen findest du Informationen rund um Berufe, Bewerbungen und Berufsaussichten, so zum Beispiel auf www.monster.de/karriereberatung.

Wenn du dich über verschiedene Qualifikationen und Aus- und Weiterbildungen in einem Berufsfeld informieren möchtest, bietet dir Kursnet den größten Überblick: www.kursnet.arbeitsagentur.de.

Am besten aber suchst du nach konkreten Berufsbeschreibungen in Form von Berichten und Berufsreportagen. Diese verschaffen dir einen noch besseren Einblick. Suchen kannst du unter: www.abi.de/beruf-karriere/berufsreportagen.htm, www.berufsreport.com, www.berufskunde.com/de.

Eine gute Recherchequelle sind auch Studienführer, die sich konkret mit einem Studienfach und den damit verbundenen Vertiefungs- und Berufsmöglichkeiten beschäftigen. Es lohnt sich, nach dem Studienführer für deinen Bereich zu recherchieren. Einen guten Überblick findest auf studieren.org/studienfaecher/Beispiele für bestimmte Fächer: Wirtschaftswissenschaften (wiwi-online.de), Ingenieurwissenschaften (think-ing.de), Design (design-studieren.de) oder Medien (medienstudienführer.de).

Die allerbeste Möglichkeit (neben Gesprächen mit Leuten, die diesen Beruf ausüben) sind meiner Meinung nach Videos. Unter www.berufe.tv findest du über 300 Videos zu verschiedenen Berufen. Berufe-TV gibt es auch als

App für dein Smartphone. Im App-Store findest du auch noch die neue App „Study Shaker" (study-shaker.de) mit einer wachsenden Zahl an Filmen. Neue Filme werden dir angezeigt, wenn du dein Handy schüttelst. Diese Videos sind professionell gedreht und vermitteln einen umfassenden Eindruck vom Beruf. Persönlicher sind hingegen die authentischen Berichte von Menschen, die über ihren Beruf und Werdegang berichten. Diese sammelt die Seite www.whatchado.com, die du auf jeden Fall mal anschauen solltest (auch hier gibt es eine App-Version). Dazu gibt es noch weitere Erläuterungen in der folgenden Übung.

Übung 7.2: whatchado
Mach das *matching* bei whatchado (www.whatchado.com). Schau dir Menschen in Berufen an, die ähnliche Einstellungen zu beruflichen Fragen haben wie du. Klick dich weiter zu Videos über Berufe, die dich interessieren, oder suche sie direkt. Bei whatchado beantworten berufstätige Menschen in einem kurzen Video die gleichen sieben Fragen und geben dir sehr persönliche Antworten. Die Fragen sind: Was steht auf deiner Visitenkarte? Worum geht es in deinem Job? Wie sieht dein Werdegang aus? Ginge es auch ohne deinen Werdegang? Was ist das Coolste an deinem Job? Welche Einschränkungen bringt der Job mit sich? Welche drei Ratschläge würdest du deinem 14-jährigen Ich geben? (Mahlodji 2017, S. 297). Du findest Videos von hochrangigen Managern ebenso wie von einfachen Angestellten. Videos zu Berufen wie Finanzberater ebenso wie von Künstlern und Stars. Bestimmt ist jemand dabei, der dich für einen Beruf begeistern kann. Schau dir ein paar Videos an und notiere Ideen, die du spannend findest, und Aussagen, die du dir merken willst. Das Schöne ist: Es werden dir immer wieder neue Videos angezeigt, getreu dem Motto „Leute, die dieses Video schauten, schauten auch …". So kommst du zum Teil auf Berufe, auf die du sonst nie gestoßen wärst. Schau dich um und nutz auch die vielen weiteren Tipps und Hinweise rund um die Berufswahl.

Information: Recherche zu Berufsaussichten
Neben der Frage, was für Berufe dir möglicherweise offenstehen und mit welchen Tätigkeiten sie verbunden sind, stellt sich natürlich auch die Frage, wie die Berufsaussichten in Zukunft in diesem Beruf sind. Natürlich kann man die Zukunft nicht sicher vorhersagen, dennoch können dir Zahlen zu Absolvent*innen der letzten Jahre und deren berufliche Situation (Einkommen, Arbeitslosenquote) etwas zu diesem Beruf sagen und eine gewisse Prognose von Trends ermöglichen. Ein guter Start sind die Erklärungen auf

https://studienwahl.de/orientieren/arbeitsmarkt-und-beschaeftigungschancen/chancen-einschaetzen und die allgemeine Broschüre vom IAB (Institut für Arbeitsmarkt- und Berufsforschung) zum akademischen Arbeitsmarkt (https://statistik.arbeitsagentur.de/Statischer-Content/Arbeitsmarktberichte/Berufe/generische-Publikationen/Broschuere-Akademiker.pdf). Anschließend solltest du nach Statistiken zu deinem angestrebten Berufsbereich (Branche, Feld, Berufsbezeichnung) suchen. Seiten, auf denen du gut suchen kannst, sind: https://abi.de/beruf-karriere/arbeitsmarkt.htm, https://statistik.arbeitsagentur.de/Navigation/Statistik/Arbeitsmarktberichte/Berufe/Berufe-Nav.html, https://uni-due.de/isa/auswahl_frm.htm. Durch die Digitalisierung verändern sich derzeit viele Berufe, Branchen und Berufsbilder sehr stark und zum Teil auch sehr schnell. Richtig sicher, wohin die Reise geht, weiß niemand. Klar ist auf jeden Fall, dass sich etwas verändert – von der Landwirtschaft über die Industrie (Schlagwort: Industrie 4.0) bis hin zum Dienstleistungssektor (Stichwort: Plattform-Ökonomie). Forscher haben zu vielen Berufen Daten und Annahmen zusammengetragen, um abzuschätzen, wie stark bestimmte Berufe von den Veränderungen durch die Digitalisierung betroffen sein werden. Diese Daten sind im Job-Futuromat aufgearbeitet. Du kannst darin nach deinem möglichen Beruf suchen und schauen, was die Prognose sagt: www.job-futuromat.iab.de. Eine weitere spannende Seite in diesem Kontext ist Choice-Lab. Hier wurden für viele Berufe (mit und ohne Studium) Statistiken zu Gehalt, aber auch zu Arbeitszufriedenheit und Work-Life-Balance zusammengetragen: https://choicelab.de/.

Information: Hochschularten
Ein weiterer Schritt der Sucheinschränkung könnte sein zu schauen, welchen Abschluss man an welcher Institution machen will. Sie unterscheiden sich vor allem in der Art des Studienaufbaus und in den Lernformaten.

In Deutschland unterscheiden wir folgende Typen von Hochschulen: Universitäten, technische Universitäten, Fachhochschulen (FH), kirchliche und theologische Hochschulen, pädagogische Hochschulen (PH), Kunst-, Musik- und Filmhochschulen, die Deutsche Sporthochschule, Fernhochschulen, Universitäten der Bundeswehr, Duale Hochschulen, Berufsakademien (BA) und private Hochschulen.

In diesem Buch konzentriere ich mich sehr auf das Studium an staatlichen Hochschulen, an denen das Studium kostenlos und im internationalen Vergleich von hoher Qualität ist. In bestimmten Fällen und in Bezug auf bestimmte Spezialisierungen und Branchenkontakte kann sich auch das Studium an einer privaten Hochschule lohnen. Mehr Informationen findest du unter: www.private-hochschulen.net.

Neben den Spezialgebieten (Sport, Kunst, Theologie) und ihren Einrichtungen ist die wichtigste Frage, ob du eher an einer Universität oder eher an einer Fachhochschule studieren möchtest.

Wenn man es sich ganz einfach machen möchte, dann kann man sagen, dass die Uni eher theoretisch angelegt und durch die Diskussion „großer" Theorien und vieler Modelle geprägt ist, wohingegen die praktischen Aspekte, der Kontakt zum beruflichen Feld, an den Fachhochschulen oder Berufs- und Bildungsakademien (siehe Kap. 7, Information: Duales Studium) stärker ausgeprägt sind.

Es gibt Unterschiede im Verdienst nach dem Abschluss (FH/BA ein bisschen geringer als Uni) und in der Dauer (FH/BA mit Praxissemester) und Struktur des Studiums (FH/BA sind strukturierter, sprich: verschulter). Mit „verschulter" meine ich, dass du an Fachhochschulen einen klarer vorgegebenen Stundenplan und Prüfungsstrukturen bekommst. Auch ob ein berufsbegleitendes bzw. ein Teilzeitstudium angeboten wird, kann ein wesentlicher Unterschied sein. Fachhochschulen und Berufsakademien sind auf solche Formen in der Regel besser eingestellt. Aber all diese Unterschiede müssen nicht in jedem Fall pauschal zutreffen. Fachhochschulen sind ebenfalls durch Forschung und Theorie geprägt, und auch Universitäten knüpfen an die Praxis an. Das Bachelorstudium hat auch die Unis verschult, und die Gehälter nähern sich seit Jahren an. Beides sind also vergleichbare Optionen. Das zeigt sich auch daran, dass Fachhochschulen sich seit einiger Zeit häufiger als „Hochschule für angewandte Wissenschaften" (HAW, University of Applied Sciences) bezeichnen, worin ihr Forschungs- und internationaler Anspruch zum Ausdruck kommt.

Der Teufel steckt im Detail, und das bedeutet, dass du konkrete Studiengänge vergleichen musst. Ansonsten bleibt nur die pauschale Entscheidung: mehr Theorie und große Fragen – dann Uni; viel Kontakt zum beruflichen Feld und eher Praxiserfahrungen – dann FH (University of Applied Sciences).

Eine weitere Option, über die du nachdenken kannst, ist das Fernstudium. Dabei findet das Lernen im Wesentlichen bei dir zu Hause statt. Du bekommst Studienbriefe zugeschickt, die du alleine durcharbeiten musst, und tauscht dich über Onlineplattformen mit Dozentinnen und Dozenten und den anderen Studierenden aus. Es gibt nur wenige Präsenztermine (wie Klausuren), zu denen du anreisen musst. Weitere Informationen findest auf der Seite der großen staatlichen Fernhochschule Hagen www.fernuni-hagen.de.

Gerade im privaten und berufsbegleitenden Bereich sind darüber hinaus in den letzten Jahren einige Angebote entstanden. Nach den Corona-Einschränkungen sind Online-Lernen und Webinare nun wesentlich verbreiteter. Überleg dir aber gut, ob diese Lernform zu dir und deinem Lernen passt. Man sollte die sozialen Aspekte von Lernen nie vergessen. Lerngruppen vor Ort zu bilden hilft auch beim Fernstudium.

Information: Abschlüsse

Abschlüsse haben verschiedene Namen und unterscheiden sich vor allem nach Bereichen. Im Zuge der internationalen Vereinheitlichung haben Bachelor (B.A./B.Sc.) und Master (M.A./M.Sc.) die meisten alten Diplom- und Magisterstudiengänge abgelöst. Teilweise kann man diese dennoch immer noch finden. Man unterscheidet dabei im Wesentlichen zwischen geistes- und sozialwissenschaftlichen Abschlüssen (Bachelor/Master of Arts, das heißt der Künste, gemeint sind die klassischen Fächer und Disziplinen) und naturwissenschaftlich-technischen Abschlüssen (Bachelor/Master of Science, das heißt der Wissenschaft, gemeint sind Studiengänge, die stark empirisch mit mathematisch-naturwissenschaftlichen Methoden arbeiten). Hinzu kommen noch Spezialfälle wie der Bachelor of Engineering (Ingenieurwissenschaften), Education (Lehramt), Law (Rechtswissenschaft), Music oder Fine Arts (Musik/Kunst). Ein paar Studiengänge, die in einen staatlich regulierten Beruf führen, schließen mit dem Staatsexamen ab (Jura, Lehramt, Medizin etc.). Wichtig ist beim Abschluss vor allem, ob er staatlich anerkannt und der Studiengang akkreditiert (formal geprüft) ist. Das heißt, dass eine Kommission geprüft hat, ob das Curriculum und die Rahmenbedingungen formale Kriterien erfüllen und dieser Studiengang damit ein mit anderen Studiengängen vergleichbares Niveau aufweist. Wenn ein Studiengang nicht staatlich anerkannt ist, kannst du kein BAföG bekommen, und manchmal ist er – je nach Branche oder Beruf – als Qualifikation nicht zugelassen (z.B. wenn es um die Eingruppierung im öffentlichen Dienst geht, kannst du nur mit einem staatlich anerkannten Abschluss die entsprechende Gehaltsgruppe bekommen). Wenn ein Studiengang nicht akkreditiert ist, muss das nicht heißen, dass er schlecht oder nicht anerkannt ist; du solltest aber prüfen, ob eine Akkreditierung für dich beruflich wichtig ist. Zum Beispiel erkennen die meisten staatlichen Behörden nur akkreditierte Abschlüsse bei der Einstellung an. Wenn der Beruf sogar staatlich reguliert ist, brauchst du ein Staatsexamen oder musst die Gleichwertigkeit (z. B. eines ausländischen Abschlusses) in einem Anerkennungsverfahren nachweisen.

Information: Duales Studium

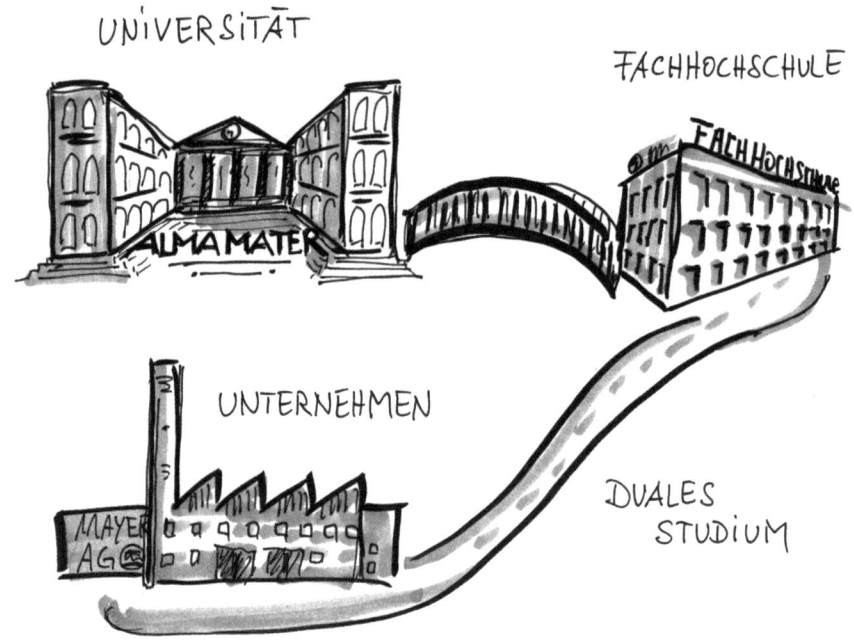

Als Kombinationsmöglichkeit aus Ausbildung und Studium wurde in den letzten Jahren das duale Studium etabliert. Dabei liegt der Fokus besonders auf der Anwendung der gelernten Theorie. In Kooperation mit einem Betriebs- oder Praxispartner studierst du in der Regel an einer Fachhochschule oder Berufsakademie und gehst dann für eine gewisse Zeit in ein Unternehmen/ zu einem Arbeitgeber. Die Verzahnung von Theorie und Praxis ist dadurch sehr hoch. So wechseln sich Praxis- und Theoriephasen regelmäßig ab. Außerdem werden direkte Ausbildungsverträge geschlossen. Du hast also einen Ausbildungsvertrag mit einem bestimmten Arbeitgeber, der Urlaubszeiten, Präsenzzeiten und Vergütung regelt. Je nach Region und Fach sind die Angebote etabliert und gut strukturiert; manche befinden sich jedoch noch in der Entwicklung. Es lohnt sich, genau hinzuschauen, welche Erfahrungen die Unternehmen und Hochschulen bislang gemacht haben. Vor allem aber ist es wichtig, einen guten Praxispartner, das heißt ein Unternehmen oder einen anderen Arbeitgeber zu finden. Für manche Berufe gibt es viele und gute Angebote, in anderen ist es sehr schwer, jemanden zu finden. Schau nicht nur in deiner Region, sondern auch in anderen Regionen. Bedenke vor allem, dass du dich rechtzeitig, das heißt bis zu ein Jahr vor Studienbeginn, bei den Praxispartnern bewirbst.

Ich habe dir wieder eine kleine Übersicht von normalen und eher außergewöhnlichen (das heißt seltenen) dualen Angeboten zusammengestellt, um dir Lust auf die Recherche zu machen. Hinweise zu Suchportalen findest du nach der Übersicht.

Agrar-, Forst-, Haushalts-, Ernährungswissenschaften	• Ernährungsberatung • Agrarmanagement • Landwirtschaft • Weinbau und Önologie • Ökotrophologie
Gesellschafts-, Sozialwissenschaften	• Kindheitspädagogik • Jugend-, Familien- und Sozialhilfe • Diakonie, Gesundheit und Soziales
Ingenieurwissenschaften	• Brandschutz • Druck- und Medientechnologie • Augenoptik • Städteplanung • Textil- und Bekleidungstechnik
Kunst und Gestaltung	• Mediendesign • Digitale Medien • Eurythmie
Mathematik, Naturwissenschaften	• Geoinformatik • Erneuerbare Energien • Bionik • Chemieingenieurwesen
Medizin, Gesundheitswesen	• Arztassistenz • Pharma- und Gesundheitsökonomie • Soziale Arbeit • Wirtschaftspsychologie
Rechts-, Wirtschaftswissenschaften	• Handel und Distribution • Kommunikationsinformatik • Wirtschaftsmathematik • Bauwirtschaftsingenieurwesen
Sprach-, Kulturwissenschaften	• Soziale Alters- und Alternswissenschaften • Bibliothekswissenschaften

Wenn du nach dualen Studiengängen suchst, kannst du viele Angebote auch in den allgemeinen Datenbanken finden. Dennoch gibt es gute Portale, die einerseits noch mal die wichtigsten Informationen zu dieser Studienform beinhalten und andererseits die aktuellsten Daten zum Angebot bereitstellen:

- www.ausbildungplus.de (umfassendes Suchportal)
- www.wegweiser-duales-studium.de (Übersicht über Studiengänge und -orte sowie Bewerbungsverfahren und Unternehmen)
- www.azubiyo.de (Ausbildungsberufe und duales Studium, viele Informationen und Werbung von Unternehmen, jedoch auch Videos von dual Studierenden)

Information: Vergleich von dualem, FH- und Uni-Studium im Überblick

	Fachhochschule	Duales Studium	Universität
Ausbildungsorte	• Fachhochschule/ Hochschulen für angewandte Wissenschaften	• Fachhochschule • Berufsakademie • evtl. Berufsschule • Unternehmen	• Universität
Zugangsvoraussetzung	Abhängig vom jeweiligen Ausbildungsgang • in der Regel allgemeine oder fachgebundene Hochschulreife, Fachhochschulreife • oder abgeschlossene Berufsausbildung plus Berufserfahrung	Abhängig vom jeweiligen Ausbildungsgang • in der Regel allgemeine oder fachgebundene Hochschulreife • teilweise abgeschlossene Berufsausbildung plus Berufserfahrung • oder Fachhochschulreife	Abhängig vom jeweiligen Ausbildungsgang • in der Regel allgemeine oder fachgebundene Hochschulreife • oder abgeschlossene Berufsausbildung plus Berufserfahrung
Schwerpunkte	• praxisorientierte Lehrinhalte • integrierte externe Praktika (Praxissemester)	• theorie- und praxisorientiert • Vermittlung fachbezogener Kompetenzen	• theorieorientiert • Ausbildung in Seminaren, Vorlesungen, Praxisprojekten
Dauer	3 bis 5 Jahre	3 Jahre	3 bis 5 Jahre
Abschlüsse	• Bachelor • Master	• staatlich anerkannter Beruf (bei ausbildungsintegrierten Studiengängen) • Bachelor	• Bachelor • Master • Diplom • Staatsexamen • Promotion • Habilitation
Finanzierung	• Nebenjob • BAföG • ggf. Bildungskredit oder Stipendium	• Ausbildungsvergütung	• Nebenjob • BAföG • ggf. Bildungskredit oder Stipendium

Information: Geografische Suche

Wie kannst du die Suche gestalten, wenn du nach einer Hochschule in einer bestimmten Region/Stadt suchen möchtest?

Wie kannst du die Suche gestalten, wenn du nach einer Hochschule in einer bestimmten Region/Stadt suchen möchtest? Wenn für dich entscheidend ist, wo du studierst, kannst du auch geografisch suchen. Dazu bietet sich die Deutschlandkarte von Studienwahl.de an (https://studienwahl.de/finder), oder du suchst im Hochschulkompass nach einer bestimmten Stadt mit einem bestimmten Umkreis (https://hochschulkompass.de/hochschulen/hochschulsuche.html). Für die Ortswahl könnten Kriterien entscheidend sein wie Präferenz für eine Stadt oder Region, Branchen und Arbeitgeber in der Region, Studienorte von Freundinnen und Freunden, Nähe zu Familie und Partner oder die Frage: Großstadt, Kleinstadt oder ländlich.

Information: Hochschulort und Hochschule wählen

Neben der allgemeinen Entscheidung für Hochschulart und Abschluss besteht die Qual der Wahl zwischen verschiedenen Hochschulstandorten mit ihren jeweiligen Vor- und Nachteilen. Dabei stellt sich natürlich die Frage, wie man die Qualität einer Hochschule für sich selbst einschätzen kann.

Rankings versuchen dabei eine gewisse Vergleichbarkeit und Orientierung zu ermöglichen. Du findest verschiedene Formen von Rankings in Zeitungen und Zeitschriften wie *Focus, Spiegel, WirtschaftsWoche* und *FAZ*. Auch die Exzellenzinitiative der Bundesregierung kann man als einen Rankingversuch begreifen (Label Exzellenzuniversität). Manche Rankings zielen nur auf die Forschungsleistung und das Renommee ab. So sind vor allem internationale Rankings wie das ShanghaiRanking oder das Times World University Ranking zu verstehen (internationale Rankings findest du unter www.umultirank.org). Andere beziehen eine Menge weiterer Faktoren mit ein, wiederum andere geben nur Rankings für eine Branche und aus Sicht einer Branche aus (z. B. www.wiwo.de/themen/uni-ranking). Nach Hochschulrankings kannst du auch auf der Seite https://www.bildungsserver.de/Hochschulranking-1244-de.html suchen. Das umfangreichste und methodisch ausgereifteste Ranking in Deutschland ist das CHE-Ranking, das von der *ZEIT* veröffentlicht wird. Das aktuelle Ranking findest du auf der Seite ranking.zeit.de.

In dem Ranking werden verschiedene Hochschulen jeweils für einen bestimmten Fachbereich (und nicht als Hochschule gesamt) verglichen. Es werden dabei folgende Kriterien erhoben: Abschluss in angemessener Zeit, Ausstattung Praktikumslabore, Betreuung durch Lehrende, Berufsbezug, Forschungsgelder, Forschungsprofil, internationale Ausrichtung, Kontakt zur Berufspraxis, Lehrangebot, Promotionen, Sportstätten, Studiensituation insgesamt, Studierbarkeit, Unterstützung am Studienanfang, Vermittlung fachwissenschaftlicher Kompetenzen, Verzahnung Theorie und Praxis, wissenschaftliche Veröffentlichungen, Zahl der Studierenden. Auch an diesem Ranking gibt es berechtigte Kritik, vor allem, was die Art der Erhebung und die Kriterien selbst anbelangt. Deswegen sind manche Hochschulen nicht mehr aufgeführt, da sie sich dem Ranking verweigern. Für andere Standorte liegen nicht für alle Kriterien ausreichende Daten vor. Deswegen solltest du solche Darstellungen immer mit Vorsicht genießen. Vor allem aber solltest du die Chance nutzen, auf der Onlineplattform die Kriterien so zu gewichten, dass sie deine wichtigsten Auswahlkriterien spiegeln. So erhältst du dein eigenes Ranking. Dafür ist es generell gut zu schauen, welches deine Kriterien sind. Das allgemeine Ranking entbindet dich nicht von der Aufgabe, eigene Erkundigungen und Recherchen einzuholen, um deine Auswahl zu treffen. Wichtige Kriterien, die man berücksichtigen kann, habe ich dir in der folgenden Liste zusammengestellt.

Eine Auswahl davon habe ich in die Entscheidungstabelle für einen konkreten Studiengang/Hochschule mit eingefügt (siehe Link am Kapitelanfang, bzw. unter „Entscheidung treffen" in der App). Schau, ob das deine Kriterien sind und welche du ggf. ersetzen oder ergänzen kannst.

- Fachliche Kriterien: Umfang des Lehrangebots, Kombinations- und Nebenfachmöglichkeiten, Schwerpunkte des Fachs, Betreuungsverhältnis, Qualität und Ausstattung der Fachbibliothek und der anderen wissenschaftlichen Einrichtungen, zum Beispiel Labore, Qualifikation und Ruf der Lehrenden an der Hochschule, Qualität der Lehre
- Hochschulbezogene Kriterien: Größe und Ruf der Hochschule, Umfang der wissenschaftlichen Einrichtungen, Anzahl der Studierenden, Betreuungseinrichtungen für Studierende, Höhe des Semesterbeitrags, Zahl der Wohnheimplätze, kulturelle und sportliche Angebote der Hochschule
- Ortsspezifische Kriterien: Größe und Lage der Stadt, Höhe der Miete am Hochschulort, Lebenshaltungskosten in der Region, Möglichkeiten zum Jobben, Mentalität, Freizeitmöglichkeiten und Kulturangebot, Verkehrsanbindung, Lage der Uni in der Stadt, Nähe oder Ferne zum Heimatort

Gerade der letzte Punkt ist nicht zu unterschätzen. Mach dir Gedanken, wie wichtig es dir ist, nah bei deiner Familie zu wohnen. Möchtest du regelmäßig an den Wochenenden zu Hause sein, dann ist ein Ort in der Nähe besser. Möchtest du weniger oft nach Hause fahren und ganz auf eigenen Füßen stehen, dann ist ein weiter entfernt gelegener Ort besser.

Die meisten Informationen lassen sich den Websites der Hochschulen entnehmen oder generell aus einer Internetrecherche erhalten. Besonders hilfreich ist der Blick in die Vorlesungsverzeichnisse und Prüfungsordnungen. Lies bitte nicht einfach nur die Hochglanzbroschüren!

Wichtige andere Informationen – ob dir die Stadt gefällt, wie die Uni aussieht und ob die Studierenden vor Ort sie empfehlen würden – gewinnst du nur, indem du dir die Uni selbst anschaust. Also trau dich und reise zu deinen Wunschunis, bevor du dich entscheidest. Setz dich in Vorlesungen und sprich Studierende an. Gute Gelegenheiten ergeben sich dazu an den Tagen der offenen Tür. Nutz Angebote wie ein Schnupperstudium.

Schau bei deinem Besuch an der Hochschule: Gefallen dir die Gebäude/die Räume, die Stadt, die ganze Atmosphäre? Wie ist das Essen in der Mensa? Kannst du dir vorstellen, in der Bibliothek zu arbeiten? Gibt es Lern- und Referatsgruppenräume? Was erzählen dir Studierende? Vor allem: Rät dir die Fachschaft zum Studium an der Uni? Wie war die Beratung in der Zentralen Studienberatung oder im Studierenden-Servicezentrum? Welche anderen Beratungsangebote gibt es? Wie ist die Seminarauswahl? Wie viele Wahlfreiheiten hast du? Setz dich in Vorlesungen und Seminare. Sagen dir die Fragestellungen zu? Googel doch mal die Professor*innen. Sieh dir ihre Lehrstuhlseiten an. Zu welchen Themen forschen sie? Welche Projekte gibt es? Was machen die Mitarbeitenden? Wie viele Mitarbeitende gibt es (die Anzahl sagt oft etwas darüber aus, wie viel Geld dem Lehrstuhl zur Verfügung steht)? Gibt es englischsprachige Veranstaltungen? Wie viele internationale Studierende nimmst du auf dem Campus wahr? Wie ist das Geschlechterverhältnis, an der Uni und im Studiengang? Wie viele studentische Initiativen nimmst du wahr? Gibt es eine Alumniarbeit, das heißt Ehemaligenarbeit? Gibt es einen Career Service? Welches Netzwerk hat dieser? Wie präsent sind mögliche Arbeitgeber an der Uni? Welche Angebote gibt es beim Hochschulsport? Welche studentischen Initiativen gibt es? Die Menge an Fragen reicht dir nicht? In dem Buch *Wir werden zu Tode geprüft. Wie man trotz Bachelor, Master & Bologna intelligent studiert* (Priddat 2014) findest du auf Seite 198 ff. eine Checkliste für einen solchen Hochschulbesuch; dort finden sich noch hilfreiche und ungewöhnliche Fragen. Also sei neugierig auf die Hochschule und schau nach deinen Kriterien.

Eine andere Recherchemöglichkeit ist es, Einschätzungen von aktuellen oder ehemaligen Studierenden zu einzelnen Hochschulen oder Studiengängen online zu suchen. Zum Teil findest du bei Facebook einschlägige Gruppen, in denen du Fragen stellen kannst. Eine einfachere Möglichkeit stellen Portale dar, in denen Studierende Fragen beantworten bzw. ihre Einschätzungen posten können. Sei dir aber immer der Subjektivität dieser Einschätzungen bewusst: studycheck.de oder campus-compass.eu/de.

Information: Unternehmen/Arbeitgeber für die Ausbildung wählen
Wenn du dich für eine duale Ausbildung oder ein duales Studium interessierst, stehst du vor der Frage, bei welchem Unternehmen oder Arbeitgeber du dich bewerben sollst. Mit dieser Wahl ist meist automatisch auch die Wahl der Bildungseinrichtung (Berufsschule oder Hochschule) verbunden. Wie geht man dort die Suche und Auswahl an?

Konkrete Ausrichtung und Inhalte Zunächst hast du dich für eine bestimmte Berufsausbildung (z. B. Mechatroniker) oder ein duales Studium (z. B. Maschinenbau) entschieden. Dabei hast du dich dann sicher auch schon ein bisschen intensiver mit dem Berufsbild beschäftigt. Du solltest dir auf jeden Fall einmal den Ausbildungsrahmenplan und damit die Inhalte der Ausbildung anschauen. Dabei kannst du dich gleich auch noch über mögliche Spezialisierungen informieren, wie z. B. Zusatzqualifikationen für Themen der Industrie 4.0 in der Metall- und Elektroindustrie. Auch ist es gut, sich schon mal schlau zu machen, welche Weiterbildungen nach der Ausbildung angeboten werden, z. B. eine Fachwirts- Techniker- oder Meisterausbildung. Manche Ausbildungszweige bieten von Grund auf unterschiedliche Schwerpunkte an, z. B. die verschiedenen Elektrikerausbildungen. Generell gilt auch, dass natürlich mit der Wahl eines bestimmten Arbeitgebers eine bestimmte Branchenspezialisierung einhergeht. Während du in größeren Betrieben zumeist auch eine größere Bandbreite von Tätigkeiten in der Ausbildung ausüben kannst (verschiedene Versetzungsabteilungen), sind kleinere Betriebe zumeist stark auf ein bestimmtes Tätigkeitsfeld fokussiert. Beim dualen Studium ist wichtig zu beachten, ob du mit dem Studium auch einen Ausbildungsabschluss erreichst (ausbildungsintegriert) oder „nur" einen Praxisteil im Unternehmen absolvierst (praxisintegriert). Letztere Variante hat jedoch den Vorteil, dass nicht auch noch die Berufsschule als zusätzliche Belastung absolviert werden muss. Als ganz neue Form wird im Handwerk nun sogar das triale Studium erprobt, in dem Bachelor, Ausbildung und Meisterprüfung kombiniert werden. Ein straffes, aber sehr spannendes Programm (mehr Infos dazu: https://karrierebibel.de/triales-studium/)! Der erste Schritt bei der Auswahl eines möglichen Ausbildungsunternehmens ist also, danach zu schauen, welche konkreten Tätigkeitsfelder und Spezialisierungen einen in diesem konkreten Ausbildungsberuf reizen.

Suche Als Zweites geht es dann an die Suche. Nutz dafür die vielen Datenbanken, die es gibt: von der Jobbörse der Bundesagentur für Arbeit über die Datenbanken der Kammern (Industrie- und Handelskammer, Handwerkskammer) bis hin zu Jobsuchportalen. Hierbei empfiehlt es sich, die Suche zunächst auf die Stadt oder Region einzuschränken, in der man leben möchte. Nur sehr spezielle Ausbildungen (z. B. Orgelbauer) wirst du nicht in jeder Region finden können. Mach dir eine Liste möglicher Ausbildungsstellen. Als Nächstes schau dir die möglichen Arbeitgeber (Unternehmen, öffentlicher Dienst, Handwerksbetriebe etc.) an. Mittlerweile hat eigentlich jeder eine Homepage. Informier dich über den Arbeitgeber und schau, ob du mit dem konkreten Produkt und der Dienstleistung etwas anfangen kannst. Wie kommt das Profil rüber? Vieles erfährst du auch über die konkreten Stellenausschreibungen für die Ausbildungsplätze. Geh nicht nur nach bekannten großen Namen und Marken. Viele spannende Betriebe liefern nicht an Endkunden und sind dir vielleicht gar nicht bekannt. Eine gute Möglichkeit, die Suche und Eingrenzung anzugehen, bieten natürlich auch persönliche Empfehlungen und Netzwerke. Welche Unternehmen in deiner Region sind für eine gute Ausbildung bekannt? Kennst du jemanden, der dort arbeitet (Eltern, Freunde der Eltern, Eltern/Geschwister von Freunden etc.) und dir etwas zum Arbeitgeber erzählen kann? Ansonsten hör dich um und recherchier im Internet, was du noch so über den Arbeitgeber herausfinden kannst. Damit solltest du eine erste Vorselektion schaffen.

Als Drittes überlegst du für dich, was für dich die wichtigsten Auswahlkriterien sind. Neben den schon genannten inhaltlichen Ausrichtungen (Spezialisierungen, Schwerpunkt der Tätigkeit) und dem Grundeindruck und Ruf des Unternehmens gibt es noch weitere Aspekte, die du einbeziehen kannst.

Aussichten und Vertragskonditionen Allgemein hast du dich sicher über die generellen Berufsaussichten für deine Ausbildung informiert, ein ganz konkretes Thema wären jedoch die Berufsaussichten bei diesem Unternehmen. Wie sieht es mit der Übernahme in ein Arbeitsverhältnis nach der Ausbildung aus. An welche Bedingungen ist eine Übernahme geknüpft? Erfolgt diese befristet oder unbefristet? Gibt es eine Übernahmegarantie?

Dann solltest du dich natürlich über die Rahmenbedingungen deines Vertrages informieren. Wie hoch ist die Ausbildungsvergütung, wie viele Tage

Urlaub hast du im Jahr, welche Sonderleistungen werden gewährt (z. B. Jobticket, Essenszuschuss etc.)? Denk darüber nach, wie wichtig dir diese Punkte sind. Guck nicht nur auf das erste Ausbildungsjahr und Lockangebote wie ein Tablet zum Ausbildungsbeginn, sondern schau auch, wie sich das Gehalt entwickelt und wie viel das Unternehmen dir nach der Ausbildung zahlen würde.

Standortfragen Ein weiterer wichtiger Punkt ist der Standort des Arbeitgebers. Wie lange brauchst du für den Arbeitsweg? Prüf in diesem Kontext auch die Entfernung zur Berufsschule oder Hochschule. Generell ist auch die Frage interessant: Passt die Stadt, der Ort für dich (Größe, Lebensqualität, Nähe zur Familie)? Wie sieht es mit Mietkosten, Nebenkosten aus?

Wenn möglich, schau dir die Hochschule oder Berufsschule vorher an. Wie sind die Gebäude und die Ausstattung? Was kannst du über die Qualität des Unterrichts und die Lehrenden in Erfahrung bringen?

Eindruck von Ausbildung und Ausbildern Darüber hinaus ist meiner Meinung nach eines der wichtigsten Kriterien bei der Auswahl des Ausbildungsunternehmens, wie es konkret um die Ausbildung beim Unternehmen bestellt ist. Wie gut ausgestattet ist z. B. die Ausbildungswerkstatt (Räume, Maschinen)? Wie ist das Betreuungsverhältnis von Ausbildern zu Azubis? Vor allem aber, kommst du menschlich gut mit deinen Vorgesetzen (Chef, Ausbilder, Mitarbeiter) klar? Um diese Dinge herauszufinden, solltest du auf jeden Fall den Tag der offenen Tür des Unternehmens, falls es einen gibt, nutzen und dir einen ersten Eindruck verschaffen. Die beste Möglichkeit zu prüfen, ob der Arbeitgeber zu einem passt, ist natürlich ein Praktikum. Frag von dir aus nach, ob ein solches Praktikum möglich ist. Am besten mehrere Wochen oder zumindest ein paar Schnuppertage. Überzeugt der Arbeitgeber nicht nur dich, sondern überzeugst du im Praktikum auch den Arbeitgeber, erhältst du oft im Anschluss auch ein konkretes Angebot. Als Letztes bleibt dir noch der Eindruck aus dem Bewerbungsverfahren. Wie waren die Gespräche, Tests und Übungen? Konnte dich das Unternehmen überzeugen?

Information: Im Ausland studieren
Es gibt verschiedene Gründe dafür, im Ausland zu studieren. Manche wählen diesen Weg, da sie aufgrund von Zulassungsbeschränkungen keinen Studienplatz in Deutschland bekommen. Andere wollen einfach in ein bestimmtes Land, um dort zu leben und zu arbeiten. Andere wiederum möchten in einer internationalen Atmosphäre studieren. Manche Spezialisierungen und Zu-

gänge zu bestimmten Institutionen sind nur im Ausland möglich. Es gibt gute Gründe dafür, bei der Studienentscheidung auch zu schauen, ob man nicht im Ausland studieren möchte. Ein Auslandssemester (oder mehrere) einzulegen, ist immer bzw. meistens eine gute Option, die viele Studierende ergreifen. Du kannst bei deiner Suche nach einem Bachelorstudienplatz in Deutschland auch darauf schauen, welche und wie viele Austauschtauschprogramme eine Hochschule bzw. ein Studiengang anbietet. Ein komplettes Studium im Ausland ist mit mehr Schwierigkeiten verbunden und sollte sorgsam erwogen werden. Neben der Möglichkeit von Auslandssemestern sind in den letzten Jahren auch einige Studiengänge entstanden, bei denen in einer festen Kooperation mit einer Universität im Ausland ein Doppelabschluss angeboten wird. Dabei absolvierst du einen Teil deines Studiums an der deutschen Hochschule und einen Teil im Ausland. Du findest diese Studiengänge vor allem in den Bereichen Recht und Wirtschaft. Nach solchen Studiengängen kannst du suchen, wenn du „Internationale Studiengänge mit Doppelabschluss" als Filter im Hochschulkompass wählst. Eine andere, wirklich bedenkenswerte Idee ist es, für ein Masterstudium ins Ausland zu gehen. Du bekommst ein gutes und kostenloses Grundstudium in Deutschland und lernst auch schon die englische Fachsprache verstehen. Im Masterstudium kannst du dich dann auf ein Gebiet spezialisieren, das es vielleicht nur an einem bestimmten Standort gibt. Wenn du dir die Grundlagen schon erarbeitet hast, profitierst du viel mehr vom Auslandsstudium, als wenn du auch die Basics in einem anderen Land und in einer fremden Sprache lernen musst.

An dieser Stelle jetzt über alle Länder und Optionen zu schreiben, würde den Rahmen dieses Buches sprengen. Eine gute Übersicht findest du bei Sebastian Horndasch: *Bachelor nach Plan* (Horndasch 2011). Ein paar grundlegende Punkte im Vergleich:

- Österreich (auf Deutsch, keine Studiengebühren, nur Beschränkung bei Medizin, in manchen anderen Fächern Aufnahmetest)
- Schweiz (teils auf Deutsch, hohe Lebenshaltungskosten, Studiengebühren)
- Niederlande (geringe Studiengebühren, englische Studiengänge, ansonsten leicht zu lernende Sprache, spannende Spezialisierungen)
- Ungarn (deutschsprachige Studiengänge, teils hohe Studiengebühren)
- Frankreich (keine Studiengebühren, sehr verschult und harte Prüfungen, Aufnahmeprüfungen und Gebühren an den Eliteunis)
- USA/England/Australien/Kanada (auf Englisch, teils sehr hohe Studiengebühren, Aufnahmeprüfungen)

Übung 7.3: Gedankenexperiment – Vorlesungsverzeichnis
Zur Recherche sowie zur Überprüfung deiner Studienwahl markiere und kopiere dir als Erstes die Vorlesungstitel deines Wunschfaches aus dem Vorlesungsverzeichnis oder den Modulhandbüchern bzw. Studienordnungen (am besten die Inhalte der ersten zwei Semester) und stell dir eine Übersicht zusammen. Such dafür im Internet nach: Name der Hochschule, Name deines Wunschstudiengangs, Vorlesungsverzeichnis bzw. Studienordnung. Auf der Seite der Studienordnung finden sich auch die Modulhandbücher und Prüfungsordnungen. Schau, dass du dir immer die aktuellste Studienordnung anguckst. Beim Vorlesungsverzeichnis schaust du dir am besten zunächst das letzte bzw. kommende Verzeichnis für das Wintersemester an; da findest du die Veranstaltungen für das erste Semester. Der Grad der Strukturierung unterscheidet sich zwischen den Hochschularten (FH/Uni) und den Fächern. So sind naturwissenschaftliche Fächer (z. B. Mathe und Physik) in den ersten Semestern meist sehr ähnlich aufgebaut, was Pflichtveranstaltungen anbelangt. Hier findest du weniger Unterschiede zwischen den Hochschulen. In den Sprach-, Geistes- und Sozialwissenschaften gibt es auch schon in den ersten Semestern neben Pflichtveranstaltungen mehr Wahlmöglichkeiten, was Seminare anbelangt. Hier ist der Vergleich zwischen Hochschulen noch wichtiger.

Ein Eintrag einer Vorlesung im Vorlesungsverzeichnis sieht ungefähr so aus:

B.A. Erziehungswissenschaften
- Modul: Empirische Bildungsforschung BA ERZ II.2. (Modulzuordnungen sind meist kryptisch; du findest die Modulübersicht in der Studienordnung, einem Dokument, das du vor dem Studium genau lesen solltest.)
- Titel der Veranstaltung: Bildungssysteme im internationalen Vergleich.
- Verantwortlich: Prof. N.N. (Das N.N. steht immer da, wenn noch nicht feststeht, wer die Veranstaltung abhält. Sonst steht da ein Name.)
- Art der Veranstaltung: Vorlesung und Begleitseminar. (Das heißt, es gibt eine Vorlesung für alle und spezielle Seminare in kleineren Gruppen zur Vertiefung. Für das Modul musst du also eine Vorlesung und ein Seminar belegen.)
- Modulprüfung: Klausur. (Die Prüfungsformate sind in der Studienordnung genannt, die genauen Vorgaben in der Prüfungsordnung. Auf jeden Fall lesen! Wie die Klausur genau aussehen wird, erfährst du dann meist in der ersten Veranstaltung.)

- Zeit/Ort: Montag 10–12 HG 2.45. (Eine Vorlesung dauert immer 90 min; wegen des „akademischen Viertels" geht die Veranstaltung von 10.15–11.45 Uhr. Auch die Ortsangaben sind meist nicht leicht zu verstehen. Das bekommst du am Studienstart bei einer Campusführung mit. In diesem Fall handelt es sich um das Hauptgebäude, 2. Etage, Raum 45.)
- Inhalt: In den letzten Jahren haben internationale Vergleichsstudien (PISA, IGLU) einen größeren Stellenwert erlangt und viel politische Aufmerksamkeit auf sich gezogen. In der Vorlesung werden zunächst der Aufbau und die Struktur des deutschen Bildungssystems sowie ausgewählter anderer Bildungssysteme (Frankreich, Großbritannien, Polen, USA, Japan, Finnland) behandelt. Aufbauend darauf werden die Grundlagen von empirischen Vergleichsstudien behandelt und die Ergebnisse von ausgewählten Vergleichsstudien analysiert. Diese werden in den Begleitseminaren vertieft, die einen Schwerpunkt auf die Analyse von empirischen Forschungsmethoden und Statistik legen. (Hier steht dann ein kurzer Text zu den Inhalten; meist werden auch schon Hinweise zur relevanten Literatur gegeben. Leider findest du nicht immer Inhaltsbeschreibungen in den Vorlesungsverzeichnissen. Dann such nach dem Modulhandbuch.)

Stell die Pflichtveranstaltungen (und mögliche Wahlveranstaltungen) in einem Dokument zusammen. Eine Vorlage findest du als Zusatzmaterial über den Link am Kapitelanfang zum Download. Die Übung ist ebenfalls in der App umgesetzt.

Notier Veranstaltungstitel und Stichpunkte zu den Inhalten. Stell dir dann im zweiten Schritt vor, dass du ein Semester lang (15 Wochen) jede Woche diese Veranstaltung für 90 min besuchen und mindestens noch mal 90 min in Vor- und Nachbereitung stecken musst. Sowohl zum Besuch der Veranstaltung als auch zum Durcharbeiten des Stoffs musst du dich vollständig alleine motivieren (niemand zwingt dich).

Mach hinter jeder Veranstaltung eine Notiz, ob dich das Thema nach deinem derzeitigen Wissensstand so sehr interessieren würde, dass du „auf jeden Fall", „eher", „unter Umständen", „eher nicht" oder „gar nicht" teilnehmen würdest. Notier deine Einschätzung so: Ich gehe auf jeden Fall [ ] eher [ ] unter Umständen [ ] eher nicht [ ] gar nicht [ ] hin.

Werte danach aus: Du solltest überwiegend „eher" bis „auf jeden Fall" teilnehmen notiert haben. Wenn nicht, ist es eine gute Idee, noch mal über deine Studienentscheidung nachzudenken. Das heißt nicht, dass der Studiengang gar nichts für dich ist. Es kann sein, dass die Inhalte dir zwar ein wenig trocken erscheinen, dich jedoch der Beruf, zum Beispiel eines Therapeuten, am Ende des Psychologiestudiums interessiert. Bedenke jedoch: Wenn es dich jetzt schon als Stichwort nicht interessiert, könnte es mit der Motivation im Studium schwierig werden. Dennoch ist zu bedenken, dass manche Inhalte dann spannend werden, wenn man sich einmal damit beschäftigt hat. Ich hätte beispielsweise nie gedacht, dass ich einmal Arbeitsrecht spannend finden könnte. Aber ein guter Dozent hat mich auf das Thema gebracht. Deswegen urteile auch nicht zu schnell und versuch, dich bei abschreckenden Inhalten vorher ein wenig mehr über das Gebiet zu informieren. Dennoch ist die Übung gut, um festzustellen, ob dich wirklich die Inhalte hinter einem Studiengangsnamen interessieren. So wirst du feststellen, dass Medieninformatik zunächst viel mit Mathe und Informatik und wenig mit Medien zu tun hast oder dass du in Psychologie und Soziologie auch viel Statistik hast oder was das Wissenschaftliche an Kommunikationswissenschaft ist.

Information: Prüfungsformate
Neben den Inhalten kannst du beim Durcharbeiten der Studienordnungen und Vorlesungsverzeichnisse auch darauf achten, in welchen Prüfungsformaten dein Wissen und Können in diesem Studiengang geprüft wird. Je nach Fach gibt es unterschiedliche Formate wie Klausur (Wissensüberprüfung in freiem Text zu bestimmten Fragen), Essay (freie inhaltliche Auseinandersetzung), Multiple-Choice-Klausur (Multiple-Choice-Fragen wie beim Führerschein, zum Teil auch online), Übungsaufgaben (wie Hausaufgaben; Lösungen zu Aufgaben müssen eingereicht werden), Protokolle und Testate (schriftliche Ausführungen zumeist zu Laborversuchen), Hausarbeiten (wissenschaftliche Auseinandersetzung mit dem Forschungsstand zu einem Thema), Bachelor- oder Masterarbeit (umfangreiche Hausarbeit mit eigenem Forschungsanteil), mündliche Prüfung (Wissensfragen mündlich darlegen), Referate (mündliche Vorträge zu einem Fachthema), praktische Prüfungen (praktische Aufgaben erfüllen wie Vorspiel, sportliche Übung etc.), Berichte (schriftliche Reflexion über Praktika), Projektarbeiten (allein oder in der Gruppe eine komplexe Fragestellung bearbeiten und dokumentieren) usw.

Vieles davon kennst du schon aus der Schule. In der Hochschule werden daran zumeist nur höhere Maßstäbe angelegt. Wenn dir bestimmte Prüfungsformate gut oder weniger gut liegen, kann dir das wertvolle Hinweise dazu liefern, in welchen Studiengängen du wahrscheinlich mehr Erfolg haben wirst.

Übung 7.4: Ergänzung Entscheidungstabelle
Wenn du es noch nicht getan hast, recherchier die für dich relevanten Informationen über die Studienfächer. Schau vor allem noch mal auf mögliche Vertiefungsrichtungen, Arbeitsfelder und Berufsaussichten des Studiengangs.

Nutz dafür die Strukturen in den Excel-Tabellen (Entscheidungsindikatoren Studienfeld oder Studienrichtung; Entscheidungsindikatoren Studiengang und Hochschule). Notier (bzw. kopiere) dir dafür in der Tabelle oder einem Extradokument alle für dich entscheidungsrelevanten Informationen. In der App haben wir die Entscheidungstabellen unter dem Profil interaktiv programmiert. Das erleichtert den Vergleich von Optionen anhand deines Profils.

Information: Alternative zum Studium – Ausbildung

Jetzt haben wir uns zunächst sehr auf das Studium konzentriert. Aber natürlich gibt es auch gute Alternativen zum Studium, über die du ernsthaft nachdenken solltest.

Wem das Theoretische nicht so liegt und wer lieber schnell konkret statt abstrakt arbeiten möchte, der ist mit einer Ausbildung vielleicht sehr gut, wenn nicht besser beraten. Das duale Ausbildungssystem in Deutschland ist im internationalen Vergleich von einer sehr hohen Qualität. Mit vielen Ausbildungsberufen kann man ähnlich viel oder mehr verdienen wie Akademiker, und es gibt gute Weiterbildungsoptionen wie den Meister, Techniker oder Handels- oder Betriebswirt, um später beruflich aufzusteigen. Informationen zu möglichen Weiterqualifizierungen findest auf www.ausbildungplus.de. Auch kannst du natürlich nach der Ausbildung noch ein Studium aufnehmen und deine praktischen Erfahrungen theoretisch vertiefen.

Ein großer Vorteil, den viele natürlich sehen, ist, dass man mit der Ausbildung eigenes Geld verdient und so schnell unabhängig von den Eltern wird. Dazu hatte ich schon etwas bei den 10 Gründen für das Studium/ die

Ausbildung geschrieben. Du verdienst bei einer Ausbildung circa 700 bis 1100 EUR. (Abzüge für geldwerte Vorteile, Steuern und Sozialabgaben bedenken. So hoch sind diese jedoch bei dem Einkommen nicht.) Das hängt sehr von deiner Branche und der Region ab; einen guten Überblick bietet die Seite www.bibb.de/ausbildungsverguetung. Sollte das Geld nicht reichen, gibt es auch die Möglichkeit sogenannter Berufsausbildungsbeihilfe (BAB); mehr dazu unter www.babrechner.arbeitsagentur.de.

Dennoch bleiben mit einer Ausbildung bestimmte Aufstiegsmöglichkeiten versagt. Je nachdem, wo die persönlichen Ziele liegen, ist es sinnvoll, den Ausbildungsmarkt sehr genau zu prüfen. Wenn dir das Praktische und das Handwerkliche liegen, kann es auf Dauer erheblich zufriedenstellender sein, in diesem Bereich zu arbeiten, als mit Weiterbildungen und Studium in eher verwaltende Bereiche eines Berufes zu kommen. Nicht immer ist das höhere Gehalt das wert. Das muss überhaupt nicht heißen, dass du nicht für diese „intellektuelleren" Tätigkeiten geeignet bist; es heißt, dass du einen klaren Fokus setzt. Viele Freundinnen und Freunde von mir sind in der Ausbildung und im praktischen Beruf sehr glücklich. Auch kenne ich eine Reihe von Akademikerinnen und Akademikern, die nach einem durchaus erfolgreichen Studium anschließend den Weg in einen Ausbildungsberuf gefunden haben. Auch das ist eine Option, die man bedenken könnte.

In Deutschland gibt es über 350 betriebliche und schulische Ausbildungsberufe. Bei den schulischen Ausbildungen machst du Praktika, Unterricht erhältst du aber im Wesentlichen in der Berufsschule. Die dualen Ausbildungen finden hingegen zur Hälfte im Betrieb und zur anderen Hälfte in der Berufsschule statt. Schulische Ausbildungen absolvieren hauptsächlich die (medizinisch-, veterinärmedizinisch-, physikalisch-, chemisch-, biologisch-) technischen Assistenten, die Assistenten im Maschinenbau und in der Informatik sowie im sozialen und medizinischen Bereich beispielsweise Erzieher, Sozialassistenten, Heilerziehungspfleger, Krankenpfleger, Altenpfleger, Ergotherapeuten, Physiotherapeuten, Logopäden. Hinzu kommen noch besondere Ausbildungen wie Fluglotse und Pilot (die mit höheren Kosten verbunden sind). Nicht zu vergessen sind die staatlichen Ausbildungen der Beamtenlaufbahnen sowie bei der Polizei und Bundeswehr. Bedenke auch, dass du als Abiturient*in unter Umständen die Ausbildung verkürzen kannst bzw. es extra Abiturientenausbildungen gibt, die gleichzeitig schon Zusatzqualifikationen und weitere Abschlüsse beinhalten.

Ich habe dir wieder eine kleine Übersicht von bekannten und außergewöhnlichen Berufen zusammengestellt. Anschließend findest du wiederum Hinweise, wo du Informationen zu diesen Ausbildungen suchen kannst.

Wirtschaft/Verwaltung/öffentlicher Dienst
- Bankkaufmann/-frau
- Polizist*in
- Eisenbahner*in im Betriebsdienst

Metallberufe
- Fertigungsmechaniker*in
- Industriemechaniker*in
- Metall- und Glockengießer*in

IT-Berufe
- Fachinformatiker*in
- Industrietechnolog*in
- Systeminformatiker*in

Bauberufe
- Baugeräteführer*in
- Hochbaufacharbeiter*in
- Backofenbauer*in

Raumausstattung
- Bodenleger*in
- Holzbearbeitungsmechaniker*in
- Technischer Modellbauer*in
- Biologiemodellmacher*in

Umweltschutzberufe
- Fachkraft für Abwassertechnik
- Schornsteinfeger*in

Bekleidungsberufe
- Modeschneider*in
- Handschuhmacher*in
- Schuhmacher*in

Laborberufe
- Baustoffprüfer*in
- Industriekeramiker*in

Verfahrenstechnik
- Dekorvorlagenhersteller*in
- Chemiekant*in
- Elektroniker*in- Automatisierungstechnik

Medienberufe
- Buchbinder*in
- Fotograf*in
- Mediengestalt*in

Gesundheit, Körperpflege, Soziales
- Physiotherapeut*in
- Operationstechnische*r Assistent*in
- Masseur*in

Sonstige Dienstleistungsberufe
- Bestattungsfachkraft
- Gebäudereiniger*in
- Brauer*in und Mälzer*in
- Fachkraft im Gastgewerbe

Einen guten gedruckten Überblick über Ausbildungsberufe findest du im „weißen Buch" der Bundesagentur für Arbeit *(Berufe aktuell)*. Die Bundesagentur bietet dir mit dem Berufenet auch die größte und aktuellste Berufsdatenbank (s. o.): www.berufenet.arbeitsagentur.de.

Ein gutes Update zu Berufen, die in den letzten Jahren erst entstanden sind oder sich stärker verändert haben, bietet die Übersicht zu veränderten Berufsbildern auf www.neue-ausbildungsberufe.de.

Einen kostenpflichtigen Berufswahltest findest du auf www.berufsnavigator.de. Kostenlos hingegen ist der überarbeitete Berufswahltest der Bundesagentur auf der Seite dasbringtmichweiter.de.

Für die Suche nach passenden Ausbildungen und Ausbildungsplätzen gibt es auch ein paar spannende Apps auf dem Markt. Such die Namen im App-Store und teste mal, ob sie dich weiterbringen. Es gibt z. B. den Berufe Entdecker, Talent Hero, Azubi-Welt, Berufswege und Berufe.TV

Einblicke in Berufe in VR bekommst du auf www.deinerstertag.de.

Für die Suche nach Ausbildungen kannst du auch die folgenden Seiten nutzen: handwerkliche Ausbildungen www.handfest-online.de, Verwaltungsberufe www.bund.de. Für die Suche nach Lehrstellen kannst du außerdem www.aubi-plus.de, www.meinestadt.de und vor allem www.ihk-lehrstellenboerse.de nutzen.

Auch wenn du dich gegen eine Ausbildung entscheidest, hilft der Blick auf die interessanten (oder für dich früher mal interessant gewesenen) Ausbildungen, um mögliche Stärken und Interessen zu erkennen. Schreibe hier alle möglichen Ausbildungen auf, die für dich infrage kommen könnten. Was spricht für die Ausbildungsberufe, was dagegen?

Für mich mögliche Ausbildungen:

_____

_____

_____

Pro:

_____

_____

_____

Kontra:

_____

_____

_____

Vielleicht ist doch die passende Option dabei. Manche Berufe lassen sich auf allen drei Wegen (Berufsausbildung, duales Studium und Studium) erreichen. Sieh dir in Bezug auf deinen Berufswunsch die jeweiligen Vor- und Nachteile an. Hier noch mal die drei Wege in der formalen Übersicht.

Information: Vergleich Ausbildung, Duales Studium und Studium

	Berufliche Ausbildung	Duales Studium	Vollzeitstudium
Zugangsvoraussetzung	Formal mitunter keine, abhängig vom jeweiligen Ausbildungsgang: • Hauptschulabschluss • Mittlere Reife • (allgemeine oder fachgebundene Hochschulreife bzw. Fachhochschulreife)	Abhängig vom jeweiligen Ausbildungsgang • in der Regel teilweise abgeschlossene Berufsausbildung plus Berufserfahrung, berufliche Aufstiegsfortbildung • oder allgemeine oder fachgebundene Hochschulreife bzw. Fachhochschulreife	Abhängig vom jeweiligen Ausbildungsgang • in der Regel allgemeine oder fachgebundene Hochschulreife bzw. Fachhochschulreife • oder abgeschlossene Berufsausbildung plus Berufserfahrung bzw. berufliche Aufstiegsfortbildung
Schwerpunkte	• praxisorientiert • Vermittlung berufsbezogener Kompetenzen	• theorie- und praxisorientiert • Vermittlung fachbezogener Kompetenzen	• theorieorientiert • Ausbildung in Seminaren, Vorlesungen, Praxisprojekten
Dauer	2 bis 3,5 Jahre	3 bis 5 Jahre	3 bis 5 Jahre
Ausbildungsorte	• Unternehmen/Betrieb • Berufsschule	• Fachhochschule/Duale Hochschule • Berufsakademie • evtl. Berufsschule • Unternehmen/Betrieb	• Universität • Fachhochschule • Berufsakademie
Freizeit/Urlaub	• gesetzlich geregelter Urlaub (mind. vier Wochen pro Jahr) je nach Vereinbarung mit deinem Betrieb	• gesetzlich geregelter Urlaub (mind. vier Wochen pro Jahr) je nach Vereinbarung mit deinem Betrieb	Zweimal im Jahr vorlesungsfreie Zeit (Semesterferien)
Abschlüsse	• staatlich anerkannter Beruf	• staatlich anerkannter Beruf (bei ausbildungsintegrierten Studiengängen) • Bachelor	• Bachelor • Master • Staatsexamen • Diplom
Weiterbildungsmöglichkeit	• Meister/Techniker • Fachabitur • evtl. Studium	• Master • evtl. Promotion	• Promotion • Habilitation
Finanzierung	• Ausbildungsvergütung • Ausbildungshilfen (BAB)	• Ausbildungsvergütung • ggf. Zahlung der Studiengebühren an priv. Hochschulen durch das Unternehmen	• BAföG, ggf. Bildungskredit oder Stipendium

Information: Informations- und Beratungsangebote
Für Detailfragen oder zur Orientierung in diesem Informationsdschungel bietet es sich an, bestehende Beratungsangebote zu nutzen. Je nach Frage und Thema können diese Beratungen sehr in der eigenen Entscheidungsfindung helfen. Zur Vorbereitung ist es sinnvoll, noch mal zum Kapitel „Fragen und Anliegen klären" (Kap. 2) zu gehen. Welche deiner Anliegen und Fragen konntest du dir schon mit diesem Buch oder mittels Recherche beantworten? Welche Fragen sind noch offen? Welche Informationen habe ich nicht gefunden?

Überleg vor dem Gespräch noch mal, worüber du in der Beratung sprechen müsstest, damit du am Ende der Beratung das Gefühl haben kannst, dass es sich gelohnt hat, dahinzugehen.

Mach dir am besten eine Liste mit deinen Fragen und Anliegen, um nichts zu vergessen. Du kannst auch gerne dein Profil bzw. das Buch mit seinen Eintragungen mit in die Beratung nehmen. Wenn du Fragen zu formalen Zugangswegen hast, ist es sinnvoll, auch deine Nachweise (Zeugnisse) einzustecken.

Die wichtigste Anlaufstelle ist die Berufsberatung bei der Bundesagentur für Arbeit. Die Beratung ist kostenlos und dauert meist 45 bis 60 min; den Termin kannst du unter der Servicenummer 0800 4 555500 oder über das Kontaktformular online ausmachen (con.arbeitsagentur.de/prod/apok/kontakt/de/terminvereinbarung/berufsberatung). An manchen Schulen kommt der/die Berater/in auch direkt vorbei bzw. ihr macht einen Ausflug ins BIZ (www.arbeitsagentur.de/bildung/berufsinformationszentrum-biz). Ein Termin lässt sich auch in der Agentur für Arbeit vor Ort vereinbaren. Wichtig für den Termin sind deine konkreten Fragen. Die Berater*innen der Bundesagentur (in den Teams der Berufsberatung vor dem Erwerbsleben, BBvE) haben viele Informationen zu Berufsaussichten und Berufsprofilen und nehmen sich Zeit für deine Fragen. Es ist immer sinnvoll, diese Expertise zu nutzen. Über den psychologischen Dienst kannst du bestimmte Tests machen (wie den Studienfeldbezogenen Beratungstest [SFBT]). Zudem veranstalten die BIZ Vorträge und Messen zu bestimmten Berufen oder Branchen. Auf jeden Fall findest du dort auch Experten in Bezug auf den lokalen Arbeitsmarkt. Manchmal findet eine starke Orientierung an formalen Qualifikationen und Abschlüssen statt (z. B. deinen Zeugnisnoten und schulischen Schwerpunkten) bzw. sind stärker Ausbildungen als andere Optionen im Blick. Wenn du einen Berufswahlpass hast oder auch durch dieses Buch auf andere Ideen gekommen bist, wenn du beispielsweise weitere Kompetenzen an dir entdeckt hast, dann bring sie in das Gespräch ein. Stell deine Fragen und nutz die angebotene Hilfe. Du beeinflusst durch deine Vorbereitung und Fragen, ob dir die Beratung etwas nützt.

Manchmal reicht der Spezialisierungsgrad der Berufsberatung nicht aus; in diesem Fall helfen die zentralen Studienberatungen direkt an den Hochschulen weiter. Du findest deine nächste Beratung unter www.hochschulkompass.de/studium/hilfe-bei-der-studienwahl/studienberatung.html. Die Beratenden an zentralen Studienberatungen sind vor allem Expertinnen und Experten für alle Detailfragen zu bestimmten Studiengängen an der jeweiligen Hochschule, aber auch zu allgemeinen Fragen der Studienorientierung und rund um das Studium (auch an anderen Hochschulen). Sie bieten persönliche und kostenlose Beratung an, organisieren aber auch Veranstaltungen wie Hochschulinformationstage und Studienorientierungsseminare. Sie bieten dir professionelle und neutrale Beratung zu deiner Studienentscheidung (d. h. du als Klient mit deinem Anliegen stehst im Fokus, nicht die Werbung für die Hochschule). Informationen dazu findest du auf den Seiten der jeweiligen Hochschulen. Dort findest du für spezielle fachliche Fragen zu einem Fach (inhaltliche Detailfragen) auch die zuständigen Studienfachberater*innen der einzelnen Studiengänge. Es lohnt sich immer, mit seinen Fragen zur Studienberatung an der Hochschule zu gehen.

Wenn man individuelle und maßgeschneiderte Hilfe bei der Berufs- und Studienentscheidung sucht, kann es sich lohnen, eine/n private/n Berufs- und Studienberater*in aufzusuchen oder spezielle Orientierungsworkshops zu besuchen. Ich habe eine solche Beratung auf Spenden- und Gebührenbasis im Zentrum für Potenzialanalyse und Begabtenförderung an der Universität Leipzig angeboten. Kolleginnen von mir führen die Arbeit jetzt weiter (home.uni-leipzig.de/potentialanalyse). Persönlich kannst du mich unter www.deep-potentiale.de kontaktieren; gerne können wir eine Onlineberatung per Video vereinbaren. Auch gibt es viele gute Kolleginnen und Kollegen, die ich dir empfehlen kann. Jeder hat seine/ihre Schwerpunkte und seinen/ihren eigenen Stil. Die Qualifikation und Qualität der Beraterinnen und Berater ist sehr unterschiedlich und lässt sich vorher nur schwer beurteilen. Ein wichtiger und guter Anhaltspunkt ist die Mitgliedschaft in Fachverbänden wie dem Deutschen Verband für Berufsberatung (dvb) oder der Deutschen Gesellschaft für Karriereberatung (DGfK). Achte auch auf faire Preise, Datenschutz und Referenzen.

Einige Beratungsstellen haben sich in den letzten Jahren vor allem auf das Studium im Ausland (auswahlgrenzen.de) oder das Medizinstudium spezialisiert. So bietet planZ (in Berlin) auch Webinare zum Medizinstudium im Ausland und Vorbereitungskurse auf Medizinertests an (planz-studienberatung.de).

Sehr empfehlen kann ich dir auch die kostenlosen Studienorientierungsseminare, welche die Stiftung der deutschen Wirtschaft insbesondere für Schülerinnen und Schüler, die als Erste in ihrer Familie studieren wollen, organisiert. Weitere Informationen dazu findest du unter www.studienkompass.de.

Schon mehrfach erwähnt habe ich die Initiative Arbeiterkind.de; auf der Website findest du viele gute Informationen und vor allem Kontakt zu den regionalen Stammtischen. Dort findest du Studierende und Berufstätige, die auch Erstakademiker*in (bzw. Arbeiterkinder) sind. Sie unterstützen dich in allen Fragen und bieten auch Hilfe bei den kleinen Hürden im Studierendenleben.

Persönliche Beratung, gerade zu Fragen des Studienangebots und der Bewerbung, erhältst du auch gut auf Messen. So gibt es bestimmt auch in deiner Nähe eine Abimesse wie zum Beispiel „Startschuss Abi", „Horizon" oder „Einstieg". Auch ein solcher Besuch kann einen manchmal noch mal auf andere spannende Ideen bringen. Daneben solltest du unbedingt das Angebot der Hochschul- bzw. Studieninformationstage an deiner Wunschhochschule nutzen. Nirgends ist es leichter, sich einen persönlichen Eindruck von der Hochschule und ihrem Angebot zu verschaffen und kompetente Ansprechpartnerinnen und Ansprechpartner zu finden. Das gleiche gilt für Ausbildungsmessen und Tage der offenen Tür von Arbeitgebern.

Hochschulinformationstage Hochschulinformationstage und Tage der offenen Tür sind typische Veranstaltungen, an denen du eine Hochschule kennenlernen kannst. Nutze sie, um dir einen persönlichen Eindruck zu verschaffen und deine offenen Fragen zu klären.

Das Portal Studienwahl.de bietet eine gute und aktuelle Veranstaltungsübersicht. Schau nach passenden Informationsveranstaltungen zu deiner Berufs- und Studienwahl und trag sie in den Kalender ein (TO-DO -> Termin anlegen): https://studienwahl.de/veranstaltungen. Einen Überblick über Hochschulinformationstage findest du beim Hochschulkompass https://hochschulkompass.de/studium/hilfe-bei-der-studienwahl/hochschulinformationstage.html.

Messen Messen bieten die Chance, mehrere Anbieter von Ausbildungen, Praktika, Freiwilligendiensten, Studiengängen etc. auf einmal kennenzulernen. Im Begabungslotsen kannst du nach passenden Informationsveranstaltungen suchen, filtere dazu wie folgt (1. Art des Angebots: Veranstaltung/Fortbildung, 2. Informationsveranstaltung) https://begabungslotse.de/angebote. Schau doch mal, ob demnächst eine Messe in deiner Nähe stattfindet: https://azubitage.de/messe, https://stuzubi.de/messen/, horizon-messe.de, https://einstieg.com/messen/uebersicht-messen.html, chance-halle.de, https://weltweiser.de/jugendbildungsmessen/, https://aufindiewelt.de/messen/.

Information: Andere Publikationen und Buchtipps
Neben persönlicher Beratung und den Informationen im Netz kann man auch auf die klassische Ratgeberliteratur zurückgreifen. Alle Studiengänge in Deutschland finden sich im „grünen Buch" der Bundesagentur für Arbeit *Studien- und Berufswahl* (findest du kostenlos im BIZ; im Handel kostet es sonst 9,80 EUR).

Das CHE-Ranking erscheint regelmäßig im *Studienführer* der *ZEIT*. Er kostet circa 12 EUR und bietet viele aktuelle Informationen rund um die Studienwahl – eine aktuelle und journalistisch gut recherchierte und gestaltete Ergänzung zu diesem Ratgeber. Absolute Kaufempfehlung!

Mehr Informationen zu möglichen Optionen zwischen Abi und Studium bietet im Überblick: Angela Verse-Herrmann/Dieter Herrmann: *1000 Wege nach dem Abitur*. Ein anderer guter, systematischer Ratgeber zur Studientscheidung ist Holger Walther: *Abi, was nun? Das richtige Studium finden*. Ein Buch randvoll mit Tipps rund um das Studium und dazu, wie man es bewältigt (es geht um Selbstanalyse, Zeitmanagement, Lerntechniken, Lesestrategien, Gesundheit, Selbstmarketing), stammt von Rödiger Voss: *Studi-Coach: Studieren für Anfänger*.

Wenn du noch mehr zum Hochschulsystem und zur Bachelorreform erfahren willst sowie viele Informationen zu Auslandsstudium, Bewerbungen und Studienfinanzierung erhalten möchtest, dann hilft dir *Bachelor nach Plan* (Horndasch 2011), leider nicht mehr ganz aktuell. Falls du noch mehr Informationen zu Stipendien suchst (vor allem zum Bewerbungsverfahren), bist du mit folgendem Buch gut beraten: Max-Alexander Borreck/Jan Bruckmann: *Der Weg zum Stipendium. Tipps zur Bewerbung für 400 Stipendien- und Förderprogramme* (Borreck und Bruckmann 2010).

Einen Orientierungstest, der nicht auf dem RIASEC-Modell aufbaut, sondern auf den Fachinhalten, findest du im Buch von Angela Verse-Herrmann/Dieter Herrmann: **Der große Studienwahltest**. Ein Buch mit vielen spannenden Übungen zur beruflichen (Neu-)Orientierung mit zahlreichen Geschichten und einem tollen Design ist das Buch von Marius Kursawe/Robert Kötte: **Design Your Life: Dein ganz persönlicher Workshop für Leben und Traumjob!** (das vielleicht später einmal nützlich wird, wenn es in den Beruf geht).

Eine weitere Plattform bzw. ein weiteres Buch, das einen spannenden Gedankengang enthält, möchte ich dir noch als Exkurs genauer vorstellen.

Exkurs: 80.000 h
Wenn du einfach mal ausrechnest, wie viele Stunden deines Lebens du in deinem Beruf verbringen wirst, kommst du mit einem einfachen Überschlag auf 40 h die Woche, 50 Wochen im Jahr, 40 Jahre, 80.000 h, im Zweifel sogar noch mehr. Wenn du dich daran erinnerst, dass es etwa 10.000 h Übung mit dem Ziel der Verbesserung braucht, um in einer Sache vom Anfänger zum Experten zu werden, dann ist das eine ganz schön lange Zeit, in der du deine Expertise und Kompetenz nutzen und ausbauen kannst. Eine lange Ausbildung sollte dich daher nicht schrecken, wenn es sich um das richtige Ziel, den richtigen Beruf handelt. Eine Website eines Teams der Oxford University trägt den Titel „80,000 hours" (80.000 h). Es geht darum, die Wahl der richtigen Karriere, des richtigen Berufs zu treffen. Der Leiter des Projekts ist Benjamin Todd, aus dessen Text auch viele der folgenden Ideen stammen (vgl. Todd et al. 2018). Grundlegend für das Projekt sind die Ideen von William MacAskill zum Thema effektiver Altruismus. Damit ist gemeint, die Hilfe für andere (Altruismus) an rationalen Erwägungen der Nutzenmaximierung (Effektiv) auszurichten. Oder einfacher: Was hilft bei den Problemen auf der Welt am besten, und wie kann ich einen möglichst großen Beitrag zur Lösung leisten? Du findest auf der Website ein kostenloses *career choice tool,* ein umfangreiches E-Book, das du dir auch in Form von wöchentlichen Newslettern schicken lassen kannst (15-min-Inputs), eine Online-Community und viele gut recherchierte Informationen zu Berufen und zu drängenden Weltproblemen. Alles ist aber auf Englisch; wenn das für dich kein Problem ist, dann schau dir auf jeden Fall mal die Seite und das Konzept an: 80000hours.org.

Alle Informationen auf der Website sind kostenlos und dürfen geteilt werden (Creative-Commons-Lizenz). Da es noch keine deutsche Übersetzung gibt, habe ich versucht, die wichtigsten Ideen zusammenzufassen. Mitunter kommt da aber auch meine Meinung mit durch, da es sich durchaus auch um kontroverse philosophische Standpunkte handelt. Halte dich im Zweifel an das Original und bild dir eine eigene Meinung. Mit den folgenden Ausführungen will ich dir Lust auf die Auseinandersetzung machen. In einem meiner Forschungsprojekte haben Teilnehmende geschrieben, was ihnen am meisten bei der Berufs- und Studienwahl geholfen hätte, wäre diese Seite gewesen. Daher will ich dir die Ideen nicht vorenthalten.

Leitideen zur Studien- und Berufswahl Einfach nur dem Spaß zu folgen, reicht nicht. Auch wenn ich gern Eis esse, Bier trinke oder schwimmen gehe: Dies wird sich sehr wahrscheinlich abnutzen. Eistester, Biervertreter oder

Wettkampfschwimmer zu werden sind schöne Ideen. Aber beinhalten sie wirklich das, was dir Spaß macht?

All die Selbstreflexionsübungen sind nützlich, aber sie gehen nicht tief genug. Wir wissen manchmal gar nicht, was wir wirklich wollen und können. Erinnere dich an das Johari-Fenster. Es liegt auch daran, dass wir uns gar nicht genau daran erinnern, was uns genau befriedigt hat (welche Faktoren) und wie schlecht wir darin sind, unser Glück bezüglich eines zukünftigen Ereignisses zu prognostizieren. Wir haben manchmal verzerrte Wahrnehmungen, da wir eine Erfahrung nach ihrem Ende beurteilen (siehe dazu die Hinweise zum Entscheiden nach Kahneman, Abschn. 9.2.1).

Geld macht glücklich, aber nur ein bisschen. Es hat einen abnehmenden Grenznutzen. Die Grenze liegt so bei 40.000 bis 45.000 EUR Jahreseinkommen. Als Kalkulationsrechnung für dich kannst du 40.000 EUR plus 20.000 EUR pro Person berechnen, die du mitversorgen musst. Schlag noch mal 50 % für das Leben in einer teuren Stadt drauf bzw. bis zu 30 % weniger bei einer günstigen Stadt. Runde noch ein bisschen extra auf, wenn dich Geld wirklich motiviert, und ergänze 15 % extra für Rentensicherheit, wenn dir das wichtig ist. Was du nun berechnet hast, reicht auf jeden Fall. Die meisten Einkommen, die du mit ein paar Jahren Berufserfahrung als Akademiker erzielst, liegen in dem Bereich, in dem mehr Geld dich ganz schnell nicht glücklicher macht.

Wenig Stress ist schön, aber nicht alles. Es kommt auf den Stress an. Zu viel nerviger Stress führt zum Burnout, zu wenig Herausforderung, Verantwortung und Anspruch aber auch zum Boreout.

Das Team von „80,000 hours" hat zahlreiche Studien zusammengetragen und sechs Zutaten für einen Traumjob herausgearbeitet:

- Such dir eine Arbeit, die dich fordert (Herausforderungen und Flow-Erlebnisse; dafür braucht es Freiheit, Abwechslung, klare Aufgaben und Feedback).
- Achte darauf, dass deine Arbeit anderen hilft.
- Arbeite in Bereichen, in denen du gut bist, bei denen deine Fähigkeiten gebraucht werden.
- Finde eine Arbeitsstelle mit Kollegen und Chefs, die dich unterstützen.
- Vermeide extrem negative Aspekte wie lange Arbeitswege, zu viele Überstunden, unfaire Bezahlung, unsicheren Arbeitsvertrag.
- Achte darauf, dass deine Arbeit zu deinen anderen Lebensplänen passt.

Das sind alles Aspekte, die du auch in den Selbstreflexionsübungen in diesem Buch findest. Es gibt eine generelle Kritik, dass Berufs- und Studienwahl zu häufig ausschließlich an den Interessen und zu wenig an den eigenen Fähigkeiten orientiert ist. Daher betitelt der Intelligenzforscher Aljoscha Neubauer sein Berufswahlbuch auch mit *Mach, was du kannst* (Neubauer 2018). Folge nicht nur deinen Interessen und Neigungen. Die Hinweise von „80,000 hours" kann man auch in dieser Weise verstehen. Sie ergänzen noch: Mach, was du kannst, und tu möglichst effizient dabei etwas Gutes für andere Menschen/die Welt.

Beides ist meiner Meinung nach nicht falsch. Ich gehe jedoch einen anderen Weg in diesem Buch. Ich sage: Deine Interessen und Neigungen zeigen deine Entscheidungen, zeigen, wo du bereit warst, deine Begabungen und Fähigkeiten zu entwickeln, und wo du sie gegebenenfalls weiterentwickeln willst. Seinen Leidenschaften zu folgen, ist nicht der leichte Weg. In Leidenschaft steckt das Wort Leiden. Ich finde die Frage entscheidend: Wo bist du bereit, mehr zu investieren als andere? Wo lassen dich Probleme nicht los? Es ist richtig: Nicht jeder, der Sport, Kunst oder Musik toll findet, muss Sportler, Künstler oder Musiker werden. Die Leidenschaft in diesen Bereichen muss überdurchschnittlich sein, um dort Fuß zu fassen. Und nicht alle unsere Leidenschaften und Interessen konnten sich schon entwickeln, so wie Liebe auch bei Beziehungen zwischen Menschen lange braucht, um sich zu entwickeln. So können wir uns am Ende in einen Job „verlieben", den wir vorher „nur" aus pragmatischen Gründen wie Geldverdienen gewählt haben. Aber nicht jede „Zwangsheirat" endet mit Liebe. Denk also immer in beide Richtungen: Worin bin ich gut, und was liebe ich?

Ideen zur Frage: Wie tue ich mit einem Beruf etwas Gutes? Bis dahin ähneln viele Gedanken des Projekts auch diesem Buch hier. Wie schon angesprochen, liegt der ergänzende, der neue Aspekt in der Idee, durch seine Arbeit Gutes für die Welt und die Allgemeinheit zu tun. Zunächst wird die Frage gestellt: Was bringt der Welt etwas? Hier kommt die Idee des effektiven Altruismus ins Spiel. Altruismus geht vom Grundprinzip des Gebens an die Gemeinschaft aus – ohne eine direkte Gegenleistung, jedoch mit indirektem Gewinn für alle. Altruismus führt auch dazu, dass, wenn du anderen hilfst, die Hilfe anderer für dich selbst auch wahrscheinlicher wird. Das Grundprinzip des Gebens an die Welt findet sich in allen Weltreligionen. Wir denken dabei zunächst schnell an „gebende" Berufe wie Lehrer, Sozialarbeiter oder Arzt. Sie helfen Menschen direkt. Wenn man aber nach der Größe der Effekte fragt, so hat zwar zum Beispiel die Medizin einen Einfluss auf die Gesundheit einzelner Menschen, aber Ernährung, Hygiene und Wohlstand beeinflussen die Gesundheit viel mehr. Auch haben Ärzte einen abnehmenden Grenznutzen, das heißt, je mehr Maßnahmen es in unserer Industriegesellschaft gibt, desto weniger bringen die einzelnen Maßnahmen einen großen Effekt. Viel Geld und Zeit fließen in aufwendige Maßnahmen mit einem nur noch sehr geringen Mehrwert. Es gibt einzelne Menschen aus ganz verschiedenen Bereichen, die durch Erfindungen und Entscheidungen einen großen Einfluss auf das Leben der Menschen haben und so unzählige Leben retten. Aber hier spielt der Zufall eine große Rolle. So was lässt sich schwer planen.

Was sich eher planen lässt, ist eine Karriere, die es ermöglicht, Geld zu spenden. Eine der wesentlichen Ideen des effektiven Altruismus ist es, mindestens 10 % seines Einkommens und Vermögens an die Armen zu spenden – am besten direkt ohne Verwaltungskosten oder zumindest über Hilfsorganisationen, bei denen nachgewiesen ist, dass sie effektiv arbeiten. Das Team von 80.000 h schlägt vor, sich zu dieser Spende öffentlich zu verpflichten *(pledge to give)*. Du kannst mit 1 % deines Einkommens im Studium anfangen und dann im Beruf auf 10 % erhöhen.

Daneben kannst du in einer Demokratie deine Stimme dafür nutzen, dass sich der Staat für sinnvolle Dinge einsetzt. Auch kannst du versuchen, einflussreiche Leute zu beeinflussen und diese ebenfalls zur einer Spendenverpflichtung zu bewegen. Dann gibt es natürlich auch immer noch die direkte Hilfe. Die Initiative spricht sich aber dafür aus, genau zu prüfen, wie man am meisten helfen kann.

Ein Beispiel dafür, das ich dir mit auf den Weg geben möchte, sind Freiwilligendienste: Viele Abiturienten gehen nach der Schule mit einem Freiwilligendienst ins Ausland. Sie wollen helfen, doch eigentlich ist das in Bezug auf den Effekt der Hilfe ineffizient und teilweise sogar kontraproduktiv. So kostet der Freiwilligendienst viel Geld (Flug, Vorbereitung, Unterbringung, Taschengeld usw.), und der/die Freiwillige leistet oft nur Hilfsarbeiten. Eine Ortskraft wäre günstiger, gegebenenfalls auch besser ausgebildet und würde Einkommen vor Ort generieren. Auch bringen ständige Wechsel und neue Einarbeitungen viele Nachteile; gerade in der Arbeit mit Kindern sind die Wechsel der Bezugspersonen zum Beispiel kontraproduktiv. Auch später im Leben, wenn man ein Beispiel von „80,000 hours" nimmt und als Anwalt in der Suppenküche arbeitet, ist das ineffizient, da man in der Zeit auch Geld zum Spenden für die Suppenküche in seinem Job verdienen könnte. Freiwilligendienste haben jedoch auch zwei wesentliche Vorteile. Erstens sind sie wichtig für deine Persönlichkeitsentwicklung; du erfährst vom Leben und ggf. Leid anderer und nimmst direkten Anteil. Und zweitens schaffst du durch deine Arbeit Aufmerksamkeit für Themen und hilft so dabei, andere zum Helfen zu motivieren. Wenn du jedoch wirklich direkt helfen willst, dann hilf durch deine Expertise. Arbeite *pro bono* (ohne Gehalt) in den Bereichen, in denen du etwas kannst (z. B. als Arzt in Krisengebieten, als Managerin für soziale Projekte, als Anwalt für Benachteiligte, als Ingenieurin in Entwicklungsprojekten, als Social-Media-Manager für Hilfsorganisationen, als Unternehmensgründer für den Aufbau von Hilfsorganisationen usw.). Das heißt unter Umständen, dich erst mal gut auszubilden. Wenn du deine Expertise nicht direkt einbringen kannst, dann ist es sinnvoller – so zumindest die Verfechter des effektiven Altruismus –, lieber das im Job in einer bestimmten Anzahl von Stunden verdiente Gehalt zu spenden als diese Stunden selber in einem Projekt zu arbeiten.

Ein weiterer Bereich der Hilfe ist die Unterstützung durch Forschung (bzw. Forschungsunterstützung), um die drängenden Probleme der Welt (Klimawandel, Hunger usw.) durch Innovationen zu lösen.

Das Projekt recherchiert viel zum Thema effektive Hilfe. Du findest eine Liste drängender Weltprobleme als Profile auf der Website. Neben den bekannten wird vor allem zu vergessenen Problemen informiert, die lösbar erscheinen.

Auf der Website findest du darüber hinaus Profile von Arbeitsfeldern unter dem Gesichtspunkt, wie gut du damit durch Einkommen und die anderen genannten Hilfsmöglichkeiten (Einflussnahme, direkte Hilfe und Forschung) unterstützen kannst.

Das Team von 80.000 h empfiehlt das Studium der Ökonomie, der angewandten Mathematik, der Informatik. Es rät zum Lernen von Programmierung, Datenwissenschaft und Marketing. Damit kannst du ein Start-up (Profit und Non-Profit) gründen, in den Finanzhandel oder in die Unternehmensberatung gehen oder als Programmierer in einem Tech-Start-up arbeiten. Du kannst mit den Fähigkeiten aus diesen Bereichen auch als Berater in Stiftungen, Politik, Verwaltung und Thinktanks gehen. Wenn du zur Theorie neigst, kannst du über Medien als Journalist, Aktivist oder öffentlicher Intellektueller Einfluss nehmen.

Insgesamt finde ich diese Ideen nachdenkenswert. Was die Verfechter dieser Idee meiner Meinung nach unterschätzen, ist die Wichtigkeit, den Effekt der eigenen Arbeit (z. B. beim sozialen Engagement) direkt zu erfahren. Auch vernachlässigen sie mögliche negative Effekte der Arbeit in Jobs, mit denen man viel Geld verdienen kann (vielleicht spendest du als Finanzberater viel Geld, aber deine Börsenempfehlungen und Investments verstärken vielleicht die Probleme auf der Welt). Außerdem steckt in den Ideen implizit die Idee, dass Staaten Probleme nicht so effizient angehen wie Privatpersonen. Diese Meinung muss man nicht unbedingt teilen. Oftmals sind Spenden steuerbegünstigt. So nimmst du Geld aus dem Staatsetat, der für Hilfe ausgegeben werden kann, und du entscheidest, was das wichtigste Problem ist, und nicht die demokratische Mehrheit. Damit können sicher einige Fehler ausgeglichen werden, dafür fallen vielleicht andere Dinge hintenüber. Seine Steuern zu bezahlen (und nicht wie viele der Reichen, die so öffentlichkeitswirksam spenden, zu vermeiden), ist auch ein Dienst an der Gemeinschaft. Frag dich auch, ob dein hohes Einkommen nicht im Wesentlichen schon durch die Ausbeutung anderer entstanden ist; in Bezug auf deinen Beruf und dein Einkommen für Ausgleich und Gerechtigkeit zu sorgen, verhindert manche Probleme schon im Entstehen. Auch erscheinen mir viele vorgeschlagene Berufsfelder bei Weitem nicht für alle Menschen geeignet und attraktiv.

Tipps für den Berufsweg Im Weiteren geben die Autoren von 80.000 h eine Menge praktischer Hinweis zur Gestaltung der Karriere. Ich habe ein paar Tipps zusammengefasst.

Bau durch deinen Beruf Bildungskapital auf, das heißt Aspekte, die im weiteren Verlauf hilfreich für dich sind. Beurteile einen Job nach folgenden Fragen: Wie viel lerne ich? Welches Netzwerk bekomme ich? Wie sieht das Ganze in meinem Lebenslauf aus? Wie viel Geld kann ich zurücklegen?

Achte auf die Dinge, die du lernst und in vielen anderen Bereichen gebrauchen kannst (Karrierekapital). Bedenke auch die Flexibilität und den Wandel der Arbeitswelt. Welche Spezialisierungen fallen weg?

Achte auf dich: Schlaf, Ernährung, Sport, mentale Gesundheit und unterstützende Freundschaften sind wichtig, um auf Dauer fit und glücklich in seinen Tätigkeiten zu sein.

Wie finde ich die richtige Karriere? Fähigkeiten werden entwickelt, nicht entdeckt. Die Frage ist also nicht „Worin bin ich gut?", sondern „Worin kann ich gut werden?" Der beste Weg, um herauszufinden, was du kannst, ist es, Dinge auszuprobieren und dir von einem Experten dafür eine Rückmeldung geben zu lassen. Schau dir verschiedene Optionen genau an. Probier verschiedene Jobs aus. Jobwechsel sind nichts Schlimmes. Schlimmer ist es, bei etwas zu verbleiben, was man nicht gut macht. Pro-und-Kontra-Listen sind meist nur eine Rationalisierung einer schon getroffenen Entscheidung. Ob die wirklich relevanten Punkte draufstehen, weißt du nicht. Fang mit Sachen an, die leichter reversibel (veränderungsfähig) sind. Es ist leichter, beruflich vom Business-Bereich zum Non-Profit-Bereich zu wechseln als umgekehrt.

Beim Entscheiden ist es wichtig, drei Pläne zu haben: Plan A (beste Alternativen, bei Unsicherheit auch mehrere), Plan B (beste Alternative, wenn Plan A nicht funktioniert), Plan Z (Plan für den Fall, wenn alles schiefgeht).

Um einen guten Job zu bekommen, sind Netzwerke und praktische Erfahrungen am wichtigsten. Nutze dein Netzwerk; die besten Jobs werden nicht ausgeschrieben, sondern aus dem Netzwerk heraus besetzt. Die meisten werden angestellt, wenn das Unternehmen die Arbeit schon kennt (als Berater, Zeitarbeiter, Praktikant). Überzeugende Arbeitsproben helfen ebenso wie Empfehlungen von vertrauensvollen Dritten. Sei dafür auch in sozialen Medien präsent: Aktualisiere deine Onlineprofile. Die Informationen sollten aktuell und genau sein (googele regelmäßig, was über dich gefunden werden kann). Werde dir klar darüber, was genau du willst, und streu diese Info in deinem Netzwerk. Nutz Fachmessen und andere Fachtreffen, um ein eigenes Netzwerk aufzubauen. Bewirb dich initiativ: Bewirb dich so, dass du deine Fähigkeiten schon durch die Bewerbung beweist. Überleg dir, wie du ein mögliches Problem des Arbeitgebers durch genau deine Fähigkeiten lösen kannst.

Du siehst, viele Tipps decken sich mit diesem Buch; dennoch ist es spannend, als ergänzende Perspektive (auch mit einem noch internationaleren Blick) die Ideen von 80000hours.org zu prüfen und ihnen gegebenenfalls zu folgen.

Kapitel-Check
- Du hast dich ausführlich über mögliche Studienfelder informiert.
- Du hast dich zu Hochschularten und Abschlüssen informiert. Du hast zu konkreten Hochschulen, Hochschulorten und Studiengängen recherchiert.
- Du hast dir einen Eindruck von möglichen Berufen und Berufswegen verschafft.
- Du hast Alternativen wie ein duales Studium und eine Ausbildung geprüft.
- Auch hast überlegt, ob ein Studium im Ausland für dich infrage käme.
- Du hast die Studieninhalte anhand des Vorlesungsverzeichnisses geprüft.
- Du hast die Informationen strukturiert und aufbereitet, sodass du sie bei deiner Entscheidung einbeziehen kannst.
- Du hast alle relevanten Hintergründe für deine Entscheidung mithilfe der beiden Entscheidungstabellen zusammengetragen (Entscheidungsindikatoren Studienfeld oder Studienrichtung, Entscheidungsindikatoren Studiengang und Hochschule).
- Du hast für dich passende Beratungsangebote genutzt.
- Du konntest dich mit den Ideen des effektiven Altruismus auseinandersetzen und vielleicht von den Karrierehinweisen des Portals 80000hours.org profitieren.

8

Rahmenbedingungen klären

Nachdem du nun dich selbst analysiert und dich umfassend über die Studienoptionen informiert hast, geht es in diesem Schritt der Recherche darum zu klären, welche Optionen realistischerweise überhaupt umgesetzt werden können bzw. wie du sie umsetzen kannst. Die wichtigsten beiden Rahmenbedingungen sind dabei die Zulassungsvoraussetzungen und die Studienfinanzierung.

8.1 Zulassungsvoraussetzungen

Information: Zulassungsbeschränkungen – NC und Eignungsprüfungen

Wenn du dich für ein bestimmtes Studienfach entschieden hast bzw. dich stark dafür interessierst, ist es wichtig, die spezifischen Bewerbungsbedingungen in Erfahrung zu bringen. Nicht, dass du einen unrealistischen Traum verfolgst! Doch keine Angst: Für viele Studiengänge reicht der Nachweis des Abiturs bis zur Bewerbungsfrist aus (für sogenannte zulassungsfreie Studiengänge meist 15.9.). Eine aktuelle Fristenübersicht findest du auf www.hochschulkompass.de/studium/bewerbung-zulassung/fristen-termine.html. Viele Studiengänge beginnen ausschließlich zum Wintersemester. Einige wenige kannst du zum Sommersemester (dann endet die Frist meist am 15.1.)

beginnen bzw. du kannst zum Sommersemester einsteigen, wenn du schon studiert hast und ausgesetzt hast oder wechselst.

Selbst wenn du kein Abitur (keine allgemeine Hochschulzugangsberechtigung) und keine fachgebundene Hochschulreife haben solltest, gibt es mittlerweile Wege für ein Studium ohne Abitur (siehe Abb. 8.1). Voraussetzungen hierfür sind die Berufsausbildung, Weiterbildungen und Berufserfahrung. Genaueres erfährst du auf der Seite www.hochschulkompass.de/studium/voraussetzungen-fuer-studium/hochschulzugangsberechtigung/studieren-ohne-abitur.html oder auf www.studieren-ohne-abitur.de/web.

Wenn du deinen Schulabschluss nicht in Deutschland gemacht hast, musst du diesen in einem Verfahren anerkennen lassen und weitere Nachweise erbringen. Details findest du auf www.daad.de/deutschland/nach-deutschland/voraussetzungen/de/6017-die-voraussetzungen. Eine gute Idee und Alternative für eine mögliche Wartezeit bei Geflüchteten ist das Fernstudium an der Kiron University (kiron.ngo).

Andere Studiengänge verlangen eine fachspezifische Eignungsprüfung (z. B. Design, Kunst, Musik, Schauspiel, Film, Sportwissenschaft oder

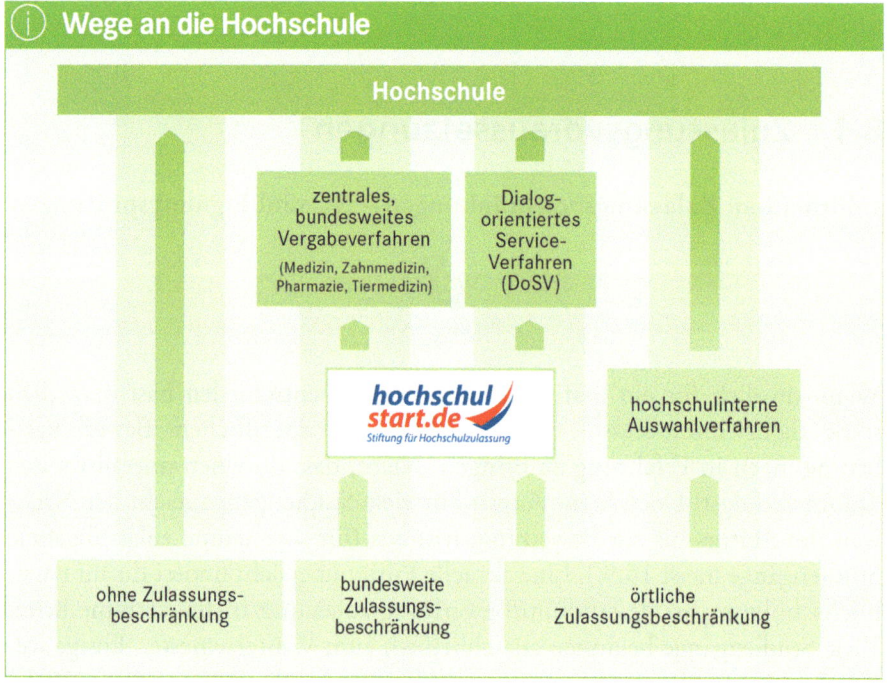

Abb. 8.1 Wege an die Hochschule. (© Stiftung für Hochschulzulassung, Bundesagentur für Arbeit (Hrsg.), www.studienwahl.de)

Tanz). Dabei liegt die Bewerbungsfrist meist früher, und die Bewerbung ist mit der Teilnahme an einer Eignungsprüfung verbunden (Vorspiel, Mappe, Sporttest). Darauf solltest du dich rechtzeitig vorbereiten. Die Vorbereitung von Mappen (Zusammenstellung verschiedener Kunstwerke nach bestimmten Aufgaben und Stilvorlagen) dauert mehrere Monate bis Jahre. Dabei kann man sich auch Hilfe suchen und bestimmte Vorbereitungskurse besuchen. Schau, welche Angebote es in deiner Stadt gibt; professionelles Feedback und professionelle Begleitung helfen. Infos zu den genauen Vorgaben findest auf den jeweiligen Hochschulseiten. Gerade in Bezug auf Designstudiengänge (Produktdesign, Textildesign, Automobildesign usw.) werden meist auch konkrete Projekte aus dem Feld verlangt, zum Teil in Bezug auf ein Oberthema. Ähnliches gilt für Filmstudiengänge (Regie, Drehbuch); auch hier sind aufwendige Arbeitsproben nach Vorgaben einzureichen. Schreibproben sind für die Bewerbung in journalistischen Studiengängen gefragt. All solche Projektarbeiten lassen sich nicht mal eben schnell kurz vor der Bewerbung erstellen. Die Bewerbung für Musikstudiengänge sowie Tanz- und Theaterstudiengänge setzt auf jeden Fall jahrelanges Üben und weitreichende Vorerfahrungen voraus. Vor allem für die musikalische Aufnahmeprüfung musst du ein Musikinstrument sehr gut beherrschen, Klavierkenntnisse nachweisen und auch über musiktheoretisches Wissen verfügen. Auch hierfür werden lange Vorbereitungskurse angeboten, die du unbedingt nutzen solltest. Sportaufnahmeprüfungen lassen sich ebenfalls nicht ohne lange Vorbereitung und Training bestehen. Diese setzen Kondition ebenso voraus wie das Beherrschen von Einzel- und Gruppensportarten. Schau dir die genauen Informationen bei der Deutschen Sporthochschule in Köln an. Wenn du glaubst, diese Aufnahmeprüfung zu schaffen, dann ab ins Training! Gut zur Vorbereitung sind Vereinstraining und die offiziellen Sportabzeichen.

Zum Teil sind weitere spezielle Zugangsvoraussetzungen zu erfüllen (fremdsprachliche Kompetenz, phoniatrisches Gutachten, Vorpraktika usw.). Es ist daher für alle wichtig, sich rechtzeitig und genau zu informieren, um die Nachweise zu erbringen. Motivationsschreiben und Auswahlgespräche werden, mit wenigen Ausnahmen, meist erst bei der Bewerbung für einen Masterstudiengang relevant.

Dann gibt es noch die sogenannten zulassungsbeschränkten Studiengänge. Deren Bewerbungsfrist ist in der Regel früher, und zwar meist am 15.7. Hierbei handelt es sich um Fächer, die so sehr nachgefragt sind, dass es mehr Bewerberinnen und Bewerber als Studienplätze an den Hochschulen gibt. Knapp 40 % der Studiengänge haben eine Zulassungsbeschränkung/NC. In beliebten Studienstädten können aber auch bis zu 50–60 % der Studienfächer zulassungsbeschränkt sein (siehe dazu: https://www.che.de/download/checknumerus-clausus-2022/). Eine Zulassungsbeschränkung sagt nichts über die Schwierigkeit oder den Anspruch eines Studiums aus (obwohl sich dieser Mythos hält). Die Verteilung der Studienplätze erfolgt in der Regel über den Numerus clausus (NC) und Wartesemester. Teilweise kommen noch spezielle Notengewichtungen, Berücksichtigung von relevanten Vorerfahrungen, Motivationsschreiben und Auswahlgespräche hinzu. Wichtigstes Kriterium im Rahmen des NC ist jedoch meist allein deine Abiturnote. Viele glauben, der NC sei ein vorher festgesetztes Kriterium. Das ist falsch. Der NC verändert sich von Jahr zu Jahr. Daher noch mal eine kurze Erklärung und ein Rechenbeispiel: NC steht für Numerus clausus; das ist Latein und steht für die Zahl, bei der die Aufnahme geschlossen wird. Hierzu ein einfaches Beispiel: Es gibt 100 Studienplätze und 300 Bewerberinnen und Bewerber auf diese Studienplätze. Wenn nur nach Abiturnote ausgewählt wird, werden diese 300 Bewerber in eine Rangfolge gebracht (die Beste zuerst, Zweitbeste usw.). Die ersten Hundert erhalten einen Studienplatz. Die Note, welche die Person auf Platz 100 hatte, ist der NC dieses Jahres (z. B. 1,7). Das heißt, der NC ändert sich von Jahr zu Jahr, je nach Bewerber*innen und Bewerbungszahlen.

Nun gibt es aber nicht nur das Auswahlverfahren nach Abiturnote, sondern auch noch Wartesemester und Auswahlverfahren der Hochschule (AdH). Zum Beispiel können 20 % der Studienplätze rein nach Abiturnote, 60 % nach AdH und 20 % nach Wartesemestern vergeben werden. Im Auswahlverfahren der Hochschule können neben der Abiturnote (die eigentlich immer und meist ausschließlich eingeht) auch gegebenenfalls noch die genannten anderen Kriterien wie spezielle Notengewichtungen, relevante Vorerfahrungen, Motivationsschreiben und Auswahlgespräche sowie Prüfungen berücksichtigt werden. Diese werden auf einen gemeinsamen Punktewert verrechnet. Es wird also wieder eine Rangfolge erstellt. Der Punktewert des Schlechtesten, der noch einen Platz bekommen hat, bildet den Grenzwert. Meist werden aber 80 % einfach nach Abiturnote vergeben. Schau genau, was im AdH für deinen Studiengang zählt und ob andere Kriterien einfließen. So sind nun 80 von 100 Plätzen in unserem Beispiel vergeben. Bleiben 20 % (im Beispiel 20) der Studienplätze, die nach Wartesemestern vergeben werden. Hier wird wiederum eine Rangfolge der Bewerberinnen und Bewerber gebildet, und zwar danach, wie viele Wartesemester sie haben. Wartesemester sind all diejenigen Halbjahre, die du nach Erwerb deiner Hochschulzugangsberechtigung (Abitur) nicht an einer staatlichen oder staatlich anerkannten Hochschule in Deutschland immatrikuliert warst. Auch die Zahl der Wartesemester ist also nicht festgelegt, sondern wechselt nach den Bewerbungen. Auch hier wird wieder die Zahl des- oder derjenigen angegeben, der oder die noch einen Studienplatz bekommen hat. Die Abiturnote wird nur dann berücksichtigt, wenn zwischen den letzten noch zu vergebenden Plätzen die gleiche Wartesemesteranzahl vorliegt. (So bekommt jemand mit 14 Wartesemestern und Abinote 4,0 eher einen Studienplatz als jemand mit 13 Wartesemestern und Abinote 2,0. Dieser wiederum bekommt jedoch eher einen Studienplatz als jemand mit 13 Wartesemestern und Abinote 2,5). Dabei sollten zwei weitere Mythen als falsch gekennzeichnet werden: Die Abinote lässt sich nicht durch das Sammeln von Wartesemestern aufbessern – deine Abinote bleibt immer deine Abinote. Und: Um Wartesemester zu sammeln, muss nicht zunächst eine Bewerbung an einer Hochschule erfolgt sein. Allerdings wird im Moment diskutiert, diese Regelung zu ändern.

Eine weitere wichtige Unterscheidung ist diejenige zwischen bundesweit beschränkten und lokal beschränkten Studiengängen (lokaler oder Hochschul-NC). Für die bundesweit beschränkten Studiengänge (im Moment: Medizin, Pharmazie, Tiermedizin und Zahnmedizin) bewirbt man sich auf dem Portal www.hochschulstart.de. (Dort findest du auch noch mal alle Infos zum Verfahren.) Weitere Informationen zu Medizin & Co findest du in einem Extraabschnitt.

Für lokal beschränkte Studiengänge muss man sich entweder direkt an der Hochschule oder, wenn die Hochschule an einem zentralen Verfahren (dem sogenannten Dialogorientierten Serviceverfahren) teilnimmt, bei hochschulstart.de bewerben. Beim sogenannten lokalen NC gibt es dabei, wie gesagt, teilweise große Unterschiede, welche Kriterien in die Auswahl eingehen. Bei lokalen NCs lohnt sich der Vergleich zwischen den Hochschulen. Zum Teil sind Studiengänge an der einen Uni beschränkt, während sie an anderen unbeschränkt sind. Auch unterscheiden sich die NCs, je nachdem, wie viele sich für den Standort bewerben. An guten oder auch beliebten Hochschulen (z. B. wegen der attraktiven Stadt) ist der NC meist schwieriger zu erreichen als an eher kleinen und unbekannten Standorten.

Information: Wege an die Hochschule
Trotz der jährlichen Schwankungen kann man sich an den Auswahlgrenzen der letzten Verfahren orientieren, um einen Eindruck zu gewinnen und zu prognostizieren, ob man die Kriterien erfüllt. Die Informationen dazu findest du für die zentralen Verfahren bei hochschulstart.de oder jeweils auf den Universitätswebseiten (googele den Universitätsnamen und Zulassungsbeschränkungen bzw. NC oder Wartesemester; die Daten direkt auf der Website zu suchen, ist meist nicht ganz einfach). Eine Seite, die versucht, diese Daten im Überblick zusammenzustellen, ist www.nc-werte.info. Dort findest du auch die Anzahl der Wartesemester, die jemand im vergangenen Jahr brauchte, um einen Studienplatz nach Wartesemestern zu bekommen. Ebenfalls auf der

Seite finden sich Informationen zu weiteren Vergabeverfahren; diese sind als Auswahlverfahren der Hochschule (AdH) angegeben. Schau alternativ zur Suche auch auf www.auswahlgrenzen.de, https://schuelerpilot.de/nc-werte/studiengang oder https://uniturm.de/studienwahl/nc-rechner. Wirklich vollständig und aktuell ist keine dieser Seiten. Details zu den Vergabeverfahren (siehe Abb. 8.1) entnimmst du aber am besten immer aktuell und verbindlich den Webseiten der Hochschulen. Wenn du dein Abitur noch nicht hast, deine Leistungen jedoch kennst bzw. gut einschätzen kannst, kannst du dir eine mögliche Abiturnote auch vorher ausrechnen. Hier eine Website mit Abirechnern je nach Bundesland: www.schuelerpilot.de/abirechner/.

Wenn es in deinem Wunschfach nicht im ersten Anlauf klappt, hast du meist – zumindest, wenn es knapp war – im Nachrückverfahren eine Chance. Um deine Chance zu erhöhen, wirst du dich auf mehre Studienplätze an verschiedenen Hochschulen bewerben. Sofern dein Studiengang nicht bundesweit zulassungsbeschränkt ist oder über hochschulstart.de organisiert vergeben wird, gibt es keine Beschränkung, auf wie viele Studienplätze du dich bewerben kannst. Das machen natürlich auch viele andere. Du kannst aber nur einen Studienplatz annehmen und dich einschreiben. Wenn du dich für ein Angebot entschieden hast, solltest du die anderen Studienplätze absagen (bei hochschulstart.de geschieht dies automatisch). So werden Studienplätze frei, und andere können nachrücken. Manchmal werden Studienplätze, die zum Studienstart nicht angenommen wurden (die Personen tauchen nicht an der Uni auf), sogar im Losverfahren vergeben. Also nicht die Hoffnung aufgeben! Manchmal klappt es noch kurz vor knapp. Informationen zum Losverfahren und freien Plätzen findest du auf www.freie-studienplaetze.de und auf www.meinlosverfahren.de.

Wenn es trotz allem nicht mit dem Wunschstudium geklappt hat, gibt es mehrere Optionen. Zum einen hast du vielleicht einen guten Plan B: Fächer, die dich auch sehr interessieren und auf die du dich auch bewirbst und die eine wirkliche Alternative sind. Ein reines „Parkstudium" ist schlecht bezüglich der Wartesemester. Bei manchen Fächern kannst du auch über verschiedene Fächer in den Wunsch-Master gelangen; manche Fächer erlauben auch den Quereinstieg in ein höheres Semester. Hierfür musst du die Studienleistungen erbringen, die für dein Wunschstudium angerechnet werden können. Das ist mitunter auch bei Fernstudiengängen möglich. Außerdem könntest du überlegen, zunächst im Ausland zu studieren und dann nach Deutschland zu wechseln. Auch hier ist es wichtig zu prüfen, ob die Leistungen anerkannt werden können. Es gibt auch noch die Möglichkeit, vollständig im Ausland zu studieren; dann solltest du dich informieren, ob der Berufsabschluss anerkannt wird. Ansonsten bleibt dir nur das Warten. Wenige benötigte Wartesemester lassen sich durch Auslandsprojekte, Freiwilligendienste, Nebenjobs und einschlägige Praktika gut überbrücken. Wenn es wahrscheinlich länger dauert, ist eine einschlägige Berufsausbildung der beste Weg. Dazu im Folgenden mehr am Beispiel von Medizin.

8.1.1 Information: Medizin und Co.

Die meisten Fragen in meinen Seminaren betreffen das Medizinstudium. Das Medizinstudium ist eines der beliebtesten in Deutschland. Viele junge Menschen wollen den anspruchsvollen und belastenden, aber auch anerkannten und immer noch lukrativen Arztberuf ergreifen. Ein Ärztemangel ist dennoch jetzt schon zu spüren. Das liegt im Wesentlichen daran, dass es zu wenige Studienplätze gibt, nicht am Mangel geeigneter Kandidatinnen und Kandidaten. Doch Medizinstudienplätze sind teuer für die Staatskasse, also wird sich daran so schnell nichts ändern. Zu den Details rund um das Medizinstudium gibt es mittlerweile zahlreiche Websites sowie eigene Ratgeber und spezielle Beratungen. An dieser Stelle sollen daher ein paar allgemeine Hinweise genügen. Sie gelten im Wesentlichen auch für Pharmazie, Tiermedizin und Zahnmedizin. Dort sind die Bewerbungszahlen aber geringer und die Zulassungshürden also ein wenig niedriger (für aktuelle Zahlen kannst du auf www.destatis.de nach Studienanfänger/innen und Studienplatzbewerber/innen in bundesweit zulassungsbeschränkten Studiengängen suchen).

Bewerbungssystem
Im Bewerbungsverfahren bei Medizin kannst du auf Hochschulstart bestimmte Universitäten als Wünsche benennen. Dabei gibt es verschiedene Kriterien, die deine Chancen noch erhöhen (wie Abitur im selben Bundesland, Sozialkriterien etc.). Lies dir alles genau durch und schau, welche Kriterien welche Universitäten wie berücksichtigen. Das ist zwar fast schon höhere Logik, kann aber den entscheidenden Unterschied ausmachen. Für das Fach Medizin gibt es mittlerweile, zumindest bei der reinen Abiturbestenquote, einen NC von 1,0. Hier sind sogar deine genauen Punktzahlen im Abitur entscheidend. Unter Umständen kann es sich also selbst bei einem sehr guten Abitur lohnen, in die Nachprüfung zu gehen.

TMS und Co
Mittlerweile findet der TMS, der Test für medizinische Studiengänge, wieder Verwendung (www.tms-info.de). Zahlreiche Universitäten beziehen ein

TMS-Testergebnis in die Punkteermittlung beim AdH mit ein. Es ist notwendig, sich auf den Test vorzubereiten; dafür sind offizielle Testunterlagen aus den letzten Jahren veröffentlicht. Damit kannst du dich auf die Testformate vorbereiten. Ob du zusätzlich ein Extratesttraining bei einem kommerziellen Anbieter brauchst und buchst, ist deine Entscheidung. Es geht definitiv auch ohne. Lerngruppen zu bilden, hilft auch hier. Der TMS ist eine Mischung auch Fachtest und Intelligenztest (z. B. Informationen aus Texten, Tabellen und Grafiken entnehmen und interpretieren; Umgang mit Größen, Einheiten und Formeln; Test zu Merkfähigkeit, visueller Wahrnehmung und räumlichem Vorstellungsvermögen sowie Sorgfalt und Konzentration). Es geht viel um Konzentration und Mustererkennung. Du kannst diesen Test nur einmal wiederholen. Melde dich rechtzeitig dafür an. Die Frist ist viel eher als dein Abitur und die Uni-Bewerbungsfrist. Den TMS kannst du mittlerweile einmal wiederholen, wobei Erstgeprüfte bei der Vergabe der Testplätze ein Vorrang eingeräumt wird. Neben dem TMS gibt es auch noch den HAM-Nat, der im Wesentlichen an der Universität Hamburg zum Einsatz kommt. Auch hier sind Vorbereitung und rechtzeitige Prüfung wichtig. Welchen Einfluss solche Tests haben können, fasst die folgende Seite gut zusammen: https://www.mediziner-test.de/medizin-studieren-ohne-nc-1-0.

Sonstige Kriterien
Einige Universitäten führen auch Auswahlgespräche durch. Dort kannst du durch deine Motivation und Auseinandersetzung mit dem Studium Punkte für das AdH sammeln. Hier helfen dir auch meine Bewerbungstipps zu Auswahlverfahren bei Stipendien.

Mit zwei Sonderfällen kannst du die Wahrscheinlichkeit erhöhen, einen Studienplatz zu bekommen: zum einen ist dies ein Bundespreise bei „Jugend forscht", zum anderen die Mitgliedschaft in einer Nationalmannschaft. Diese werden bei manchen Universitäten auf den Abischnitt angerechnet. Nicht unbedingt etwas, was man so nebenher erreicht!

An einigen Universitäten werden auch naturwissenschaftliche Fächer im Abitur stärker gewichtet. Generell solltest du diese in der Oberstufe als Grundlage belegt haben, obwohl unter Umständen andere Fächer für den reinen Abiturschnitt strategisch vielleicht klüger sind.

Berufsausbildung und andere Alternativen
Eine fachnahe Berufsausbildung wird von vielen Universitäten im Bewerbungsverfahren als Bonus anerkannt (von Pflegeausbildungen über Sanitätsdienst bis hin zu einschlägigen technischen oder naturwissenschaft-

lichen Ausbildungen). Dieser Zugangsweg wurde mit den Änderungen nach dem Bundesverfassungsgerichtsurteil (s. u.) gestärkt.

Eine weitere Chance ist die Verpflichtung bei der Bundeswehr. Wenn du Medizin oder Psychologie studieren möchtest, kannst du dich bei der Bundeswehr bewerben, die über Studienplatzkontingente verfügt. Dies bedeutet aber den Dienst an der Waffe und eine Verpflichtung für 17 Jahre. Das kann eine Option sein, wenn du deinem Land auf diese Weise dienen möchtest. Du solltest diese Entscheidung jedoch nicht leichtfertig fällen.

Politisch wird diskutiert, auf ähnliche Weise Sonderkontingente an Studienplätzen für Studierende zu schaffen, die sich nach dem Studium für mehrere Jahre zu einer Tätigkeit als Landarzt/Landärztin verpflichten. Noch gibt es diese Möglichkeit nicht überall. Ein Bundesland, das diese Möglichkeit geschaffen hat, ist z. B. Bayern (landarztquote.bayern.de). Einen Überblick findest du auf: https://hochschulstart.de/informieren-planen/verfahrensdetails/landarztquote. Schon weiterverbreitet sind dagegen Stipendienprogramme für angehende Landärzte. So bekommst du im Studium Geld, wenn du hinterher eine solche Stelle antrittst. Mehr Informationen zu Stipendien für Medizinstudierende findest du auf: https://www.mystipendium.de/stipendien/stipendium-medizin.

Sich einen Studienplatz auf Basis des Art. 12 GG (Freiheit der Berufswahl) einzuklagen, hat in den ersten Jahren durchaus Erfolg gehabt. Mittlerweile sind die argumentativen Lücken bezüglich der Kapazitätsplanung an den Universitäten sehr gut geschlossen. Durch das genaue Vergabeverfahren über die Stiftung für Hochschulzulassung (Hochschulstart) hat eine Klage wenig Aussicht auf Erfolg. Sie kostet in jedem Fall mehrere tausend Euro. Zuletzt erging ein Urteil des Bundesverfassungsgerichts, in dem eine Überarbeitung des bisherigen Zulassungsverfahrens angemahnt wurde. Das heißt aber nicht, dass Klagen erfolgversprechender werden, sondern eher, dass das Verfahren noch enger wird. So ist es nun so, dass die reine Wartezeit als Kriterium (mit Übergangsregelungen) keine Rolle mehr spielt. Hingegen finden fachnahe Ausbildungen stärkere Berücksichtigung. Am Stellenwert der Abiturnote wird sich so schnell nichts ändern. Die aktuellen Informationen findest du immer bei Hochschulstart.de.

Aktuelle Situation
Im Moment werden 30 % der Studienplätze nach Abiturbestenquote vergeben (nach Landesquoten; bei selber Note: Dienst und Los), 60 % nach Auswahlverfahren der Hochschulen, wo neben Abiturnote (z. T. gewichtet) auch vermehrt TMS-Ergebnisse und berufliche Vorerfahrungen eine Rolle spielen (Kriterien

u. a.: Abiturnote, Notengewichtung, Studieneignungstest, Auswahlgespräch, Berufsausbildung, Vorqualifikation, Dienst). In der neuen zusätzlichen Eignungsquote von 10 % findet die Abiturnote keine Berücksichtigung; hier zählen neben Testergebnissen vor allem Berufserfahrungen (Kriterien u. a.: TMS, Auswahlgespräch, Berufsausbildung, Vorqualifikation, geleistete Dienste/Freiwilligendienste). Eine allgemeine Übersicht über die Auswahlkriterien in den zentral vergebenen medizinischen Studienplätzen: https://hochschulstart.de/startseite/informieren-planen/verfahrensdetails/quotenmodell-des-zv.

Details kannst du folgenden Hilfebroschüren entnehmen:

https://hochschulstart.de/fileadmin/media/epaper/hilfe23-24/hilfe-zur-bewerbung-ws23-24.pdf
https://hochschulstart.de/fileadmin/media/epaper/hilfe23-24/adh_ws23-24.pdf
https://hochschulstart.de/fileadmin/media/epaper/hilfe23-24/zeq_ws23-24.pdf

Diese werden vor jedem Verfahren aktualisiert, also Updates checken: www.hochschulstart.de.

Es gibt mehrere Anbieter, die dir helfen, deine Chancen auf das Medizinstudium auszurechnen. Ein kostenloses Angebot ist der Medi Ranger (https://exam.agav.uke.de/MediRanger/), kostenpflichtig ist hingegen der Medirechner (https://medirechner.de/).

Privatuni und Ausland?
Des Weiteren besteht die Möglichkeit, Medizin an einer Privatuniversität in Deutschland zu studieren. Aber auch dort sind die Studienplätze stark begrenzt. Im Moment gibt es mindestens fünf Privatunis in Deutschland: Witten/Herdecke, MSH Hamburg, Medizinische Hochschule Brandenburg, Paracelsus Medizinische Privatuni Nürnberg und Kassel School of Medicine. Dort stehen auch nur wenige Studienplätze (je ca. 40–50) zur Verfügung, sodass die Konkurrenz beim Auswahlverfahren ebenfalls groß ist. An diesen privaten Hochschulen zählt Motivation zum Teil mehr als das Abi. Mit dem Privatstudium sind hohe Studiengebühren verbunden (z. B. 56.000 EUR insgesamt), die jedoch zum Teil auch nach dem Studium (über einen Einkommensanteil) gezahlt werden können, zum Teil werden sie auch übernommen, wenn man sich verpflichtet, auf dem Land zu arbeiten. Ansonsten helfen nur reiche Eltern oder ein sehr hoher Kredit.

Die Finanzierungsfrage ist auch bei einem Medizinstudium im Ausland entscheidend. Es gibt englischsprachige und einige wenige deutschsprachige

Studiengänge in Osteuropa (Bulgarien, Rumänien, Polen, Ungarn, Tschechien, Lettland, Litauen, Slowakei, Kroatien). Die Studiengebühren sind hoch (ca. 10.000 EUR pro Jahr). Teilweise gibt es Kooperationen nach Deutschland. Bis hin dazu, dass es schon eine ausländische Uni gibt, die ein Studienangebot für Deutsche in Deutschland anbietet. Aber auch bei diesen Universitäten, besonders bei den guten, hat die Konkurrenz um die Plätze mittlerweile zugenommen. Hier helfen neben guten Noten vor allem auch Motivation und Testergebnisse (z. B. TMS). Rechtzeitig informieren und bewerben ist auch hier wichtig. Vor allem aber gilt es zu prüfen, ob die Studienabschlüsse und Studienleistungen in Deutschland anerkannt werden würden. Im deutschsprachigen Ausland (Österreich, Schweiz) wurden die Eingangshürden für deutsche Studierende mittlerweile ebenfalls hochgesetzt. Solltest du eine Fremdsprache fließend sprechen, könntest du es auch in den entsprechenden Ländern probieren. In Großbritannien und den USA sind die Studiengebühren sehr hoch. In Frankreich, Spanien und Italien musst du ein Auswahlverfahren mit hoher Konkurrenz bestehen. Generell ist das Medizinstudium in fast allen Ländern der Welt mit Auswahlhürden und teils hohen Kosten verbunden. Du kannst die Optionen gerne trotzdem prüfen. Bedenke dabei, dass ein Studium in Deutschland gut und kostenlos ist. Eine Chance, für die es sich lohnt, sich beim Abitur anzustrengen. Auf folgenden zwei Seiten findest du mehr Informationen zum Thema: https://www.medizinstudium-im-ausland.de/ und https://www.praktischarzt.de/medizinstudium/medizinstudium-im-ausland/.

Rettungsdienst und Co. – eine echte Alternative
Jedem, der sich für ein Medizinstudium interessiert, empfehle ich, noch zu Schulzeiten ein Engagement bei einem Rettungsdienst (DRK, Johanniter, ASB, DLRG, usw.) zu beginnen und eine Ausbildung zum Sanitäter zu machen. Man wird so ein professioneller Ersthelfer, was nie schlecht im Leben ist, lernt medizinische Basics und kann sich sinnvoll ehrenamtlich engagieren. Auch kann man dadurch den Studienwunsch noch mal prüfen und kommt mit anderen medizinischen Berufen in Kontakt, vor allem, wenn man Praktika im Krankenhaus und auf dem Krankentransportwagen macht. Es ist anspruchsvoll und kostet Zeit, aber es macht auch viel Spaß und ist sinnvoll. Wenn du dich für den Rettungsdienst begeistern kannst, gibt es die Möglichkeit, nach der Schule weitere Ausbildungen, z. B. zum Rettungssanitäter im Rahmen eines Freiwilligendienstes oder im Rahmen einer Berufsausbildung zum Notfallsanitäter anzuschließen. Das bedeutet Praxis und Erfahrung im Rettungsdienst. Eine hohe Belastung und Verpflichtung. Es ist ein richtiger Beruf und sollte nicht einfach nur zum Überbrücken genutzt werden. Wenn

man nicht in den Rettungsdienst geht, sind die Krankenpflegeausbildung oder eine medizinisch-technische Ausbildung eine gute und sinnvolle Grundlage für das Medizinstudium. Außerdem sind es wirklich wichtige und wertvolle Berufe, vielleicht auch echte Alternativen zum Studium.

Wenn man sich generell für den medizinischen Sektor interessiert und nicht unbedingt Arzt werden will, bieten sich auch spannende Möglichkeiten in dem weiteren Studienfeld an, z. B. Medizintechnik, Biochemie und Pharmazie, Medizin- und Pflegemanagement usw. Eine gute Übersicht findet sich auf: https://www.praktischarzt.de/medizinische-berufe/.

8.2 Information: Auslandsaufenthalt im Studium oder Ausbildung

Warum im Ausland studieren?
Ein Auslandsaufenthalt während des Studiums sieht nicht nur gut im Lebenslauf aus und wird bei Bewerbungen immer wichtiger, er ist auch wirklich in vielen Fällen eine Bereicherung an beruflichen und vor allem persönlichen Erfahrungen. Sich in einem fremden Land, einer mehr oder weniger fremden Kultur und Sprache zu bewegen, erfordert Mut und Anpassung. Du lernst dich selbst, deine Stärken und Schwächen noch mal auf eine ganz andere Art kennen. Es ist in vielerlei Hinsicht eine Horizonterweiterung. Ein oder sogar mehrere längere Auslandsaufenthalte zum Studieren oder Arbeiten (nicht nur Urlaub) sind eine klare Empfehlung. Welche Optionen und Varianten gibt es, und wie kann ich diese finanzieren?

Varianten während des Studiums?
Während der vorlesungsfreien Zeit, zwischen Bachelor und Master oder direkt nach dem Studium, kannst du praktische Erfahrung im Rahmen eines Auslandspraktikums sammeln. In bestimmten Studienprogrammen sind diese verpflichtend vorgesehen bzw. können Pflichtpraktika auch im Ausland absolviert werden. Dies gilt auch für Studiengänge mit Staatsexamen wie Jura oder Medizin, in denen Auslandssemester aufgrund der Anerkennung eher schwieriger sind. Hier können im Rahmen von Pflichtpraxisteilen wie Famulaturen oder der Wahlstation im Referendariat Auslandserfahrungen gesammelt werden. Neben freiwilligen Praktika kannst du dir auch ein Auslandssemester komplett selbst organisieren. Hierfür kannst du dir entweder

ein Urlaubssemester nehmen oder im Vorfeld mögliche Anerkennungen von Studienleistungen klären. Zu den optionalen Möglichkeiten gehört auch ein Auslandssemester im Rahmen eines Austauschprogramms. Dazu bewirbst du dich auf einen Studienplatz an einer ausländischen Hochschule, mit der deine Hochschule eine Kooperationsvereinbarung geschlossen hat. Diese Programme sind oftmals nicht nur finanziell günstiger, da auf Studiengebühren gegenseitig verzichtet wird bzw. Stipendien möglich sind, sondern auch zumeist leichter auf dein Studium in Deutschland anrechenbar. Mein Tipp bei der Hochschulwahl: Wenn du mal in einem ganz bestimmten Land oder an einer ganz bestimmten Hochschule im Ausland studieren möchtest, checke vorher auf den Seiten des International Office oder Akademischen Auslandsamtes deiner Wunschuni in Deutschland, ob es entsprechende Austauschprogramme für dein Studienfach gibt. Wenn nicht, könnte dies auch ein Auswahlkriterium für deinen Hochschulstandort in Deutschland sein. Vollständig angerechnet werden dir in jedem Fall Pflichtauslandssemester, die in bestimmten Studiengängen mit internationalem Bezug vorgesehen sind. Darüber hinaus gibt es auch in einigen Studienfächern Kooperationsstudiengänge, die einen längeren Pflichtauslandsaufenthalt an einer Partnerhochschule im Ausland beinhalten und mit Abschlüssen aus beiden Ländern beendet werden können. Eine weitere Möglichkeit ist natürlich, das komplette Studium bzw. den Bachelor oder Master im Ausland zu absolvieren. So sammelst du viel internationale Erfahrung und profitierst von anderen Studienprogrammen, als sie in Deutschland angeboten werden (bzw. aufgrund von Zulassungsbeschränkungen für dich hier zugänglich sind). Bei allen Varianten stellt sich die Frage, wie du ein Praktikum oder Studium im Ausland finanzieren kannst. Denn Studiengebühren, Reisekosten und zum Teil höhere Lebenshaltungskosten schlagen ganz schön zu Buche. Zum Glück gibt es eigene Unterstützungsprogramme.

Unterstützungsprogramme
Das bekannteste europäische Austauschprogramm ist Erasmus. Mit einem Erasmus-Stipendium kannst du 3–12 Monate an eine andere europäische Hochschule (EU und Partnerländer) gehen und dort studieren. Voraussetzung ist, dass es eine Austauschvereinbarung zwischen den Hochschulen gibt und du den Platz bekommst. Wenn es geklappt hat, werden gegenseitig die Studiengebühren erlassen und du bekommst einen länderabhängigen Finanzzuschuss von 195–450 bzw. 550 € (bitte immer die aktuellen Werte checken, die Unterstützung wird immer wieder an die aktuelle wirtschaftliche Lage/Inflation angepasst). Im Durchschnitt sind es 325 € pro Monat. Erasmus för-

dert auch Auslandspraktika. Ein weiteres tolles Förderinstrument ist das Auslands-BAföG; es umfasst dein normales BAföG plus einen länderabhängigen Aufschlag von 60 bis 260 €. Es können einmalig Studiengebühren bis 4600 € übernommen und es kann ein Reisekostenzuschuss von 500–1000 € gewährt werden. Innerhalb der EU/Schweiz kann auch die Kosten für das ganze Studium gezahlt werden, außerhalb jedoch nur bis zu 12 Monate. Beantragt wird das Auslands-BAföG bei den BAföG-Ämtern in den Studierendenwerken. Dabei sind bestimmte Standorte für bestimmte Länder zuständig. Ein Antrag lohnt sich auch, wenn du normalerweise kein BAföG in Deutschland bekommst. Wenn du ein Begabtenförderungsstipendium erhältst, gelten ähnliche länderabhängige Pauschalen wie beim Auslands-BAföG. Die Werke fördern einen Aufenthalt bis zu 12 Monaten, je einmal im Bachelor- und Masterstudium bzw. unter Umständen sogar das komplette Studium im Ausland. Wenn es mit dem Begabtenförderungsstipendium nicht geklappt hat, kannst du nach unzähligen anderen Förderprogrammen suchen. Fast alle findest du in der Datenbank des DAAD (Deutscher Akademischer Austauschdienst), wo du länderspezifisch Programme nach Ausbildungsstufe suchen kannst. Von Kongressreisen bis längeren Studien- und Forschungsaufenthalten kann alles gefördert werden. Der Umfang ist dabei sehr unterschiedlich. Plätze in Programmen für beliebte Länder wie USA, Großbritannien oder Australien sind mit hoher Konkurrenz verbunden, während du bei Ländern in Afrika, Asien und Südamerika oft bessere Chancen hast. Neben diesen staatlichen Programmen gibt es auch noch private Stiftungen, die Praktika, Auslandssemester oder Forschungsreisen fördern. So fördert die Haniel Stiftung z. B. speziell Praktika in Russland und Asien. Auch hier lohnt sich wieder die Suche nach speziellen Stiftungen für ein bestimmtes Land oder Fach.

Beratung und Suchportale
Beratung fürs Auslandsstudium erhältst du in den International Offices an deiner Hochschule (oder auch akademisches Auslandsamt genannt), eine private Beratung findest du z. B. auf ieconline.de oder college-contact.com. Deutsch-Französische Kooperationen bei Studiengängen finden sich auf: dfh-ufa.org. Such nach internationalen Studiengängen im Hochschulkompass (hochschulkompass.de); eine gute internationale Suchplattform findest du auf moveonnet.eu.

Auslandsaufenthalt während und nach der Ausbildung
Auch für Azubis gibt es Möglichkeiten, während oder nach der Ausbildung ins Ausland zu gehen. Infos findest du auf: ausbildung-weltweit.de oder ausbildung-international.de. Gefördert werden solche Aufenthalte u. a. durch Erasmus+, Hermann-Strenger-Stipendium in der beruflichen Bildung (Internationale Er-

fahrungen am Ende oder kurz nach der Ausbildung), LGH-Gewerbeförderung des Handwerks (Auslandsaufenthalte für handwerkliche Azubis). Weitere gute Anlaufstationen sind die Auslandsvermittlung der Bundesagentur für Arbeit (ba-auslandsvermittlung.de) und die deutsche Außenhandelskammer (ahk.de). Wenn es um Zusatzqualifikationen im Ausland geht, schau unter ausbildungplus.de. Wenn es darum geht, im Ausland erworbene berufliche Kompetenzen hier anerkennen zu lassen, informier dich auf: europass-info.de.

Ferner gibt es Programme für Auslandsaufenthalte nach Ausbildung und Studium: Arbeits- und Studien-Aufenthalte (ASA) (asa.engagement-global.de) oder Auslandsvermittlung der Bundesagentur für Arbeit (ba-auslandsvermittlung.de) oder career-contact.de.

8.3 Studienfinanzierung

8.3.1 Studienkosten

Studieren in Deutschland ist zunächst einmal kostenlos an staatlichen Universitäten und Fachhochschulen möglich. Das Studium wird in Deutschland von den Steuerzahlerinnen und Steuerzahlern getragen. Es gibt zahlreiche Unterstützungsmöglichkeiten. Ein Studium muss nicht an der Finanzierung scheitern. Es gibt keine Studiengebühren; selbst die geringen Gebühren, die in ein paar Bundesländern mal erhoben wurden, sind inzwischen abgeschafft worden (ganz vereinzelt gibt es noch Langzeitstudiengebühren [ab dem 13. bis 16. Semester], Gebühren für Seniorenstudium, berufsbegleitende Weiterbildungsmaster oder Zweitstudium). Allerdings musst du pro Semester einen bestimmten Semesterbeitrag bezahlen, dessen Höhe von deiner Universität und den enthaltenen Leistungen abhängt (ein gewisser Teil geht an die Studierendenschaft und an das Studentenwerk; oft zahlst du auch Verwaltungskosten und eine Mobilitätspauschale für ein Semesterticket). Der Semesterbeitrag an der Universität Leipzig beispielsweise betrug 2022/2023 253,50 € (8,50 € Studentenschaft, 80 € Studentenwerk, Mobilität/Ticket 165 €). Einen Verwaltungskostenbeitrag gibt es hier nicht, aber an vielen anderen Universitäten. Dieser beträgt meist so um die 50 EUR. Insgesamt kannst je nach Uni mit einem Betrag zwischen 180 und 350 EUR pro Semester rechnen.

Mit diesen geringen Grundkosten ist das Studium erheblich besser zu finanzieren als in vielen Ländern mit hohen Studiengebühren wie England und den USA. Dennoch muss man in der Zeit des Studiums sein Leben an sich finanzieren (Lebenshaltungskosten). Da kann in drei bis fünf Jahren Studium schon einiges an Kosten zusammenkommen, die aufgebracht werden müssen.

Bild 4.12	Monatliche Ausgaben 2009 bis 2016 Bezugsgruppe „Fokus-Typ", arithm. Mittelwerte, in €			
Ausgewählte Ausgabenpositionen		2009	2012	2016
Miete einschließlich Nebenkosten		276	294	323
Ernährung		156	161	168
Kleidung		50	52	42
Lernmittel		33	30	20
Auto und/oder öffentliche Verkehrsmittel		73	78	94
Krankenversicherung, Arztkosten, Medikamente		57	62	80
Kommunikation (Telefon, Internet u. a. m.)		34	32	31
Freizeit, Kultur und Sport		63	68	61

DSW/DZHW 21. Sozialerhebung

Abb. 8.2 Monatliche Ausgaben „Fokus-Typ" meint Studierende, die nicht verheiratet sind, alleine wirtschaften, alleine oder in WGs wohnen, Vollzeit und in Präsenz studieren; das sind ca. 51 % der Studierenden, und sehr wahrscheinlich fällst auch du in die Kategorie. (© Sozialerhebung des Deutschen Studentenwerks, durchgeführt vom Deutschen Zentrum für Hochschul- und Wissenschaftsforschung 2017, www.sozialerhebung.de)

Die folgende Aufstellung (Abb. 8.2) zeigt, was ein Durchschnittsstudierender in Deutschland pro Monat wofür ausgibt.

Wie du siehst, sind der größte Posten die Mietkosten. Wer nicht bei den Eltern wohnen bleibt, muss dafür einen größeren Betrag ausgeben. Dabei sind die Wohnform und die Stadt, in der man studiert, sehr entscheidend. Abb. 8.3 zeigt ein paar Durchschnittswerte.

Bei den Wohnformen ist das Wohnheim am günstigsten, danach folgt die Wohngemeinschaft (WG), danach die Wohnung mit einem Partner/einer Partnerin, und am teuersten ist die Singlewohnung. Die Durchschnittskosten unterscheiden sich sehr je nach Stadt. Beispielsweise liegt Leipzig mit 264 EUR auf Platz 60 der Liste. In Köln und Frankfurt am Main zahlen die Studierenden im Durchschnitt fast 375 EUR. Dabei sind die Werte schon jetzt veraltet. Man kann sagen (mit sehr wenigen Ausnahmen), dass die Mieten in allen größeren Städten (allen voran die Spitzenreiter) noch gestiegen sind (plus 15 bis 50 EUR). Einen Eindruck vom aktuellen Preisniveau bekommst du auf dem Portal www.wg-gesucht.de. Dieses ist die erste Anlaufstelle, wenn du auf der Suche nach einer WG bist. Ansonsten kannst du einen Blick in Immobilienportale unter der Rubrik „Mieten" werfen. Eine besondere Wohnform, die es immer häufiger gibt, ist das Wohnen für Hilfe; mehr Informationen dazu findest du auf www.hf.uni-koeln.de/33114.

Bild 4.18 Rangfolge der Hochschulstädte nach Höhe der monatlichen Ausgaben für Miete und Nebenkosten
Bezugsgruppe „Fokus-Typ", arithm. Mittelwerte in €

Rang	Standort[1]	Ausgaben für Miete einschl. Nebenkosten	Rang	Standort[1]	Ausgaben für Miete einschl. Nebenkosten
1	München	387	31	Marburg	315
2	Köln	375	32	Rosenheim	315
3	Frankfurt/Main	375	33	Wuppertal	314
4	Hamburg	373	34	Augsburg	314
5	Berlin	362	35	Potsdam	314
6	Düsseldorf	353	36	Würzburg	314
7	Konstanz	352	37	Trier	314
8	Mainz	350	38	Kiel	310
9	Darmstadt	348	39	Dortmund	309
10	Essen	347	40	Siegen	308
11	Freiburg i. Br.	347	41	Passau	308
12	Bonn	346	42	Saarbrücken	304
13	Stuttgart	340	43	Bayreuth	303
14	Mannheim	336	44	Greifswald	302
15	Nürnberg	332	45	Bingen	302
16	Heidelberg	331	46	Osnabrück	301
17	Aachen	330	47	Paderborn	301
18	Ulm	329	48	Gießen	300
19	Lübeck	329	49	Kassel	299
20	Hannover	327	50	Göttingen	296
21	Bremen	326	51	Oldenburg	292
22	Erlangen	325	52	Magdeburg	289
23	Bamberg	325	53	Rostock	288
24	Tübingen	323	54	Hildesheim	273
25	Braunschweig	322	55	Erfurt	272
26	Bochum	320	56	Kaiserslautern	270
27	Münster	320	57	Halle /Saale	268
28	Regensburg	320	58	Jena	265
29	Karlsruhe	318	59	Dresden	264
30	Bielefeld	316	60	Leipzig	264

DSW/DZHW 21. Sozialerhebung

[1] Nur Standorte mit Angaben von mindestens 100 Studierenden und Einwohnerzahl >10.000

Abb. 8.3 Rangfolge Städte nach studentischen Mietkosten. (© Sozialerhebung des Deutschen Studentenwerks, durchgeführt vom Deutschen Zentrum für Hochschul- und Wissenschaftsforschung 2017, www.sozialerhebung.de)

Du siehst natürlich, dass die Zahlen in der Tabelle nicht ganz aktuell sind. In den letzten Jahren sind die Mieten stark gestiegen, vor allem auch in beliebten Großstädten. Rechne bei den Preisen in der Tabelle mindestens 10–15 % hinzu, unter Umständen auch mehr. Daher ist es wichtig, sich über die aktuellen Preie vor Ort zu informieren. Ganz aktuell ist die 22. Sozialerhebung mit Daten aus dem Jahr 2021 erschienen. Hier findest du die Studie zum Download: https://www.bmbf.de/SharedDocs/Publikationen/de/bmbf/4/31790_22_Sozialerhebung_2021.pdf?__blob=publicationFile&v=6. Aber auch diese Daten sind noch vor den Inflationseinflüssen aus 2022/2023 erhoben worden, so dass selbst diese Zahlen mit Vorsicht interpretiert werden müssen. 2021 hatten die Studierenden im Durchschnitt 842 EUR zur Verfügung. Davon gaben sie durchschnittlich: 410 EUR für Warmmiete, 198 EUR für Ernährung, 100 EUR für Gesundheitskosten, 89 EUR für Mobilitätskosten, 76 EUR für Studiengebühren, 36 EUR für den Semesterbeitrag,

65 EUR für Freizeit/Kultur/Sport, 46 EUR für Kleidung, 31 EUR für Lernmittel, 31 EUR für Telefon/Internet und 144 EUR für weitere Ausgaben aus.

Neben den Mietkosten solltest du für den Studienstart die Erstausstattung der Wohnung planen. Viele Wohnheimzimmer sind schon möbliert und auch bestehende WGs zumindest grundlegend ausgestattet. Wenn du eine neue WG gründest oder deine eigene Wohnung beziehst, stehen einige Anschaffungen an. Für die Erstausstattung kannst du als Studierender das Angebot von sozialen Kaufhäusern nutzen; dort gibt es gute Gebrauchtmöbel für Menschen mit geringem Einkommen. Auch lohnt es sich, in Kleinanzeigen zu schauen und Wohnungsauflösungen zu nutzen. Oftmals bekommt man mit gebrauchten Möbeln aus der Verwandtschaft auch schon einiges Gutes zusammen. Zu den wichtigen Anschaffungen am Anfang gehören auch ein Fahrrad (falls nicht vorhanden) und eine Waschmaschine. Das sind Dinge, die man sich gut zu Weihnachten und zum Abitur wünschen kann.

Die Kosten für den zweiten wichtigen Punkt, die Ernährung, hängen natürlich von den Gewohnheiten ab. Mensa und Discounter sind etwas günstiger als der Wochenmarkt oder der Bioladen. Aber es gibt viele Initiativen, die sich für bezahlbare und nachhaltige Ernährung einsetzen. Das geht von der Rettung von Lebensmitteln bis hin zu Garten- und Ackerprojekten (sogenannte Solidarische Landwirtschaft, SoLaWi). Auf dem Wochenmarkt lohnt sich der Einkauf kurz vor Ende; da kannst du günstigere Preise bekommen. Selber kochen ist meist günstiger als Essengehen oder Fertigessen. Wenn du BAföG bekommst, steht dir, wenn nötig, auch gegebenenfalls das Angebot der Tafeln offen.

Auch die individuellen Kosten für Kleidung unterscheiden sich natürlich. Hier lässt sich viel Geld in Second-Hand-Läden sparen.

Der Labor- oder Arztkittel fällt schon unter Lernmittel. Diesbezüglich sind medizinische, vor allem zahnmedizinische Studiengänge am teuersten, sodass man ein wenig mehr einplanen sollte. Teuer sind zum Beispiel auch die künstlerischen Fächer mit ihren hohen Materialkosten. In den Gesellschafts- und Geisteswissenschaften braucht man meist nur Zettel und Stift. Die Bücher sind gut in der Bibliothek (unter Studierenden einfach nur „Bib" oder „Bibo" genannt) zu bekommen, oft mittlerweile auch als Download. Einzig einen vernünftigen Laptop am Anfang des Studiums sollte man einplanen, ebenso wie einen Drucker und Geld für Kopien. Auch ist es gut, ein wenig Geld für Exkursionen zu sparen, falls diese in deinem Studium vorgesehen sind. Oft gibt es dafür auch Unterstützung von der Hochschule, aber meist ist ein Eigenanteil zu leisten.

Die studentische Krankenversicherung orientiert sich am Sockelbetrag vom BAföG – derzeit zwischen 117,50 EUR und 120 EUR (inkl. Pflegeversicherung). Private Krankenversicherungen sind meist teurer (manchmal auch zunächst günstiger, dann aber vor allem langfristig teurer), bieten aber zum Teil bessere Leistungen. Bis zum Alter von 25 Jahren ist man meist familienversichert. Danach erhöht sich auch die günstige studentische Krankenversicherung. Im Bereich der Privathaftpflicht ist man im Rahmen der Erstausbildung meist über die Eltern mitabgesichert (sollte man aber prüfen). Eine Auslandskrankenversicherung ist günstig und bei vielreisenden Studierenden sehr sinnvoll. Weitere Versicherungen braucht man in der Regel zunächst nicht. Gute Beratung findest du bei unabhängigen Versicherungsmaklern.

Im Bereich der Mobilität sollte man die Hauptverkehrsmittel der Studierenden einplanen, also die Kosten für das Fahrrad und das Bahn-/Busfahren. Die Strecken in der Stadt und im Nahverkehr (ÖPNV) sind meist durch das Semesterticket abgedeckt. Für Besuche zu Hause sollte man die Kosten mitbedenken. Mit Bahncard, Sparpreisen, Fernbussen und Mitfahrgelegenheiten lassen sich Kosten sparen. Ein eigenes Auto schlägt sich natürlich in höheren Kosten nieder und ist in vielen Studienstädten zumeist überflüssig (ein Verzicht schont den Geldbeutel und die Umwelt). Falls man doch mal ein Auto braucht, gibt es Carsharing (vor allem Apps) oder günstige Angebote von Autovermietungen (z. B. für Transporte). Denk beim eigenen Auto nicht nur an Anschaffungs- und Benzinkosten, sondern auch an Wartung und Versicherung. Das übersteigt oft das Budget und schränkt dich sehr ein. Neben dem Carsharing findest du auch gute Angebote im Bereich der Fahrradleihe (Apps), die dich auch in anderen Städten schnell mobil machen.

Bei Handy und Internet lohnt sich der Tarifvergleich; oft gibt es günstige Studententarife. Den Internetvertrag kann man in einer WG gut teilen.

Ebenfalls Studentenpreise gibt es bei vielen Kulturveranstaltungen (Oper, Theater, Musikkonzerte), aber auch in vielen Kneipen, Clubs oder anderen Veranstaltungen. Auch Museen bieten oft vergünstigte Studentenpreise an. Hier lohnt auch im Ausland ein internationaler Studentenausweis.

Beim Ausgehen muss man schauen, ob man eher zum Grillen mit günstigem Bier im Park neigt oder regelmäßig in gute Restaurants und teure Cocktaillounges gehen will. Dementsprechend sollte man die Kosten kalkulieren. Die beliebteste Veranstaltung von Studierenden sind die meist zu Anfang und Ende des Semesters selbst organisierten WG-Partys. Freu dich auf die schönen Seiten des Studentenlebens!

Sport zur Regeneration kannst du für günstige Preise im Rahmen des Hochschulsports treiben. Die Beiträge liegen meist so zwischen 10 bis 30 EUR im Semester. Fitnessstudios und Sportvereine bieten meist auch bezahlbare Studententarife an.

Bücher und Filme kannst du in der Regel gut in öffentlichen Bibliotheken oder in dem immer größer werdenden Angebot der Streamingdienste leihen (Kosten- und Platzersparnis). Lehrbücher lassen sich gut auf Tauschbörsen kaufen. Generell sind Tauschringe und Tauschzirkel eine großartige Möglichkeit, um Ressourcen zu sparen. Bevor du Dinge immer wieder neu kaufst, nutze Repair-Cafés und Werkstätten (z. B. Netzwerk kleiner Werkstätten).

Viele weitere Tipps findest du auch unter www.studenten-spartipps.de.

Übung 8.1: Kostenkalkulation
Nimm nun die Kosten deiner Wunschstadt und Wohnform als ersten Wert in der folgenden Tabelle. (Wie gesagt, das sind nur ungefähre Durchschnittswerte!) Dann geh die anderen Posten durch und schätz deinen persönlichen Bedarf pro Monat ein.

Was wäre der geringste Betrag, den du für die einzelnen Bereiche ausgeben musst? Was wäre ein Schätzwert, der im optimalen Falle dafür zur Verfügung steht? (Optimal meint jetzt nicht die Luxusvision, sondern das, womit du glaubst, sehr gut und ausreichend klarzukommen.)

	Mindestschätzung	Optimale Schätzung
Miete		
Ernährung		
Kleidung		
Lernmittel		
Mobilität		
Gesundheit		
Medien/Handy		
Freizeit		
Gesamt		

Jetzt hast du eine realistische Vorstellung davon, wie viel Geld du im Monat mindestens benötigst. Nun stellt sich die Frage, wo dieses Geld herkommt.

8.3.2 Finanzierungsquellen

8.3.2.1 Eltern und Kindergeld

Die Hauptquelle für die meisten Studierenden sind die Eltern. Sprich rechtzeitig und offen mit ihnen, ob und in welchem Maße sie dich im Studium finanziell unterstützen können. Bei der Frage, warum sie das tun sollten, bist du durch die Argumente, die du in diesem Buch gesammelt hast, gut vorbereitet. Die meisten Eltern unterstützen ihr Kind auch gerne. Im seltenen Fall, dass sie das nicht tun, kannst du sie daran erinnern, dass sie verpflichtet sind, dich bis zum Abschluss einer beruflich-qualifizierenden Ausbildung zu unterstützen. Laut der Düsseldorfer Tabelle, die den Unterhaltszahlungen von Familiengerichten zugrunde liegt, wird als Bedarf der BAföG-Höchstsatz angenommen, also 934 EUR im Monat. Eure Eltern bekommen Kindergeld und Steuerfreibeträge dafür. Aber bei seinen Eltern Geld einzufordern oder sie gar zu verklagen, sollte die letzte Option bleiben. Wie gesagt, in der Regel wollen deine Eltern dich auf deinem Weg unterstützen. Manchmal ist dies aber leider nicht in vollem Maße möglich. Das Einkommen und die Belastungen der Eltern können sehr unterschiedlich sein. Während manche in der Lage sind, alle Kosten zu übernehmen, können andere Eltern nichts bzw. nur sehr wenig beisteuern.

Bis zum 18. Lebensjahr wird das Kindergeld an eure Eltern ausgezahlt. Vom 18.–25. Lebensjahr kann das Kindergeld auf Antrag weitergezahlt werden (an eure Eltern oder direkt an euch), solange ihr euch in der Erstausbildung befindet. Das Kindergeld beträgt derzeit 250 EUR (https://www.arbeitsagentur.de/familie-und-kinder/kindergeld-anspruch-hoehe-dauer). Damit das Kindergeld weitergezahlt werden kann, müsst ihr nach der Schule (nach dem Abitur) nachweisen, dass ihr euch in Ausbildung oder im Studium befindet. Wenn ihr euch zwischen zwei Ausbildungsabschnitten (Schulabschluss und Ausbildungs- oder Studienaufnahme) befindet und der nächste Schritt in Aussicht ist, kann das Kindergeld für vier Monate weitergezahlt werden. Zudem kann es weiterhin gewährt werden, wenn ihr Dinge tut, die eine Ausbildungs- oder Studienaufnahme vorbereiten, beispielsweise ein Praktikum, ein FSJ oder gegebenenfalls sogar ein professioneller Sprachkurs. Reist ihr aber einfach durch die Welt, z. B. mit Work and Travel, jobbt ihr für längere Zeit oder gönnt euch einfach eine Pause, kann dies den Verlust des Kindergelds bedeuten, bis ihr eine Erstausbildung aufnehmt (https://www.faz.net/aktuell/karriere-hochschule/abitur-und-dann-ein-gap-year-das-ist-zu-beachten-15159031.html?printPagedArticle=true#pageIndex_2; https://www.kindergeld.org/kindergeld-fuer-volljaehrige-kinder.html).

8.3.2.2 BAföG

In letzterem Fall hilft dir der Staat durch den Rechtsanspruch aus dem Berufsausbildungsförderungsgesetz (BAföG; www.bafög.de). Dieser Zuschuss berechnet sich nach dem Einkommen der Eltern, dem eigenen Einkommen und dem eigenen Vermögen (sprich: der Bedürftigkeit). BAföG ist jedoch kein Almosen, sondern eine Unterstützung mit Rechtsanspruch. Dabei besteht das BAföG zur Hälfte aus einem Zuschuss und zur anderen Hälfte aus einem zinslosen Darlehen (das du zu moderaten Bedingungen zurückzahlen musst). Die monatliche Auszahlungshöhe kann bis zum Höchstsatz von 934 EUR gehen (wenn du nicht zu Hause wohnst und dich selbst krankenversichern musst). Im Durchschnitt werden ca. 460 EUR ausgezahlt. Schau natürlich auch hier auf aktuelle Anpassungen. Wichtig dabei ist es, rechtzeitig einen Antrag mit allen dafür nötigen Dokumenten zu stellen. Alle Informationen dazu bekommst du von BAföG-Expertinnen und -Experten des lokalen Studentenwerks (www.studentenwerke.de).

Hier ein paar wesentliche Rahmeninformationen zum BAföG, die ich für dich recherchiert habe (rechtsverbindlich sind nur die Auskünfte, die du vom BAföG-Amt bekommst): Um BAföG beantragen zu können, musst du die deutsche Staatsangehörigkeit haben oder EU-Bürger sein und seit mindestens fünf Jahre in Deutschland leben bzw. einen Flüchtlingsstatus oder eine dauerhafte Niederlassungserlaubnis haben. Die Altersgrenze lag früher beim Bachelor bei 30 Jahren und beim Master bei 35 Jahren. Nun wurde sie auf 45 Jahre angehoben. Wenn du mehr als 15.000 EUR Vermögen hast (bar, angelegt oder in Wertgegenständen, z. B. ein Auto), dann musst du das angeben (dein Anspruch reduziert sich dadurch). Das Kindergeld wird beim BAföG nicht als Einkommen gezählt. Eigenes Einkommen ist bis zu 520 EUR im Monat anrechnungsfrei (Zuverdienstgrenze), also in Höhe eines Minijobs. Wenn du Kinder haben solltest, bekommst du einen Kinderbetreuungszuschlag von 160 EUR je Kind. Das BAföG ist eine Erstausbildungsförderung, ein Zweitstudium wird nicht unterstützt. Ein Studiengangswechsel ist nur in den ersten vier Semestern aus wichtigem Grund möglich. BAföG wird für die Dauer der Regelstudienzeit gezahlt (diese findet du in den Studienordnungen), das heißt normalerweise bei Bachelor und Master insgesamt für circa 10 Semester. Du musst regelmäßig Nachweise erbringen, dass du ernsthaft studierst (z. B. Prüfungsergebnisse). Eine Verlängerung über die Regelstudienzeit hinaus ist bei guten Gründen möglich (z. B. Auslandssemester, Krankheit, Gremientätigkeit, Kind, Behinderung, erstmaliges Nichtbestehen der Abschlussprüfung). Es können Hilfen zum Studienabschluss beantragt werden, wenn das Studium innerhalb von einem Jahr abgeschlossen werden kann. In Notsituationen gibt es bei den Studentenwerken Darlehenskassen für Überbrückungskredite.

Es lohnt sich in jedem Fall, einen BAföG-Antrag zu stellen; selbst wenn du nur eine geringe Summe bekommst, ist es erstens besser als nichts und gibt dir zweitens auch die Möglichkeit, dich zum Beispiel aus sozialen Gründen als BAföG-Empfänger vom Rundfunkbeitrag befreien zu lassen.

Die Höchstrückzahlungshöhe des BAföG beträgt 10.010 EUR, selbst wenn du beim Darlehensanteil mehr erhalten haben solltest. Die Rückzahlung beginnt fünf Jahre nach Studienabschluss und lässt sich auf maximal 20 bis 30 Jahre strecken. Die Raten sind niedrig; üblich sind 105 EUR im Monat. Wer eher zurückbezahlt (ganz oder teilweise), bekommt größere Anteile erlassen. Zahlt man das Darlehen zum Beispiel auf einmal zurück, werden 28,5 % der Gesamtsumme erlassen. An BAföG-Schulden ist noch nie jemand zugrunde gegangen; in wirklichen Härtefällen können sie auch ganz erlassen werden.

Wenn du im Dualen Studium studierst, wirst du zumeist aufgrund der vollen Anrechnung deines Ausbildungsgehalts kein BAföG erhalten. Unter Umständen können über die Steuererklärung Sonderkosten wie lange Fahrtwege doch zu einem Anspruch führen. Ganz wichtig: Das Studium kann nur an staatlichen Einrichtungen bzw. bei staatlich anerkannten und akkreditierten Privathochschulen (prüfe die Gleichwertigkeit der Abschlüsse) unterstützt werden. Das Einkommen deiner Eltern spielt nur dann keine Rolle bei der BAföG-Berechnung, wenn du fünf Jahre nach dem 18. Lebensjahr gearbeitet oder eine dreijährige Ausbildung absolviert hast und anschließend drei Jahre erwerbstätig warst.

Manchmal gibt es Sonderfälle, zum Beispiel, wenn zu einem Elternteil kein Kontakt besteht oder kein Unterhalt gezahlt wird, sowie viele andere Sonderkonstellationen. Sprich solche Aspekte rechtzeitig und offen bei den BAföG-Beraterinnen und -Beratern an. Es gibt Spielräume für individuelle Lösungen.

Neben dem normalen BAföG, das du an deinem Hochschulort beantragst, gibt es auch noch das Auslands-BAföG (www.auslandsbafoeg.de). Die Zuständigkeit ist bundesweit je nach Wunschland verteilt. Es lohnt sich, einen solchen Antrag zu stellen, denn selbst wenn du im Inland kein BAföG erhältst, kann dies aufgrund anderer Berechnungsgrundlagen im Ausland durchaus der Fall sein. Ein studienbedingter Auslandsaufenthalt (Auslandssemester für mindestens sechs Monate und Pflichtpraktikum für mindestens zwölf Wochen) wird durch Reisezuschuss, Krankenversicherungszuschuss, Auslandszuschlag und sogar unter Umständen durch die Übernahme von Studiengebühren (gegebenenfalls bis 4600 EUR) unterstützt. Das ist eine wirklich wertvolle Hilfe. Auslands-BAföG wird dir maximal ein Jahr nicht auf die Regelförderungsdauer im Inland angerechnet. Innerhalb der EU (plus Schweiz) kann Auslands-BAföG auch für ein komplettes Studium gezahlt werden. Neben dem BAföG gibt es noch weitere Möglichkeiten der Finanzierung, zum Beispiel Stipendienprogramme wie Erasmus von der EU (Zuschuss: 150 bis 300 EUR) oder über den Deutschen Akademischen Austauschdienst (DAAD) Promos und Carlo-Schmid. Auch private Spezialstipendien wie Haniel oder Fulbright fördern Auslandsaufenthalte. Mehr Informationen dazu findest du bei den Stipendien (Abschn. 8.3.3).

Wenn du für deine Planung schon einmal eine Orientierung haben möchtest, ob und in welcher Höhe du höchstwahrscheinlich BAföG beziehen kannst, solltest du mal den BAföG-Rechner ausprobieren: www.bafoeg-rechner.de/Rechner. Dort musst du eingeben, ob du bei deinen Eltern wohnst oder auszieht, ob du über deine Eltern krankenversichert bist, ob du mehr als 15.000 EUR eigenes Vermögen besitzt oder zu viel verdienst (mehr als

520 EUR im Monat). Dann musst du angeben, ob deine Eltern zusammenleben oder getrennt sind und wie hoch ihr Einkommen ist, das heißt das Brutto-Jahreseinkommen, Steuersummen und steuerfreie Einkünfte, in welchem Arbeitsverhältnis sie stehen (ob sie z. B. selbstständig oder angestellt sind bzw. Renten oder Pensionen beziehen) und wie viele Geschwister du hast, die noch von deinen Eltern versorgt werden müssen. Das heißt, du musst auf jeden Fall mit deinen Eltern sprechen und die entsprechenden Angaben zu Einkommen und Steuern erfragen. Für die grobe Rechnung reichen bei deiner Kalkulation auch ungefähre Angaben. Spätestens beim BAföG-Antrag brauchst du aber die entsprechenden offiziellen Nachweise (Steuererklärungen und -bescheide). Für den Antrag gibt es gute digitale Ausfüllassistenten (www.bafög.de/de/antragsassistent-305.php; www.stw.berlin/finanzierung.html), ansonsten solltest du im Zweifel besser beim BAföG-Amt nachfragen als eine falsche Angabe machen. Wenn noch Unterlagen fehlen, kann man diese auch nachreichen. Je eher du den Antrag stellst, desto eher wird er bearbeitet.

8.3.2.3 Nebenjob

Neben Eltern und BAföG ist das eigene Jobben im Studium eine wichtige Finanzquelle vieler Studierender. Wichtig dabei sind die steuerlichen und sozialrechtlichen Grenzen. Wenn du mehr als 520 EUR (Rahmen geringfügige Beschäftigung) verdienst, wird dir das auf das BAföG angerechnet und hat Auswirkungen auf die Renten- und Krankenversicherung (mehr Informationen dazu bei www.deutsche-rentenversicherung.de und bei deiner Krankenversicherung). Solltest du mehr als den Lohnsteuerfreibetrag verdienen (derzeit 10.908 EUR, jährliche Veränderung beachten), musst du Lohnsteuer zahlen. So viel verdienen aber die wenigsten durch Nebenjobs. Relevanter hingegen ist die Grenze von 20 Stunden. Wenn du mehr als 20 Stunden pro Woche arbeitest, fällst du aus der studentischen Krankenversicherung und wirst auch pflege- und arbeitslosenversicherungspflichtig. Die Grenze bezieht sich auf die Vorlesungszeit; wenn du während der vorlesungsfreien Zeit (Semesterferien) mehr arbeitest, kannst du das auf das Jahr umrechnen. Insgesamt empfiehlt es sich, im Semester nicht mit mehr als 10 Stunden/Woche zu planen, da sonst das Studium leidet. In den Semesterferien kann man ruhig mal mehr arbeiten. Je nach Job und Region unterscheiden sich die Löhne (zwischen 12 EUR/Mindestlohn und 15 EUR). Typische Studentenjobs sind Kellnern, Verkaufen und Werbung (Messe, Fußgängerzone). Manche Tätigkeiten lassen sich aber auch direkt mit dem Studienfach verbinden, zum Beispiel Nachhilfe, studentische Hilfskraft an der Hochschule oder Werkstudententätigkeiten. Mehr Informationen zum Jobben und Hilfe bei rechtlichen Fragen bietet dir die Initiative „students at work" jugend.dgb.de/studium/beratung. Hilfe findest du auch bei den Studentenwerken (www.studentenwerke.de/de/content/jobben-0) und im Career Service deiner Hochschule. Dieser bietet oft Informationen zu Praktika und vermittelt in Seminaren Tipps zum Berufseinstieg. Um Nebenjobs zu suchen, kannst du klassisch auf Aushänge und Schwarze Bretter achten oder die digitalen Jobbörsen nutzen – von den großen kommerziellen Jobbörsen wie monster.de und stepstone.de bis zu speziellen Studentenbörsen wie www.jobmensa.de oder bewerber.studenten-vermittlung.com oder www.minijob-zentrale.de. Ein guter Ansprechpartner sind wiederum auch die Arbeitsagenturen (jobboerse.arbeitsagentur.de); an manchen Standorten bieten sie sogar extra eine Studentenjobvermittlung an.

Es kann sich unter Umständen sehr lohnen, auch schon im Studium eine Steuererklärung abzugeben und Studienkosten geltend zu machen. Grundwissen dazu findest du zum Beispiel auf www.lohnsteuer-kompakt.de/steuerwissen/steuererklaerung-fuer-studenten. Sprich für solche Fragen am besten mit einem Steuerberater, einer Steuerberaterin oder mit dem Lohnsteuerhilfeverein. Wichtig dafür ist es, seine Einnahmen und Ausgaben möglichst gut zu dokumentieren. Wenn du Studienkosten als vorweggenommene Werbungskosten geltend machen kannst, reduziert sich deine Steuerlast beim Berufseinstieg.

8.3.2.4 Weitere Finanzierungsquellen

Tipp: Für Sonderanschaffungen wie den Laptop zu Beginn des Studiums kann man oft die Großeltern und andere Verwandte fragen, ob sie dein Studium nicht durch ein großzügiges Geschenk (zu Weihnachten oder Geburtstag) unterstützen möchten.

Das Studium berechtigt übrigens nicht zum Bezug von Arbeitslosengeld (ALG 1/ALG 2), da du ja nicht dem Arbeitsmarkt zur Verfügung stehst. Die wesentliche staatliche Unterstützung stellt also das BAföG dar. Wenn deine finanzielle Situation aber besonders prekär ist (und du das nachweisen kannst) und kein BAföG-Anspruch besteht, kannst du zumindest Wohngeld als Sozialleistung beantragen. Generell gilt, dass es in Notfällen Hilfsmöglichkeiten gibt. Dabei sind die Sozialberatungen (bzw. die Studentenwerke) eine gute Anlaufstation. Zum Teil bieten auch die Studentenvertretungen Soforthilfen. Auch in den Kirchengemeinden, vor allem den Studierendengemeinden, gibt es meist einen Soforthilfefond für Notlagen.

Wenn all diese Quellen nicht reichen, sollte man über einen Studienkredit nachdenken. Denn, wie wir gelernt haben, lohnt sich die Investition ins Studium in der Regel in der Zukunft. Die Angebote der Banken hängen dabei von deinem Fach (so entscheiden z. B. Bildungsfonds nach Jobchancen über die Kreditvergabe) und deinen Sicherheiten (Vermögen/sonstige Schulden, Kreditwürdigkeit) ab. Die Angebote unterscheiden sich sehr in der Höhe, den Zinsen und den Rückzahlungsbedingungen. Vergleichen lohnt sich also. Dabei würde ich in der Regel immer eher zu den Angeboten der staatlichen Banken (Landesbanken und Kreditanstalt für Wiederaufbau, KfW) als zu den Angeboten der privaten Banken tendieren. Beim offiziellen staatlichen Bildungskredit (www.bildungskredit.de) sind bestimmte Vorgaben zu beachten (mindestens 18 , höchstens 36 Jahre alt, staatlich anerkanntes Studium, max. 7200 EUR, vgl. dazu www.bva.bund.de/DE/Organisation/Abteilungen/Abteilung_BT/Bildungskredit/bildungskredit_node.html). Achte auch darauf, wie die Auszahlung gestaltet ist und wie flexibel Änderungen möglich sind. Lass dich auf jeden Fall unabhängig beraten und hol verschiedene Angebote ein. Ein Bildungsfond ist eine besondere Möglichkeit des Kredits, bei dem du keinen festen Betrag, sondern einen Prozentsatz deines Gehalts zurückzahlst; ein Beispiel dafür aus dem Unternehmensbereich ist www.festo-bildungsfonds.de. Sehr empfehlenswert ist es, sich den Studienkredittest vom CHE anzuschauen (www.che.de). Mehr Informationen zu Krediten und Bildungsfonds findest du auf www.studis-online.de/StudInfo/ Studienfinanzierung/studiendarlehen.php und auch bei den Studentenwerken (www.studentenwerke.de).

Eine der komfortabelsten Möglichkeiten, das Studium zu finanzieren, sind Stipendien., daher folgen anschließend noch paar genauere Informationen dazu (Abschn. 8.3.3).

Eine mündliche Zusammenfassung all dieser Informationen kannst du dir auch in einem älteren Vortrag von mir auf dem YouTube-Kanal der Uni Leipzig anschauen, und zwar unter dem Stichwort „Zehn Fragen zur Studienfinanzierung" (www.youtube.com/watch?v=YoGznDTyskk).

Übung 8.2: Abgleich Kosten und Finanzierungsquellen
Rechne deine Finanzierungsquellen zusammen. Wie viel Geld sind deine Eltern zu geben bereit? Wie viel BAföG kannst du erwarten? Was glaubst du durch Nebenjobs verdienen zu können?

Kalkuliere konservativ. Vergleiche mit deiner Kostenkalkulation: Reicht der Wert schon? Braucht es weitere Finanzierungsquellen, oder kannst du bei den Ausgaben streichen?

Ein Stipendium ist eine großartige Vollfinanzierung, aber du solltest nicht damit planen. In aller Regel kannst du dein Studium in Deutschland auch ohne Stipendium finanzieren. Trotzdem solltest du die Möglichkeit in Betracht ziehen:

8.3.3 Stipendien/Stipendiumsbewerbung

Viele glauben, dass man in allem der Beste/die Beste sein muss, um ein Stipendium zu bekommen. Du müsstest quasi schon exzellent, Überflieger oder Elite sein. Das ist nicht richtig, denn es geht darum, dich vor allem auch in deinen Talenten zu fördern. Es geht um diejenigen, die mehr wollen, die sich mehr einbringen und mehr einfordern. Es geht um diejenigen, die mehr Fragen stellen. Es geht darum, dass ein Potenzial gesehen wird, das es sich zu fördern lohnt. Das zeigt sich an ganz verschiedenen Punkten, nicht ausschließlich daran, ob jemand irgendwo der/die Beste ist. Verdient hätten es sicherlich viele junge Menschen. Aber warum solltest du dieses Glück nicht haben, in eine Förderung zu kommen? Was kannst du verlieren, wenn du es versuchst? Warum es sich lohnt, zumindest den Versuch zu wagen, und was du für dich persönlich gewinnen kannst, erläutere ich im Folgenden. Im Kapitel „Entscheidung umsetzen" (Kap. 10) bekommst du noch mehr Tipps rund um das Bewerbungsverfahren – Insidertipps, denn ich wurde nicht nur selbst gefördert, sondern bin mittlerweile als Auswähler auf der anderen Seite tätig.

Das Hauptargument für die Bewerbung um ein Stipendium dürfte die finanzielle Förderung sein. Diese erfolgt analog zum BAföG (sprich: in Abhängigkeit vom Einkommen der Eltern). Anders als beim BAföG muss man aber nichts davon zurückzahlen. Hinzu kommen noch zusätzlich und unabhängig vom Einkommen der Eltern 300 EUR Büchergeld pro Monat (das nicht nur für Bücher ausgegeben werden muss). Die Förderung wird genauso wie das BAföG für die gesamte Dauer deines Studiums (Bachelor und Master) gewährt; außerdem werden zusätzlich Auslandssemesterzuschüsse gewährt. Darüber hinaus besteht die Möglichkeit, mit dem Studium verbundene besondere Kosten (Anschaffungen, Konferenzteilnahmen) auf Sonderantrag finanziert zu bekommen.

Der zweite und langfristig nachhaltigste Grund ist die ideelle Förderung. Damit sind zusätzliche Veranstaltungen und Angebote der jeweiligen Stiftungen gemeint. Sie geben dir Gelegenheit, über den Tellerrand hinauszublicken und tragende und spannende Netzwerke aufzubauen. Darunter fallen Angebote wie Sommeruniversitäten (Seminarprogramm), Wochenendseminare. Sprachkurse/Sprachreisen, wissenschaftliche Kollegs/Akademien, persönliche Ansprechpartner in der Stiftung, Exkursionen, berufliche Netzwerktreffen, Kontakt zu Vertrauensdozenten, Mentorenprogramme, Austauschtreffen im Ausland und für Auslandsaufenthalte, Stammtische und Treffen mit den Stipendiatinnen und Stipendiaten an deinem Hochschulort.

Ein dritter Aspekt sollte darüber hinaus nicht vergessen werden: Die Förderung durch ein Stipendium ist eine Auszeichnung mit Renommee. Sie darf und sollte im Lebenslauf Erwähnung finden.

Für alle sogenannten Begabtenförderungswerke sind für die Bewerbung folgende drei Kriterien entscheidend:

- Leistung/Leistungsfähigkeit (dass man in dem Bereich, in dem man studiert, sehr wahrscheinlich gute Leistungen erbringen wird und Anstrengungsbereitschaft/Motivation zeigt, das auch in den bisherigen Leistungen zum Ausdruck kommt)
- Engagement (meint, dass man nicht nur sich selbst, sondern auch andere im Blick hat, dass man sich für andere einsetzt und sich gesellschaftlich einbringt)
- Persönlichkeit (das meint in der Regel Reflexionsvermögen/Mündigkeit und die Passung zum jeweiligen Begabtenförderungswerk)

Was genau darunter verstanden wird, unterscheidet sich sehr von Werk zu Werk. Zusammenfassend könnte man sagen: Man sollte sich in der Schule und im Studium im oberen Leistungsdrittel bewegen, sich darüber hinaus für andere engagieren und über eine reife und reflektierte Persönlichkeit verfügen.

Ich werde immer wieder gefragt, was als Engagement gilt. Es geht auf jeden Fall nicht darum, dass nur ein offizielles Amt oder Posten zählt, sondern viel eher, ob sich jemand kontinuierlich für andere einsetzt und begründen kann, warum das wichtig ist. Es geht darum zu zeigen, dass man sich für die Gesellschaft und für seine Mitmenschen interessiert und bereit ist, seinen Beitrag zu leisten, und sei er auch noch so klein. Es geht darum, Verantwortung für sich, andere und Themen zu übernehmen. Das kann im sportlichen Bereich eine Jugendtrainer- oder Schiedsrichterinnentätigkeit sein. Das ist auch musikalisches Engagement in einer Band und im Rahmen von Konzerten für einen guten Zweck. Es können auch thematische Videos bei YouTube oder ein Blog sein. Natürlich ist hier Mitarbeit in der Schule, die von herausragender Unterstützung der Abifeiern über Nachhilfe, Schülervertretung bis hin zu Aktivitäten in AGs wie Theater und Schülerzeitung reichen kann, ebenso zu nennen wie Jugendarbeit in der Kirche, Wahlkampf und Engagement in einer Partei und später dann Engagement in der Fachschaft oder Initiativen an der Hochschule – angefangen von der Hilfe für Erstsemester oder internationale Studierende bis hin zur politischen Arbeit oder dem Einsatz für Geflüchtete.

Zum Thema Persönlichkeit: Lies dir die Websites der Begabtenförderungswerke durch. Sprechen dich das Profil und die Themen an? Dann könnte es sein, dass du passt.

Es gibt 13 große Begabtenförderungswerke, die Stipendien vergeben. Diese lassen sich in folgende Gruppen teilen:

- Wissenschaftsorientierung/weltanschaulich neutral:
  - Studienstiftung des deutschen Volkes
- Politische Stiftungen:
  - Konrad-Adenauer-Stiftung (CDU)
  - Hans-Seidel-Stiftung (CSU)
  - Friedrich-Naumann-Stiftung (FDP)
  - Friedrich-Ebert-Stiftung (SPD)
  - Heinrich-Böll-Stiftung (Grüne)
  - Rosa-Luxemburg-Stiftung (Linke)
- Konfessionelle Stiftungen:
  - Cusanuswerk (katholisch)
  - Villigst (evangelisch)
  - Ernst Ludwig Ehrlich Studienwerk (jüdisch)
  - Avicenna-Studienwerk (muslimisch)
- Tarifpartner:
  - Stiftung der deutschen Wirtschaft (Wirtschaftsverbände)
  - Hans-Böckler-Stiftung (Gewerkschaften)

Du solltest zu dem Werk passen, bei dem du dich bewirbst. Sprich: Du solltest dich in der Weltanschauung und den Ideen der Stiftung wiederfinden. Dafür hilft es, sich Angebot und Profil der Stiftungen anzuschauen. Folgende Fragen können dabei helfen:

- Bin ich eher wissenschaftlich/politisch/wirtschaftlich oder religiös interessiert und orientiert?
- Welche Interessen habe ich? Was interessiert mich thematisch?
- Wo und wie habe ich mich engagiert?
- Fühle ich mich zu einer der Gruppen/Kirchen/Parteien zugehörig oder bin ich dort Mitglied?
- Habe ich konkrete Empfehlungen oder Kontakte zu einer Stiftung?
- Passt die Idee der Stiftung zu mir?

Bei bestimmten Fächern bieten einzelne Stiftungen ein besonderes Profil. So gibt es bei der Studienstiftung eine eigene Künstlerförderung, bei der Konrad-Adenauer-Stiftung eine angesehene Journalistenförderung und bei der Stiftung der deutschen Wirtschaft (sdw) mit dem Studienkolleg eine spezielle Förderung für Studierende des Lehramts. Manche Stiftungen fühlen sich darüber hinaus bestimmten Gruppen stärker verpflichtet; so sind Arbeiterkinder im Fokus der Hans-Böckler-Stiftung, Frauen- und Migrant*innenförderung wird bei der Heinrich-Böll-Stiftung großgeschrieben, und das evangelische Studienwerk hat eine eigene Osteuropaförderung. Generell ist zu sagen, dass alle Stiftungen sogenannte unterrepräsentierte Gruppen, gemeint sind damit vor allem Erstakademiker, Studierende an Fachhochschulen und Studierende mit Migrationshintergrund, stärker fördern wollen. Dennoch zählen in erster Linie die drei genannten Hauptkriterien, die ich erläutert habe. Eine spezielle Bedürftigkeit ist kein Auswahlkriterium. Dennoch kannst du davon ausgehen, dass Auswählerinnen und Auswähler in Bezug auf deine Biografie darauf achten, welche Chancen du bisher im Leben hattest und wie du sie genutzt hast. Manche Brüche und Schwierigkeiten sind kein Nachteil, wenn du gezeigt hast, dass du daraus gelernt und dir deinen Weg erarbeitet hast. Dann zeichnen sie dich eher aus.

Merk dir generell: Studienfach und Hochschulart sind bei der Bewerbung nicht relevant. Du musst nicht Wirtschaft studieren, um von der sdw gefördert zu werden, nicht Politik für eine politische Stiftung und auch nicht Theologie für eine christliche Stiftung. Alle Stiftungen suchen Studierende aus allen Fachbereichen.

Für alle, die erst eine Ausbildung gemacht und zwei Jahre im Beruf gearbeitet haben, kommt auch noch die Stiftung berufliche Bildung in Betracht: www.stiftung-berufliche-bildung.de.

Alle Informationen und Links zu den Begabtenförderungswerken findest du auf www.Stipendiumplus.de.

Über die Begabtenförderungswerke hinaus gibt es noch das Deutschlandstipendium; dieses umfasst 300 EUR im Monat (elternunabhängig).

Die Bewerbung erfolgt an der jeweiligen Hochschule (www.deutschlandstipendium.de).

Neben den großen Begabtenförderungswerken und dem Deutschlandstipendium, die den Großteil der Stipendienplätze ausmachen, gibt es eine Unzahl kleiner und großer Stiftungen, die unterschiedlichste Stipendien vergeben. Es gibt Stiftungen, die sich ganz speziellen Themen widmen. Das können bestimmte Forschungsgebiete oder Branchen sein (z. B. Forschung zur historischen Aufarbeitung, zu bestimmten Krankheiten). Es kann auch Schwerpunkte nach Regionen geben (Praktika in bestimmten Ländern, Studium an einer bestimmten Hochschule), oder die Herkunft kann entscheidend sein (aus einer bestimmten Stadt oder einem Bundesland zu stammen). Es gibt unzählige Förderinnen und Förderer, die sich einem bestimmten Ziel verschrieben haben. Die Unterstützung reicht von der Finanzierung von Konferenzteilnahmen und Publikationen über Geldpreise und Einmalleistungen hin zur Übernahme von Studiengebühren und Lebenshaltungskosten. Es lohnt sich zu suchen, ob es nicht eine Stiftung gibt, zu deren Profil du besonders gut passt. Die Chancen stehen nicht schlecht, gerade bei einer kleineren und unbekannteren Stiftung genommen zu werden. Zum Beispiel kannst du als Erstakademiker*in von einem Fachmentor im Tandemstipendium der deutschen Hochschulstiftung profitieren (https://www.deutsche-universitaetsstiftung.de/stipendienprogramme/tandem/).

Für die Suche kann ich verschiedene Datenbanken empfehlen:

- www.stipendienlotse.de (Bundesministerium für Bildung und Forschung, größte offizielle Datenbank)
- www.squeaker.net/de/Studium/Stipendium/Stipendiendatenbank (umfangreiche private Datenbank, basierend auf guter Recherche)
- www.stipendiendatenbank.de (von E-Fellows.net zusammengestellte Datenbank)
- www.mystipendium.de (praktische Suchfunktion: du gibst deine Rahmendaten ein, und es werden passende Stipendien angezeigt. Leider mit viel Werbung und kommerziellen Angeboten)

Du kannst auch direkt nach Stiftungen suchen; hier findest du einen Überblick, was es alles gibt. Das kann auch spannend für Forschungs- und Praxisprojekte im Studium sein (stiftungssuche.de, www.deutsches-stiftungszentrum.de/stiftungen).

Für den europäischen Bereich kannst du auf www.european-funding-guide.eu suchen; einen internationalen Überblick bietet www.scholarshipportal.com. Die beste und umfangreichste Datenbank für Auslandsstipendien ist die Datenbank des DAAD. Hier kannst du nach Art des Aufenthalts viele Förderprogramme und Stipendien finden: www.daad.de/deutschland/stipendium/datenbank/de/21148-stipendiendatenbank.

Schülerwettbewerbe sind ein besonderer Zugangsweg zu Stipendien und sind Ausweis deiner Leistungsfähigkeit in jedem Auswahlverfahren. Auch spannende ideelle Förderung und Sachpreise gibt es. Suchen kannst du auf: https://www.begabungslotse.de/. Im Studium sind auch Ideenwettbewerbe eine spannende Alternative: www.ideenwettbewerbe.com; auch auf www.bildungsserver.de lassen sich Wettbewerbe finden.

Neben der Datenbank kann ich auch das Online-Stipendium von www.e-fellows.net empfehlen; dieses umfasst eine Community, Veranstaltungseinladungen, Job- und Praktikumsbörse, kostenfreie Zeitschriftenabos und Recherchezugänge. Es richtet sich aber vor allem an Studierende von Fächern im Bereich Wirtschaft/Recht und Mathe/Informatik/Naturwissenschaften/Technik (MINT).

Wenn du noch Bücher schätzt, findet du im Buch *Der Weg zum Stipendium* 400 Stipendienprogramme vorgestellt (Borreck und Bruckmann 2010). Das Buch lohnt sich trotz veralteter Informationen immer noch wegen der umfangreichen Informationen zur Bewerbung. Eine Vergleichsübersicht zu Stipendien zum Download findet sich auch unter www.vergleich.org/wp-content/uploads/Der-grosse-Vergleich.org-Stipendien-Ratgeber.pdf.

Welche Unterlagen du bei der Bewerbung um ein Stipendium benötigst, ist von Stiftung zu Stiftung verschieden. Bei den meisten sind folgende Unterlagen nötig:

- **Stiftungseigener Fragebogen:** Onlinebewerbungsformular mit deinen formalen Angaben
- **Fachgutachten:** Diese Gutachten sollen Auskunft über deine fachliche Eignung und Leistungsfähigkeit geben. Formale Vorgaben und Vorlagen finden sich auf den Seiten der Werke. Die Gutachten sollten, wenn du schon an der Hochschule bist, von Dozenten (Professorinnen und Wissenschaftlichen Mitarbeitern) geschrieben sein. Bewirbst du dich nach dem Abi oder im ersten Semester, sind Fachlehrerinnen und Fachlehrer, die dich gut kennen, geeignet. In jedem Fall rechtzeitig darum kümmern – ein aussagekräftiges Gutachten schreibt sich nicht mal eben so, und mögliche Gutachterinnen sind meist viel beschäftigt. Du kannst ihnen helfen, indem du formale Informationen zuarbeitest. Viele Begabtenförderungswerke stellen eigene Vorlagen für die Gutachten zur Verfügung.
- **Persönlichkeitsgutachten:** Diese Gutachten sollen Auskunft über dich und dein Engagement geben. Sie sollten von jemandem verfasst sein, der

dies beurteilen kann: Vereins- oder Parteivorstand, Vertrauenslehrer, Pfarrer/Pastor etc. Auch hier gilt: Früh das Gespräch suchen und Informationen zuarbeiten.
- **Motivationsschreiben:** Zumeist wird in irgendeiner Form ein Anschreiben oder Motivationsschreiben verlangt; darin sollst du deine Motivation zur Bewerbung und auch deine Studienmotivation beschreiben.
- **Tabellarischer Lebenslauf** (wie bei jeder Bewerbung)
- **Ausformulierter Lebenslauf/Erfahrungsbericht/Exposé über Berufsziele:** Manchmal sollst du neben den formalen Daten in deinem tabellarischen Lebenslauf auch eine schriftliche Ausführung liefern. Diese soll deine vergangene und zukünftige Entwicklung an Beispielen ausformulieren.
- **Abiturzeugnis** (oder letztes aktuelles Halbjahreszeugnis)
- **Weitere Nachweise über Leistungen und Engagement:** erworbene Hochschulscheine, Nachweise über Praktika und abgeschlossene Berufsausbildungen, Sprachzertifikate, Zeugnisse oder Bestätigungen für ehrenamtliches Engagement, Bescheinigungen über Zusatzveranstaltungen usw.

Die Bewerbung um ein Stipendium ist zwar mit etwas Aufwand verbunden, der sich jedoch im besten Falle im wahrsten Sinne des Wortes auszahlt. Für die großen Begabtenförderwerke gibt es noch mehr Dinge zu beachten, vor allem Bewerbungsfristen und Bewerbungsvoraussetzungen sowie die Details des Auswahlverfahrens.

- Es gibt meistens zwei Bewerbungsrunden pro Jahr: eine im Frühjahr (Aufnahme dann gegebenenfalls zum Wintersemester) und eine im Herbst (Aufnahme dann gegebenenfalls zum Sommersemester). Der genaue Termin ist je nach Begabtenförderungswerk unterschiedlich. Schau rechtzeitig auf die konkrete Frist (damit du von deinen Lehrer*innen und anderen Personen die Gutachten auch rechtzeitig bekommst). Bei den meisten Werken darfst du dich auch schon im Abiturjahr bewerben; dann liegt deine Bewerbungsfrist meist genau in der Zeit deiner Abiturprüfungen (März bis Juni). Du bewirbst dich in diesem Fall zunächst noch ohne Zeugnis und reichst dieses dann nach. Dies hat den Vorteil, dass du schon von Studienbeginn an ein Stipendium kommen könntest. Wenn du dich erst im Herbst bewirbst, erfolgt deine Aufnahme erst zu Beginn des zweiten Semesters.
- Du kannst dich frühestens im Abiturjahr bewerben. Bewerben kann sich in der Regel jeder, der auch die formalen BAföG-Kriterien erfüllen würde (Aufenthaltsstatus, Altersgrenze etc.). Das heißt nicht, dass du BAföG be-

kommen musst, aber potenziell einen Antrag stellen könntest (auch wenn du vielleicht wegen des Einkommens deiner Eltern keinen Anspruch hast; in dem Fall würde sich das Stipendium auf das Büchergeld und die ideelle Förderung beschränken).
- Der späteste Bewerbungszeitpunkt ist je nach Begabtenförderungswerk unterschiedlich. Die meisten Begabtenförderungswerke verlangen, dass du noch mindestens vier bis fünf Semester Regelstudienzeit vor dir hast (sprich: spätestens vor Beginn des Masters). Ausnahmen sind die Heinrich-Böll-Stiftung und das evangelische Studienwerk Villigst; dort musst dich schon bis zum Ende des dritten Semesters bewerben.
- Bei allen Werken kannst du dich initiativ selbst bewerben.
- Nur die Studienstiftung des deutschen Volkes verlangt vor der Selbstbewerbung einen Online-Test (einen allgemeinen Studierfähigkeitstest, der Elemente von IQ- und Leistungstests enthält, mehr Informationen unter: www.studienstiftung.de/pool/sdv/public/documents/auswahl/Selbstbewerbung_lang.pdf). Dort ist die Bewerbungsfrist auch noch eher. Die Studienstiftung bietet darüber hinaus eine weitere Variante des Zugangs. So werden die Gewinner von Bundeswettbewerben (Mathe, Informatik, Fremdsprachen usw.) zum Teil direkt in die Stiftung aufgenommen bzw. zur Auswahl eingeladen.
- Bei allen Begabtenförderungswerken gibt es auch noch eine andere Bewerbungsform, nämlich die Bewerbung auf Vorschlag. Bei der Studienstiftung des deutschen Volkes haben alle Schulen das Recht, pro 40 Absolvent*innen an der Schule einen Schüler/eine Schülerin des Abiturjahrgangs vorzuschlagen. Dieser überspringt dann die erste Bewerbungshürde und wird direkt nach Einreichen der Unterlagen (nach Aufforderung) zur Auswahl eingeladen. Fragt eure Schulleiter*innen, ob ihr dafür infrage kommt. Viele Schulen nutzen dieses Recht gar nicht aus. Auch andere Stiftungen vergeben solche Vorschlagsrechte an bestimmte Schulen, Vereine/Stiftungen und vor allem Vertrauensdozent*innen an Hochschulen. Vertrauensdozent*innen sind Professor*innen, die zumeist selbst durch die Stiftung gefördert wurden und die nun als Ansprechpartner*innen an den Hochschulen für die Stipendiat*innen zur Verfügung stehen. Wenn du ihnen positiv auffällst, kann es sein, dass sie dich darauf ansprechen, ob du vorgeschlagen werden möchtest. Du kannst aber auch initiativ das Gespräch suchen und fragen, ob sie dich vorschlagen würden. Oft gehört ein Gespräch mit ihnen auch zum normalen Bewerbungsprozess. Bei der Stiftung der deutschen Wirtschaft gibt es auch Vertrauensmanager. Bei der Hans-Böckler-Stiftung gehören Gewerkschaftsvertreter mit zu den Auswahlteams.

- Die Bewerbung ist nicht an einen bestimmten Abiturdurchschnitt gebunden. Jedoch ist 2,0 und besser schon gut (bei einem schlechteren Schnitt muss man in Bezug auf die anderen Kriterien schon sehr überzeugen).
- Von der Bewerbung ausgeschlossen sind Studierende, die in Teilzeit, an einer Fernuni oder im Dualen Studium studieren. Zum Teil sind auch zweisemestrige Master und das Zweitstudium ausgeschlossen.
- Ebenfalls ausgeschlossen sind Studiengänge mit nicht staatlich anerkannten Abschlüssen (das betrifft zum Teil das Studium an einer Privatuniversität).
- Bedürftigkeit ist, wie schon gesagt, kein Bewerbungskriterium.
- Man kann sich auch bewerben, wenn man nicht die deutsche Staatsangehörigkeit besitzt, jedoch in Deutschland studiert und potenziell BAföG-berechtigt wäre (z. B. EU-Ausländer und Bürger anderer assoziierter Staaten). Zum Teil haben die Stiftungen auch Extraprogramme für Geflüchtete oder für bestimmte Regionen (z. B. Osteuropa).
- Als Deutscher/Deutsche kann man sich auch für ein Stipendium bewerben, wenn man komplett im EU-Ausland studiert.
- Die erste Auswahlrunde ist zumeist eine schriftliche Vorauswahl. Dort wird geschaut, ob die formalen Bewerbungsvoraussetzungen vorliegen und ob die Unterlagen vollständig sind. Manchmal wird auch hier schon eine Vorauswahl nach Aktenlage getroffen. Die Mehrzahl der Werke lädt jedoch die meisten Bewerber*innen zumindest zur Gesprächsrunde ein.
- Die zweite Auswahlrunde besteht zumeist aus einem Auswahlgespräch an oder in der Nähe deines Hochschulortes. Manchmal handelt es sich um ein oder mehrere Einzelgespräche mit Auswähler*innen von der Stiftung oder mit Professor*innen oder um ein Gespräch mit einer Auswahlkommission. Zum Teil werden für die Auswahl auch die aktuellen bzw. ehemalige Stipendiaten mit einbezogen. Nach der Gesprächsrunde findet die stärkste Selektion statt. Ein kleiner Teil wird dann zur Hauptrunde eingeladen. Vorgeschlagene Bewerber*innen starten meist in dieser Runde.
- Die dritte Auswahlrunde besteht meist aus einem oder mehreren Auswahltagen an einem zentralen Ort. Dort erwarten dich und die anderen Bewerber*innen verschiedene Auswahlsituationen und Aufgaben, zum Beispiel Gruppendiskussionen, Kurzvorträge, Klausuren, Essays, Problemlöseaufgaben und weitere Einzelgespräche. Zumeist gibt es eine Mischung dieser Elemente. Das reicht von mehreren Auswahlgesprächen bis hin zu kompletten, Assessment-Centern ähnlichen Programmen. Während es in der ersten Runde stark um die Biografie geht, spielen in der zweiten Runde das Verhalten in Gruppen und die fachlichen Fähigkeiten eine größere Rolle.

- In Klausuren und Essays geht es primär weniger um das Fachwissen als um schriftliche Argumentationsfähigkeit zu einem komplexen Thema, zum Beispiel politischer oder ethischer Natur. Dafür braucht man natürlich schon Allgemeinwissen. Auch in den Fachgesprächen ist eher Argumentationsfähigkeit gefragt. Oft sitzen dir auch Fachfremde gegenüber. Bei den Gruppenaufgaben gilt: höflich und sachlich sein, andere aussprechen lassen, auf die Meinungen anderer eingehen, niemanden bloßstellen, eine Rolle einnehmen und ausfüllen (Moderation, Präsentation, Organisation und Struktur usw.)

Weitere Hinweise zur Bewerbung und Vorbereitung findest du im Kap. 10.

8.3.4 Ausbildungsfinanzierung/Finanzierung duales Studium

Die monatlichen Lebenshaltungskosten in der Ausbildung oder im dualen Studium lassen sich mit denjenigen von Studierenden im Allgemeinen gut vergleichen. Ein wesentlicher Unterschied ist, dass viele Azubis tendenziell noch eher bei den Eltern wohnen bleiben und damit Miet- und Verpflegungskosten nicht direkt bei ihnen anfallen (wobei man sich durchaus an diesen Kosten beteiligen sollte). Wenn du jedoch von zu Hause auszieht (innerhalb der Heimatstadt bleibst oder auch in eine andere Stadt ziehst), kannst du mit der Kostenkalkulationstabelle für Studierende gut rechnen.

Auch in der Ausbildung stehen Mietkosten und Nebenkosten an erster Stelle. Einige Unternehmen bieten Wohnheime für Azubis an. Das war zum Beispiel früher bei den Krankenpflegeausbildungen Standard. Heute findet man diese nicht mehr so oft. Aber je nach Job kann es sein, dass der Arbeitgeber eine Wohnung stellt. Es lassen sich auch öffentliche Azubiwohnheime bzw. Jugendwohnheime finden (auswaerts-zuhause.de). Ansonsten bleibt die Suche nach einer WG oder einer eigenen Wohnung.

Ein weiterer wesentlicher Kostenfaktor ist die Mobilität. Hier musst du für Arbeitswege (zum Unternehmen und zur Berufsschule/Hochschule) wahrscheinlich ein bisschen mehr einplanen. Oftmals unterstützt der Arbeitgeber dich auch dabei, z. B. in Form eines bezahlten Jobtickets für Bus und Bahn. Zudem kannst du diese Arbeitswege als Kosten über die Pendlerpauschale von der Steuer absetzen. Das lohnt sich.

Berufskleidung und Material wird in der Regel vom Arbeitgeber gestellt, da musst du dir also keine Sorgen machen.

Es gibt Ausbildungen (z. B. Physiotherapie), die stark schulisch orientiert sind. Hier ist oftmals ein Schulgeld zu entrichten. Dasselbe gilt für duale Studiengänge an privaten Hochschulen. Während diese Studiengebühren im letzteren Fall ganz (oder zumindest teilweise) durch dein Ausbildungsunternehmen übernommen werden, musst du die Kosten einer schulischen Ausbildung selbst tragen. In diesem Fall kannst du jedoch ähnlich wie Studierende Leistungen nach dem BAföG beziehen. Im dualen Studium wiederum erhältst du nur sehr selten BAföG (da dein Einkommen in der Regel über den Grenzen liegt). Sollte deine Ausbildungsvergütung nicht reichen, kannst du unter bestimmten Voraussetzungen (z. B. Wohnen bei den Eltern aufgrund der Entfernungen nicht möglich) Berufsausbildungsbeihilfe (BAB) beantragen (https://www.arbeitsagentur.de/bildung/ausbildung/berufsausbildungsbeihilfe-bab). Bis zum Abschluss deiner ersten beruflichen Ausbildung (und bis zum 25. Lebensjahr) kann das Kindergeld weitergezahlt werden. Wenn Ausbildungsvergütung und BAB nicht reichen sollten (bzw. du keine BAB bekommst), kannst du unter Umständen auch Wohngeld beantragen. Wenn du nach der Ausbildung und ersten Berufserfahrungen noch eine große Weiterbildung (Fachwirt, Meister, Techniker) oder ein Studium dranhängen möchtest, gibt es tolle Förderungsmöglichkeiten wie Aufstiegs-BAföG, Meister-BAföG und Aufstiegsstipendien.

Zum Jobben wirst du neben der Ausbildung in der Regel keine Zeit haben, wenn überhaupt nur für kleinste Nebenjobs. Aber das ist ja hoffentlich auch nicht nötig. Denn in der Ausbildung zahlt dir dein Arbeitgeber eine Ausbildungsvergütung. Wenn du einen Nebenjob (bis max. 520 €) ausüben möchtest, musst du das mit deinem Arbeitgeber klären (Informationspflicht und ggf. Genehmigungspflicht).

Die Ausbildungsvergütung wird in deinem Ausbildungsvertrag geregelt. Wenn das Unternehmen tarifgebunden ist, richtet sich diese nach dem Tarifvertrag. Ansonsten seid ihr frei in der Verhandlung. Die meisten orientieren sich an branchenüblichen Vergütungen und den Tarifverträgen. Wie hoch diese sind, kannst du bei der Bundesagentur im Berufe-Net oder bei den entsprechenden Tarifpartnern recherchieren. Üblicherweise steigt die Vergütung mit den Lehrjahren, denn je mehr du lernst, desto wertvoller wirst du auch für das Unternehmen. Im Schnitt liegt die Vergütung bei ca. 900 EUR und damit in einem Bereich, in dem man davon ähnlich wie beim Studium sein Leben gut bestreiten kann. Jedoch gibt es eine hohe Schwankungsbreite. Es gibt Ausbildungen, die im ersten Lehrjahr eher unter diesem Betrag liegen. Mindestens jedoch verdienst du den Mindestlohn, der im ersten Lehrjahr 620 EUR/Monat beträgt (Stand 2023). Mehr Infos zum Ausbildungsgehalt: ausbildung.de/ratgeber/gehalt/.

Von deinem Gehalt gehen noch Sozialabgaben und Steuern ab. Da du jedoch noch nicht in sehr hohen Gehaltsregionen bist, sind die Abzüge nicht sehr hoch.

Dein Ausbildungsvertrag regelt auch den Urlaubsanspruch. Mindestens steht dir der gesetzliche Urlaub zu (4 Wochen), meistens bekommst du aber noch ein paar Tage mehr. Wenn du noch unter 18 bist, steht dir ggf. auch noch mehr Urlaub zu. Darüber hinaus gewähren viele Arbeitgeber vermögenswirksame Leistungen, die du nutzen solltest. Um Mitarbeiter zu werben und zu binden, kann der Arbeitgeber auch noch weitere Sondervergütungen oder Sonderleistungen wie Jobticket, Essenszuschuss oder sogar Fitnessstudiogebühren übernehmen. So etwas kann sehr spannend sein. Schau aber, dass du dich von Gehalt und Sonderleistungen nicht blenden lässt. Wichtig ist vor allem, dass die Ausbildung von hoher Qualität ist und du dich beim Arbeitgeber wohlfühlst. Das ist manchmal wichtiger als ein paar Euro mehr auf dem Konto.

Wie auch beim Studium gilt: An der Finanzierung muss eine Ausbildung in Deutschland nicht scheitern. Mit einer dualen Ausbildung bekommst du eine sichere und fundierte Berufsausbildung, mit der du sehr schnell auf eigenen Füßen stehen kannst.

Kapitel-Check

- Du hast dich über die verschiedenen Zulassungsvoraussetzungen (NC, Eignungsprüfungen, Auswahlverfahren, Bewerbungsfristen) kundig gemacht und weißt für deine möglichen Fächer über mögliche Hürden Bescheid.
- Du hast dir klargemacht, wie viel ein Studium im Schnitt kostet, und eine passende Kalkulation für dich selbst aufgestellt.
- Du hast deine möglichen Finanzierungsquellen geklärt (Eltern, BAföG, Jobs, Stipendium, Kredit usw.). Du weißt, worauf du achten musst und wie du deinen Finanzmix gestaltest, um sicher und gut zu studieren.
- Du hast geprüft, ob für dich die Bewerbung um ein Stipendium eine Option wäre, und nach möglichen Stipendiengebern recherchiert. Dir sind Bewerbungsfristen und Voraussetzungen klar.
- Du hast dich über Ausbildungsfinanzierung und Finanzierung im dualen Studium informiert.

9

Entscheidung treffen

Nun hast du schon eine Menge Zeit investiert, um über dich selbst nachzudenken, du hast Gespräche geführt und dich umfassend informiert. Nun musst du dich nur noch entscheiden. „Nur"? Vielleicht klingt das in deinen Ohren wie Hohn. Ist es aber nicht. Du hast getan, was du für eine gute Entscheidung tun konntest. Klar, man könnte immer weiter über sich nachdenken, unzählige Gespräche führen, und natürlich hast du nicht alle möglichen Informationen. Die perfekte Entscheidung gibt es aber nicht. Versuch nun, die Fäden zusammenzubinden, und prüf dann noch mal das Ergebnis;

Ergänzende Information Die elektronische Version dieses Kapitels enthält Zusatzmaterial, auf das über folgenden Link zugegriffen werden kann [https://doi.org/10.1007/978-3-662-66362-2_9]. Die Videos lassen sich durch Anklicken des DOI-Links in der Legende einer entsprechenden Abbildung abspielen, oder indem Sie diesen Link mit der SN More Media App scannen.

Abb. 9.1 Video zu Entscheidungsstrategien. (Bild: © nasharaga/stock.adobe.com)
(▶ https://doi.org/10.1007/000-9pk)

dann kannst du beruhigt ins Studium starten. Keiner kann dir vorwerfen, du hättest dich blauäugig und leichtfertig entschieden. Es gibt einen Moment, den ich als „maximalen Punkt des Grübelns" bezeichne. Bis dahin machen mehr Gedanken Sinn; danach verfällt man in endlose Grübelschleifen, die oft dazu führen, dass man sich gar nicht entscheidet. Und auch das ist eine Entscheidung – und meist keine gute. Es gibt die Erzählung von Buridans Esel: Ein Esel sah sich zwei Heuhaufen gegenüber, die beide gleich groß und gleich weit entfernt waren. Sie dufteten beide herrlich. Er konnte sich nicht entscheiden, welchen er lieber zuerst fressen wollte, und so verhungerte er. Wenn du den Punkt des maximal sinnvollen Prüfens überschritten hast, geht es dir ein bisschen so wie diesem Esel. Also ran ans Entscheiden! Auch hier gilt wieder: Schau, welche Übungen dir nützen und welche du weglässt. Das ist doch schon mal eine erste Entscheidung.

Rund um das Thema Entscheiden habe ich auch ein kleines Video aufgenommen (Abb. 9.1).

9.1 Rationales Entscheiden

Übung 9.1: Studien- und Berufsideen anhand deines Profils/Hitliste
Schau dir noch mal dein Profil an, all die relevanten Punkte, die du zusammengetragen hast. Nimm nun ein großes, leeres Blatt und schreibe als Mindmap all deine Ideen auf. Achte auf die Verzweigungen von ähnlichen Fächern und Ideen. Ergänze auch die Ideen, die du von anderen erhalten hast. Lass das gesamte Bild auf dich wirken. Vielleicht sind es nur wenige Optionen. Wenn du eigentlich nur ein Fach aufschreiben wolltest: Glückwunsch! Dann hast du dich eigentlich schon entschieden. Spring zu „Entscheidung prüfen" (Abschn. 9.5).

Wenn es doch mehrere oder viele Optionen sind: Versuch im ersten Schritt, deine spontanen fünf Favoriten herauszuarbeiten, am besten in einem ersten Präferenzranking. Nimm ruhig erst mal die spontanen Impulse. Die Feinanalyse kommt später.

Top 5:

_____

_____

_____

_____

_____

Überleg dir nun anschließend zu allen Ideen auf der Liste mindestens drei Argumente, warum diese Ideen auf deiner Hitliste gelandet sind.

Übung 9.2: Rationales Entscheiden mit der Entscheidungstabelle
Nimm nun drei bis höchstens fünf der Studienrichtungen (Fächer bzw. Felder) und schreib sie in die Entscheidungstabelle. Die Vorlage findest du über den am Kapitelanfang aufgeführten Link. In der App (s.u.) findest du auch eine Variante für Ausbildungen.

Du kannst diese gerne für dich anpassen oder auch eine ganz eigene erstellen. Bewerte anhand deiner Reflexionen und deiner Recherche jede Studienrichtung nach den Passungen und Kriterien. Überleg zuerst, wie wichtig dir die verschiedenen Entscheidungsindikatoren (Entscheidungskriterien) sind. Wenn dir etwas besonders wichtig ist, dann gib diesem Faktor einen Multiplikator (×2 oder ×3). Vergib nun für die einzelnen Indikatoren/Kriterien und ihre Passung Punkte von 1 (passt nicht) bis 5 (passt voll und ganz). Wenn etwas gar nicht passt oder nicht umsetzbar ist, sprich: ein K.o.-, No-Go- oder Cut-off-Kriterium ist, markier das Feld Rot. Im nächsten Schritt multiplizierst du die Punkte mit den vorher festgelegten Multiplikatoren (Gewichtungen). Anschließend berechnest du die Summe (bzw. lässt Excel die Summe berechnen). Dadurch bekommst du ein Ranking deiner Studienwünsche. Prüf noch mal, ob es Ausschlusskriterien (rot) gibt, die gegen die Option sprechen. Wenn du diese Punkte noch ausräumen kannst bzw. keine Ausschlusskriterien vorliegen, hast du rational nachvollziehbar dein Studienfach gefunden. Glückwunsch!

Auf die gleiche Weise kannst du mit der zweiten Tabelle verfahren, um einzelne Studiengänge an bestimmten Hochschulen gegeneinander abzuwägen.

Für beide Entscheidungen haben wir in der App ein Entscheidungstool gebaut. Du gibst darin deine Ausbildungs- und Studienideen ein und kannst diese anhand der einzelnen Bereiche deines Profils auf Passung bewerten. Neben diesem Ranking deiner Ideen kannst du darüber hinaus mögliche Arbeitgeber für die Ausbildung und mögliche Hochschulen anhand von Kriterien systematisch vergleichen und so zu einem weiteren Detailranking kommen.

9.2 Emotionales Entscheiden

9.2.1 Verbindung von rationalem und emotionalem Entscheiden

Übung 9.3: PIMP your life – emotionales Entscheiden mit Geschichten
Manchmal haben wir ein rationales Ranking gemacht, wie das mit der Entscheidungstabelle. Doch irgendwie sind wir mit dem Ergebnis nicht zufrieden. Bevor wir anfangen, uns die Werte so zurechtzubiegen, dass sie uns irgendwie besser passen, kannst du auch einfach noch mal wirklich an deine emotionalen Entscheidungsfaktoren herangehen. Dafür bieten sich Geschichten an. Man spricht dabei auch von Narrationen. Der Fantasyschriftsteller Terry Pratchett hat den Menschen mal als *pans narrans*, als einen Geschichten erzählenden Affen beschrieben. Das finde ich sehr passend. Du hast in diesem Buch schon mehrmals Geschichten zur Selbsterkundung genutzt. Du kannst sie auch für deine Entscheidung verwenden. Ich nenne das ganze PIMP (Projektions-Imaginations-Methode prospektiv), das heißt nichts anderes als: Lass deine Gedanken fließen und stell dir mögliche Zukünfte vor.

Nimm dir eine Top 3 aus der Hitliste bzw. der Entscheidungsmatrix. Versuch dir jeweils vorzustellen, wie die Zukunft aussähe, wenn du diese Option wählen würdest. Stell dir vor, du bist ein allwissender Erzähler und Autor. Du beschreibst die mögliche Biografie genau, eine mögliche Autobiografie: Was wären konkret die nächsten Schritte? Welche Veränderungen würden diese bedeuten? Was erwartet dich im Studium/in der Ausbildung? Was macht dir dort Spaß? Wo liegen Herausforderungen? Welche neuen Erfahrungen bringt das Studenten-/Azubileben? Welche Praktika machst du? Wo wirst du deinen ersten Job finden? Wo wirst du wohnen? Wie wirst du leben? Bleibst du dabei, oder wirst du auch andere Berufe ausüben? Welche Lebensereignisse (Hochzeit, Kinder, Hausbau etc.) kommen wann dazu oder auch nicht? Welche Krisen und Schicksalsschläge könnten dich ereilen (z. B. Arbeitslosigkeit, Auftragsflaute)? Wie kannst du diese bewältigen? Was wird dir Spaß an dem Beruf machen? Wofür wirst du Anerkennung bekommen? Welche Kompetenzen hast du entwickelt? Auf was musst du verzichten? Was macht weniger Spaß? Gibt es ein großes Ziel zu erreichen? Was müsstest du dafür tun, und was müsste passieren? Vor welche Entscheidungen wirst du in der Zukunft gestellt, wenn du diesen Weg gehst?

Versuch dir oder einem Gegenüber (Beraterin/Berater, Freund/Freundin) die Geschichten so genau wie möglich zu erzählen – gerne auch mit spontanen Details. Klar, du kannst nicht alles wissen; versuch von den Informationen auszugehen, die du recherchiert hast, und spekulier über den Rest. Denk an Biografien, die du kennst. Erzähl alle drei Geschichten. Überleg danach: Wie hast du dich bei den Geschichten gefühlt? Was fühlte sich jeweils gut an und was nicht so gut? Gibt es eine Geschichte, die du lieber leben würdest als die anderen?

Information: Erlebendes und erinnerndes Selbst
Der Psychologe Daniel Kahneman (Nobelpreis in Wirtschaft) hat seine Erkenntnisse in dem Bestseller *Schnelles Denken, langsames Denken* zusammengefasst (Kahneman 2012). Darin beschreibt er zwei Denkzustände unseres Selbst. Zum einen gibt es das erlebende Selbst im Hier und Jetzt; dieses spürt die Dauer von Freude und Leid. Es trifft Entscheidungen aus dem momentanen Zustand heraus. Dann gibt es noch das erinnernde Selbst; dieses schaut zurück. Es bewertet dabei aber nicht die Dauer einer Erfahrung, sondern nur Höchststände (der Freude und des Leids) sowie das Ende einer Episode. Das bedeutet, dass unsere Erinnerungen in gewisser Weise verzerrt sind. Zum Beispiel kann ein Streit am Ende einer Freundschaft all ihre positiven Erfahrungen überlagern oder ein stressiges Ende eines Urlaubs diesem viel von der Entspannung nehmen. Auch werden dir von deiner Schulzeit vor allem die besonders glücklichen und die besonders schrecklichen Momente in Erinnerung bleiben, nicht jedoch die „endlosen" Stunden eines mehr oder weniger positiven Grundgefühls, die du dort verbracht hast. Diese Art der mentalen Buchführung ist entscheidend für unser Entscheiden. Überleg immer, wie stark die Bewertung eines Studienfachs, einer Stadt usw. von wenigen Höchst- oder

Tiefständen der Emotion bestimmt wird. Bedenke auch, wie viel Zeit bestimmte Errungenschaften und Entwicklungen brauchen. Denn obwohl du dich vor allem an deinen glücklichen Sieg bei der Fußballmeisterschaft erinnerst, gab es auch die endlosen Stunden der Qual auf dem Platz bei Wind und Wetter. Diese hast du auch aktiv erlebt. Beurteile deine Entscheidungen also am besten immer aus der Sicht deiner beiden Selbste.

Übung 9.4: Formel „Wert rational + Wert intuitiv"
Der eben vorgestellte Forscher Kahneman hat eine Formel entwickelt, die versucht, den sogenannten Halo-Effekt zu vermeiden. Dieser „Heiligenschein-Effekt" beschreibt das Phänomen, dass wir Personen oder Dinge im Gesamten positiver beurteilen, wenn uns eine Eigenschaft als besonders positiv auffällt. Der Schein dieser positiven Eigenschaft (das freundliche Lächeln eines Gegenübers, ein cooler Studiengangsname) überstrahlt dabei andere negative (oder nicht so positive) Eigenschaften. Das ist ein wesentlicher Grund, warum wir uns nicht nur auf den ersten Eindruck und auf die darauf basierende Intuition verlassen sollten. Intuition beruht oft auf sogenannten Heuristiken (Entscheidungsabkürzungen), die aufgrund der Erfahrung eines gemeinsamen Auftretens beim Vorliegen der einen Eigenschaft auf die anderen schließen (nettes Lächeln = vertrauenswürdige Person). Das muss aber nicht zwangsläufig stimmen. Um den Halo-Effekt bei einer Entscheidung wie der Berufs- und Studienwahl zu vermeiden, aber dennoch nicht auf die komprimierten Erfahrungen deiner Intuition zu verzichten, schlägt Kahneman (Kahneman 2012, S. 287) Folgendes vor: Zunächst solltest du konkrete Sachkriterien aufstellen und Punkte finden, anhand derer du diese Kriterien beurteilen kannst. Das hast du mit der Entscheidungstabelle getan. Dann sollst du diese unabhängig voneinander prüfen und bewerten. Auch das hast du getan. Danach rechnest du die Punkte zusammen.

Nun schließt du die Augen und stellst dir die Entscheidung noch mal vor. Dann erstellst einen Punktewert nur aufgrund deiner Intuition. Anschließend notierst du diese Werte ebenfalls. Am Ende zählst du deinen rational errechneten Wert mit dem intuitiven Wert zusammen. Dadurch erhältst du dein Ranking.

9.2.2 Intuitive Entscheidungsmethoden

Vielleicht bist du mit der Punktebewertung mit geschlossenen Augen bei der letzten Übung nicht ganz so leicht zurechtgekommen, oder du willst noch andere Wege beschreiten, um deine Intuition, dein unbewusstes Erfahrungswissen, dein Bauchgefühl mit in die Entscheidung einzubeziehen. Hier findest du noch weitere intuitive Entscheidungsmethoden.

Übung 9.5: Timer-Methode
Stell auf dem Handy einen Timer (circa 3 min), nimm ein Blatt Papier und einen Stift und *go*: Schreib einfach drauflos. Was machst du als Nächstes, wo bist du in 6, 12, 24 Monaten? Denk nicht lange nach, schreib auf, was dir in den Sinn kommt, streich nichts, korrigier nichts. Schreib einfach die drei Minuten durch. Schau danach, was du intuitiv geschrieben hast. Das ist im Moment dein stärkster Entscheidungsimpuls.

Übung 9.6: Jeden Tag ein bisschen
Entscheiden kostet Energie. Wirklich. Je mehr Entscheidungen wir schon an einem Tag gefällt haben, desto schwieriger fallen sie. Deshalb grübelt man abends länger als morgens. Hinzu kommt: Je mehr Optionen wir haben, desto schwieriger wird es. Supermärkte nutzen diese Überforderung und platzieren Produkte so, dass der erschöpfte Entscheider nicht die beste, aber die leichteste Wahl trifft (z. B. auf Augenhöhe). Wir können schlecht 20 bis 30 Optionen gleichzeitig prüfen. Das überlastet unseren Arbeitsspeicher. Deswegen eignet sich folgendes Vorgehen. Jeden Morgen nimmst du dir deine Liste mit Studienfächern vor und streichst eine Option (Studienfach/Beruf) von der Liste. Am Ende bleibt nur noch eine Option übrig. Du hast jeden Tag frisch entschieden, mit voller Energie und in Bezug auf weniger Optionen.

Übung 9.7: Münzwurftechnik
Vielleicht bist du mit der letzten Methode (oder auf anderen Wegen) bis zu den letzten beiden Optionen gekommen. Wenn du zwischen zwei Dingen entscheiden möchtest, kannst du die Münzwurftechnik anwenden. Nimm eine Münze und leg fest, welche Seite für welche Option steht. Wirf die Münze in die Luft und fang sie auf. Die Seite, die oben liegt, ist die Entscheidung durch den Zufall. Achte darauf, welche Seite du dir wünschst, während die Münze in der Luft ist. Dorthin zieht es dich intuitiv. Danach ist es (fast) egal, was die Münze dann zeigt.

Übung 9.8: Kriterien streichen und Energie kalkulieren
Wäge ab, wie viel Energie eine Entscheidung wert ist. Reichen 80 % Sicherheit, wenn 100 % einen gehörigen Mehraufwand bedeuten würde? Selbst bei einer wichtigen Entscheidung wie der Berufs- und Studienwahl kommt man nicht auf die 100 %. Eine weitere gute Methode ist es, Kriterien zu streichen.

Betrachte nicht immer alle möglichen Kriterien, sondern die für dich entscheidensten. Vielleicht kennst du das beim Handykauf. Eigentlich wolltest du nach bestimmten technischen Merkmalen entscheiden (Akkulaufzeit, Speicher etc.), aber du vergleichst auch Dinge, die für dich eigentlich nicht so wichtig sind (Megapixel Kamera, Schnittstellen, Software etc.). Diese sind für andere wichtig und auch nicht unerheblich, doch es ist leichter, nach den wichtigsten Kriterien zu entscheiden und danach zu schauen, ob die anderen Dinge in Ordnung sind (ohne auch das jeweils Beste haben zu wollen). Manchmal nehmen wir auch Kriterien mit hinzu, die eigentlich sekundär sein könnten (Design, Name). Streich bei deiner Entscheidungstabelle alle Kriterien, die zwar verglichen werden können, aber nicht primär relevant für deine Entscheidung sind.

Übung 9.9: Grübelzeit begrenzen
Wir sollten nicht zu schnell entscheiden; künstlicher Druck bringt es auch nicht. Jedoch kommt man irgendwann an den Punkt des maximalen Grübelns, ab dem es keinen Mehrwert mehr hat (siehe oben). Leider weiß man vorher nicht, wann dieser Punkt erreicht ist. Wir brauchen auch das Gefühl, dass wir uns genug Zeit für die Entscheidung gelassen haben. Setz dir eine Frist. In dieser Zeit darfst du grübeln, so viel du willst. Nachdem du dir das gegönnt hast, musst du entscheiden.

Übung 9.10: Die Nicht-Entscheidung mit einbeziehen
Man kann nicht *nicht* entscheiden. Die Folgen einer Fehlentscheidung sind meist weniger schlimm als die Folgen der Nicht-Entscheidung. Wittgenstein, ein Philosoph, sprach mal von der Unterscheidung zwischen sinnvollen und sinnlosen Zweifeln (vgl. Wittgenstein und Schulte 2005). Entscheidungen sollten daher nicht zu lange aufgeschoben werden (siehe Übung 9.9). Sich nicht zu entscheiden, ist auch eine Entscheidung. Überleg dir, welche Vorteile das Nicht-Entscheiden hat. Wenn du nicht genug Vorteile siehst, entscheide dich anders. Entscheide dich dafür zu entscheiden.

Übung 9.11: Entscheidung im Raum
Nimm deine wichtigsten Entscheidungsoptionen (Studienfächer/Studiengänge/Ausbildungen). Gib jeder Entscheidungsoption einen Ort im Raum, einen bestimmten Platz, einen Zettel auf dem Boden oder einen Stuhl. Begib dich auf diese Plätze und achte darauf, wie du dich mit dieser Entscheidung fühlst. Stell dir an dem jeweiligen Ort vor, du hättest dich für diese Option entschieden. Wie fühlt es sich an? Wechsel die Orte und versuch, Unterschiede wahrzunehmen. Denk daran, einen Ort zu haben, der für keine Ent-

scheidung steht, der neutral ist. Wo zieht es dich intuitiv hin? Fang an, Orte auszusortieren, bis du an einem Ort bleibst.

Übung 9.12: Somatische Marker
Der Neurowissenschaftler Antonio Damasio (vgl. Damasio 2007) hat den Begriff der somatischen Marker geprägt. Damit sind Körperwahrnehmungen gemeint, die ein bestimmtes Gefühl markieren. Wenn du genau auf solche Wahrnehmungen achtest, kannst du dein Bauchgefühl, dein Körpergefühl mit in die Entscheidung einbeziehen. Ähnlich wie bei der vorherigen Methode geht dies gut, wenn du einen Ort für eine bestimmte Entscheidung wählst und frei assoziierst. Du kannst zum Beispiel einen Zettel nehmen, das mögliche Studienfach, den möglichen Beruf darauf schreiben und den Zettel auf den Boden legen. Dann stellst du dich auf den Zettel und stellst dir vor, du hättest diese Entscheidung umgesetzt. Dann schließt du die Augen und gehst systematisch durch deine Köper- und Sinneswahrnehmungen. Spürst du Angst/Unsicherheit durch weiche Knie oder eine schwere Last auf den Schultern? Kribbelt es vor Aufregung im Bauch oder in den Händen? Entsteht eine Leichtigkeit, eine Ruhe im Kopf? Ist dein Rücken gebeugt, oder stehst du gerade und gestärkt? Fühlst du Wärme? Nimmst du bestimmte Töne, Farben oder Gerüche wahr? Lass alle Wahrnehmungen zu. Versuch, diese einer anderen Person zu schildern oder für dich zu notieren. Überleg erst im zweiten Schritt, was diese Wahrnehmungen mit deiner möglichen Berufs- und Studienwahl zu tun haben könnten.

Übung 9.13: Zwischen den Stühlen
Nachdem du in der letzten Übung deinen Körper zu dir sprechen lassen konntest, gäbe es auch noch die Möglichkeit, deine Emotionen direkt mit deinen rationalen Gedanken kommunizieren zu lassen. Stell zwei Stühle auf. Auf dem einen argumentierst du nur rational und auf dem anderen nur emotional. Lass beide Seiten in Streit und Dialog miteinander kommen. Wer hat die besseren Argumente? Das willst du nicht selbst entscheiden? Dann such dir einen neutralen Schiedsrichter.

Übung 9.14: Tetralemma-Arbeit
Du kennst vielleicht den Begriff des Dilemmas. Das bedeutet, dass du zwischen zwei Optionen hin- und hergerissen bist. Vielleicht geht es dir bei der Berufs- und Studienwahl ähnlich: Kunst oder BWL, Maschinenbau oder Bauingenieurwesen, Handwerk oder Industrie usw. Du bist im Entweder- oder gefangen. Manchmal hilft es, das Dilemma sogar noch zu erweitern, zum Tetralemma (*tetra* = vier, *lemma* = Annahmen). Denn neben dem Entwe-

der-oder gibt es immer noch zwei weitere Optionen: zum einen das Weder-noch (Entscheidung gegen beide Optionen und für etwas Drittes), zum anderen den Versuch, beides gleichzeitig oder vereint umsetzen. Teile ein Blatt in vier Bereiche. Schreib deine beiden Optionen (Entweder-oder) und beides bzw. keins von beiden als Überschriften in die Bereiche. Überleg dir jeweils, was diese Optionen beinhalten könnten. Manchmal kommst du so aus dem Dilemma raus und auf völlig neue Ideen.

9.3 Begabungsvielfalt

Information: Optionen offenhalten und Vielfalt leben
In der letzten Übung wurde die Idee aufgeworfen, dass es bei einer Entweder-oder-Entscheidung auch die Möglichkeit des „Und" gibt. Man kann versuchen, Elemente beider Wege, beider Optionen miteinander zu verbinden. Insbesondere wenn du merkst, dass du dich zwischen mehreren Begabungen und Potenzialen entscheiden musst, kann dir das Nachdenken über mögliche Und-Optionen einen Ausweg aus dem inneren Konflikt bieten. Wenn du dich beispielsweise zwischen einer starken Leidenschaft, einem geliebten Hobby (z. B. im sportlichen, musischen oder künstlerischen Bereich) und einer karrieretechnisch sichereren Option (z. B. Wirtschaftswissenschaften, Ingenieurwissenschaften, Rechtswissenschaften etc.) entscheiden musst, gibt es zwei Möglichkeiten. Du kannst dich erstens für die sicherere Option entscheiden und dennoch versuchen, deinem Hobby parallel nachzugehen. Das erfordert viel Disziplin in beiden Bereichen, wenn du was erreichen willst. Es kann aber sein, dass sich der Aufwand lohnt. Vielleicht kommt der Erfolg im semiprofessionellen Hobbybereich, oder die sichere Karriere ist so erfolgreich, dass sie die Ressourcen für deine Leidenschaft weiterhin zur Verfügung stellt. Auch thematische Interessen lassen sich verknüpfen; so bleibt dir die Möglichkeit, ein Doppelstudium zu machen. So kannst du Philosophie und Chemieingenieurwesen studieren. Auch hier ist dies vor allem eine Frage der Disziplin und der Zeit. Es gibt trotz allem nur begrenzte Ressourcen. Eine weitere Möglichkeit in dieser Richtung ist es, Studiengänge oder Ausbildungen zu wählen, die formal schon recht breit und generalistisch aufgestellt sind; so musst du dich zumindest am Anfang noch nicht spezialisieren. Jedoch ist es sinnvoll, sich auch in diesen Studiengängen spätestens mit Beginn des Masterstudiums zu spezialisieren. Der Bachelor als „Grundstudium" gibt dir jedoch die Zeit, genau diese Vertiefungen zu explorieren. Die zweite Option besteht darin, die beiden Bereichen miteinander zu kombinieren und keinen generalistischen, sondern einen sehr individuellen und speziellen Weg einzuschlagen.

So kann eine Kunsthistorikerin mit BWL-Kenntnissen in den Kunsthandel oder ins Kunstmanagement einsteigen. So könnte ein Elektroingenieur mit Musikstudium ein Spezialist für Instrumentenbau/Instrumentenelektronik werden. Und aus dem Leistungssportler mit Psychologiestudium könnte ein gefragter Coach und Unternehmensberater werden. Es lohnt sich darüber nachzudenken, ob sich die eigenen Interessen und Kompetenzen nicht zu etwas ganz Neuem kombinieren lassen. Die Architektin mit Physikleidenschaft könnte die Akustikexpertin werden, welche die nächste Elbphilharmonie baut. Sieh deine unterschiedlichen Interessen als Chance. Kombiniere sie oder gib ihnen Raum im Rahmen eines Doppelstudiums, einer breit ausgelegten Ausbildung oder eines interdisziplinären Studiengangs. Manchmal ist es auch schön, ein Talent zum Beruf zu machen und das andere als Leidenschaft zu pflegen. In deiner Freizeit kannst du Platz für das Hobby schaffen; dabei stehen dir auch die akademischen Türen offen. Du kannst dich als Biologe auch in Philosophieveranstaltungen setzen und umgekehrt. Und niemand hindert dich daran, in der Bibliothek auch mal zu einem anderen Buch zu greifen. Denk dran: Es gibt zwei Arten von Innovationen und innovativen Menschen. Es gibt diejenigen Innovator*innen, die sich so in ein Gebiet vertiefen, dass sie es schaffen, die Grenzen der Erkenntnis in diesem Gebiet ein bisschen zu verschieben. Es gibt aber auch diejenigen, die zwei Bereiche miteinander verbinden, die vorher niemand verbunden hat und so mit einer radikalen Innovation ein völlig neues Gebiet erschaffen. Beides ist nicht planbar, jedoch entscheidest du, wie du deinen Blick lenkst. Du kannst deinen Beruf erfinden (erinner dich an die entsprechende Übung).

9.4 Entscheidungsstrategien und Entscheidungsfehler

Information: Was ich sehe, ist alles, was es gibt

Noch eine Erkenntnis aus Daniel Kahnemans Forschungen zu Entscheidungen ist der sogenannte WYSIATI-Grundsatz („What you see is all there is", Kahneman 2012, S. 515). Das bedeutet, dass du bei der Beantwortung einer Frage in erster Linie von den vorhandenen, das heißt leicht zugänglichen Informationen ausgehst. Damit ist eine weitere Entscheidungsheuristik (vereinfachtes Vorgehen bei einer Entscheidung, eine Entscheidungsregel, eine Entscheidungsabkürzung) benannt. Wenn du versuchst, eine Antwort auf eine schwere Frage zu finden, erzeugt dein Selbst Antworten auf andere vergleichbare Fragen, deren Beantwortung leichter fällt. Dabei müssen die „Ersatzfragen" und „Ersatzantworten" nicht unbedingt weniger anspruchsvoll sein als die ursprüngliche Frage; es sind nur mehr Informationen verfügbar. So investiert ein Banker vielleicht eher Geld in ein Unternehmen, dessen Produkte er selbst schon mal gekauft hat. Statt die Frage zu beantworten, welches Unternehmen den meisten Umsatz macht, beantwortet er die Frage, welches Unternehmen mit ihm den meisten Umsatz macht. Diese „leichte" Antwort muss nicht unbedingt dazu führen, dass die Entscheidung falsch ist (vielleicht kaufen wirklich viele Menschen ähnliche Produkte wie der Banker); sie kann aber auch ziemlich katastrophal sein (vgl. Kahneman 2012, S. 515). So etwas passiert dir auch leicht bei der Berufs- und Studienwahl. Statt die Frage zu beantworten, welcher Beruf am besten zu den eigenen Kompetenzen, Interessen und beruflichen Zielen passt, beantwortet man nach der WYSIATI-Regel eher einfachere Fragen wie: Was interessiert mich im Moment am meisten, welche Entscheidung bedeutet den geringsten Aufwand/Widerstand, wie cool ist die Stadt, wo ziehen meine Freunde hin, welche Studiengänge/Ausbildungen kenne ich? Bevor du entscheidest, prüf dich selbst noch mal, ob du die komplexe Frage nicht insgeheim durch eine leichtere ersetzt hast. Das gilt sogar auch, wenn du hinterher rationale Argumente für deine Entscheidung findest. Eigentlich willst du nur in die coole Stadt Berlin; deinen Eltern erzählst du was über die tollen Wahlmöglichkeiten und den Rankingplatz. Aber eigentlich geht es dir wie dem Banker. In Berlin als cooler Stadt kann es wirklich sein, dass du am Puls der Zeit bist. Aber vielleicht gibt es die passende Vertiefung für dich doch woanders. Und so cool ist Berlin vielleicht ja auch gar nicht. Also nicht nur die leichten Dinge entscheiden, sondern sich auch an die schwieriger zu beantwortenden Fragen wagen!

Übung 9.15: *Prä-mortem*-Methode
Eine gute Methode gegen die Verzerrungen der Informationsverfügbarkeit (WYSIATI-Regel, s. o.) und gegen unkritischen Optimismus ist die *Prämortem*-Methode, wieder einmal ein Vorschlag von Kahneman (Kahneman 2012, S. 327). Übersetzt heißt *prae mortem* „vor dem Tod". Es geht darum, sich das Scheitern einer Option vorher genau vorzustellen. Stell dir vor, du befindest dich am Ende des ersten Studien- oder Ausbildungsjahres. Du hast

deinen Plan in der jetzigen Fassung umgesetzt. Das Ergebnis ist eine Katastrophe, der *worst case*. Nimm dir fünf bis zehn Minuten Zeit, um eine kleine Geschichte dieser Katastrophe zu schreiben. Am besten, du machst das mit einer Gruppe unterschiedlicher Menschen. Stell allen diese Aufgabe. Dadurch werden mögliche Fallstricke und Informationslücken offenbar. Anschließend kannst du überlegen, wie nun eine solche Katastrophe zu vermeiden ist bzw. wie man den *worst case* so einschränken kann, dass du, selbst wenn alles schiefgeht, immer noch halbwegs gut aus der Nummer herauskommst (zum Beispiel, indem du rechtzeitige Zwischenprüfungen und Abbruchkriterien formulierst oder, bevor du dich entscheidest, die Entscheidung mittels Prototyping (Abschn. 9.5, Übung 9.24) prüfst).

Übung 9.16: Testlauf – Mit der Entscheidung leben
Eine Abwandlung der *Prä-mortem*-Methode ist die positive Prüfung. Selbst wenn du dir noch nicht ganz sicher bist – tu so, als hättest du die Entscheidung schon getroffen. Geh die nächsten zwei bis drei Tage durch deinen Alltag, als hättest du dich schon entschieden (z. B.: „Ich studiere Maschinenbau", „Ich mache eine Ausbildung in der Konditorei"). Schau genau, wie es dir dabei geht, wie du antwortest, wenn dich jemand nach der Zukunft fragt. Wenn du mit der Entscheidung leben kannst – wunderbar! Spürst du in dir Widerstand, dann geh diesem nach. Danach machst du dir zwei Tage den Kopf frei. Du hast dich noch nicht entschieden und musst es auch nicht. Anschließend lebst du zwei bis drei Tage mit Entscheidung B. Dasselbe machst du mit C. Rede über deine Studienziele. Lass dir Feedback geben, wie sehr du andere mit deiner Begeisterung ansteckst, wie sehr du überzeugst.

Information: Einflüsse hinterfragen
Es gibt noch weitere Dinge, die unser rationales Denken vernebeln können. Sie basieren auf psychologischen Mustern, die wir alle haben. So gibt es beispielsweise den Ankereffekt von Zahlen. Sobald eine Zahl genannt wird, stellen wir andere Zahlen dazu in ein Verhältnis. Das wirkt zum Beispiel, wenn wir einen Preis sehen, auf den dann ein großzügiger Rabatt gewährt wird (dabei muss der gesehene Preis niemals real gewesen sein), oder auch nur, wenn wir eine Zahl sehen und dann in einem völlig anderen Bereich etwas einschätzen sollen. Auch rund um die Berufs- und Studienwahl hast du mit Zahlen zu tun (Jahreseinkommen, Rankingplätze, Anzahl der Studierenden). Schau, dass du vernünftige Maßstäbe wählst. Das ist vielleicht nicht das größte Problem. Schwieriger ist schon der Effekt, dass man einer Aussage eher glaubt, je öfter man sie hört – selbst wenn man eigentlich weiß, dass die Aussage falsch oder nicht ganz richtig ist. Wenn du zu oft hörst, dass der Studiengang oder dieser

Beruf keine Zukunft hat und der Arbeitsmarkt keine Chancen bietet, bist du geneigt, das zu glauben, obwohl die Arbeitsmarktzahlen eine andere Sprache sprechen. Deswegen sind oft wiederholte Klischees von Studiengängen und Ausbildungen so gefährlich („Alle Soziologen fahren hinterher Taxi", „Karohemd und Samenstau – ich studier Maschinenbau" usw.). Obwohl wir wissen, dass diese Klischees nicht stimmen (oder nicht stimmen müssen), glauben wir sie durch die vielen Wiederholungen. Bei so vielen Vorurteilen (Fake News) sind wir geneigt, Experten zu glauben. Aber auch hier ist Vorsicht geboten: Nur weil ein Experte etwas behauptet, muss das nicht stimmen. Manche Experten sind zwar wirklich fit, was ihren Bereich angeht – daher auch ihr Ansehen –, aber wenn sie zu anderen Themen sprechen, sind ihre Aussagen so laienhaft wie von jedem anderen auch. Darüber hinaus sind Expert*innen auch meist nie völlig neutral. Niemand ist das. Selbst wenn dich jemand nicht bewusst manipulieren will, kann es immer sein, dass seine/ihre Voraussetzungen und Interessen nicht deinen entsprechen. Bevor du einem „guten" Ratschlag glaubst, solltest du dich immer fragen: Geht der Experte von meinen Voraussetzungen aus, und rät er in meinem Interesse?

Information: Entscheidungsheuristiken pro und kontra
Mehrmals habe ich schon das Wort Entscheidungsheuristik verwendet. Eine Heuristik wende ich an, wenn ich nach bestimmten Regeln handle, obwohl ich keine vollständige Information habe. Es ist eine Taktik im Umgang mit Unsicherheit. Statt blockiert zu sein, handle ich. Die berühmteste Heuristik ist *trial and error* (Versuch und Irrtum). Auch bei der Berufs- und Studienwahl kann man auf solche Entscheidungstaktiken zurückgreifen. Schröder (2015) beschreibt verschiedene solcher Heuristiken aufgrund der Analyse von Interviews mit Studierenden. Für Azubis dürften ähnliche Dynamiken zu vermuten sein. Diese stelle ich kurz vor und gebe Ansatzpunkte zu Vor- und Nachteilen. Hinterfrag dich, ob du zu einer Heuristik tendierst und welche Chancen und Risiken diese hat.

Du kannst zum Beispiel im Sinne des *trial and error* zunächst einen Studiengang ausprobieren – in dem Wissen, dass du wechseln oder abbrechen kannst. Das ist vielleicht besser, als zu Hause zu sitzen, aber nur sinnvoll, wenn die grundlegende Auswahl zumindest ein paar Kriterien gefolgt ist. Wenn sie eingesetzt wird, um alle Optionen zu prüfen, hat das wenig Aussicht auf Erfolg.

Du kannst dich früh für eine Richtung entscheiden und dich danach nur in der Detailauswahl verlieren. So kommt es dir vor, als hättest du eine fundierte Wahl getroffen. Aber eigentlich hast du die fundamentale Frage vielleicht übersprungen.

Ähnlich kannst du die Optionen einschränken, indem du dich beispielsweise zunächst für den Studienort entscheidest und danach nur noch die dort angebotenen Studiengänge prüfst. So wird zwar die Auswahl kleiner, aber vielleicht schließt du deinen Traumstudiengang nur wegen der Ortspräferenz aus. Ähnlich ergeht es dir, wenn du einfach nur wenige Alternativen recherchierst und danach entscheidest, was du auf die Schnelle findest. Beliebt ist auch die Heuristik, ein grobes Feld zu wählen (etwas mit Computern, Menschen, Medien etc.) und nur in diesem Bereich zu suchen. Das kann sinnvoll sein, um aufgrund fundierter Überlegungen die Suche einzuschränken, es kann aber auch einfach nur eine fixe Idee sein, die auf einem punktuellen Interesse und nicht auf einer umfassenden Analyse von Fähigkeiten und Interessen im Sinne dieses Buches besteht.

Wie oben angesprochen, kann es auch reizvoll sein, sich einfach nach Informationen und Ratschlägen von Dritten zu richten – dem Marketing einer Uni, dem Rat der Eltern, Freunde, Expertinnen und Lehrer. Auch das nicht hinterfragte Studieren nach einem Test und Ranking liefert eine rationale Begründung für eine Wahl. Bei all diesen Aspekten besteht das Risiko, dass du Informationen unhinterfragt übernimmst, die gar nicht für dich passen müssen.

Eine weitere beliebte Einschränkung ist es, einfach das zu studieren, was man schon kennt und worin man zum Beispiel in einem Praktikum oder Schulfach eine gute Erfahrung gemacht hat. Das muss nicht verkehrt sein, denn immerhin hat man Erfahrung damit. Es gibt aber vielleicht Bereiche, für die man noch geeigneter wäre, die man aber noch gar nicht kennt, weil es sie zum Beispiel gar nicht als Fach in der Schule gab bzw. man keine Menschen oder Unternehmen kennt, die in dem Bereich tätig sind.

Wiederum andere verlassen sich nur auf ihr Bauchgefühl. Es einzubeziehen ist sinnvoll, dafür sind viele Übungen in diesem Buch geeignet. Eine reine Bauchentscheidung kann sich aber hinterher als ziemlich falsch erweisen. Ein paar rationale Überlegungen sollte man anstellen, bevor man vorschnell die Suche abbricht, weil es irgendwie passt.

Die Heuristik, die diesem Buch zugrunde liegt, ist die systematische Prüfung möglichst vieler Alternativen mit einer fundierten (aber natürlich auch nicht vollständigen) Recherche und eine Entscheidung nach eigenen Kriterien in einer rationalen und emotionalen Abwägung. Dieses Vorgehen versucht, möglichst viele Nachteile zu verhindern, aber auch hier können sich Fehler einschleichen, und ganz oft geht man so vor und folgt doch einer der aufgeführten „leichteren" Taktiken. Manche haben damit Erfolg; so will es auch das Gesetz des Zufalls. Doch vermeide zu leichte Wege.

9.4.1 Was macht die Entscheidung so schwierig?

9.4.1.1 Versunkene Kosten und Opportunitätskosten

In der Wirtschaftswissenschaft bezeichnet man mit dem Begriff „versunkene Kosten" all die Ressourcen, die man schon in ein Projekt hineingesteckt hat. Bei deiner Berufs- und Studienwahl könnten dies zum Beispiel die Recherchekosten sein oder der Aufwand, um einen bestimmten Abiturdurchschnitt zu erreichen, oder die Tatsache, dass du ein Fach schon zwei Semester studiert hast. Wenn du aber vor der Frage stehst, ob du weiter investieren oder deine Zeit und dein Geld nicht lieber in ein anderes Projekt stecken sollst, solltest du nur den nötigen Aufwand und den möglichen Nutzen in der Zukunft in Erwägung ziehen. Den bisherigen Aufwand betrachte als versunkene Kosten. Das fällt schwer. So scheitern auch viele Unternehmer immer wieder daran. Lieber werden weitere hunderttausend Euro in ein Projekt investiert – was weniger Aussichten auf Erfolg hat, als wenn man das Geld in ein anderes Projekt investieren würde –, nur weil man eben schon einmal Geld in das Projekt gesteckt hat. Politiker und Unternehmer wollen sich nicht die Blöße geben und zugeben, dass sie sich geirrt haben. Aber auch wir denken oft so; lieber studieren wir noch ein paar Semester weiter ein Fach, das wir angefangen haben, anstatt frühzeitig zuzugeben, dass es nicht das richtige war, und die Zeit lieber für ein anderes Fach zu nutzen. Es ist nicht leicht, sich so etwas einzugestehen. Aber überleg immer, wie stark dich die versunkenen Kosten doch beeinflussen und ob die Entscheidung anders ausfiele, wenn du noch mal neutral neu entscheiden würdest. Dabei darfst du natürlich wiederum berücksichtigen, dass deine Investition auch einen Nutzen hatte, den du weiterverwenden kannst. So kannst du dir vielleicht Scheine deines ersten Faches für das andere Fach anrechnen lassen bzw. vielleicht helfen dir erworbene Kompetenzen auch im neuen Fach.

Ein anderes Konzept aus den Wirtschaftswissenschaften solltest du dir auch vor Augen führen: die sogenannten Opportunitätskosten. Wenn du vor einer Entscheidung mit mehreren Alternativen stehst, dann gehen die Wirtschaftswissenschaften davon aus, dass du als *homo oeconomicus* eine rationale Entscheidung triffst. Diese liegt darin, die Option zu wählen, die nach Aufwand und Nutzen die beste ist. Zum Beispiel hast du einen Euro und möchtest Obst kaufen. Ein Apfel und eine Birne kosten jeweils einen Euro. Du magst beide, aber du ziehst Birnen Äpfeln vor. Mit dem Euro kaufst du dir die Birne und hast so deinen Nutzen maximiert. Du konntest aber nicht auch den Nutzen aus dem Apfel ziehen, da dir diese Option entgangen ist. Mental führt das manchmal dazu, dass sich unser Genuss an der Birne gefühlt um den entgangenen Genuss am Apfel verringert. Real handelt es sich bei dem Konzept in der Wirtschaft zum Beispiel um die entgangenen Mieteinnahmen, wenn du eine Wohnung selber nutzt (was aber sinnvoll sein kann, wenn du dadurch woanders deine Miete sparst). Das Problem entsteht erst dann richtig, wenn du jetzt auch noch an die entgangenen Pflaumen, Kirschen und Erdbeeren denkst. Schnell kannst du deine Birne dann gar nicht mehr so richtig genießen, obwohl du die beste rationale Entscheidung getroffen hast. So kann es uns auch mit Berufs- und Studienentscheidungen gehen. Selbst wenn wir die beste Wahl treffen, gehen uns die entgangenen Optionen nicht aus dem Sinn – vor allem, wenn wie beim Restaurantbesuch das Essen auf den Tellern der anderen immer irgendwie attraktiver erscheint als das eigene. Natürlich ist es möglich, dass du dich vertan hast und dir hinterher klar wird, dass Äpfel dir eigentlich besser schmecken als Birnen. Aber oft ist das gar nicht der Fall, sondern dein Kopf denkt an die Opportunitätskosten, die Verzichtskosten. Sobald dir das klar ist, beißt es sich auch wieder genüsslicher in die Birne.

9.4.1.2 Reue und Tadel

Opportunitätskosten (s. o.) werden auch als Kosten der Reue bezeichnet. Hier begeben wir uns wieder auf das Feld der Psychologie. Bedauern stellt sich dann bei dir ein, wenn du dir vorstellen kannst, dass du leicht hättest anders handeln können, zum Beispiel, wenn du durch einfache Recherche hättest herausfinden können, dass Psychologie nicht ausschließlich die Arbeit mit Menschen, sondern vor allem auch Arbeit mit Zahlen und Daten (Statistik) bedeutet. In diesem Fall stellt sich oft auch Reue ein bzw. setzt man sich der Gefahr aus, von anderen getadelt zu werden. Tadel bekommt man vor allem dann, wenn man unvernünftig gehandelt hat und zu große Risiken eingegangen ist, zum Beispiel, wenn man sich nur für ein Fach an einer Uni/eine Ausbildung beworben hat, obwohl die Chancen für einen Studienplatz/Ausbildungsplatz nicht die besten waren, anstatt vorher auch einen Plan B, eine alternative Bewerbung abgeschickt zu haben. Hinterher wissen es alle und vor allem du selbst besser. Das ist oft eine Selbsttäuschung, denn manche Konsequenzen waren nur scheinbar unausweichlich. Dennoch ist es gut, eine Taktik zu haben, um das Risiko von Bedauern, Reue und Tadel zu minimieren. Kahneman (Kahneman 2012, S. 427) schlägt vor, bei langfristigen Entscheidungen wie der Berufs- und Studienwahl entweder sehr gründlich oder völlig spontan zu entscheiden. Im ersten Fall muss man sich selbst nicht der Kritik aussetzen, nicht ordentlich geplant zu haben (man wusste von der Statistik und hat einen Plan B). Im zweiten Fall muss man sich zumindest nicht sagen, dass man es besser gewusst hat. Folgen, die man nicht hat kommen sehen, können zwar negativ sein, lösen aber nicht so große Reue aus, als wenn man bei halbgründlichem Nachdenken nur mit minimalem Mehraufwand eine bessere Entscheidung hätte treffen können. Ich hoffe, dass du nach diesem Buch deine Entscheidungen möglichst wenig bereuen wirst, und wenn du wirklich so fleißig alle Aufgaben gemacht und Recherchen durchgeführt hast, darfst du dich auch vor Tadel sicher fühlen.

Und ich möchte dir auch noch einen weiteren Hinweis von Kahneman (Kahneman 2012, S. 495) mit auf den Weg geben. Er schreibt, dass das Setzen von besonders schwer zu erreichenden Zielen schneller zu mehr Unzufriedenheit führt. Du bist dann, obwohl du großartige Ziele erreicht hast, unzufrieden, weil du dein hohes Ziel nicht erreicht hast. So befriedigt ein hohes Einkommen weniger, wenn ich ein sehr hohes angestrebt habe. Wir sind zwar sehr zufrieden, wenn wir große Ziele erreichen, und es ist auch wichtig, sich Ziele zu setzen, aber ein gewisser Realismus schützt auch vor Enttäuschungen.

9.4.1.3 Nützlichkeitsdruck

Nicht nur du selbst kannst dir durch bestimmte Ziele zu starken Druck machen, oft bist auch Druck von außen ausgesetzt. Ich habe schon darüber geschrieben, dass es wichtig ist zu reflektieren, wie stark ich von den Wünschen und Vorstellungen meiner Eltern (und anderer Verwandter) beeinflusst werde. Gerade, wenn du gute Leistungen in der Schule erbracht oder als Erste/Erster in der Familie das Abitur bestanden hast, steigen die Erwartungen – nicht nur bei deinen Eltern, sondern auch bei anderen (z. B. bei Lehrerinnen und Lehrern, Freunden der Eltern, Verwandten). Oftmals entsteht dabei etwas, was ich sozialen oder gesellschaftlichen Nützlichkeitsdruck nenne. Aus der Möglichkeit, mit Abitur an die Uni zu gehen, was vielleicht den Eltern verwehrt war, oder aus der Möglichkeit, mit einem sehr guten Abitur auch einen sehr beliebten Studiengang studieren zu können, erwächst der Druck, ebendiesen auch zu studieren. Aus dem Anspruch, der sich hinter der Aussage verbirgt, man solle seine Begabungen und Talente nicht verschwenden, steht implizit die Aussage, man solle einen „vernünftigen" Beruf ergreifen (vgl. Colangelo 2003, S. 376). Das meint in der Regel, Studiengänge zu studieren, hinter denen ein wirtschaftlich sicherer und sozial anerkannter Beruf steht (Medizin an erster Stelle, aber auch Jura und Ingenieurwissenschaften).

Dabei fallen rein soziale, aber wirtschaftlich nicht unbedingt attraktive Berufe meist in die implizite Kategorie „Talent verschwendet" (z. B. Soziale Arbeit trotz hohem NC). Nichts gegen den Arztberuf, aber nur weil du ein 1,0-Abitur hast, musst du nicht Medizin studieren. Du musst auch noch nicht mal studieren. Ich hoffe, dieses Buch hat dir Anregungen und Ideen für deine Berufs- und Studienwahl gegeben – Argumente, die auch andere davon überzeugen, dass deine Begabung sich auch an anderer Stelle entfalten kann. Sei selbstbewusst! Du musst hinterher mit deiner Entscheidung leben, die anderen müssen sich damit abfinden. Du bist dafür verantwortlich, wie du deine Begabung einsetzt, nur du entscheidest, was Verschwendung ist. Du darfst für gute Argumente offen sein, aber du bist nicht verpflichtet, ihnen zu folgen. Wappne dich gegen den Nützlichkeitsdruck. Ein Argument ist auch der Umgang mit Prognosen.

9.4.1.4 Prognosen und der Schweinezyklus

Vielleicht kennst du noch aus dem Biounterricht die Räuber-Beute-Modelle. Ähnliche Kurven findest du, wenn es um Angebot und Nachfrage geht. Kaufen die Leute mehr Äpfel, werden mehr Produzenten in den Apfelmarkt einsteigen und Bäume pflanzen. Das Problem ist nur: Es dauert ein paar Jahre, bis man das erste Mal richtig ernten kann. Bis dahin können zwei Dinge passiert sein: Zum einen kann die Nachfrage nach Äpfeln wieder gesunken sein (die Leute wollen jetzt Birnen), und zum anderen können mehrere Produzenten auf die Idee gekommen sein, sodass es nun viel mehr Äpfel auf dem Markt gibt und der Preis sinkt. So ähnlich ist das auch mit der Berufs- und Studienwahl. Etwas im Moment zu machen, weil es gerade nachgefragt wird, kann dazu führen, dass man am Ende viel Konkurrenz hat, da andere auch auf die Idee gekommen sind (das nennt man im Volksmund Schweinezyklus). Auch kann es passieren, dass sich der Arbeitsmarkt, zum Beispiel infolge der Digitalisierung, völlig verändert und manche jetzt sicheren Jobs dann gar nicht mehr gebraucht werden. Man kann die Prognose verbessern, wenn man sich ansieht, wie sich Technologien entwickeln oder auch wie viele Menschen wann in Rente gehen werden. Denn es kann sein, dass es zwar im Moment keine freien Jobs gibt, aber in ein paar Jahren alle aus dem letzten Zyklus in Rente gegangen sind (ein gutes Beispiel dafür ist der Lehramtsmarkt). Also schau auf die Prognosen, aber mach davon nicht deine ganze Entscheidung abhängig. Denn wenn du ein Fach nur wegen einer vermeintlichen Jobsicherheit studierst, kann das nach hinten losgehen. Und selbst wenn es auch in Zukunft einen hohen Bedarf in einem Bereich geben wird, heißt das noch lange nicht, dass du einen Job bekommst, vor allem, wenn du das Studium oder die Ausbildung ohne großes Talent und mit wenig Leidenschaft durchgezogen hast. Mit Disziplin ist zwar vieles zu schaffen, bedenke jedoch:

Einen schlechten Informatiker oder schlechten Ingenieur braucht auch keiner. Und selbst wenn ich dennoch einen Job bekomme, ist eine schwache Motivation auf Dauer weder für mich selbst noch für meinen Arbeitgeber gut. Zwar brauchen noch weniger Arbeitgeber eine schlechte Kunsthistorikerin. Aber eine gute Kunsthistorikerin zu sein, ist allemal besser auf dem Arbeitsmarkt und auch besser für das eigene Wohlbefinden, als eine gezwungene und schlechte BWLerin zu sein. Aber vielleicht lässt sich das Talent kombinieren: Eine leidenschaftliche Kunsthistorikern, die sich mit Projektmanagement und dem Kunstmarkt beschäftigt hat, könnte eine exzellente Kunsthändlerin werden.

Aber auch die Kombination von Talent und Leidenschaft muss nicht immer die beste Wahl sein.

9.4.1.5 Verwirklichung durch Beruf/Trennung Studienwahl und Berufswahl

Ein weiterer gesellschaftlicher Druck wirkt jedoch noch stärker auf dich persönlich. Im Zuge der Individualisierung ist es dazu gekommen, dass im Beruf die verschiedensten Arten von Selbstverwirklichung zusammen erreicht werden sollen. So muss der Beruf nicht nur den Lebensunterhalt sichern und einen sozialen Status generieren, sondern auch eine individuell sinnvolle Tätigkeit (einen existenziellen Sinn) darstellen (vgl. Ursula Wolf in Glaubitz 2014, S. 183). Dies waren Aspekte, die zu anderen Zeiten eher getrennt gesehen wurden bzw. leichter zu trennen waren. Auch dir bleibt immer die Möglichkeit, einen Brotberuf von einer Leidenschaft getrennt zu betreiben. Du kannst deine Studienwahl rein nach deinen Interessen gestalten und erst hinterher einen ökonomisch sicheren Beruf anstreben. Es gibt jedoch einen Druck, alles verbinden zu wollen. Das mag auch sinnvoll sein, aber nicht immer möglich. Ähnlich wie Ehe, Liebe und Familie manchmal auf sehr verschiedenen Ebenen liegen (und manchmal auch verschiedenen Familien- und Beziehungskonstellationen, wie uns das Leben und viele Romane und Filme eindrücklich vermitteln), so musst auch du überlegen, ob es die „eierlegende Wollmilchsau" wirklich gibt. Überleg noch mal getrennt: Womit Geld verdienen? Was gibt mir Sinn? Wofür bekomme ich Anerkennung, und wer will ich sein?

Wenn du Glück hast, findest du eine Schnittmenge in einem Beruf. Wenn nicht, hindert dich keiner daran, durch eine Tätigkeit Geld zu verdienen (z. B. als Vermögensberater), dich in einer anderen Tätigkeit sinnvoll ehrenamtlich zu engagieren (z. B. in einer Umweltschutzinitiative) und in einer dritten Tätigkeit Anerkennung anzustreben (z. B. als Poetry-Slammer auf Bühnen zu stehen). Es ist auch eine Kombination denkbar; so könntest du über nachhaltige Geldanlagen mit Vorträgen aufklären, aber nicht immer ergibt sich eine solche Kombination. Denk auch daran, dass es manchmal sehr schön sein kann, Dinge voneinander abzugrenzen, da du dann nicht in Konflikte gerätst. Wenn du in deinem Brotjob genug verdienst, bist du bei deinem Engagement im Umweltschutz eher davor geschützt korrumpiert zu werden (zum Beispiel dadurch, dass du bestimmte „nachhaltige" Geldanlagen empfiehlst, weil du von der Provision abhängst). Schau also, ob du wirklich all deine Lebensziele, alle Kriterien in deinem Profil und in den Entscheidungstabellen nur mit der Studien- und Berufswahl erfüllen willst.

9.4.1.6 Grenzen der Planbarkeit

Ein paar Gedanken zur Planung und Endgültigkeit von Berufs- und Lebenswegen

Klar, die erste Berufs- und Studienwahl ist wichtig, doch heißt das nicht, dass damit alles im Leben entschieden ist. Wenn ich mich zunächst für einen ganz konkreten Beruf entscheide, kann ich später immer noch den Weg ins Studium finden und etwas völlig anderes machen. Oder ich habe meinen Traumberuf sofort gefunden und will ihn vertiefen, dann habe ich mittlerweile unzählige Möglichkeiten, mich weiterzuentwickeln (Meister, Techniker, Handelswirt etc.) oder zu vertiefen (Zertifikate). Dasselbe gilt für das Studium. Dort ist es sogar die Regel und nicht die Ausnahme, erst im Laufe des Studiums eine Idee zu entwickeln, was man hinterher konkret beruflich machen will. Und auch diese Idee kann sich noch mal ändern. Ich kann nach einem breiten Bachelor zunächst in den Beruf einsteigen und mich hinterher mit einem Master spezialisieren. Ich kann zunächst meinen Bachelor und Master, vielleicht sogar meinen Doktor machen und danach die Praxis entdecken. Ich kann mit einem geistes- und gesellschaftswissenschaftlichen Studium mit Crashkursen auch in der Wirtschaft und im Management landen. Ich kann auch nach einem reinen Interessensstudium noch pragmatische Aus- und Weiterbildungen machen. Ich kann nach meinem ersten Beruf auch noch mal etwas völlig anderes studieren. Das soll alles nicht heißen, dass man wahllos sein sollte. Es ist gut, sich bei jedem Schritt systematisch Gedanken zu machen. Aber niemand kann ahnen, wie du dich entwickeln wirst und wie sich die Wirtschaft und die Gesellschaft entwickeln werden. Es ist sehr unwahrscheinlich, dass du dein ganzes Leben lang demselben Beruf nachgehen wirst. Wäre doch auch langweilig, oder?

9.5 Entscheidung prüfen

Nachdem du deine Entscheidung getroffen und Entscheidungshindernisse ausgeräumt hast, ist der abschließende Schritt, die Entscheidung noch mal systematisch zu prüfen. Dies beseitigt deine Unsicherheit und gibt dir auch Argumente gegen den möglichen Druck, dem du dich ausgesetzt siehst. Auch hierfür gibt es wieder verschiedene Übungen.

Übung 9.17: Mentale Denkhüte
Setz dir unterschiedliche mentale Denkhüte auf (die nennt so man nach ihrem Erfinder de Bono) und prüf deine Entscheidung. Gemeint ist dabei, eine Rolle, eine Art des Denkens einzunehmen und nur aus dieser heraus zu argumentieren. Jeder Hut steht für eine Art des Denkens und für bestimmte Fragen, jeweils unter diesem Hauptdenkaspekt:

- Analytisches Denken: Passt der Studiengang/die Ausbildung zu meinen Fähigkeiten und Zielen?
- Emotionales Denken: Passt der Studiengang/die Ausbildung zu mir, meinen Wünschen, Gefühlen und Bedürfnissen?
- Kritisches Denken: Was spricht alles gegen den Studiengang/die Ausbildung?
- Optimistisches Denken: Wie könnte das Studium/die Ausbildung im besten Falle laufen?
- Kreatives Denken: Was wären noch verrückte Alternativen?
- Ordnendes Metadenken: Was muss ich noch alles beachten, wenn ich mich für dieses Studium/diese Ausbildung entscheide?

Übung 9.18: Vier Systeme der Persönlichkeit
Vielleicht erinnerst du dich noch an die vier Systeme der Persönlichkeit in der Theorie von Julius Kuhl (Kuhl 2001). Ansonsten kannst du gerne unter dem Stichwort Persönlichkeit nachlesen (Abschn. 3.3). Diese vier Systeme kannst du auch bei einer Entscheidung noch mal analytisch durchgehen.

Frag dich mit dem Erfahrungsgedächtnis (Extensionsgedächtnis, Selbst): Passt die Berufs- und Studienoption zu mir, zu meiner inneren Vision vom richtigen Leben? Entspricht sie meinem Erkenntnisstreben und meinen Antworten auf Fragen des Daseins? Passt sie zu meinem Verständnis von mir selbst und meinen Talenten?

Frag dich mit dem Intentionsgedächtnis (deinem rationalen Denken): Kann ich einen guten Plan für das Studium und den Beruf entwickeln? Reichen meine Selbstdisziplin, meine kognitiven Fähigkeiten und andere wichtige Faktoren dafür aus? Liege ich im Plan?

Frag dich mit dem Fehlersystem (Objekterkennungssystem): Welche Schwierigkeiten kommen auf mich zu? Welche Schwächen könnten sich als Risiko entpuppen? Welche Hürden wie zum Beispiel Zulassung/Bewerbungsverfahren gilt es zu nehmen?

Frag dich mit der intuitiven Verhaltenssteuerung, deinem Antrieb, ob es gerade eine Gelegenheit und Chance gibt. Wie groß ist deine Energie? Wie stark ist der Impuls, mit dieser Ausbildungs- oder Studienidee zu starten?

Übung 9.19: Inneres und äußeres Team
Du hast dein Ziel formuliert und Einflussfaktoren bestimmt. Jetzt heißt es, alles noch einmal zu prüfen, am besten aus verschiedenen Perspektiven. Dazu kannst du dir ein reales oder vorgestelltes Team zusammenstellen, mit dem du dein Ziel aus verschiedenen Blickwinkeln betrachtest. Bei einem realen Team suchst du dir in deinem Freundes-, Verwandten- und Bekanntenkreis Menschen, die aus deiner Sicht am ehesten in diese Rolle passen, und bittest sie, deine Ideen aus der Sicht dieser Rolle zu bewerten. Beim vorgestellten Team nimmst du ähnlich wie bei der Übung mit den mentalen Denkhüten und den Systemen selber diese Rollen mental ein und denkst aus der jeweiligen Rolle über deine Ideen nach.

Was sagt der/die kreative Visionär*in? Was meint der/die empathische Insider*in, der/die energetische Macher*in, der/die konstruktive Kritiker*in oder der/die detailverliebte Analyst*in dazu? Wie schätzt der/die überblickende Außenstehende dein Ziel ein?

Notier die Gedanken dieser realen oder vorgestellten Person.

Kreative Visionärin (sieht nur Vorteile und kann diese in bunten Farben beschreiben):

🖊
_____
_____
_____

Empathischer Insider (kennt dich richtig gut, kann sich in dich und die Option einfühlen):

🖊
_____
_____
_____

Energetische Macherin (tritt dir in den Hintern und plant mit dir zusammen die nächsten Schritte):

🖊
_____
_____
_____

Konstruktiver Kritiker (will, dass du auch mögliche Schwierigkeiten siehst, und führt dir Zweifel noch mal vor Augen):

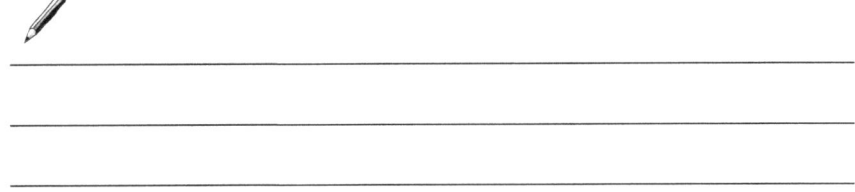

Detailverliebte Analystin (checkt noch mal alle wichtigen Rahmendaten zur Option, doppelt geprüft ist sicherer):

Überblickender Außenstehender (schaut noch mal auf die Gesamtlage, dich und deine Biografie: Passt das im Großen und Ganzen?):

Übung 9.20: Meine Gründe

Was sind für dich die drei wichtigsten Gründe, dieses Studium/diese Ausbildung zu beginnen? Wähl die Worte so, dass sie für dich klar und überzeugend sind. Beschreib deine Studienmotivation bzw. Ausbildungsmotivation in drei Sätzen. Dabei kannst du unterschiedliche Punkte ansprechen, zum Beispiel zentrale Fragen, die dich in dem Fach interessieren, Aspekte und Tätigkeiten, die dich an dem Beruf reizen, wo du schon Kompetenzen in diesem Bereich gezeigt hast oder welche Zukunftspläne du mit dem Fach/ dem Beruf verbindest

Zeig jemand anderem diese drei Sätze und frag nach, ob ihn das als Auswahlverantwortlichen für diesen Studiengang/diese Ausbildung überzeugen würde. Bitte ihn, dir zu erklären: wenn ja, warum, und wenn nein, woran es scheitert. Das ist auch wirklich eine gute Vorbereitung auf Auswahlgespräche (nicht nur für den Studien- oder Ausbildungsplatz, sondern auch zur Erklärung deiner Berufs- und Studienwahl in Bewerbungsgesprächen für Praktika oder ein Stipendium).

Übung 9.21: Argumentationsstrategie gegenüber Zweiflern am Studium
So nervig die Zweifler auch manchmal sein mögen, sie helfen, uns im Sinne eines Advocatus diaboli (Anwalt des Teufels, Rolle des Zweifelnden) noch einmal die andere Seite einer Sache zu beleuchten. Stell dir einen solchen kategorischen Zweifler, eine solche kategorische Zweiflerin vor oder überleg dir, welche Person in deinem Umkreis (Eltern, Verwandte, Freude) am meisten Zweifel daran hegen würde, dass du ein Studium aufnimmst. Schreib drei Argumente oder Zweifel auf, die diese Person vorbringen würde, und versuch, ihre Zweifel argumentativ zu entkräften. Wenn du die Argumente nicht sofort mit den schon erarbeiteten Argumenten entkräften kannst, hast du eine wertvolle Frage für die Selbstreflexion gewonnen oder einen Auftrag, die entsprechenden Argumente zu recherchieren.

Gerade wenn deine Eltern nicht studiert haben und/oder du grundsätzlichen Zweifeln am Sinn des Studiums gegenüberstehst („Mach mal lieber eine Ausbildung, dann verdienst du eigenes Geld", „Studium bringt doch nichts. Was für einen Job willst du dann machen?"), dann kann es sehr helfen, sich mit anderen auszutauschen. Gute Gelegenheit dafür bieten die Stammtische von arbeiterkind.de oder auch die Argumente auf der Internetseite ArbeiterKind.de/als-erste-studieren/familie-mitnehmen.

Zweifel 1:

_____

_____

Gegenargument:

_____

_____

Zweifel 2:

🖉
_____

_____

Gegenargument:

🖉
_____

_____

Zweifel 3:

🖉
_____

_____

Gegenargument:

🖉
_____

_____

Übung 9.22: Soziale Konsequenzen abwägen
Bislang haben wir die Entscheidung vor allen Dingen aus deiner Sicht betrachtet. Das ist auch richtig so, denn, wie ich zum Stichwort „Sozialer Nützlichkeitsdruck" geschrieben habe, es bist ja du, der/die mit der Entscheidung leben muss. Dennoch sind andere Menschen wichtig für dich. Je mehr sie dir bedeuten bzw. je mehr du auch von deren Hilfe und Wohlwollen abhängig bist, desto mehr solltest du auch ihre Position bei deiner Entscheidung berücksichtigen. Prüf deshalb, welche Konsequenzen deine Wahl für die Menschen, die dir wichtig sind, hätte (Eltern, Familie, Freunde, Verwandte, Part-

ner*in). Was würde die Entscheidung für sie bedeuten? Wie stark würden sie dich weiterhin unterstützen oder unterstützen können? Gäbe es trotz deiner guten Argumente (s. o.) weiter Widerstand und Zweifel? Kannst du bzw. wie kannst du damit umgehen? Manchmal hat die Wahl eines Studiengangs/eines Berufs auch Konsequenzen für dein Image (in der Schule immer der coole Sportler und jetzt Steuerberater/Lehrer usw.) Denk darüber nach, ob du damit leben kannst. (Auch „reife" Entscheidungen lösen Bewunderung aus, nur vielleicht später.) Überleg noch mal systematisch: Wenn du die Konsequenzen klar benennen und abschätzen kannst, könnten durch diese Überlegungen weitere K.o.-Kriterien in deine Entscheidungstabelle kommen. Oder zumindest könnten sie dazu führen, dass ein weiterer Faktor (soziale Konsequenzen – negativ bis positiv) mit in deine Kalkulation aufgenommen wird. Manche Konflikte lohnen sich und bringen dich weiter. Aber wenn die anderen Kriterien sich die Waage halten, können auch die sozialen Konsequenzen mal den entscheidenden Ausschlag bei der Entscheidung geben (z. B. zweitbeste Option, aber dafür keine Fernbeziehung).

Übung 9.23: Zielüberprüfung
Um dein definiertes Ziel zu erreichen, musst du zunächst alle Aspekte klären, welche die Umsetzung deines Ziels beeinflussen bzw. durch das Ziel beeinflusst werden. Robert Dilts (vgl. Dilts et al. 2015) hat dazu (auf Grundlage von Modellen von Gregory Bateson und Bertrand Russell) ein hierarchisches Modell entwickelt, mit dem du dir diese Einflüsse verdeutlichen kannst. Füll die Pyramide!

Sinn
Wozu ist das gut? Welche Bedeutung hat dein Tun für andere? Welche Auswirkungen hat dein Leben auf die Welt?

Selbstbild/Identität
Wer bist du? Was, glaubst du, denken andere über dich, wenn du das machst? Was würdest du von jemandem denken, der das macht?

Werte/Glaubenssätze/Filter
Wofür? Was ist wichtig? Was hast du davon? Wofür tust du das? Was bringt es dir? Oder: Was würde dir fehlen, wenn du es nicht tätest?

Fähigkeiten/Strategien
Wie führst du Tätigkeiten aus? Welche inneren Prozesse, Strategien und Programme laufen ab?

Verhalten
Was (genau) wird getan? Was könnte jemand von außen beobachten?

Kontext/Umwelt
Wo? Wann? Wer? Mit wem?

Abb. 9.2 Video zum Prototyping. (Bild: © nasharaga/stock.adobe.com)
(▶ https://doi.org/10.1007/000-9pj)

Übung 9.24: Prototyping
Zur Idee des Prototypings haben wir auch ein Video gemacht. Du findest es hier (Abb. 9.2).

- Nach diesen gedanklichen Übungen (aber auch gerne davor) solltest du noch mal praktisch werden. Bevor ein Unternehmen ein neues Produkt produziert, erstellt es erst einmal einen Prototyp, um die Funktionalität zu überprüfen. Anschließend wird das Produkt potenziellen Kundinnen und Kunden angeboten (Markttest). Dieses Prinzip ist sehr sinnvoll, denn nur weil etwas in Gedanken als Idee sinnvoll erscheint, muss das in der Praxis nicht so sein. Zur Überprüfung der Berufs- und Studienwahl können wir uns dieses Prinzip zunutze machen. Bevor du also viel Zeit (und Geld) in ein Studium oder eine Ausbildung investierst, lohnen sich Probeläufe. Wenn du deine Sicherheit in der Berufs- und Studienwahl erhöhen willst, gehören auch Maßnahmen des Prototypings in deinen Projektplan. Was sind das für Maßnahmen? Du kannst zum Beispiel ein Tages-/Schnupperpraktikum in deinem Wunschberuf machen (manche Unternehmen bieten das als sogenanntes *shadowing* an; du folgst einen Tag als „Schatten" einem Mitarbeiter). Hierfür eignen sich auch Aktionen wie der Girls' Day oder Boys' Day.
- Im naturwissenschaftlichen Bereich stoßen die Kapazitäten der Schulen schnell an Grenzen, was Geräte und Laborausstattung anbelangt. Verschiedene Fachgesellschaften, Unternehmen und andere Initiativen bieten für interessierte Schülerinnen und Schüler (gerade diejenigen, die z. B. auch an Fachwettbewerben teilgenommen haben) Kurse und Besuche in Laboren und Forschungseinrichtungen an – eine gute Gelegenheit für spannende Eindrücke und auch Gespräche zur Berufs- und Studienwahl.

- Nach solchen Angeboten kannst du u. a. im Begabungslotsen (begabungslotse.de) suchen. Dort findest du Infos zu Schülerakademien, Frühstudium, Wettbewerben, Schülerlaboren und Orientierungspraktika-Programmen. Schülerakademien und Wettbewerbe sind eine gute Möglichkeit, über das schulische Wissen hinaus tief in ein Fachgebiet einzutauchen. Du findest Wettbewerbe zu fast allen großen Bereichen: von den Naturwissenschaften über Technik bis hin zu Sprachen, Politik, Musik und Kunst.
- Du kannst aber auch ein längeres freiwilliges Praktikum machen, um zu schauen, ob dir der Beruf gefällt und liegt. Bei manchen Studiengängen ist ein Vorpraktikum sowieso vorgeschrieben. Oftmals kann man die Wahrscheinlichkeit, einen Ausbildungsplatz zu bekommen, durch ein gutes Praktikum ungemein erhöhen. Aber auch bei allen anderen Bereichen lohnt sich der Praxiseindruck, nicht nur zur Überprüfung der Entscheidung, sondern auch als Grundlage, um Studieninhalte in die Praxis einordnen zu können. Auch hier gibt es Infoportale zur Suche, beispielsweise Vorpraktika für das Lehramtsstudium in NRW (elise.nrw.de) oder Einblicke in handwerkliche Berufe (handfest-online.de).
- Du kannst in den Ferien als Gasthörer*in ein paar Vorlesungen (aus den ersten Semestern) hören und schauen, ob dir die Themen gefallen. Du kannst sogar noch einen Schritt weiter gehen und im Rahmen eines Frühstudiums bzw. Juniorstudiums schon Leistungen für das Studium erbringen.
- Begleite Azubis und Studierende durch eine Ausbildungs- oder Studienwoche. Mittlerweile gibt es immer mehr solche Angebote; eines davon ist One Week Experience (oneweekexperience.de).
- Du kannst auch zu Hause schon online Vorlesungen ansehen und zum Teil sogar Prüfungen ablegen und Zertifikate erwerben. Viele Online-Vorlesungen und -Seminare sind jedoch auf Englisch (Stichwort MOOC = Massive Open Online Course). Aber auch in Deutschland befindet sich das Angebot im Wachstum (z. B. die offene Hochschule in Bayern: open.vhb.org). Kurze prägnante und rhetorisch ausgefeilte Vorträge findest du beispielsweise. bei TED, ganze Unikurse (auf Englisch) etwa bei Cousera und EDx, Angebote in deutscher Sprache zum Beispiel bei iMooX oder Lecture2Go. Explizit zur Orientierung sind Angebote von Unischnuppern (unischnuppern.de) gedacht. Generell lohnt es sich, nach Inhalten des Faches zu googeln und einfach Videos und Texte zu lesen. Wenn du dich dazu motivieren kannst, wenn dich die Inhalte interessieren (auch wenn du noch nicht alles verstehst), dann bringst du gute Grundlagen für das Studium mit.

- Besonders sinnvoll ist es, sich mit Vorkursen im Bereich Mathematik auf das Studium im naturwissenschaftlich-technischen Bereich vorzubereiten. Packst du den Vorkurs gut, ist dies ein klares Zeichen, dass dir dieser Bereich liegen könnte. Neben Vorkursen direkt vor Studienbeginn kannst damit auch schon online anfangen (z. B. https://open.vhb.org/blocks/ild-metaselect/detailpage.php?id=156 oder https://begabungslotse.de/foerderangebote/min-schulportal).
- Du kannst Menschen in den beruflichen Bereichen, die dich interessieren, fragen, wie sie dahin gekommen sind, und bei potenziellen Arbeitgebern anfragen, welche Studien- oder Ausbildungsabschlüsse und Qualifikationen du vorweisen müsstest, um mit einer Einstellung rechnen zu können. (Hier hilft es auch, sich Stellenausschreibungen anzuschauen, z. B. bei stepstone.de, monster.de, jobboerse.de usw.) Ansprechpartner*innen hierfür findest du bei vielen Berufs- und Abimessen. Umgekehrt kannst du anderen Menschen deinen Studienplan sowie deine anschließenden beruflichen Pläne vorstellen und schauen, ob sie diese für realistisch halten.
- Du kannst dich informieren, welche Zusatzqualifikationen für dein Fach/deinen Berufswunsch wichtig sind, und entsprechende Kurse belegen. Das können naturwissenschaftliche Vorkurse an der Uni oder Volkshochschule (VHS) sein oder auch eine Sanitätsausbildung, wenn es in den medizinischen Bereich gehen soll, oder ein Trainerschein im sportlichen Bereich. Vielleicht ist ein Mappenkurs angebracht, wenn es dich in den künstlerischen Bereich zieht. Auch Sprachnachweise (alte wie neue Sprachen) können (und müssen teilweise) vorher erbracht werden. Dafür gibt es Angebote von der VHS oder privaten Sprachschulen. In solchen Kursen merkst du auch schnell, ob es dir Spaß macht, dich so intensiv mit dem Bereich Sprachen auseinanderzusetzen.
- Viele Tagungen und Workshops stehen auch interessierten Schüler*innen offen. Beleg eine Weiterbildung, die dich reizt, oder besuch eine Tagung (am besten keine ganz theoretische, sondern eine, die sich an Praktiker richtet) in deinem Wunschbereich. Hier lernst du erste Dinge, merkst, wie die Menschen in diesem Bereich ticken (ohne schon alles verstehen zu müssen), und findest wertvolle Ansprechpartner und Ansprechpartnerinnen für deine offenen Fragen.
- Und natürlich kannst du die Angebote der Hochschulen zur Orientierung nutzen, neben den schon erwähnten Tagen der offenen Tür und Studieninformationswochen (Vorlesungen besuchen) finden sich bei manchen Hochschulen Extraangebote für Schüler im Rahmen eines Schnupperstudiums oder in Form von Sommeruniversitäten (Veranstaltungsüberblicke auf studienwahl.de). Manche Schulen,

Einrichtungen und Hochschulen bieten für unentschlossene Schülerinnen und Schüler ein ganzes Orientierungsjahr an. So gibt es mit langer Tradition das Studium generale am Leibniz Kolleg in Tübingen. Aber auch das Aicher-Scholl-Kolleg Ulm hat ein Studium generale im Angebot. Beide bieten Einblick in eine große Bandbreite von Fächern. Ein breites technisches Orientierungsstudium findest du beispielsweise an den TUs in München, Aachen und Berlin sowie an der TH Brandenburg. Einen breiten kultur- und gesellschaftswissenschaftlichen Überblick bietet die private Hochschule Witten/Herdecke. Die Jacobs University in Bremen hat ein englischsprachiges Foundation Year im Angebot. Dafür und teils auch für andere Angebote entstehen neben den Lebenshaltungskosten auch Kosten durch teilweise hohe Gebühren. Das kann eine gute Investition sein, sollte aber genau geprüft werden. Zum Teil gibt es auch Stipendien dafür, auf die man sich bewerben kann. Ebenfalls kostenpflichtig sind Angebote von Schulen und anderen Trägern, die ein Orientierungsjahr mit Vorträgen und Seminaren zu inhaltlichen Themen sowie zur Selbstreflexion bieten. Auch diese sind mit Kosten verbunden, so etwa das Salem Kolleg oder die Freigeist Akademie. Bevor du jedoch auch Kosten mit einem „Irgendwas"-Studium verursachst, kann eine breite Orientierung eine wertvolle und nachhaltige Möglichkeit sein. Unter dem Stichwort Studium generale findest du an Universitäten auch interdisziplinäre Seminare. Diese befriedigen deine Neugier und könnten auch hinterher, bei einem möglichen Studiengangswechsel, eine einfache Möglichkeit zum Prototyping bieten.

Es gibt unzählige Möglichkeiten, eine Idee vorher praktisch zu testen. Nutze sie!

Du hast noch keine Ideen? Dann frag Freundinnen und Freunde, was ihnen einfallen würde. Wie könnten solche Fragen und Ideen aussehen?

- Ich interessiere mich für Meeresbiologie. - Mach ein freiwilliges ökologisches Jahr in einer Station für das Wattenmeer.
- Ich weiß nicht, ob ich Jura wirklich spannend finde. - Schau dir Gerichtssendungen im Fernsehen an und lies dir Berichte zu aktuellen Urteilen/Prozessen durch.
- Ich bin mir nicht sicher, ob ich gut genug für das Sportstudium bin, - Schau dir den Sporttest der Uni an und bitte deine Sportlehrerin, deine Zeiten zu nehmen bzw. dir Feedback zu geben.
- Ich habe Interesse an Informatik, aber in der Schule machen wir nur langweilige Basics. - Nimm an einem Hackathon teil, engagier dich im Chaos-Computer-Club, starte ein eigenes IT-Projekt oder lerne intensiv weitere Programmiersprachen.

- Ich finde Theater toll und möchte vielleicht Kulturwissenschaften studieren. - Schnuppere echte Theaterluft und mach dort ein Freiwilliges Kulturelles Jahr.
- Ich will gerne Lehrerin werden, habe aber noch nicht viel Erfahrungen mit Kindern und Unterrichten. - Unterrichte im Rahmen eines Freiwilligendienstes im Ausland oder mach einen Bundesfreiwilligendienst im pädagogischen Bereich.
- Wirtschaftsthemen interessieren mich, aber in der Schule geht es nie um Aktuelles. - Versuch selbst up-to-date zu bleiben und lies Zeitungen wie das Handelsblatt oder Zeitschriften wie Brand Eins.

Ich bin mir sicher, dir oder anderen fällt etwas Passendes ein. Überleg nach jedem Prototyping, was du Neues über dich und deine beruflichen und fachlichen Optionen gelernt hast. Du kannst für dich selbst immer drei Dinge prüfen: 1. Passt die berufliche Umwelt zu mir? 2. Passen die Themen zu meinen Interessen? 3. Passen die Anforderungen zu meinen Fähigkeiten?

Übung 9.25: Letzte Zweifel – Kurzcoaching mit der Wunderfrage
Wenn du Lust hast, dich darauf einzulassen, kannst du noch eine letzte Selbstcoachingmethode ausprobieren und deine Einflüsse auf das Schicksal bestimmen lernen. Vielleicht zerstreut das die letzten Zweifel an deinem Weg.

Stell dir vor, dies ist ein magisches Buch. Nachdem du diese Zeilen gelesen hast, lösen sich über Nacht alle Probleme, die du vielleicht mit der Berufs- und Studienwahl hast. Ein Wunder ist geschehen. Da du schläfst, merkst du zunächst aber nichts davon. Du wachst morgens früh auf, gehst wie üblich in den Tag. Woran würdest du bemerken können, dass deine Probleme sich gelöst haben? Was wäre dann anders? Was wäre dir dann möglich?

Okay, dies ist kein magisches Buch. Leider gibt es niemanden, der mal eben von außen alle deine Probleme löst. Du selber, andere Menschen oder das

System ändern sich nicht von heute auf morgen. Aber du kannst zumindest ein bisschen was ändern. Durch dein Verhalten kannst du dazu beitragen, dass das Wunder wahrscheinlicher wird. Man kann zum einen das, was man durch das eigene Verhalten ändern kann, ändern. Damit löst man manchmal auch schon Veränderungen bei anderen aus. Und man kann zum anderen dem Zufall und dem Glück, die manchmal auch dazu gehören, auf die Sprünge helfen. Was kannst du tun, damit der Zufall wahrscheinlicher wird?

Diesen Gedanken habe ich durch einen Witz verstanden; vielleicht hilft er dir auch: Ein Mann betet jeden Abend zu Gott: „Lieber Gott, lass mich in der Lotterie gewinnen." Irgendwann öffnet sich der Himmel und Gott spricht zu ihm: „Ich würde dich ja in der Lotterie gewinnen lassen, aber dann kauf dir gefälligst auch mal ein Los!"

Verstanden, was ich dir damit sagen will? Warte nicht darauf, dass andere handeln, sondern tu, was du tun kannst. Das nennt man infolge der Forschung von John D. Krumboltz auch *Planned-Happenstance*-Theorie (vgl. Krumboltz und Levin 2011). Hab den Mut, Dinge einfach mal auszuprobieren. Sprich auch Menschen mit „großem Namen" an. Lass dich nicht zu schnell entmutigen. Trau dich. Probier immer wieder auch alternative Wege. Manchmal machen die kleinen Entscheidungen einen großen Unterschied. Geh los. Du kannst viel an deinem Verhalten ändern und so auch dem Zufall eine Menge Chancen geben, dir auf dem Weg zu helfen. Ich wünsche dir in diesem Sinne, dass zu deinem Talent auch noch das Glück dazukommt.

Und nun setz die Entscheidung um.

Kapitel-Check
- Du hast deine Studienrichtungsideen oder Ausbildungsideen mithilfe der Entscheidungstabelle und auf Basis deiner Recherche und Reflexion rational geprüft und ein Ranking erstellt.
- Auch mögliche konkrete Studiengänge an bestimmten Hochschulen bzw. Ausbildungen bei bestimmten Arbeitgebern hast du mit der Entscheidungstabelle anhand deiner Recherche und deiner Prioritäten geprüft.
- Du hast deine rationale Entscheidung anschließend auch noch mal auf eine emotionale und intuitive Ebene gebracht, dein Bauchgefühl geprüft.
- Du hast eine Menge über das Entscheiden gelernt. Du hast dir mögliche Entscheidungsstrategien zunutze gemacht und versucht, Entscheidungsverzerrungen und Entscheidungsfehler zu vermeiden.
- Du hast die Entscheidung, die du getroffen hast, noch mal von allen Seiten betrachtet und geprüft.
- Du hast geeignete Probeläufe, ein geeignetes Prototyping, überlegt und durchgezogen. So hast du deine Entscheidung praktisch geprüft.
- Du hast deine Entscheidung getroffen.

10

Entscheidung umsetzen

Nachdem du dich nun entschieden hast, ist es an der Zeit, die nächsten Schritte zu planen und umzusetzen. Wann musst du dich bewerben? Welche Unterlagen sind nötig? Stehen Vorpraktika an? Wie organisierst du Umzug und Studien- oder Ausbildungsstart? In diesem Kapitel bekommst du noch mal eine Menge praktischer Tipps rund um die Themen Bewerbung und Organisation. Wir steigen aber zunächst wieder mit einem gedanklichen Kopfstand ein.

Übung 10.1: Rückblick aus der Zukunft/Projektplan
Du hast dich für ein Studium, einen beruflichen Weg entschieden. Sogar der konkrete, favorisierte Studiengang/die Ausbildung und der Studienort/Ausbildungsort stehen fest. Damit du alles Wichtige für deine konkrete Planung bedenken und dich deiner Ressourcen dafür erinnern kannst, bietet sich die folgende Übung an.

Stell dir vor, du hättest dein Ziel schon erreicht: Es hat funktioniert, und du bist im Wunschstudium, in der Wunschausbildung angekommen. Stell dir möglichst genau vor, wie es sich anfühlt, dieses Ziel erreicht zu haben.

Überleg dann rückwärts: Was hast du getan, um dieses Ziel zu erreichen? Welche Schritte bist du gegangen? Was hast du konkret gemacht? Welche deiner Recherchen, Talente und Ideen haben dir dabei geholfen? Welche Hilfen hast du von anderen genutzt?

Schreib alle Schritte nacheinander auf, angefangen ab heute bis zur Zielerreichung. Was hast du gemacht? Was war nötig? Wann hast du Hilfen angefragt und bekommen?

Denk gedanklich daran, du hast dein Ziel (mental) schon erreicht. Wie sah der Weg aus, der dies hat möglich werden lassen? Vom Ziel her zu denken ist manchmal leichter, als die Schritte gleich zu planen. Versuch es einfach mal.

Aktualisiere aufgrund dieser Überlegungen deinen Projektplan (siehe Kap. 2). Schau, was du in deinem Projektplan schon geschafft hast, und füge nun die anstehenden Schritte hinzu. Definier auf jeden Fall immer wieder konkret deine nächsten Ziele und Schritte mit dem SMART-Prinzip.

Was ist dein nächstes SMARTes Ziel?

Spezifisch:

_____

_____

Messbar:

_____

_____

Aktionsorientiert:

_____

_____

Relevant:

_____

_____

Terminiert:

_____

_____

Information: Erinnerung an die Zeitschiene
Damit du im Projektplan nicht vielleicht etwas Wichtiges vergisst, schau dir noch mal die Zeitschiene zu Beginn dieses Buches an (Kap. 2). Hast du an alles gedacht?

- Eignungsprüfungen, Tests und die Vorbereitung darauf
- mögliches Vorpraktikum (bewerben und einplanen)
- mögliche Vorkurse (an der Uni oder auch im Internet)
- Erbringung von Nachweisen (z. B. Sprachzertifikate)
- Bewerbungsfristen (bei Ausbildungen siehe Stellenausschreibung, bei Studium: Hochschulstart und jeweilige Hochschule bei zulassungsbeschränkten Studiengängen meist 15.7.)
- Bewerbungen (von Ausbildungsplatz, über Wohnheimplatz bis hin zu Stipendien)
- BAföG-Antrag, Klärung von Finanzierungsfragen
- Reisen und Urlaub (gegebenenfalls Bewerbungsunterlagen, Nachweise bei den Eltern hinterlegen, wenn es um die Annahme des Studienplatzes und die Einschreibung geht, gegebenenfalls auch eine Handlungsvollmacht für die Eltern schreiben, s. u.)
- Beschaffung von Studienunterlagen und Studienmaterial
- Einschreibung an der Hochschule, Prüfen und unterschreiben des Ausbildungsvertrages
- Wohnungs- und WG-Suche
- Umzug und Wohnungseinrichtung
- Einführungswoche/ Einführungstage

Du kannst auch noch mal die Checklisten bei Studienwahl.de durchgehen. Diese gibt es für Ausbildung (https://studienwahl.de/orientieren/studium-

oder-ausbildung/checkliste-ausbildung) und Studium (https://studienwahl. de/orientieren/studium-oder-ausbildung/checkliste-studium).

Information: Formale Bewerbung Studienplatz
Der wahrscheinlich wichtigste Punkt, vielleicht auch dein nächstes SMARTes Ziel, wenn du ein Studium in den Blick genommen hast, ist die Bewerbung auf einen Studienplatz. Im Rahmen der Zeitleiste und auch bei den Rahmenbedingungen ist dazu schon einiges gesagt worden. Hier noch mal ein paar wesentliche Punkte.

Für die Bewerbung musst du deine Daten entweder bei hochschulstart.de oder auf der betreffenden Seite der jeweiligen Hochschule im Bewerbungsportal eingeben: deine Kontakt- und Geburtsdaten, Angaben zu deiner Hochschulzugangsberechtigung und gegebenenfalls Angaben zum bisherigen Studium. Eine beglaubigte Kopie des Abiturzeugnisses muss hochgeladen oder eingesandt werden, zum Teil auch schon eine Bescheinigung über deine Krankenversicherung (spätestens bei der Einschreibung). Bewerbungsschreiben werden eher selten verlangt, bei Masterstudiengängen dann schon häufiger.

Wenn du einen Zulassungsbescheid bekommen hast, kannst du dich einschreiben. Dazu müssen meist bestimmte Unterlagen hochgeladen werden (Kopie des Abiturzeugnisses, Bescheinigung über die Krankenversicherung über die Eltern bzw. über studentische Krankenversicherung oder private Krankenversicherung, ein Foto für den Studierendenausweis), und der Semesterbeitrag muss überwiesen werden (circa 180–350 EUR).

Falls du dich zur Zeit der Zulassungen (ab Ende Juli, meist im August, mitunter auch erst im September bis Studienbeginn) im Ausland aufhältst, solltest du deine E-Mails regelmäßig checken bzw. dafür sorgen, dass deine Eltern deine Post durchschauen. Du solltest die Unterlagen (Zeugnis, Foto, Krankenversicherungsnachweis) digital zum Hochladen parat haben und den Beitrag fix überweisen können. Falls die Unterlagen auch im Original eingesendet werden müssen, solltest du sie zu Hause bereitgelegt haben und deine Eltern bitten, sie abzuschicken. Es kann auch sinnvoll sein, den Eltern eine schriftliche Vollmacht zu erteilen, damit sie dich gegebenenfalls einschreiben können.

Wenn es Bewerbungsgespräche für das Studium oder eventuell für ein Stipendium gibt, informier dich über den möglichen Zeitraum. Aus dem Ausland für ein Gespräch zurückzukommen ist meist zu aufwendig. Online-Bewerbungsgespräche sind im Kommen, aber immer noch selten. Oftmals musst du schon vor Ort sein. Alternativtermine werden meist nicht vergeben, also versuch dir die Zeiträume möglichst freizuhalten. (Wenn du in der Zeit ein Praktikum, FSJ oder Ähnliches machst oder jobbst, haben die meisten

Arbeitgeber in der Regel großes Verständnis für die Bewerbungsgespräche und stellen dich frei.)

Information: Formale Bewerbung Ausbildungsplatz
Wie bewerbe ich mich um einen Ausbildungsplatz? Ausbildungsbeginn ist meist im Herbst (1.8. oder 1.9.), unter Umständen kannst du auch zu einem anderen Zeitpunkt im Ausbildungsjahr beginnen. Aber in der Regel geht's im August/September los. Rein theoretisch kannst du noch bis kurz vor (oder sogar kurz nach) diesem Termin mit einer Bewerbung Erfolg haben, wenn der Arbeitgeber den Platz nicht besetzen konnte. Beliebte Ausbildungsplätze sind jedoch schon lange im Voraus vergeben. Die Bewerbungsfristen (insbesondere für Plätze im dualen Studium) liegen bis zu eineinhalb Jahre vor Ausbildungsbeginn. Dabei gibt es Unterschiede je nach Branche und Größe des Unternehmens (siehe dazu: (https://karrierebibel.de/ausbildung-bewerbungsfrist/). Faustregel: Größere Unternehmen und öffentliche Arbeitgeber haben meist sehr frühe Bewerbungsfristen (9–18 Monate vor Beginn), bei kleineren können es auch 6–9 Monate sein. Manche nehmen nach der Bewerbungsfrist auch keine Bewerbungen an, zum Teil kannst du es aber auch noch später probieren. Also rechtzeitig informieren und Zeit für die Bewerbungsphase einplanen.

Zumeist findest du auf den Webseiten der möglichen Arbeitgeber formale Stellenausschreibungen (meist unter dem Stichwort: Karriere). Du kannst auch über zahlreiche spezielle Datenbanken suchen (z. B. azubiyo.de, ausbildung.de oder azubi.de). Oft findest du auch Anzeigen in den Stellenbörsen (z. B. www.monster.de oder www.stepstone.de). Wenn du dich für ein bestimmtes duales Studium interessierst, kannst du auf der Seite deiner Wunschhochschule nach Stellenanzeigen der Partnerunternehmen suchen.

Der Stellenausschreibung kannst du neben Ausbildungsbeginn und Bewerbungsfrist auch die Anforderungen des Arbeitgebers und eine Beschreibung der Stelle und des Arbeitgebers entnehmen. Oft werden auch Vergütungshöhe und Sonderleistungen aufgeführt. Darin findest du auch Angaben zu Ansprechpartnern und Bewerbungsportalen.

Damit hast du alle Informationen, die du für eine schriftliche Bewerbung brauchst. In Bezug auf die geforderten Kompetenzen formulierst du dein Anschreiben. Darin machst du deutlich, warum dich die Stelle interessiert und welche Kompetenzen du dafür mitbringst. Deine Kompetenzen werden darüber hinaus auch noch mal in einem tabellarischen Lebenslauf deutlich gemacht. Der Bewerbung legst du alle relevanten Schul- und Arbeitszeugnisse bei. Die Bewerbung schickst du entweder per Post oder per Mail. In vielen Fällen gibt es auch ein Online-Bewerbungsportal, wo du diese Unterlagen hochladen kannst.

Überzeugen deine Unterlagen, so wirst du zu einem Bewerbungsgespräch eingeladen. Dabei geht es vor allem darum, dich kennenzulernen und noch mehr über deine Motivation und Fähigkeiten zu erfahren. Viele Unternehmen führen auch Assessment-Center durch, in denen du diese Fähigkeiten unter Beweis stellen sollst. Einige laden dich zunächst auch erstmal nur zu einem Online- oder Offline-Einstellungstest ein. Darin geht es zumeist um elementare mathematische, räumliche und sprachliche Fähigkeiten. Auch ist es zum Teil möglich, dass du zum Probearbeiten oder einem Praktikum eingeladen wirst.

Nach dem Auswahlverfahren bekommst du dann hoffentlich dein gewünschtes Ausbildungsangebot. Du hast ein wenig Bedenkzeit, prüfe den Ausbildungsvertrag und vergleiche ggf. zwischen den verschiedenen Angeboten. Angebote die du nicht annehmen willst, sage höflich und rechtzeitig ab. Man trifft sich im Berufsleben sehr wahrscheinlich noch einmal wieder.

Information: Bewerbungsschreiben (Studienplatz, Praktikum, Stipendium)
Für einige wenige Studienplätze, vor allem jedoch für Bewerbungen um einen Ausbildungsplatz, um Stipendien oder für Praktika sind ausführliche Bewerbungen notwendig. Diese umfassen mindestens ein Bewerbungsschreiben (bzw. Motivationsschreiben, Anschreiben) und den tabellarischen Lebenslauf. Manchmal werden auch weitere Dokumente und Nachweise verlangt. Hier solltest du dir Zeit für die Erstellung und Zusammenstellung nehmen.

Für die Bewerbung ist es wichtig, dass du dich und deinen Lebensweg möglichst prägnant und authentisch vorstellst. Schreib über das, was dich beschäftigt, was dich ausmacht und was dich motiviert. Die eine Musterbewerbung gibt es nicht. Viele der Reflexionen und Übungen aus diesem Heft sind eine gute Grundlage dafür, dich und deine Motivation darzustellen.

Achte darauf, die formalen Vorgaben einzuhalten. Was wird in welcher Form gefordert – Anschreiben, Lebenslauf, Motivationsschreiben oder anderes? Es ist darüber hinaus immer wichtig und sinnvoll, jemand anderen die

Texte und Dokumente zur Kontrolle (zum Gegenlesen) zu geben. Eigene Fehler übersieht man schnell.

Ein gutes Merkschema für den Aufbau eines Anschreibens oder eines Motivationsschreibens ist das *You-me-we*-Schema: *you* (Warum bewerbe ich mich bei Ihnen?), *me* (Wer bin ich?) und *we* (Wie können wir voneinander profitieren?).

Ein Anschreiben sollte immer folgende Dinge beinhalten:

1. Formalitäten: Kontaktdaten und Co., Betreff (Bezeichnung Stelle, Studienplatz, Stipendium).
2. Einleitung (Grund der Bewerbung/Wie bin ich aufmerksam geworden?).
3. Hauptteil zur Person: fachliche Kompetenzen (hier ist es wichtig, nicht einfach Fähigkeiten zu behaupten und aufzuzählen, sondern diese entweder direkt durch biografische Erfahrungen zu belegen bzw. Erfahrungen zu schildern, aus denen sich auf die geforderten Kompetenzen schließen lässt) und soziale Kompetenzen (z. B. Selbstständigkeit, interkulturelle Kompetenz, Teamfähigkeit. Führungskompetenz, Neugier/Interesse; hier gilt derselbe Hinweis wie bei den fachlichen Kompetenzen: Nenne Stichwörter, wo du diese Kompetenzen unter Beweis gestellt hast).
4. Passung zur Stelle/Studienplatz/Stipendium (Wie passe ich dazu? Was kann ich einbringen? Wie können die Adressat*innen und ich von der „Zusammenarbeit" profitieren?).
5. Schlussteil (Standardsatz: „Ich freue mich über Ihre Rückmeldung" oder „Ich freue mich über eine Einladung zu einem persönlichen Gespräch" etc. Wichtig ist es, selbstbewusst zu sein und möglichst keinen Konjunktiv zu verwenden; Grußformel und Name nicht vergessen).

Anknüpfend an das *You-me-we*-Schema sollte dein Anschreiben/Motivationsschreiben folgende Fragen klären:

- Warum bewirbst du dich bei dieser Hochschule/diesem Unternehmen/diesem Stipendiengeber? Warum bewirbst gerade du dich? Welche Erfahrungen und Interessen haben dich dazu bewogen?
- Was qualifiziert dich für dieses Studium/diese Stelle/das Stipendium? Wo hast du diese Kompetenzen schon bewiesen? Erinnere dich an die SWOT- und Kompetenz-Analyse, da findest du die biografischen Verknüpfungen, von denen ich gesprochen habe.
- Was hat das Unternehmen davon, gerade dich einzustellen? Warum lohnt es sich, dich zu fördern? Warum sollte sich das Unternehmen bei dir bewerben? Wie kann auch das Begabtenförderungswerk oder der

Stipendiengeber von dir profitieren? Wie möchtest und kannst du dich einbringen? Welche Ziele verfolgst du? Was erwartest/erhoffst du dir von Stelle/Stipendium/Studium?
- Welche weiteren Informationen sind für den Personalentscheider wesentlich (Praktikumszeitraum, Gehaltsvorstellungen, Ende des Studiums, frühester Einstiegstermin)? Welche nächsten Schritte sind für das Begabtenförderungswerk relevant (Studienort/Wunschauswahlort etc.)?

Zur Inspiration findest du Vorlagen/Beispiele für Motivationsschreiben auf https://studieren-studium.com/uploads/bewerbungstipps/Motivationsschreiben Vorlagen.pdf, dort gibt es auch noch mal eine ähnliche Erklärung, wie du ein gutes Motivationsschreiben aufbauen kannst: https://studierenstudium.com/bewerbungstipps/motistruct.

Information: Tabellarischen Lebenslauf schreiben
Ein tabellarischer Lebenslauf wird immer wieder von uns verlangt. Sicherlich hast du schon einmal einen in der Schule erstellt und kennst die wichtigsten formalen Anforderungen. Im Internet findest du zahlreiche Hinweise und Beispiele. Im Folgenden habe ich noch mal – dem Aufbau der Überschriften folgend – ein paar wichtige Punkte für dich zusammengefasst.

Aufbau und Erklärung

- Überschrift (dein Name und das Wort „Lebenslauf" oder „CV" [Curriculum vitae])
- Bewerbungsfoto (muss nicht immer, ist aber immer noch Standard in Deutschland, achte auf Qualität und Seriosität)
- Persönliche Daten (Kontaktadresse; Geburtsdatum und Ort. Familienstand und Nationalität sind optional. Wenn du eine zweite Seite brauchst, übernimm deinen Namen und deine Kontaktdaten in die Kopfzeile.)
- Ausbildung (Studium, Ausbildung, Schule – antichronologische Darstellung bedeutet, zuerst mit der letzten Station zu beginnen, dann die vorletzte zu beschreiben usw. Die Grundschule kann raus, sobald du im Studium oder der Ausbildung bist (wenn du Platz sparen willst, auch vorher). Themen von besonderen Lernleistungen oder anderen Spezialarbeiten unbedingt mit rein. Auch besondere Schwerpunkte erwähnen (musisch, naturwissenschaftliche Schule etc.). Abiturnote aufführen (auf jeden Fall, wenn im oberen Drittel)
- Berufserfahrung oder praktische Erfahrungen (Praktika und Jobs: Wo? Wie lange? Was? Zur Tätigkeit in kleinerer Schrift darunter ein paar konkrete Stichpunkte anführen (2–3 sogenannte Bullets). Auch Nebenjobs erwähnen. Wenn du eine Auswahl treffen musst oder willst, immer die Frage

stellen, welche Kompetenz habe ich dort üben können, die mir für das Studium oder diesen Job hilft. Quantifizieren, wenn möglich. Wie groß war das Unternehmen? Wie viel Verantwortung hattest du [Budget, Mitarbeiter]?)
- Ggf. Auslandserfahrungen (längere Schüleraustausche, Auslandssemester, Auslandspraktika, Jobs im Ausland)
- EDV bzw. Software-Kenntnisse (mit Angabe des Kenntnisstands, z. B. Grundkenntnisse, erweiterte Kenntnisse oder Expertenkenntnisse, z. B. MS-Office erweiterte Kenntnisse, weitere Beispiele siehe unten. Neben Softwarekenntnissen solltest du, falls vorhanden, deine Kenntnisse in Programmiersprachen aufführen. Gib auch hier dein Kompetenzniveau an. Bekannte Sprachen, an die du denken kannst, sind: Java; C; C++; Python; JavaScript; Visual Basic.NET; Perl; Ruby; HTML; PHP. Siehe dazu ausführlich die folgende Hinweisliste)
- Fremdsprachen (mit Angabe des Kenntnisstands am besten nach dem europäischen Referenzrahmen A1/2, B1/2, C1/2, falls vorhanden; Zertifikate (s. u.) und ggf. Punktzahlen aufführen, ansonsten Länge des schulischen Lernens angeben. Siehe auch dazu die folgende Extra-Hinweisliste)
- Weitere Qualifikationen (alles, was zertifiziert ist bzw. dich größeren Aufwand gekostet hat, z. B. Juleica, Führerschein, SAN-Kurs, Babysitterschein, Motorsägenschein, 10-Finger-Schreiben, Rettungsschwimmschein, Trainer- oder Schiedsrichterschein. Besuchte Seminare [ggf. auch unter Engagement]). Gib auch an, wenn du in einem Arbeitsbereich über besonders viel Erfahrung verfügst, von Service bis Buchhaltung. Du kannst beispielsweise auch erwähnen, wenn du Vorerfahrungen mit bestimmten Maschinen oder Werkstoffen hast [Metall, Holz, Kunststoff, Keramik, Glas usw.])
- Ehrenamtliches Engagement (für Stipendium besonders wichtig, aber auch sonst immer sinnvoll. Auch schulische AGs oder auch Vereinsmitgliedschaften fallen mitunter darunter. Wo? Seit wann? In welcher Weise? Welche Erfolge hattest du?)
- Ggf. Auszeichnungen und Preise (z. B. Jugend forscht und Fachbestenauszeichnungen, Stipendien etc.)
- Ggf. eine Auflistung eigener Publikationen (das ist erst später wichtig, wenn du eine akademische Karriere machen willst)
- Ggf. Hobbys (dürfen in Stipendiumsbewerbungen ruhig rein, bei Praktika und Studium, wenn ein Bezug erkennbar ist. Jedoch nicht einfach allgemein [z. B. Bildende Kunst, Familie, Garten, Handarbeit, Musik machen, Politik, Sport, Theater, Film, Tiere], sondern durch konkrete Angaben verdeutlichen: Reisen [Wie/Welche Region? Welcher Schwerpunkt?], Lesen [Welches Genre?], Musik [Aktiv/Passiv, Genre?], Freunde [Was

macht ihr?], Chillen [Wie entspannst du?], Sport [Was und mit welchem Anspruch?]. Bei vielen Hobbys eine Auswahl der wichtigsten treffen, die Kombination von gewöhnlichen Hobbys [z. B. Lesen, Reisen] und außergewöhnlichen Hobbys [Fallschirmspringen, Cuben, Ornithologie] weckt Interesse)
- Ggf. Referenzen (Referenzen, d. h. Angaben von Arbeitgebern, die über dich Auskunft geben können, sind wichtig für Bewerbungen im angelsächsischen Raum. Arbeitszeugnisse sind in Deutschland üblicher, diese können der Bewerbung beigelegt werden. Für die Studienplatzbewerbung sind ggf. Nachweise von Vorpraktika zu ergänzen. Bei Stipendiumsbewerbungen werden meist Gutachten verlangt, diese sind beizulegen.)
- Ort, Datum, Unterschrift (nicht vergessen, darf auch digital reinkopiert werden. Ein aktuelles Datum ist ein Muss)

Hinweise zu Sprachen und Sprachtests
Welche Sprachtests und Zertifikate gibt es? Hier eine Liste mit Sprachen und gängigen Zertifizierungen:

- Englisch (TOEFL; IELTS; Cambridge Certificate)
- Französisch (DELF, DALF, DFP, DFA)
- Russisch (TRKI, TEU, TBI)
- Spanisch (DELE, Diploma Salamanca, CEC, DEC)
- Italienisch (AIL, CELI, CILS)
- Chinesisch (HSK, TOCFL)
- Japanisch (JLPT, BJT)
- Koreanisch (TOPIK, KLPT)
- Portugiesisch (CIPLE, CELPE-Bras)
- Niederländisch (NT2, CNaVT)
- Schwedisch (Tisus, Swedex)
- Deutsch (DSH)
- Arabisch (Arabicum)
- Alte Sprachen: Latinum, Graecum, Hebraicum

Für andere Sprachen gibt es noch UNIcert (Arabisch, Bosnisch, Chinesisch, Deutsch als Fremdsprache, Englisch, Finnisch, Französisch, Irisch, Italienisch, Japanisch, Kiswahili, Kroatisch, Neugriechisch, Niederländisch, Norwegisch, Polnisch, Portugiesisch, Rumänisch, Russisch, Schwedisch, Serbisch, Slowakisch, Spanisch, Tschechisch, Türkisch, Ungarisch) und TELC (Englisch, Deutsch, Türkisch, Französisch, Italienisch, Russisch, Arabisch, Spanisch, Polnisch, Portugiesisch).

Hinweise zu Software und Programmierkenntnissen
Was könntest du bei Softwarekenntnissen anführen? Hier eine Liste nach Bereichen und bekannten Programmen: Betriebssysteme (Windows, Android, iOS, macOS, Linux usw.), Textverarbeitungsprogramme (Word, OpenOffice, Apple Pages, LaTeX usw.), Tabellenkalkulation (Excel, OpenCalc, Apple Numbers usw.), Präsentationen (Powerpoint, OpenImpress, Apple Keynote, Prezi usw.), Statistik (SPSS, Stata, R, SAS), Quellenverwaltung (Endnote, RefWorks, Citavi usw.), Bildbearbeitung und Grafikprogramme (Photoshop, Gimp, InfranView, Coral Draw, InDesign usw.).

Im Rahmen meiner Tätigkeit als Auswähler für ein Begabtenförderungswerk und in meinen Beratungen schaue ich mir sehr viele Lebensläufe an. Ein paar Punkte fallen mir immer wieder negativ auf:

- Unübersichtliches oder gar kein Design.
- Ausbildung und Erfahrungsangaben nicht antichronologisch.
- Uneinheitliches Datumsformat: mal nur Jahre, mal Monate, mal Tage (wähle am besten Monat/Jahr).
- Die konkreten Tätigkeiten bei den praktischen Erfahrungen sind nicht benannt.
- Es gibt zu wenig Futter für Nachfragen (Thema Facharbeit, Hobbys, Tätigkeiten etc. angeben).
- Manchmal stellen die Bewerber*innen ihr Licht unter den Scheffel gestellt und vergessen wichtige Punkte (z. B. Preise bei Schülerwettbewerben oder Engagement in der Schule etc.).
- Immer wieder formale Fehler (Datum und Unterschrift fehlen, Rechtschreib- und Grammatikfehler); daher noch mal der Tipp: Immer von einer anderen Person gegenlesen lassen.

Wenn du direkt aus der Schule kommst, kann es sei, dass eine Seite ausreicht; später solltest du die Länge von zwei Seiten nicht überschreiten. Quetsche nicht alles rein. Ein guter und übersichtlicher Aufbau ist wichtig. Triff im Zweifel eine Auswahl im Hinblick darauf, bei wem du dich bewirbst. Selektieren kannst du bei praktischen Erfahrungen und Qualifikationen. Hobbys und Engagement gegebenenfalls als Erstes streichen.

Zu Bewerbungen findest du unzählige Ratgeber. Speziell für Stipendiumsbewerbungen kann ich auf *Geheimnisse der Stipendiumsbewerbung* von Korbinian Breu (www.stipendiumbewerbung.de) und das schon erwähnte Werk von *Der Weg zum Stipendium* (Borreck und Bruckmann 2010) verweisen.

Gute Übersichten zu Bewerbungsschreiben und tabellarischem Lebenslauf findest du auch im Internet. Hier eine kleine Übersicht:

- www.e-fellows.net/Karriere/Bewerbung
- www.bewerbung.net/bewerbungsschreiben
- www.staufenbiel.de/ratgeber-service/bewerbung/bewerbungsschreiben.html
- www.bewerbung.net/lebenslauf

Information: Erfahrungsbericht/ausführlicher Lebenslauf
Eine Besonderheit in Bewerbungsverfahren für Stipendien stellen Texte dar, in denen du deine biografischen Erfahrungen im Fließtext beschreiben sollst, entweder in Bezug auf einen bestimmten Zeitraum (das vergangene Jahr etc.) oder über den gesamten Lebenslauf.

Die Leitfrage eines solchen Textes lautet: Wie bist du zu dem Menschen geworden, der du heute bist?

Dazu solltest du einen schlüssig aufgebauten Text schreiben (chronologisch oder thematisch strukturiert). Achte auf den roten Faden:

Stell dir vor, du erzählst jemandem die Geschichte deines Lebens. Die Seitenzahl ist meist begrenzt, also musst auch du Schwerpunkte setzen. Die folgenden Fragen können dabei helfen: Welche Stationen und Begebenheiten in deinem Leben waren prägend? Welche Personen waren dir wichtig, was hast du von ihnen gelernt? Wie hat dich deine Familie (kurze Beschreibung: Eltern/Berufe, Geschwister/Alter) geprägt? Wie haben dich die Orte geprägt, an denen du aufgewachsen bist? Warst du schon mal im Ausland (vielleicht auch für längere Zeit)? Was hast du dort über dich erfahren? Wie gestaltete sich die Rückkehr, der kulturelle Vergleich? Wie bist du zu deinen Hobbys gekommen? Was nimmst du aus ihnen für Kompetenzen mit? Welche Fragen und Themen haben dich wann und warum beschäftigt? Gibt es dabei einen roten Faden, der vielleicht zu deinem jetzigen Studium und Engagement/ Hobby führt? Warum hast du dein Studienfach gewählt? Welche praktischen Erfahrungen hast du schon sammeln können? Welche wichtigen Entscheidungen hast du getroffen und warum? Welche Schritte siehst du vor dir – kurz-, mittel-, langfristig? Welche Leitgedanken und Werte prägen dich? Gibt es besonders einschneidende Erlebnisse, die du hier reflektieren möchtest (z. B. Tod eines nahestehenden Menschen, Mobbing, Erfahrung von Armut oder Gewalt, Krankheiten oder Behinderungen bei dir oder dir nahen Menschen, Scheidung der Eltern)? Das musst du nicht tun; du bestimmst, welche Einblicke du geben möchtest, doch sind dies prägende Ereignisse. Generell gilt auch bei einem Begabtenförderungsstipendium, dass du Rückschläge und Schwächen nennen darfst; wichtig dabei ist die Reflexion darüber, wie sie dich als Person geprägt haben und was du daraus gelernt hast.

Ein solcher Text schreibt sich nicht mal so eben runter. Es ist eine intensive Form der Auseinandersetzung. Ich kann dir aber garantieren, dass es sich lohnt. Es ist quasi eine Zusammenfassung all der Übungen in diesem Buch. Du komprimierst deine Gedanken und Reflexionen. So prüfst du deine Berufs- und Studienwahl ein letztes Mal. Selbst wenn es mit dem Stipendium nicht klappen sollte, sogar, wenn du dich gar nicht bewirbst, kann das Schreiben eines solchen Erfahrungsberichts über das bisherige Leben persönlich sehr gewinnbringend sein. Probier es einfach mal aus.

Information: Vorbereitung auf Bewerbungsgespräche
Die Fragen der Auswählerinnen und Auswähler orientieren sich an dem, was du in deiner schriftlichen Bewerbung geschrieben hast. Die Bewerbung also noch mal zu lesen, ist eine gute Idee.

Es hilft auch, sich Fragen zu stellen, die dir sinnvoll in Bezug auf die eigene Bewerbung vorkommen oder die dir sinnvoll erscheinen, wenn du einen Ausbildungsplatz, eine Stelle, einen Studienplatz oder ein Stipendium vergeben würdest. Meist sind die eigenen Fragen gar nicht so weit von den Fragen der Auswählenden entfernt.

Es hilft auch ungemein für die eigene Souveränität, Gespräche mit Freundinnen und Freunden und Verwandten zu simulieren. Schau dir auf jeden Fall noch einmal Informationen zu deiner Bewerbungsstelle an (die Website des Unternehmens, der Uni oder des Werks/der Stiftung) und überleg dir, warum du dorthin passt und was die Ausbildung, die Stelle, das Studium oder das Stipendium für dich interessant macht. Du solltest wissen, wo du dich bewirbst.

Hierfür sind auch Gespräche mit Arbeiter*innen, Angestellten, Studierenden oder Stipendiaten sinnvoll. Für die Stipendiumsbewerbung findest du zum Beispiel auf der Website www.ArbeiterKind.de Berichte von Stipendiatinnen und Stipendiaten. Du kannst auch nach ehemaligen oder aktuellen Stipendiatinnen und Stipendiaten, die von deiner Wunschstiftung gefördert werden, suchen. Du findest Ansprechpartner im sozialen Netzwerk von arbeiterkind.de, in Facebook-Gruppen der Begabtenförderungswerke oder bekommst direkte Tipps im Studienkompass der Stiftung der deutschen Wirtschaft (sdw, www.sdw.org/studienkompass/studienkompass). Bei Ausbildungsbewerbungen oder einer Bewerbung für ein duales Studium kannst du meist an Tagen der offenen Tür oder auf Messen mit aktuellen Azubis/Studierenden in Kontakt kommen.

Ansonsten bedenke die allgemeinen Standardtipps: vor dem Auswahlgespräch abends nicht zu lange machen, gut frühstücken, entspannt vernünftige Klamotten anziehen und mit ausreichendem Puffer zum Gespräch fahren (Route vorher checken). Vorher noch mal in die Unterlagen gucken, sich, wenn möglich, über die potenziellen Auswählenden informieren, nicht zu viel Kaffee & Co. trinken oder Süßes essen. Ruhig durchatmen und dann ins Gespräch gehen.

Ruhig ins Gespräch gehen – das ist leichter gesagt als getan. Jeder hat seine oder ihre bewährte Selbstberuhigungsstrategie. Im Kern ist Durchatmen immer gut. Mir helfen vor solchen Gesprächen (neben der Sicherheit, vorbereitet und rechtzeitig da zu sein), vor allem zwei Dinge: einmal die Mentaltechnik *Worst-case*-Szenario. Ich stelle mir vor, was mir im schlimmsten Fall passieren kann (z. B.: Ich habe einen Blackout und bekomme die Stelle/den Platz/das Stipendium nicht). Das wäre zwar schade und sicher nicht schön. Aber es ist kein Weltuntergang, es gibt immer einen Plan B, und es sagt wenig über mich als Person. Das gibt mir das Wissen, dass es eigentlich immer wenig zu verlieren gibt (es geht schließlich nicht um Leben und Tod), sondern eigentlich nur viel zu gewinnen. Nicht jeder kann so denken, vor allem nicht vor Prüfungssituationen. Aber der konkret weitergedachte schlimmste Fall entpuppt sich meistens doch als bewältigbar, und so ist der Schrecken genommen. Aber manchmal sind die Gedanken nicht zu stoppen; da hilft Körperorientierung. Königsweg ist dabei die Atmung. Was dabei gut funktioniert ist die „Merkel-Raute". Du drückst deine Daumen mit leichtem Druck aneinander und versuchst deinen Puls in den Daumen zu spüren. Das gelingt nur, wenn du dich darauf konzentrierst. Glaub mir, wenn du es schaffst, den Puls zu spüren, hast du dich runtergefahren und kannst mit einem guten „Selbstgespür" ins Gespräch gehen.

Was dir jetzt auch noch hilft, ist das Wissen, dass dir die allerwenigsten Menschen bei Auswahlgesprächen schaden wollen. Sie stehen vor einer schweren Entscheidung, denn sie müssen ein Urteil fällen: Wer bekommt ein Stipendium oder einen Studienplatz? Wer ist geeignet für eine Stelle? Eigentlich haben die Auswählerinnen und Auswähler einen härteren Job als du, selbst wenn sie grimmig oder neutral gucken, selbst wenn blöde oder sogar fiese Fragen dabei sein sollten. Denk dran: Das liegt weniger daran, dass sie dich fertig machen oder verunsichern wollen, als vielmehr daran, dass es auch eine Herausforderung ist, so unterschiedliche Menschen zu beurteilen. Geh von netten Auswählenden aus; den meisten geht es darum, deine Stärken herauszukitzeln und nicht deine Schwächen aufzuspüren. Und wenn wirklich mal eine Frage unangemessen ist, dann solltest du sie hinterfragen und reflektieren. Frag dich: Was könnte die gute Absicht dahinter sein? So bleibst du souverän und kannst mit deiner Antwort in sicheres Fahrwasser gelangen.

Ein letzter Punkt zur Vorbereitung auf Auswahlgespräche: Ich werde immer wieder gefragt, was man passenderweise anzieht. Bei Bewerbungen um eine Stelle solltest du im Zweifel immer ein Businessoutfit wählen. Wenn du schon vorher mit dem Unternehmen Kontakt hattest oder weißt, dass es dort einen anderen Dresscode gibt, geht auch dieser. Bei einer Bewerbung für einen Studienplatz oder ein Stipendium musst du nicht so formal angezogen sein. Es sollten nicht gerade die abgetragenen Alltagsklamotten sein, aber solange deine Alltagskleidung ordentlich ist und du dich darin wohlfühlst, ist auch das zulässig. Schau einfach mal, was die Menschen auf der Homepage so tragen. Was könnten zu dir passende, keine Alltags-, aber auch keine Businessklamotten sein? Das bedeutet konkret: eine Stoffhose oder gute Jeans, gegebenenfalls ein dezenter Rock, ein Hemd oder ein gutes Poloshirt oder eine Bluse, je nach Wetter auch ein schlichter Pulli, Sakko oder Blazer, wer so was mag und wenn es temperaturangemessen ist; Krawatte braucht es beim Stipendium eher nicht; verzichte auch auf allzu auffällige Accessoires oder Farben. Alles in allem: Mach dir deswegen keinen so großen Stress. Solange du nicht völlig leger und unangemessen gekleidet bist (z. B. mit einem Mottoshirt), ist alles in Ordnung. Wichtiger ist, dass du dich wohlfühlst und nicht durch deine Kleidung eine Rolle vorspielst, die du nicht ausfüllen kannst.

Information: Fragen im Auswahlgespräch
Die folgenden Ausführungen beziehen sich im Kern auf die Auswahlgespräche für Stipendien. Ich bin selbst als Auswähler in diesem Bereich tätig und habe mich mit den Fragen in solchen Gesprächen im Rahmen eines Forschungsprojekts auseinandergesetzt. Wenn dich die Details interessieren, kannst du sie in Buchform finden (Grüneberg 2015). Aber auch für alle anderen Bewerbungen ist die Auseinandersetzung mit Fragetypen eines Auswahlgesprächs (s.u.) sinnvoll.

Du bekommst im Auswahlgespräch für ein Stipendium nicht nur Fragen zu deiner Person gestellt, sondern meist auch fachliche Fragen sowie Fragen zu wichtigen Debatten im politischen Tagesgeschehen. Darauf solltest du antworten und argumentieren können. Dafür hilft es, regelmäßig Zeitung zu lesen und sich allgemein zu informieren.

Bewerbungsgespräche für Studienplätze (im Sinne von Motivationsgesprächen) sind damit sehr vergleichbar, jedoch stehen dabei vor allem der Weg zum Studiengang, das Wissen, die Vorstellungen und die Pläne in diesem Bereich im Vordergrund.

In Bewerbungsgesprächen für eine Stelle wird stärker auf die Passung zur Stelle, aber auch auf deine Persönlichkeit geachtet. Weniger stark wirst du dort Fragen zu politischen oder ethischen Themen finden.

Es gibt ein paar klassische Fragen, die einem in fast jedem Auswahl- oder Bewerbungsgespräch begegnen können. Du findest diese Fragen und Hinweise zur Beantwortung in fast jedem Bewerbungsratgeber (eine App zur Vorbereitung auf Bewerbungsgespräche bietet die Bundesagentur für Arbeit an, suche nach: Bewerbung: Fit fürs Vorstellungsgespräch. Eine Website mit Musterfragen und Ideen für Antworten ist https://studieren-studium.com/bewerbungstipps/musterfragen). Fragen wie: Wo sehen Sie sich selbst in 5 Jahren? Warum haben Sie sich bei uns beworben? Stellen Sie sich doch bitte noch mal kurz vor. Was sind Ihre Stärken? Was sind Ihre Schwächen? Können Sie uns noch mehr zum Punkt X in Ihrem Lebenslauf erzählen? Warum sollten wir Sie einstellen/nehmen/Ihnen einen Studienplatz geben? Und natürlich auch zum Schluss: Haben Sie noch Fragen an mich/uns?

Ich bin der Überzeugung, dass dieses Buch dich auf all diese Standardfragen gut vorbereitet hat, außer auf die letzte, zu der du, wenn du wirklich offene Fragen hast (z. B. zum Bewerbungsverfahren oder zu Detailfragen der Stelle, des Studiengangs oder des Angebots des Stipendiums), diese stellen kannst. Ansonsten kannst du eher sicher sein, dass sowohl diese Frage als auch die anderen Standardfragen nicht unbedingt in dieser Form kommen müssen. Sinnvoller ist es, sich auf allgemeine Fragetypen einzustellen.

Die folgenden Fragetypen sind typisch für ein Bewerbungsgespräch um ein Stipendium.

Reflexions- und Beurteilungsfrage (persönlich)	Die persönliche Reflexionsfrage zielt auf die Stellungnahme zu einer Aussage in der Bewerbung oder einer bestimmten biografischen Entscheidung ab. Diese soll begründet werden. Überleg also noch mal vor dem Gespräch, warum du dich für bestimmte Schwerpunkte, Engagements oder Studienfächer entschieden hast.
Reflexions- und Beurteilungsfrage (thematisch)	Es wird nach einem allgemeinen gesellschaftspolitischen Thema gefragt, zu dem eine persönliche Meinung formuliert werden soll. Dabei ist natürlich auch ein wenig Hintergrundwissen gefragt, aber im Zentrum steht eigentlich die Fähigkeit, eine eigene Meinung zu formulieren und nachvollziehbar zu begründen. Es geht dabei nicht um eine bestimmte Meinung; daher sollte man nicht versuchen, die gewünschte Antwort der Auswähler zu erraten. Auch wenn man über das Thema wenig weiß, sollte man durch lautes Denken den Auswählenden verdeutlichen, wie man sich einer solchen Fragestellung nähert.
Wissens- und Prüfungsfrage	Dieser Fragetyp ist weniger häufig als die anderen, aber natürlich kann man die Studieneignung für ein Fach auch über fachliche Fragen herausbekommen. Bei den Prüfungsfragen geht es – anders als in der Uni – weniger um die perfekte Antwort als vielmehr um die Fähigkeit, den Inhalt des eigenen Faches verständlich erklären zu können.
Behaviorale Frage	Die verhaltensorientierte Frage zielt auf Erlebnisse, die im Lebenslauf oder anderen Bewerbungsunterlagen zum Ausdruck kommen. Sie erfragt, warum man so oder so gehandelt und wie man welche Kompetenzen und Persönlichkeitseigenschaften entwickelt hat. Hier geht es unter anderem um nachvollziehbare Beispiele.
Situative Frage	Die situationsorientierte Frage stellt dich vor eine fiktive Situation, in der du dich für ein bestimmtes Handeln entscheiden sollst. Es geht darum, die Entscheidung – vor dem Hintergrund bisheriger Entscheidungen und Einstellungen – zu begründen. Oft wird man auch vor Entscheidungen gestellt, die ein moralisches Dilemma beinhalten. Hierbei geht es, wie bei der Reflexionsfrage, weniger um die perfekte Antwort, als vielmehr darum, die eigene Entscheidung durch lautes und strukturiertes Denken zu begründen.

Ein typisches Gespräch beginnt mit aktuellen biografischen Fragen, geht dann über zur Bewerbungsmotivation, um dann auf Leistungen und Kompetenzen einzugehen (gegebenenfalls werden diese auch abgeprüft). Anschließend erfolgen meist Reflexionen über die eigene Person (z. B. Ziele, soziale Kompetenzen) bis hin zur Abstraktion auf allgemeine und gesellschaftliche Themen.

Die thematische Reflexions- und Beurteilungsfrage wird von den Auswählenden am häufigsten gestellt. In der Selbsteinschätzung der Auswählenden wird sie auch am erfolgreichsten bewertet. Hier zeigt sich bei der Auswahl von Stipendienwerken die Betonung von Diskussions- und Reflexionsfähigkeit als zentrales Auswahlkriterium. Darin liegt ein wesentlicher Unterschied zum Einstellungsinterview. Dieser Eindruck verstärkt sich auch bei Betrachtung der behandelten Themen. Oft spielen tagespolitisch aktuelle Themen und die Stellungnahme dazu eine große Rolle. Dies ist bei der Personalauswahl sicherlich weniger der Fall. Ganz ähnlich sind wiederum Themen, die auf Bewerbungsmotivation und die Reflexion von Entscheidungen abzielen. In der Fokussierung auf Entscheidungen zeigt sich, neben der politisch-gesellschaftlichen Reflexion, der starke Biografiebezug. Du kannst also in der Auswahl damit rechnen (sowohl in Gesprächen als auch Übungen), vor allem in Bezug auf dich und deine Persönlichkeit gefragt zu werden. Die Kernkriterien der Begabtenförderung sind neben der fachlichen (wissenschaftlich-kreativen) Leistungsfähigkeit vor allem auch eine reflektierte Persönlichkeit sowie verantwortungsbewusstes und soziales Engagement. Eine verstellte Persönlichkeit (unauthentisches Verhalten oder Antworten) hilft also ebenso wenig weiter wie falsche oder übertriebene Angaben in puncto Engagement. Bemüh dich, im Gespräch ganz du selbst zu bleiben und aus deiner Sicht zu antworten. Die Qualität deiner Antworten, die Reflexion über dich als Person und deine Wünsche, Vorstellungen und Meinungen sind wichtiger als die Quantität (Notenpunkte oder Ausmaß des Engagements). Du kannst vorher nicht wissen, wie andere dich beurteilen; also denk nicht vorschnell, du wärst nicht geeignet, sondern versuch es. Eine Garantie gibt es weder für die Aufnahme noch für die Ablehnung.

Ein gutes Antwortsystem, das du dir merken kannst, ist das STAR-Prinzip. Uns bleiben vor allem spannende Geschichten im Gedächtnis. Wenn du eine Antwort auf eine offen gestellte Frage gibst, kannst du deine Antwort mit deinen biografischen Erfahrungen zu einer Geschichte zusammenfassen. STAR steht dabei für *situation* (Ausgangspunkt/Rahmen der Geschichte), *task* (Was war das Ziel, die Herausforderung, die Aufgabe?), *action* (Was hast du getan, um das Ziel zu erreichen und die Aufgabe zu lösen?) und *result* (Was war das Ergebnis? Was hast du gelernt?). Wenn du zum Beispiel gefragt wirst, warum du dich für dein Studienfach entschieden hast, fängst du zunächst an zu erzählen, wann du die Auseinandersetzung mit der Berufs- und Studienwahl begonnen hast. Anschließend berichtest du vielleicht, was das Herausfordernde dabei war (z. B. solide Informationen zu finden, hin- und hergerissen sein zwischen verschiedenen Optionen). Dann kommt deine Lösung. Hier kannst du beispielsweise davon erzählen, welche Schritte du mithilfe dieses Buches gegangen bist und welche Impulse dir etwas gebracht haben. Du schließt damit, dass du nun das Studienfach gefunden hast. Wenn du jetzt auch noch ein paar *lessons learned* (Was würdest du beim nächsten Mal bei der Berufs- und Studienwahl anders machen?) oder auch offene Entwicklungspotenziale (z. B. Masterwahl und die möglichen Optionen dabei) nennen kannst, hast du eine runde Geschichte erzählt und genau die geforderte Reflexionsfähigkeit bewiesen.

Information: Weitere Auswahlmethoden, Assessment-Center und Co.
Auswahlgespräche sind trotz all ihrer Mängel (Wie soll man einen Menschen in so kurzer Zeit umfassend beurteilen?) die häufigste Form der Auswahl. Hinzu kommen auch bei Bewerbungen um Studienplätze, Ausbildungen und Stipendien manchmal Methoden, die man Assessment-Center-Methoden nennt. Solche Übungen zur Bewertung sind in vielen Personalauswahlverfahren in Unternehmen weitverbreitet, bei großen Unternehmen begegnen sie dir auch schon bei der Bewerbung um einen dualen Studienplatz oder ein Praktikum.

Bei der Bewerbung um einen Studienplatz oder eine Stelle gibt es mitunter konkrete fachliche Prüfungen, in denen du die erforderliche Kompetenz direkt zeigen sollst – fürs Sportstudium eine sportliche Leistungsprüfung und für manche Wirtschaftsstudiengänge mathematische und wirtschaftswissenschaftliche Grundlagentests. Die Testanforderungen für solche Verfahren (der Test für medizinische Studiengänge würde auch in diese Kategorie fallen) findest du meist auf den Bewerbungsseiten. Hier ist gute Vorbereitung gefragt.

Fachliche Fähigkeiten und Präsentationskompetenz kommen bei Vorträgen besonders stark zum Ausdruck. Auch diese sind weitverbreitet; zumeist bekommst du vorher ein Thema und eine Zeitvorgabe bzw. darfst ein Thema vorschlagen. Manchmal bekommst du auch erst am Auswahltag ein spontanes Thema zugeteilt und musst dich in kürzerer Zeit vorbereiten. Wenn du frei wählen kannst, solltest du ein Thema aus deinem Expertisebereich wählen. Beachte die formalen Zeitvorgaben (und gegebenenfalls Medienvorgaben) und arbeite den Vortrag aus. Übe den Vortrag, bis du sicher bist; dabei geht es weniger um Auswendiglernen als vielmehr darum, im Thema und in der Zeit sicher zu sein (Zeitgefühl trainieren). Achte beim Vortrag auf einen sicheren, das heißt festen Stand und deine Atmung. Suche Augenkontakt und sieh Personen oder Punkte im Raum an, die dir Sicherheit vermitteln. Ansonsten erinnere dich an alles, was du in der Schule zum Aufbau eines argumentativ guten Vortrags gelernt hast. Denk an den Anfangs- und Endankereffekt; den Start und das Ende solltest du sicher haben und einprägsam gestalten.

Verwende nachvollziehbare Beispiele und arbeite mit rhetorischen Fragen. Am Ende solltest du über wirkliche Diskussionsfragen das Publikum einbinden.

Eine weitere Form, die auch bei Stipendien häufiger zu finden ist (auch im Anschluss an die Vorträge), sind Gruppendiskussionen. Dabei sind die Themen durch die Vorträge oder eine Aufgabe gesetzt. In der Gruppendiskussion solltest du dich an die grundlegenden Gesprächsregeln halten (andere aussprechen lassen bzw., wenn nötig, freundlich unterbrechen, nicht bloß selbst reden, sondern wirklich zuhören, auf andere Bezug nehmen und zusammenfassen). Bring dich mit deiner wirklichen Meinung ein, nutz deine Expertise und finde deine Gruppenrolle (Moderator, Impulsgeber, Experte, Zeitwächter etc.). Es kommt weniger auf die Quantität als vielmehr auf die Qualität deiner Beiträge an. Selbst wenn du mit dem Thema nichts anfangen kannst, versuch dich in die Positionen der anderen hineinzuversetzen und bring Impulse als „Außenstehender".

Dasselbe gilt für Problemlöseaufgaben. Wenn du gemeinsam mit anderen ein Problem in einer Gruppe lösen sollst (eine politische Zwickmühle, eine technische Lösung etc.), dann bring dich so ein, dass deine Kompetenz der Gruppe nützt. Wenn du wirklich Ahnung hast, dann geize nicht damit; wenn dir Moderation liegt, dann übernimm diese Verantwortung; wenn du vor Ideen sprudelst, dann lass ihnen freien Lauf; wenn du gut im Zweifeln und Prüfen bist, dann übernimm diese Rolle, und wenn dir das Praktische liegt, dann setz Handlungsimpulse und fang an. Es kommt nicht darauf an, dass man sich eine Führungsposition in der Gruppe erkämpft oder seine Meinung durchsetzt; vielmehr wird beobachtet, wie man mit anderen zusammenarbeitet und was man zum Ergebnis beiträgt. Das vergessen manche im „Eifer des Gefechts". Die anderen Gruppenteilnehmer konkurrieren vielleicht mit dir um einen Platz, aber oft müssen sich die Besten, die glauben, sich durchgesetzt zu haben, feststellen, dass es nicht geklappt hat. Den Auswählenden geht es nur sekundär um die Lösung der Aufgabe und vielmehr um das Verhalten und die Ideen auf dem Weg zur Lösung.

Es gibt sicherlich noch weitere Methoden, Übungen und Tests, die sich Unternehmen, Hochschulen und Stipendiengeber ersinnen, um deine Stärken und Persönlichkeit erfahrbar zu machen. Es hilft, sich mit verschiedenen Formaten vorher zu beschäftigen. Es gibt ganze Bücher zu Tests, Assessment-Centern und individuellen Problemlöseaufgaben (z. B. *Brainteaser*). Diese will ich gar nicht alle an dieser Stelle behandeln und kann dies sicher auch aus Gründen des Umfangs nicht. Die wichtigsten beiden Ratschläge gelten aber für alle Verfahrensbestandteile vom Gespräch bis zu Gruppenübungen:

1. Sei selektiv authentisch. (Spiel keine Rolle, die du nicht ausfüllen kannst, täusch kein Wissen vor, das du nicht hast. Sei du selbst in Bezug auf das für diese Auswahl Geforderte. Du musst nicht so authentisch sein, dass auch deine schwierigen Persönlichkeitsanteile sofort ins Auge springen. Zeig deine Stärken, aber *fake* nichts.)
2. Nimm andere mit in deine Gedankenwelt. (Wenn du Ideen in Gruppen vorschlägst oder in Vorträgen und Gesprächen zu Fragen Stellung nehmen sollst, fang an, laut zu denken. Versuch nicht auf die druckreife perfekte Antwort zu warten – die haben die wenigsten spontan parat –, sondern zeig, wie du ein Problem angehst, auch und vor allem, wenn du im ersten Moment noch nicht so viel damit anfangen kannst.)

Wenn du noch mehr Hinweise zur Vorbereitung suchst, findest du auf der Seite Studieren-Studium.com ein paar gute allgemeine Hinweise zu Assessment-Centern (https://studieren-studium.com/bewerbungstipps/assessment-center), u. a. zu Selbstpräsentation (https://studieren-studium.com/bewerbungstipps/selbstpraesentation), Körpersprache (https://studieren-studium.com/bewerbungstipps/koerpersprache) und gängigen No-Gos bzw. Knock-out-Kriterien (https://studieren-studium.com/bewerbungstipps/praesentationen_knockout-kriterien).

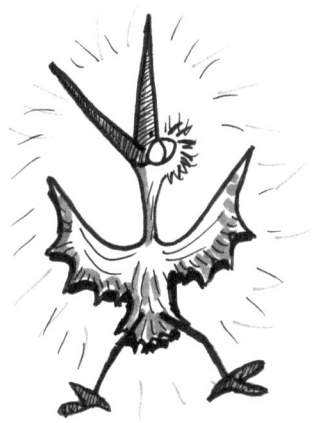

Information: Umgang mit Aufnahme und Ablehnung
Auch wenn du dich an alle Tipps gehalten und großen Aufwand betrieben hast, ja, sogar wenn du, falls es überhaupt Objektivität gibt, der oder die Geeignetste für diese Stelle, dieses Studium oder dieses Stipendium bist – es kann sein, dass es nicht klappt. Bei der Bewerbung geht man immer ein

gewisses Risiko ein, eine Ablehnung zu kassieren. Die Aufnahmequote kann bei 1:500 oder bei 1:4 liegen, abhängig davon, wo und für welchen Studiengang oder Ausbildungsplatz du dich bewirbst. (Bei den großen Stipendiengebern kann man im Durchschnitt von einer Quote von 1:10 ausgehen, bei kleinen von wesentlich besseren Chancen.) Das heißt: Überleg dir gut, wie du mit einer Ablehnung umgehst. Das *Worst-case*-Szenario-Denken hat dich hoffentlich ein wenig darauf vorbereitet (s. o.). Auch wenn es sich im ersten Moment so anfühlt: Es ist kein Weltuntergang, und du bist und bleibst ein wertvoller und kompetenter Mensch.

Eine Ablehnung heißt: Du hattest diesmal kein Glück und hast ein wenig Bewerbungsaufwand umsonst getrieben. Dieser ist aber an sich schon spannend und lehrreich. Eine Ablehnung heißt meist nicht, dass du ungeeignet bist, sondern dass andere in einem vergleichenden Verfahren von sehr guten Bewerberinnen und Bewerbern an diesem Tag vielleicht das Glück hatten, ihre Kompetenz besser zeigen zu können. An einem anderen Tag und mit einer anderen Zusammensetzung hätte es vielleicht anders ausgesehen. Vielleicht hat auch die Ausbildungsstelle/die Uni/das Begabtenförderungswerk nicht gepasst. Denk also dran: Du kannst dich auch noch woanders bewerben bzw. wiederbewerben. Manchmal fehlt einem einfach noch eine gewisse Zeit der Entwicklung. Bei den meisten Stipendien/Studienplätzen/Stellen kann man sich nach einem Jahr erneut bewerben, und viele, die sich trauen, haben im zweiten Anlauf Erfolg. Sich richtig zu bewerben, lernt man beim Bewerben. Ich meine es ernst, wenn ich sage, dass jede Ablehnung in einem Verfahren auch eine Lernchance darstellt. Wenn du dich wirklich fragst, was gut und was schlecht war, dann hast du eine Chance, daraus zu lernen. Manchmal bekommst du ein wertvolles Feedback, manchmal musst du selbst reflektieren. Es war, selbst wenn es klappt, nie alles gut oder alles schlecht. Versuch dich nach der ersten Enttäuschung daran zu erinnern.

Wenn es um die Bewerbung auf einen Studienplatz oder eine Stelle geht, solltest du immer einen Plan B (oder besser noch Plan A 2) haben, der möglichst ähnlich attraktiv ist. Das beruhigt. Und auch ein Plan Z ist nicht schlecht – eine Option, die man wählen kann, wenn gar nichts geklappt hat.

Damit der Druck generell nicht zu hoch ist, solltest du dir gut überlegen, wem du von der Bewerbung erzählst. Je mehr davon wissen, desto mehr Leuten musst du gegebenenfalls erzählen, dass es nicht geklappt hat.

Aber auch mit einer Aufnahme umzugehen kann schwer sein. Manche glauben, dass im Verfahren ein Fehler gemacht wurde und sie gar nicht so gut sind. Manche fühlen einen starken Leistungsdruck (der so meist gar nicht besteht). Manchen fällt es schwer, anderen zu erzählen, dass sie als Stipendiaten ausgezeichnet wurden oder einen „Elitestudiengang" studieren.

Bereite dich innerlich auf die möglichen Folgen und Fragen vor, die mit einer Aufnahme ebenso wie einer Ablehnung verbunden sind. Im Umgang mit Freude und Trauer zeigen wir unsere Persönlichkeit und finden Anlass zu ihrer Reifung.

Ich hoffe, dir durch die ganzen Tipps mehr Mut und weniger Angst vor Auswahlen gemacht zu haben. Such deine Träume und probier's. Gib dem Glück und Zufall eine Chance, indem du deine Stärken nutzt und dich bewirbst. Ich wünsche dir dafür alles Gute

Information: Tipps zum Ausbildungsstart
Du hast dich für eine Ausbildung entschieden, den Vertrag unterschrieben und freust dich auf den ersten Arbeitstag. Da kommen eine Menge neue Sachen auf dich zu, und es gibt viel Spannendes zu erfahren und zu entdecken. Ich habe dir mal ein paar allgemeine Hinweise und Tipps zusammengestellt, die dir dabei helfen können.

Der Erste ist eigentlich selbstverständlich. Achte auf deine Umgangsformen. Die soziale Umgebung eines Betriebes oder einer Behörde sind etwas anderes als die in der Schule. Es wird erwartet, dass du dich an diesen Rahmen hältst. Dazu gibt es einige Handreichungen und Bücher zum Thema Ausbildungsknigge (z. B. https://dguv-lug.de/berufsbildende-schulen/selbstmanagement/azubi-knigge/). Das Wichtigste zusammengefasst: Beachte die Kleiderordnung bzw. Berufskleidung, grüße höflich (vor allem Vorgesetzte),

Sieze zunächst (bis dir das Du angeboten wird), sei pünktlich, geh sorgsam mit Arbeitsmaterialien um und beachte den Arbeitsschutz. Und vor allem heutzutage: Halt dich an die Handyregeln. Den besten ersten (und zweiten) Eindruck machst du, wenn du Arbeit siehst. Das meint: Schau selbstständig, was getan werden muss, und biete an, dies zu tun. Biete deine Hilfe auch Kollegen an, wenn du mit deinen eigenen Aufgaben fertig bist. Warte nicht immer darauf, dass dir jemand eine Aufgabe gibt.

Wenn du das Unternehmen besser kennengelernt hast, wirst du eine Menge formale, aber auch informelle Regeln lernen. Beachte diese. Bei den formalen Regeln ist es vor allem wichtig, auf Arbeitsschutz und Datenschutz zu achten. Manchmal sind Hierarchien sehr wichtig: Lern die Verantwortlichen kennen und beachte die Dienstwege.

Gerade in den ersten Arbeitstagen werden viele Informationen auf dich einströmen: Nimm einen Notizblock mit und versuch dir alles zu notieren. Achte auch weiterhin darauf, Informationen immer direkt mitzuschreiben. Dies hilft auch beim Berichtsheft hinterher. Notier dir nicht nur, was du gemacht hast, sondern auch, was du gelernt hast, und deine offenen Fragen. Führe ein Erfolgsjournal (mehr dazu in einem Extrablock).

Achte auf dein eigenes Lernen. Frag nach und hol dir Feedback ein. Versuch wirklich aus Fehlern zu lernen. Im ersten Moment erscheinen sie ein wenig nervig oder erzeugen ein Gefühl, unzureichend zu sein. Manchmal wollen wir sie kaschieren. Geh offen mit Fehlern um, und zeig, dass du sie als Lerngelegenheiten nutzt. Wenn du mit etwas Schwierigkeiten hast, scheu dich nicht, Hilfe zu suchen. Eine absolut wichtige Hilfe sind Lerngruppen mit deinen Mitausbildenden. Manchmal ist es extrem hilfreich, auch arbeitgeberübergreifend in der Berufsschule Lerngruppen zu bilden. So lernst du Dinge kennen, die bei dir vielleicht weniger intensiv oder gar nicht behandelt wurden. Achte auch darauf, dass du die Dinge lernst, die du laut Ausbildungsordnung lernen solltest. Fordere dein Lernen ein und lass dich nicht nur zu Routine- und Hilfsaufgaben heranziehen.

Mit dem Abitur (aber auch mit beruflicher Vorbildung oder guten Leistungen) kannst du die Ausbildung verkürzen. Prüf diese Option. Manchmal lohnt es sich jedoch auch, in der normalen Zeit zu bleiben und mögliche Freiräume zu nutzen, um auch noch Zusatzqualifikationen zu erwerben oder sogar an Berufswettbewerben (z. B. den World Skills) teilzunehmen. Sprich deine Ausbilder*innen auf solche Ideen an. Darüber hinaus ist es eine spannende und wichtige Aufgabe, sich in der Jugend- und Auszubildendenvertretung (JAV) zu engagieren. Vielleicht entdeckst du so auch die Gewerkschaftsarbeit für dich. Außer wenn du in Bayern oder Sachsen wohnst, hast du auch als Azubi die Chance, einen Bildungsurlaub zu machen. Nutze ihn.

Wenn Schwierigkeiten in der Ausbildung entstehen, geh die Lösungen frühzeitig an. Führe Gespräche, such Beratung auf und nimm Hilfe in Anspruch (z. B. Ausbildungsbegleitende Hilfen im Rahmen der assistierten Ausbildung. Stichwort: AsA flex). Mehr dazu im Block zu Ausbildungszweifel und Abbruch.

Ach ja, das hätte ich fast vergessen. Du bist ja schon erwachsen, oder? Unter 18 brauchst du nämlich noch eine medizinische Erstuntersuchung. Und natürlich hast du dich um deine Krankenversicherung und Steuer- und Sozialversicherungsnummer gekümmert. Auch eine Haftpflicht hast du, denn am Arbeitsplatz kann schnell ein teurer Schaden entstehen. Die Option Berufsunfähigkeitsversicherung ist auch geprüft. Manchmal ist so etwas sinnvoll, dann so früh wie möglich. Und den Rest vom eigenständigen Erwachsenenleben kriegst du auch gebacken. Das haben schon andere vor dir geschafft.

Nun erstmal viel Erfolg und Spaß in der Ausbildung.

Information: Studienstart – Tipps rund ums Studieren
Nachdem du dich eingeschrieben, dich also immatrikuliert hast (den Studienplatz zugesagt und die nötigen formalen Unterlagen eingereicht hast), bist du Student oder Studentin. Nun steht vielleicht noch der Umzug an, und schneller, als du denkst, bist du wirklich mitten in der Welt des Studiums angekommen. In diesem Buch geht es vor allem um den Weg dorthin, die Studienwahl. Dennoch will ich gerne noch auf ein paar Begriffe rund ums Studium eingehen und ein paar allgemeine Tipps geben.

Wichtige Begriffe einfach erklärt
Glossare mit wichtigen Begriffen findest du zahlreich im Internet, und auch gute Bücher zu Lerntechniken und zum Studium gibt es. Hier deshalb nur ein paar Schlaglichter und Hinweise:

- Finde dich in den neuen Strukturen und Begriffen zurecht, hier eine kleine Auswahl: Akademisches Auslandsamt (da gibt es die Informationen zum Auslandssemester), c.t.= cum tempore (Veranstaltung fängt mit Zeit, sprich 15 min später an, also 15 min nach der vollen Stunde: 10:15 Beginn bei regulärem Beginn um 10:00Uhr. Es gibt auch s.t. = sine tempore, beginnt exakt zur angegebenen Zeit); Urlaubssemester (kann man einlegen, um begründet mit dem Studium zu pausieren z. B. fürs Auslandssemester oder ein Praktikum); Blockseminar (Seminar findet nicht wöchentlich, sondern konzentriert in einem Block, meist am Wochenende statt); ECTS (Europäisches Studienpunktesystem, ein Punkt bedeutet ca. 30 Stunden Aufwand innerhalb eines Semesters, im Schnitt musst du 30 Punkte pro Semester schaffen); Fachsemester und Hochschulsemester (die Anzahl kann sich unterscheiden; Fachsemester geben an, wie weit du in einem Fach bist, Hochschulsemester, wie lange du schon insgesamt mit allen Fachwechseln und Urlaubssemestern studierst); Fachschaften, AStA = Allgemeiner Studierenden Ausschuss und StuRa = Studierendenrat (sind jeweils demokratische Vertretungen der Studierenden ähnlich wie die Schülervertretung, jedoch zum Teil mit größerem Einfluss); vorlesungsfreie Zeit (Zeit, in der keine Lehrveranstaltungen stattfinden, jedoch Prüfungen und Übungen liegen können, kann und soll auch für Praktika genutzt werden, nur einen Teil davon kannst du als wirkliche Semesterferien einplanen).

Veranstaltungsformate und Studieren
- Beachte die Veranstaltungsformate und lerne, wie du darin gut lernen kannst: Vorlesung (90 min zuhören, wenn überhaupt, sind kleine Verständnisfragen erlaubt, vorbereiten, verstehen/mitschreiben und nachbereiten); Seminar (kleine Gruppe, Lektüre oder Inhalte vorbereiten, bei Diskussionen sich selber beteiligen, Referate schreiben und Hausarbeiten), Übung (Umsetzung des Gelernten, Beispielaufgaben, Raum für Nachfragen), Tutorium (Prüfungsvorbereitung, viel Raum für Nachfragen).
- Lerne Blender zu erkennen: Auch wenn viele Kommilitoninnen und Kommilitonen (dein neuer akademischer Begriff für Mitstudierende) anders wirken, die wenigsten haben mehr Ahnung als du. Alle kochen nur mit Wasser, und viele verbergen ihr Unwissen hinter Phrasen, Namedropping und hochtrabenden Fachbegriffen. Mit der Zeit wirst du diesen Fachsprech auch draufhaben und herausfinden, wie wenig du erst weißt, aber noch vielmehr, wie wenig auch die anderen verstanden haben. Manche Blender sind vielleicht in einem akademischen Elternhaus aufgewachsen und mit ein paar Themen, Verhaltensweisen und Begriffen besser vertraut als du, das heißt aber nicht, dass du das nicht lernen kannst, und vor allem bedeutet es nicht, dass immer viel dahintersteckt. Hilf anderen und lass dir helfen, dich in der Hochschulwelt zurechtzufinden. Konkurrenz und Sotun-als-ob bringen weder dich noch andere weiter.
- Lerne und beherzige die Zitierregeln. Plagiieren ist kein Kavaliersdelikt, denk an von Guttenberg & Co. Am Anfang des Studiums bekommst du in den Grundlagenveranstaltungen, aber auch in Kursen der Bibliothek das grundlegende Handwerkszeug zum Umgang mit Quellen vermittelt. Das hilft beim Arbeiten und ist Grundlage deiner Wissenschaftlichkeit. Wenn du Unterstützung beim wissenschaftlichen Schreiben benötigst, nimm an Veranstaltungen und Coachings einer Schreibberatung teil. Die gibt es mittlerweile an vielen Hochschulen.
- Lerne die Methoden des wissenschaftlichen Arbeitens in deinem Fach. Beschäftige dich auch mit der Fachgeschichte und Fachkultur. Das macht

das Mitreden und die Orientierung leichter. Einführungsbücher gründlich lesen und Verständnisfragen stellen. Wichtiger als alle Theorien zu kennen, ist, ein Verständnis dafür zu entwickeln, wie neue Erkenntnisse in deinem Forschungsgebiet gewonnen und belegt werden.
- Du kannst das Studium gut für Blicke über den Tellerrand nutzen. So gibt es sowohl in deinem Fach Gastvorträge von anderen Wissenschaftlern, aber auch in Ringvorlesungen und anderen Abendveranstaltungen die Chance, interdisziplinär (Inhalte aus anderen Fächern) zu diskutieren.

Hochschulsport und Sprachen
- Es gibt Hochschulsport. Mach von diesem Angebot Gebrauch! Du bekommst in der Regel günstigen und kompetenten Unterricht, kannst eine Menge Dinge ausprobieren und lernst auch Studierende außerhalb deines Faches kennen. Soziale Kontakte außerhalb der Fachblase sind wichtig. Und natürlich ist Sport der beste Ausgleich für die ganze gedankliche Lernanstrengung.
- Lass dir die Chance auf ein Auslandssemester nicht entgehen. Wenn du die Erfahrung des Lebens in einem anderen Land machen willst, bietet das Studium dafür eine gute Gelegenheit und Struktur. Informier dich im akademischen Auslandsamt und im Internet (z. B. beim DAAD oder auf www.studieren-weltweit.de). Plane dein Auslandssemester in deinen Studienverlauf ein und nutz die zahlreichen Stipendien zur Finanzierung.
- Ob du ins Ausland gehst oder einfach nur so zur Erweiterung deines Horizonts: Lern neue Sprachen oder frisch deine Schulkenntnisse auf. Die Hochschulen bieten in den Sprachenzentren zahlreiche Sprachkurse für alle Niveaus an. Rechtzeitig einschreiben bzw. bewerben. Auch kannst du ein Sprachtandem mit einem internationalen Studierenden bilden. Das bringt euch beide schnell weiter und sorgt für kulturellen Austausch. Engagier dich generell für internationale Studierende; das erweitert den Horizont ungemein.

Career Service
- Denk an deine berufliche Zukunft und mach von den Angeboten der Hochschule Gebrauch. Es gibt meist einen Career-Service, der zur beruflichen Zukunft berät, Vernetzungstreffen sowie Praktikums- und Jobbörsen organisiert und in Workshops wichtige Skills vermittelt. Wenn du dich mit einer Idee selbstständig machen willst, findest du mittlerweile viele hilfreiche Existenzgründerinitiativen. Nutz dein Studium, um dein Netzwerk mit Praktika, Kongressen, Veranstaltungen und auch mit deinen Mitstudierenden und Lehrenden aufzubauen; das hilft dir im Berufsleben ungemein.

- Check die Jobbörsen und schau, was dir vielleicht noch an Zusatzqualifikationen fehlt, die du im Rahmen deines Studiums erwerben kannst. Es ist sehr einfach, bestimmte Zusatzscheine und Sachkundenachweise im Rahmen des Studiums und nebenher zu erbringen. Im Berufsalltag ist das manchmal schwieriger. Es gibt neben den Sprachen unzählige berufsrelevante Weiterbildungsangebote an den Hochschulen, aber auch z. B. an der Volkshochschule (VHS) in deiner Stadt. Im Studium hast du Zeit bzw. solltest sie dir nehmen, um solche Angebote zu nutzen.
- Arbeite an deiner Profilierung. Es ist für die eigene Motivation, aber auch für die gewünschte Spezialisierung meist besser, eigene Themen und Vorschläge einzubringen, wenn es um das Schreiben von Hausarbeiten und spätestens die Abschlussarbeiten (Bachelor und Masterarbeit) geht. Mit selbst gewählten und bearbeiteten Themen fällst du sowohl den Lehrenden als auch möglichen Arbeitgebern auf. Oftmals kannst du Arbeiten auch in Kooperation bei einem Praxispartner schreiben; das ist eine gute Möglichkeit für einen Jobeinstieg.
- Wenn du dich für eine wissenschaftliche Karriere interessierst, kann es sehr sinnvoll sein, sich um eine Hilfskraftstelle an einem Lehrstuhl zu bemühen. Manchmal werden diese Stellen ausgeschrieben, dann kannst du dich bewerben. Oftmals werden sie aber auch informell an Studierende vergeben, die in Seminaren durch Beiträge auffallen oder in Klausuren sehr gute Leistungen erbringen. Sich auch einfach mal initiativ zu bewerben und in Sprechstunden nachzufragen, kann sinnvoll sein. Oft müssen solche Stellen im Rahmen von Projekten sehr schnell besetzt werden, und dann ist es gut, im Hinterkopf der Lehrenden zu sein.
- Achte auf die Kommunikation mit den Lehrenden. Es gilt, bestimmte formale Formen wie die korrekte Titelanrede einzuhalten und generell auf eine sprachlich korrekte E-Mail-Kommunikation zu achten. Auch im Berufsleben gilt es Formen zu wahren; das ist an der Universität nicht anders. Du wirst sehen, dass eine höflich formulierte und gut begründete Frage oder Bitte eher positiv beantwortet wird. Mit der richtigen Art und einer guten Begründung lassen sich eher Spielräume bzgl. schwieriger formaler Dinge (z.B. Prüfungsfragen) etc. finden.
- Nutz alle Gelegenheiten, um dir ein echtes Feedback geben zu lassen, nicht nur von Lehrenden, sondern auch von deinen Mitstudierenden. Es gilt gemeinsam an den Herausforderungen zu wachsen. Deine Noten sind später weniger entscheidend, wichtiger ist vielmehr, wie intensiv du an deinen Stärken und Schwächen gearbeitet hast.
- Im Rahmen von Fachschaften, aber auch im Studium gibt es zahlreiche Möglichkeiten, eigene Veranstaltungen zu organisieren. Das geht von Partys über Diskussionsabende/Gastvorträge bis hin zu eigenen

Lehrveranstaltungen. So etwas bedeutet zwar viel Arbeit, bringt dich und deine Kompetenzen aber in vielen Bereichen weiter.

Engagement
- Generell ist es immer eine Bereicherung und natürlich auch inhaltlich sinnvoll, sich zu engagieren. An den Hochschulen findest du unzählige fachnahe (z. B. studentische Unternehmensberatungen, Campuszeitung/Radio), politische (Parteien oder NGO, z. B. Amnesty) oder andere (z. B. AISEEC für weltweite Vernetzung) studentische Initiativen, in die du dich einbringen kannst. Meist findet in den ersten Wochen im Semester ein „Markt der Möglichkeiten" statt, wo sich diese Gruppen vorstellen. Schau doch mal, wer oder was dich anspricht.
- Plane trotz allen Lernens und Engagierens Zeit für deine Hobbys und vor allem auch Pausen ein. Ausgleich ist gerade auch in Prüfungszeiten extrem wichtig. Sieh zu, dass du dir eine für dich passende Struktur aufbaust. Selbstorganisation ist die große Herausforderung des Studiums.
- Solltest du durch Stress oder andere Belastungen einmal an deine Grenzen kommen, dann nutz die Angebote an der Hochschule, wie die psychosozialen Beratungen.

Weitere Quellen für gute Tipps
Ich könnte diese Liste noch viel weiter fortsetzen. Du wirst deine eigenen Erfahrungen machen. Tausch dich mit anderen aus und nutze die Erfahrungen vorheriger Semester. Eine gute Seite mit Tipps rund um alle praktischen Themen des Studiums, von der Selbstorganisation bis hin zum Schreiben und Reden ist ein Wiki von der FU Berlin: https://wikis.fu-berlin.de/display/studieren/Studieren+leicht+gemacht. Weitere gute Hinweise findest du im Studienkompass: https://studienkompass.de/assets/downloads/Studienkompass_Infobrosch%C3%BCre_zum_Semesterstart_Webversion.pdf.

Der Studienkompass ist ein Programm der Stiftung der deutschen Wirtschaft, das junge Menschen vor allem mit nicht akademischem Elternhintergrund bei der Studienwahl unterstützt. Das Team von Studienkompass betreibt auch einen interessanten Podcast (https://studienkompass.de/podcast/), u. a. zu Themen wie „Stressmanagement und Achtsamkeit" oder „Nebenjobs und Ehrenamt". In der Broschüre zum Studienstart fand ich vor allem die zusammengefassten Erfahrungswerte der Teilnehmer an den Workshops spannend: „Rund 2100 Studierende haben seit 2007 erfolgreich die Studienkompass-Förderung durchlaufen. Hier haben wir ihre besten Tipps auf den Punkt gebracht: Selbstbewusst sein und Vertrauen in das eigene Können haben; Realistische Ziele setzen und nach Erreichung bewusst belohnen; Erfolge ins Gedächtnis rufen; Pläne und Listen machen; Neugierig und wissensdurstig bleiben; Unterstützungsangebote nutzen; Zeit für Hobbies einräumen; Studium als Herausforderung annehmen; Pausen und freie Tage nutzen; Feste Lernzeiten einplanen; Ausreichend schlafen; Rückschläge nicht überinterpretieren; Nicht von anderen verunsichern lassen; Mit älteren Studierenden austauschen; Praxiserfahrungen sammeln; Freiheiten eigenverantwortlich nutzen und genießen" (Stiftung der Deutschen Wirtschaft gGmbH, S.14).

Alles gute Tipps! Weitere Ratschläge zum Studienstart findest du auch auf folgenden Seiten https://motiviert-studiert.de/, https://karrierebibel.de/studienorganisation/, https://karrierebibel.de/ersties-checkliste/. Zahlreiche nützliche Tipps finden sich auch immer in den Studierendenzeitungen, die kostenlos auf dem Campus ausliegen.

Wenn es mit dem Studienstart nicht so gut klappen sollte, wenn du Zweifel an dir und dem Studium an sich hast oder wenn dich Prüfungsangst quält: Es gibt an allen Hochschulen die sogenannte psychosoziale Beratung – eine tolle Anlaufstelle, die du kontaktieren solltest, bevor Probleme größer werden. Mehr dazu im nächsten und letzten Kapitel.

Information: Nützliche Apps für Schule, Ausbildung und Studium
Im Folgenden findest du eigene nützliche Webseiten und Apps (einfach die Namen googeln oder in den Appstores suchen), die wir (das Team von der DEEP!-App-Entwicklung) für das Lernen in der Schule, in der Ausbildung und im Studium für hilfreich halten. Das geht von Tools für Präsentationen, Texte, Arbeitsorganisation (allein und in Teams) bis hin zu Lernangeboten für bestimmte Fachbereiche. Schau gerne durch die Liste, um zu sehen, was du noch nicht kennst. In der Liste sind Programme enthalten, die wir selbst öfter nutzen und die möglichst kostenfrei sind. Wir kriegen kein Geld von einem Anbieter, sind also ein bisschen neutral. Es kann natürlich sein, dass es noch bessere Tools gibt, die wir noch nicht kennen. Schreib einfach eine Nachricht, wir ergänzen die Liste gerne. Viel Spaß beim Entdecken!

Liste der Apps:

- Abstimmungen in Teams: Doodle, Dudle, Tricider
- Bildschirmaufnahmen erstellen/Aufnahmen erstellen und schneiden: SnippingTool, Screenr, Snagit, screencast-o-matic, Camtasia, VLC-Player, StopMotionStudio, VivaVideo, SimpleShow

10 Entscheidung umsetzen

- Lernvideos schauen und produzieren: Doodly, SimpleClub, SimpleShow
- Formelsammlungen Technik: Formelsammlung Duden. Formeln und Tabellen Metall digital, SimMetall, Mechtab
- Grafiken erstellen: Gimp, InDesign
- Karteikarten erstellen zum Lernen: Quizlet, Brainyoo, Anki
- Kollaboratives Schreiben und Arbeiten: Padlet, Etherpad, WordOnline, GoogleDocs
- Kommunikation und Organisation in Teams: Slack, MS Teams, Trello
- Kostenlose Onlinevorlesungen und Onlineseminare (MOOCs): Cousera, Udacity, edX, iversity, mooin, imoox, TED
- Live-Umfragen in Referaten und Vorträgen: Polleverywhere, Answergarden, Invote, Mentimeter
- Mathe und Mathe lernen: WiWi, Geo Gebra, Wolfram Alpha
- Mind-Maps und Infografiken erstellen: Xmind, Mindmeister, mind42, LucidChard, Timeline Storyteller, Canva
- Naturwissenschaften und Technik lernen: Merck PTE, Every Circuit, Yenka, PlantSnap
- PDF erzeugen und bearbeiten: PDF Creator, Adobe Acrobat, Xodo, Ilovepdf
- Präsentationen erstellen und teilen: Prezi, Google Präsentation, Explain Everything, Slideshare
- Programmieren lernen: Lrn, Github, Codecadamy
- Qualitative Datenanalyse (Transkription und Auswertung): F4-Audiotranscription, MaxQDA
- Quellen verwalten: Citavi, Endnote, Zotero
- Quiz erstellen für Referate/Vorträge: Kahoot, Invote, Socrative
- Scannen von Buchseiten, Flipcharts, Notizen und Tafeln: Office Lens, U Scanner, Post-IT Plus
- Sprachen lernen: Babbel, Duolingo, Tandem
- Statistik – Berechnung und Grafikerstellung: SPSS, R, PSPP, Excel
- Suchen und Strukturieren von Internetrecherchen: Pinterest, Pocket, Feedly
- Texte übersetzen: DeepL, GoogleTranslate, ChatGPT
- To-do-Listen führen und Notizen verwalten: Wunderlist, Todoist, Notability, Evernote, Inkflow, Notion
- Tonaufnahmen machen und optimieren: Audacity, Auphonic
- Umfragen und Befragungen erstellen: LimeSurvey, Sosci-Survey, Google-Forms, Surveymonkey, MS Forms
- Videokonferenzen für Teams: Skype, MS Teams, Zoom, Jitsi, Webex
- Wörter übersetzen: Leo, Linguee
- Wortwolken erstellen für Präsentationen und Texte: Wordle, Wortitout

Information: In der Wissenschaft bleiben

Denken wir noch einen Schritt weiter. Wenn du dich für die wissenschaftliche Karriere interessierst, kannst du dafür auch schon im Studium ein paar Weichen stellen. So solltest du dich insbesondere intensiv mit der Methodik deines Faches auseinandersetzen und auch versuchen, aktuelle Entwicklungen und Diskussionen zu verstehen. Viel davon bekommst du in Lehrveranstaltungen mit. Lies mit fortschreitendem Studium auch aktuelle Fachzeitungen, geh zu Gastvorträgen und fahr auf Konferenzen und Tagungen (für Studierende gibt es meist Rabatte und sogar Extrastipendien). Bemüh dich um eine Hilfskraftstelle und schreib deine Abschlussarbeiten mit einem größeren Forschungsanspruch. So bekommst du früh gute Kontakte zu möglichen Betreuerinnen und Betreuern für deine Promotion. Für die wissenschaftliche Karriere brauchst du einen Doktortitel bzw. international einen PhD; diesen erwirbst du im Rahmen des Promotionsverfahrens auf Grundlage deiner Dissertation. Dabei handelt es sich um eine größere eigenständige Forschungsleistung, die von einem oder mehreren Professoren/Professorinnen betreut wird. Meist findest du im Laufe des Studiums oder deiner Abschlussarbeit dein Thema oder Projekt. Du kannst dich aber auch auf ausgeschriebene Themen bewerben. Um für die Promotion zugelassen zu werden, brauchst du neben einem guten Abschluss meist ein sogenanntes Exposé, das dein Forschungsprojekt einordnet und deinen Plan erklärt. Hier helfen der intensive Austausch mit deinen Betreuerinnen, aber auch allgemeine Exposé-Schreibwerkstätten (die z. B. von Fachgesellschaften und auch Gewerkschaften angeboten werden). Wichtig ist, die Finanzierung für deine Forschung zu klären. Eine Promotion dauert je nach Fach noch mal zwei bis fünf Jahre oder mehr. Diese Zeit kannst du entweder über eine Stelle am Lehrstuhl, eine Stelle in einem Forschungskolleg, über ein Promotionsstipendium oder natürlich auch über berufliche bzw. nebenberufliche Einkünfte finanzieren. Nach der Promotion, in der sogenannten Postdoc-Phase, geht das Forschen weiter. Um in Deutschland an einer Universität Professor oder Professorin werden zu können, musst du eine zweite große wissenschaftliche Arbeit schreiben. Diese nennt sich Habilitation. Aber das ist jetzt wirklich weit im Voraus gedacht. Fang erst mal an zu studieren und schau, ob dich die Forschungsleidenschaft packt.

Wenn du jetzt schon wissen willst, wie viele in deinem Fach promovieren, kannst du einen Blick in die Statistik werfen: www.buwin.de. Auf der Seite Academics von der ZEIT findest du außer Stellenanzeigen aus dem wissenschaftlichen Bereich (academics.de) auch weitere Informationen zur akademischen Laufbahn (https://academics.de/ratgeber/akademische-laufbahn) und ein Test zur Frage, ob du promovieren solltest (https://academics.de/angebote/promotion-test-soll-ich-promovieren). Insgesamt bietet die ZEIT einiges an Informationen rund um die Promotion (https://zeit.de/campus/ratgeber-promotion/index). Einen Ratgeber für die wissenschaftliche Karriere findest du ansonsten auch auf der Seite www.kisswin.de. Wenn du Fragen zu diesen Themen hast, bieten manche Hochschulen auch eine extra Promotions- und Post-Doc-Beratung an.

Kapitel-Check
- Du hast deinen Projektplan aktualisiert und alle wichtigen Schritte zur Umsetzung der Entscheidung berücksichtigt und eingeplant.
- Du hast deine formalen Bewerbungsunterlagen zusammengestellt.
- Du hast deine schriftlichen Bewerbungsunterlagen (Anschreiben, tabellarischer Lebenslauf) erstellt. Du hast die Tipps und Hinweise berücksichtigt und fühlst dich fit für mögliche Auswahlverfahren.
- Du hast dich auch auf eine mögliche Ablehnung vorbereitet und einen Plan B und einen Plan Z in der Tasche.
- Du hast dich mit den Tipps fürs Studium/für die Ausbildung ein bisschen auf den Studien- oder Ausbildungsstart vorbereitet. Du freust dich, dass es endlich losgeht.

11

Entscheidung reflektieren

Du hast viel Zeit und Energie in die Selbstreflexion, die Recherche und die Berufs- und Studienwahl gesteckt. Ich bin mir sicher, dass es sich in jedem Fall gelohnt hat. Du hast auch die Bewerbung gemeistert und mit dem Studium/der Ausbildung begonnen. Mit ein bisschen Abstand, nach den ersten Semestern/Monaten, solltest du noch mal ein wenig Zeit in die Reflexion investieren. Trotz aller Vorbereitung kann es sein, dass es nicht so läuft wie geplant. Dann heißt es, sich ernsthaft mit Studienfachwechsel/Ausbildungswechsel oder Studienabbruch/Ausbildungsabbruch auseinanderzusetzen.

Übung 11.1: Reflexion Berufs- und Studienwahlprozess
Aus jeder Entscheidung, aus jedem Entscheidungsprozess kannst du lernen. Überlege noch mal: Wie bist du die Berufs- und Studienwahl angegangen? Was ist dir leichtgefallen? Was waren Herausforderungen? Wie zufrieden bist du mit dem Ergebnis deiner Entscheidung? Was würdest du beim nächsten Mal anders machen? Was hast du im Laufe des Entscheidungsprozesses über dich gelernt?

_____
_____
_____
_____

Schau dir auch noch mal deine Eintragungen an: Was davon passt immer noch, was hat sich schon verändert? Welche Aspekte musst du korrigieren? Es ist spannend, was alles stabil bleibt und wo du Veränderungen an dir bemerkst. Heb das Buch auf, um am Ende deines Studiums/deiner Ausbildung und vielleicht auch noch später in deinem Leben immer wieder auf diese Gedanken zurückzukommen. So kannst du wichtige Veränderungen wahrnehmen.

Viele der Übungen sind auch für weitere Entscheidungen im Leben (Masterwahl, Berufseinstieg, berufliche Neuorientierung usw.) nützlich. Also schau ruhig immer mal wieder rein und geh in die Selbstreflexion.

Information: Erfolgsjournal führen
Viele sehr erfolgreiche Menschen haben Tagebuch geführt. Denn auf diesen Weg kommt man gut in Kontakt mit seinen eigenen Gedanken und kann Erinnerungen und Entwicklungen nachvollziehen. Die wenigsten, die ich kenne (mich eingeschlossen), nehmen sich die Zeit, ein ausführliches Tagebuch zu schreiben. Was jedoch eigentlich für jeden möglich sein sollte, ist ein kurzes Erfolgsjournal in Form eines *Minute Paper* zu schreiben. Such dir ein schönes Notizheft oder leg dir eine Notizsammlung per App an. Nimm dir am Ende eines jeden Ausbildungs- und Studientages eine Minute Zeit (vielleicht auch mal 2–3) und schreib spontan die Antworten auf die folgenden drei Fragen auf:

- Was war mein Erfolgserlebnis des Tages?
- Was habe ich heute gelernt?
- Welche Fragen sind noch offen?

Schau regelmäßig vor Prüfungen in dein Erfolgsjournal. So wird dir noch mal deutlich, wie sehr du dich weiterentwickelt und was du verstanden hast. Die offenen Fragen helfen dir, deine Lücken zu schließen. Versuch zeitnah Antworten zu finden. Mit diesen simplen drei Fragen schaffst du dir Motivation und eine Lernstrategie. Probier es einfach mal aus.

Information: Studienfachwechsel und Studienabbruch
Ich hoffe, dass deine Berufs- und Studienwahl geglückt ist und du, mit allen Höhen und Tiefen, damit zufrieden bist. Es kann aber auch sein, dass schon zu Beginn des Studiums oder zu einem späteren Zeitpunkt grundlegende Zweifel an der Entscheidung aufkommen. Hier gilt es, einen wachen Blick auf sich selbst zu haben und diese Zweifel nicht zu ignorieren, sondern ebenso genau zu prüfen wie die eigentliche Wahl.

Jeder Mensch, auch du, hat Phasen, in denen es einem nicht so gut geht und die Motivation in den Keller sinkt. Das kann direkt mit dem Studium, wie zum Beispiel Stress und Prüfungen oder einzelne schlechte Veranstaltungen, oder auch mit ganz anderen Faktoren wie beispielsweise zwischenmenschlichen Konflikten, WG-Problemen oder Liebeskummer, zu tun haben. Das ist mehr oder weniger normal und geht in der Regel auch wieder vorbei. In vielen Fällen hilft es, die Dinge konkret anzugehen, zum Beispiel die Selbstorganisation beim Lernen zu verbessern, sich selbst zu motivieren (erinnere dich an die vorherigen Kapitel) und Konflikte konstruktiv anzugehen.

Manchmal bleibt aber die Motivation im Keller, du bekommst grundlegende Zweifel am Studium. Prüfungsangst und Schreibblockaden behindern dich. Du verfällst entweder in Aktionismus oder in Prokrastination. Manchmal kannst du direkte Auslöser, wie nicht bestandene Prüfungen, schlechtes Feedback und langweilige Lehrveranstaltungen, benennen. Manchmal ist das nicht so einfach. Egal, was es ist – schnell kommt der Gedanke nach Wechsel und Abbruch auf. Wie kannst du reagieren?

Wenn es vor allem deine Leistungen sind, die dich an deiner Eignung für das betreffende Studienfach zweifeln lassen, empfehle ich dir als Erstes eine ehrliche Leistungsbilanz. Vergleiche deine subjektive Wahrnehmung mit anderen Rückmeldungen. Wie sind meine Noten im Vergleich zum Durchschnitt? Welche Feedbacks habe ich von Lehrenden, aber auch von Mitstudierenden bekommen? Wie sehr liege ich im Studienplan? Was habe ich bestanden, nicht bestanden? Manchmal unterliegen wir einer Fehleinschätzung, weil wir aus dem kleinen Teich unserer Schule *(big fish, little pond)* kommen, wo wir in unserem Fach zu den Besten gehörten, und nun im großen Teich der Hochschule einer von vielen Guten in dem Fach sind. Das heißt aber nicht, dass wir schlecht oder ungeeignet sind. Du solltest daher prüfen, ob du diesem Fehlschluss unterliegst. Und selbst wenn du nicht der Beste bist, sondern unter dem Durchschnitt liegst, kann das auch am gestiegenen Gesamtniveau liegen. Oft ist in den ersten Semestern eine bestandene Leistung schon eine sehr gute Leistung. Schau also ehrlich, wo du stehst. Wenn es wirkliche Leistungslücken gibt (nicht bestandene Prüfungen), schau, wie und mit welchem Aufwand du diese Lücken schließen kannst. Wiederholungsprüfungen sind oft möglich, und ein schlechtes Fach hat jeder. Manchmal denken wir auch nur, dass wir durchfallen, und sind dann überrascht, wenn es klappt. Bevor du vorschnell aufgibst, schreib zumindest noch die nächsten Prüfungen mit und warte die Ergebnisse ab.

Wenn es an anderen Faktoren liegt – Interesse am Fach, sozialen Faktoren oder Zweifeln an der Berufswahl –, dann beschäftige dich konkret damit.

Wenn das Interesse an dem Fach gering ist, schau, ob das nur daran liegt, dass in den ersten Semestern eher breite Grundlagen vermittelt werden und ob in den späteren Semestern deine Vertiefungen kommen. Manchmal gibt es auch einfach schlechte Lehrende. Dann überleg dir, ob du anderswo besseren Input bekommst. Wenn es aber wirklich die Inhalte sind, wenn du dir was anderes vorgestellt hast, dann schau, ob wirklich nicht etwas anderes infrage kommt. Auch hier hilft der Vergleich mit den Mitstudierenden: Wenn du der Einzige bist, der nicht begeistert ist, dann kann es wirklich sein, dass du im verkehrten Fach gelandet bist. Wenn sich aber auch viele andere quälen, kann das ein guter Indikator für die Anfangsbelastungen oder schlechte Lehre sein. Dann wiederum hilft manchmal nur, das gemeinsam durchzustehen und sich auf die kommenden Semester zu freuen (z. B. hierfür mit „älteren Semestern" sprechen und fragen, wie sich deren Motivation entwickelt hat).

Manchmal sind es auch soziale Faktoren, die Zweifel aufkommen lassen. Der Umzug in die neue Stadt bedeutet eine Trennung von der Familie, alten Freunden und manchmal auch von Beziehungen. Das kann schwer sein. Manches lässt sich durch Heimatbesuche und Fernkommunikation auffangen, aber nicht alles. Es ist vor allem dann schwer, wenn man gefühlt noch keinen neuen Anschluss gefunden hat. Hier ist es wichtig, die Isolation (Selbstisolation) zu durchbrechen. Neue Leute lernt man leicht im Wohnheim, in WGs, in Studierendeninitiativen und im Hochschulsport kennen. Denk immer daran: Du bist nicht der/die Einzige, dem/der es so geht. Lerngruppen mit Kommiliton*innen sind hilfreich, aber mein Tipp lautet: Manchmal kann es sehr befreiend sein, die Studienblase zu verlassen und auch Freunde außerhalb des eigenen Faches zu suchen.

Wenn dich vor allem die Sorge um deine berufliche Zukunft zweifeln lässt, ist es hilfreich, noch mal konkret die beruflichen Möglichkeiten zu prüfen. Neben der Statistik hilft dort vor allem, es selbst aktiv in die Hand zu nehmen. Lass dich beim Career Service beraten, mache Praktika und sammle eigene Eindrücke vom Arbeitsleben. So erfährst du auch, welche Schwerpunkte im Studium vielleicht noch sinnvoll sind und deine Chancen erhöhen.

Es kann sein, dass dir irgendwann der Gedanke kommt, dass du dich zu etwas zwingst, was gar nicht deins ist. Erinner dich an die Übungen zu sozialen Einflussfaktoren. Vielleicht hast du dich doch stärker von Wünschen anderer leiten lassen, als du damals erkennen konntest. Jetzt gilt es noch mal ehrlich zu prüfen: Studierst du für dich oder für andere? Wenn es eher andere sind, findest du die Erwartungen legitim, oder ist es an der Zeit, diese zurückzuweisen? Bevor du etwas weiterstudierst, zu dem du nicht stehen kannst, und vielleicht deswegen scheiterst, such die Auseinandersetzung mit denen, die diese Erwartungen an dich formulieren (meist deine Eltern). Es kommt oft vor, dass Eltern guten Argumenten gegenüber aufgeschlossen und auch mit anderen Lösungen einverstanden sind.

Es ist also wichtig, darauf zu schauen, was genau nicht passt, und dem dumpfen Gefühl eine klare Richtung zu geben. Ausgangspunkt kann auch noch mal deine Entscheidung sein. An welchen Stellen stimmen deine Erwartungen nicht mit der Realität überein? Welche Kompromisse bist du beim Entscheiden eingegangen?

Nutz für deine Analyse auch alle vorhandenen Beratungsangebote. Sprich mit anderen Studierenden (z. B. im Fachschaftsrat und beim Studierendenrat), informier dich in der Studienberatung, kläre Rahmenbedingungen im Prüfungsamt bzw. in der Rechtsberatung beim Studierendenrat, und vor allem such dir bei psychischen Belastungen (Angst, Depression etc.) professionelle Hilfe. Es gibt Angebote wie Telefonseelsorge *(Nightline)* und die psychosoziale Beratung an der Hochschule. Diese sind kostenlos und extra für solche Fälle geschaffen. Lass es auf einen Versuch ankommen und lass dir dort helfen. Eine Beratung mit einem neutralen Außenstehenden ist meist außerordentlich hilfreich. Wenn die Probleme tiefer liegen, darf und sollte man professionelle psychologische Hilfe aufsuchen. Schau auf die statistischen Zahlen: Psychologische Probleme bei Studierenden nehmen zu. Du bist also nicht allein. Profitiere auch von den Erfahrungen der anderen; es gibt zahlreiche gute Foren im Netz.

Auch was den Abbruch betrifft, hilft ein Blick in die Statistik. Es sind gar nicht so wenige, die ein Studium abbrechen (etwa 25-33%), und die meisten finden trotzdem ihren Weg. Abbrechen ist kein Versagen, die Gründe dafür nicht zu kennen und nicht aus den Fehlern zu lernen schon. Bei vielen ist der Abbruch oder Wechsel der Wendepunkt für eine sehr positive Entwicklung. Wenn du dir Begleitung und Hilfe suchst, ist das Gelingen wahrscheinlicher.

Wenn du über einen Wechsel nachdenkst, solltest du am besten als Erstes die Fristen möglicher Alternativen (Beginn eines anderen Studiums, einer Ausbildung etc.) prüfen. Darauf kannst du deinen Veränderungsprojektplan aufbauen. Es könnte helfen, dieses Buch noch einmal von vorne nach hinten durchzuarbeiten. Geh den Abbruch oder Wechsel genauso konsequent an wie die ursprüngliche Wahl. Prüfe auch neue Ideen genau und wechsle nicht kopflos vom Regen in die Traufe.

Erinner dich an das *Sunk-cost*-Problem. Denk nicht daran, wie viel du schon investiert hast, sondern daran, wie du ab jetzt investieren möchtest. Das fällt schwer, kommt uns doch der Verlust bei einem Abbruch so groß vor. Daher ist es gut, als Erstes zu überlegen, welche Kompetenzen du im Studium schon erworben hast (Fremdsprachen, Recherche, Umgang mit Statistik und Programmen, Software, Programmieren, Labortätigkeiten, Materialien, Didaktik, Analyse, kaufmännisches Denken usw.). Überlege, was du gelernt hast und wofür es nützlich sein könnte.

Mach dich dann an die Suche nach wirklichen Alternativen. Wenn man unzufrieden ist, hat man meist nur ein „Weg-von-Ziel". Versuche „Hin-zu-Ziele" zu entwickeln.

Überleg dir, was genau deine Fragen und dein Anliegen sind. Geht es um eine Veränderung des Studienortes, des Studienfaches, der Studienform? Oder ist Studium an sich nicht das Richtige?

Ein Wechsel des Studienortes ist am Semesterende meist möglich; er kostet zwar Aufwand (neue Bewerbung, Umzug) und verzögert unter Umständen dein Studium, da manchmal nicht alle Leistungen anerkannt werden, aber eigentlich ist er gut machbar. Ein Wechsel des Studienfaches ist in den ersten Semestern sogar ohne Verlust des BAföG möglich. Hier empfehle ich, sich im Vorfeld gründlich auf das neue Studium vorzubereiten. Da auch hier der Wechsel zum neuen Semester erfolgt, könnte das alte Semester dazu genutzt werden, schon einmal Lehrveranstaltungen zur Probe zu besuchen. Hierfür könnte sich auch die Unterbrechung des Studiums durch ein Urlaubssemester eignen. Manchmal hilft es auch, den Schwerpunkts zu wechseln oder Haupt- und Nebenfach zu tauschen. Oftmals lassen sich für das neue Studium auch alte Leistungen anrechnen. Eine gute Möglichkeit, andere Schwerpunkte zu probieren oder eine neue Richtung zu finden, sind auch Auslandssemester, da du dort oft größere Wahlfreiheiten hast. Manchmal trennen dich nur noch wenige Punkte vom Bachelor-Abschluss – wenn du es so weit gebracht hast, dann empfiehlt es sich doch meistens durchzuziehen. Es gibt auch sogenannte nicht konsekutive Master. Hier kannst du quasi Fach und Schwerpunkt wechseln, ohne Zeit zu verlieren.

Denk wieder an die Idee des Prototyping (Übung 9.24). Bevor du abbrichst, prüf deine anderen Optionen praktisch, wie zum Beispiel durch den Besuch anderer Fächer auf Probe (s. o.) oder konkrete Praktika. Wenn du nicht zwangsexmatrikuliert wirst, weil du das Studium endgültig nicht bestanden hast, kannst du auch erstmal formal weiterstudieren oder ein Urlaubssemester beantragen; so behältst du den nützlichen Studierendenstatus (Finanzierung, Ticket, Krankenversicherung). Das ist vor allem für manche Praktika wichtig. Außerdem kannst du weiterhin Uniangebote zur Qualifizierung (z. B. Sprachkurse) besuchen.

Eine gute Möglichkeit, wenn das Studium an sich nichts für dich war, ist der Wechsel in eine Berufsausbildung: entweder eine, die inhaltlich nah an deinem Studienfach liegt, sodass du die gelernten Inhalte auch praktisch anwenden kannst, oder etwas ganz anderes. Wem die Praxis fehlt, der ist vielleicht in einer handwerklichen Ausbildung glücklicher und erfolgreicher. Mittlerweile werden Azubis sehr gesucht; an den meisten Hochschulen gibt es daher extra Abbrecherberatungen für den Wechsel in die Ausbildung. Ansonsten helfen meist die Industrie- und Handwerkskammern weiter.

Vielleicht hast du aber auch genug Kompetenzen gesammelt und Ideen entwickelt und machst dich selbstständig. Manchmal braucht es keinen Abschluss, um erfolgreich eine berufliche Existenz aufzubauen. Vorbilder dafür gibt es (vor allem im IT-Bereich). Aber dafür musst du einen klaren Plan und ein Ziel haben und vor allem über eine hohe Anstrengungsbereitschaft verfügen. Solche Optionen kannst du auch gut mithilfe von Gründerinitiativen an deiner Hochschule prüfen. Vielleicht startest du mit dem Projekt neben dem Studium. Überhaupt können Aktivitäten neben dem Studium sehr motivierend sein. Manchmal braucht es nur den Praxiskontakt im Nebenjob, um wieder Lust auf die Theorie zu bekommen. Oder aber ein Nebenjob entwickelt sich zur Haupttätigkeit. Manchmal brauchst du dann den Abschluss gar nicht mehr.

Prüf alle Optionen genau und sorgfältig. Verlier nicht den Mut und das Vertrauen in dich. Du wirst deinen Weg finden.

Mehr gute Hinweise findest du im Buch *Studienabbruch und Alternativen* von Peter Piolot (2014), mit dem ich mir selbst einen guten Überblick verschafft habe. Im Internet kann ich die folgenden Seiten empfehlen: www.studienabbruch-und-dann.de, www.abi.de/studium/studienabbruch.htm.

Information: Ausbildungszweifel und Ausbildungsabbruch
Jeder Mensch erlebt in einem längeren Bildungsgang mal Höhen und mal Tiefen. In den Tiefen fragt man sich, ob man das wirklich alles lernen kann und ob es eine richtige Entscheidung war, damit anzufangen. Das ist normal. Wenn du aber länger im Tief bleibst und Unzufriedenheit und Frustration eher stärker werden, ist es wichtig, dies rechtzeitig zu erkennen und Lösungen zu finden.

Die Gründe für einen Zweifel an der Ausbildung bzw. einen Abbruch sind vielfältig. Oftmals kommen auch mehrere zusammen. Als häufiger Grund wird genannt, dass man sich mit der Ausbildung unwohl fühlt. Das kann ganz verschiedene Ursachen haben. So kann es Konflikte mit Ausbildern und Vorgesetzen geben, die unterschwellig oder offensichtlich schwelen. Manchmal gibt es Unstimmigkeiten im Team: Streit mit Mitarbeitern oder anderen Azubis. Manchmal stellt sich auch das Gefühl ein, dass man ausgebeutet wird, dass Routinearbeiten überwiegen und man als billige Arbeitskraft eingesetzt wird. Das kommt leider manchmal vor. Grundsätzlich dürfen auch Hilfstätigkeiten und Routineaufgaben von Azubis verlangt werden, dies gehört zum Job dazu. Jedoch sollten die Ausbildung und das Lernen nicht zu kurz kommen. Neben solchen möglichen Konflikten mit dem Arbeitgeber oder im zwischenmenschlichen Bereich kann es natürlich auch sein, dass die Ausbildung an sich nicht passt – entweder weil man andere Vorstellungen vom Beruf hatte oder die eigenen Kompetenzen falsch eingeschätzt hat. So kann es sein, dass man an der Theorie oder an der Praxis scheitert. Auch können Dinge, die nicht direkt etwas mit der Ausbildung zu tun haben, zu einem Abbruch führen, seien es private Probleme (Konflikte im Elternhaus, mit Partnern), gesundheitliche Gründe (Krankheiten) oder Schwangerschaft. Selten gibt es auch finanzielle Gründe. Und natürlich kann es auch in die andere Richtung gehen: Du wirst gekündigt, weil deine Leistungen nicht stimmen oder Konflikte zu groß geworden sind.

Der Abbruch einer Ausbildung kommt fast so häufig vor wie der Studienabbruch, ca. ein Viertel aller Azubis brechen ab. Du bist also nicht allein. Ein guter Artikel findet sich bei https://zeit.de/arbeit/2018-07/ausbildungsabbruch-kuendigung-quote-auszubildende. Doch bevor es so weit ist, kannst du noch mal nachdenken, ob sich nicht eine Lösung finden lässt.

Basierend auf deiner Problemanalyse kannst du Lösungsversuche angehen. Bei Konflikten mit dem Arbeitgeber kannst du dich an die Jugendvertretung bzw. den Betriebsrat wenden. Manchmal hilft auch schon ein Gespräch mit älteren Azubis. Die DGB-Jugend bietet auch eine Onlineberatung an https://jugend.dgb.de/ausbildung/beratung/dr-azubi. Wenn du wirklich unfair behandelt wirst, bleiben dir noch der Gang zu den Kammern (IHK, HWK) oder sogar rechtliche Schritte. Doch bevor du diesen Weg beschreitest, solltest du das Gespräch mit den beteiligten Personen suchen. Manchmal empfiehlt es sich jedoch, sich vorher beraten zu lassen.

Wenn die Ausbildung an deinen Leistungen in der Schule oder im Betrieb zu scheitern droht, nutze die vielfältigen Hilfen. Rede mit deinen Lehrer*innen (z. T. sind sogar extra Beratungslehrer und Sozialpädagogen an Berufsschulen vorhanden) und nimm ihre Unterstützung und ggf. Nachhilfe in Anspruch. Solltest du größeren Nachhilfebedarf haben, kannst du mit deinem Arbeitgeber zusammen ausbildungsbegleitende Hilfen im Rahmen von AsA flex beantragen. Das ist eine tolle Unterstützung. Generell solltest du das Gespräch mit deinen Ausbilder*innen suchen und um konkrete Unterstützung bitten, auch was die praktischen Aspekte angeht. Scheu dich nicht, zu fragen und um Hilfe zu bitten. Auch Mitauszubildende und ältere Azubis können dich bei Schwierigkeiten unterstützen. Ihr seid ein Team, und jeder hat seine Stärken und Schwächen.

Wenn all das nichts nützt und du auch mit viel Lernen und Üben nicht auf einen grünen Zweig kommst, überlege, welche Alternativen es innerhalb und außerhalb des Betriebes gibt. Manchmal bewirkt eine kleine Schwerpunktverschiebung oder der innerbetriebliche Wechsel in eine andere Ausbildung Wunder. Suche dazu das Gespräch mit deinen Ausbildern und anderen Azubis.

Wenn du die Ausbildung an sich passend findest, jedoch die Probleme beim Arbeitgeber selbst liegen, informiere dich über andere Unternehmen und die Ausbildung dort. Eine gute Quelle sind deine Mitschüler*innen in der Berufsschule.

Wenn du nach einer völlig neuen Ausbildung suchst, gehe noch mal durch die Schritte in dieses Buches und nutze die Beratungsmöglichkeiten, wie die Berufsberatung der Bundesagentur für Arbeit oder die Ausbildungsberatung der Kammern (z. B. IHK: https://ihk.de/ausbildungsberatung).

Erkundige dich, ob du dir bei einem Abbruch und Wechsel einzelne Aspekte deiner bisherigen Ausbildung anrechnen lassen kannst. Manchmal ist es aus diesem Grund auch gut, einen Ausbildungsabschnitt erst noch abzuschließen.

Wenn die Gründe eher in deiner privaten Situation liegen, kannst du ggf. auch vereinbaren, die Ausbildung zu unterbrechen und nicht gleich abzubrechen. Bei finanziellen Schwierigkeiten kannst du versuchen, die entsprechenden öffentlichen Unterstützungen wie BAB und Wohngeld zu beantragen. Lassen gesundheitliche Gründe die Fortsetzung der Ausbildung nicht zu (z. B. Allergien gegen Arbeitsstoffe), dann suche Unterstützung für eine Umschulung oder einen Wechsel.

Such dir auf jeden Fall Beratung. Eine Übersicht, wo du schauen kannst, was es alles gibt, findest du unter https://bildungsserver.de/Beratung-263-de.html.

Wenn du kurz vor Ende der Ausbildung bzw. weit fortgeschritten bist, ist es manchmal nur noch ein kleiner Kraftakt, die Ausbildung zu Ende zu machen. Danach kannst du immer noch eine neue Ausbildung oder ein Studium anfangen. Manchmal kannst du durch aufbauende Weiterbildungen und Umqualifizierungen deinen Schwerpunkt auch so wechseln, dass du die Dinge, die dir nicht gefallen, nicht mehr machen musst. Dafür ist es manchmal gut für dich und als Außenwirkung, die Ausbildung bis zum Abschluss durchgezogen zu haben. Prüfe diese Option.

Wenn du alles in Erwägung gezogen und die Hilfen ausgeschöpft hast, kann es manchmal die einzig richtige Entscheidung sein abzubrechen. Vor Beginn und in der Probezeit geht das leicht, danach nur noch unter Angabe der Gründe und im Rahmen der Kündigungsfristen. Achte darauf, dass du diese einhältst. In diesem Zusammenhang empfiehlt es sich, auch sozial die Form zu wahren und das Gespräch mit dem Arbeitgeber zu suchen. Wer weiß, ob ihr zu einem späteren Zeitpunkt nicht wieder zueinander findet.

Setz dich mit deinen Zweifeln auseinander, sobald sie aufkommen, und geh deren Lösung an. Manchmal liegt die Lösung in einem Ausbildungsabbruch. Aber da du die Wahl fundiert getroffen hast, glaube ich, dass du vieles meistern kannst, und wenn nicht, ist ein Abbruch meist eine gute Lernerfahrung und der Beginn eines neuen und oftmals besseren Weges.

Kapitel-Check
- Du hast nach einiger Zeit im Studium/in der Ausbildung deine Entscheidung noch einmal reflektiert und daraus Konsequenzen für zukünftige Entscheidungen abgeleitet.
- Du hast deine möglichen Zweifel und Schwierigkeiten genau geprüft und rechtzeitig und systematisch nach Alternativen gesucht.

Schlussworte

Glückwunsch und Respekt: In diesem Buch bist du eine Menge Themen angegangen. Ich hoffe, es hat dir etwas geholfen und dich deiner Entscheidung näher gebracht.

Wenn noch Fragen offengeblieben sind oder sich neue Fragen entwickelt haben, hast du hoffentlich genug Hinweise dazugefunden, wo du weiter recherchieren kannst oder wer dir weiterhelfen kann. Wende dich gerne an meine Kolleginnen und Kollegen aus der Berufs- und Studienberatung. Dafür sind wir da. Du kannst mich auch gerne persönlich kontaktieren. Schick mir deine Fragen und Anliegen per E-Mail und vereinbare einen persönlichen oder einen Online-Beratungstermin mit mir (grueneberg@deep-potentiale.de). Kleine Fragen beantworte ich gerne einfach so; bei aufwendigen Beratungen muss ich dir eine Rechnung stellen. Eine Antwort bekommst du auf jeden Fall. Ich verweise auch gerne weiter, wenn ich nicht helfen kann.

Dieses Buch ist in ständiger Weiterentwicklung. Viele Hinweise sind auf Anregung von Schülerinnen und Schülern ins Buch gekommen, die bei mir in der Beratung waren oder an einem Workshop teilgenommen haben. Ich freue mich daher immer über alle positiven und auch kritischen Rückmeldungen. Schreib mir gerne dein Feedback persönlich (an grueneberg@deep-potentiale.de). Auch Rezensionen (zum Beispiel bei Amazon und anderen Plattformen) freuen mich.

Ich wünsche dir weiterhin alles Gute auf deinem Lebensweg.
Herzliche Grüße
Tillmann Grüneberg

Literaturverzeichnis

Bolles RN, Christen C, Blomquist JM (2013) Was ist dein Ding? Einfach deinen Traumjob finden – durchstarten zum Traumjob für Teenager. Campus, Frankfurt am Main

Borreck M-A, Bruckmann J (2010) Der Weg zum Stipendium. Tipps zur Bewerbung für 400 Stipendien- und Förderprogramme. squeaker.net, Köln

Burow O-A (2011) Positive Pädagogik. Sieben Wege zu Lernfreude und Schulglück. Beltz, Weinheim

Chomsky N (1973) Sprache und Geist. Mit einem Anhang Linguistik und Politik, 1. Aufl. Suhrkamp, Frankfurt am Main (Suhrkamp-taschenbücher wissenschaft, 19)

Colangelo N (2003) Counseling gifted students. In: Colangelo N, Davis GA (Hrsg) Handbook of gifted education, 3. Aufl. Allyn & Bacon, Boston, S 373–387

Csíkszentmihályi M (2010) Das Flow-Erlebnis. Jenseits von Angst und Langeweile: im Tun aufgehen. In: Hans Aebli V (Hrsg) Konzepte der Humanwissenschaften, 11. Aufl. Klett-Cotta, Stuttgart

Damasio AR (2007) Ich fühle, also bin ich. Die Entschlüsselung des Bewusstseins, 7. Aufl. (List-Taschenbuch). Ullstein Buchverlage, Berlin

Davidson JE, Sternberg RJ (Hrsg) (2005) Conceptions of giftedness, 2. Aufl. Cambridge University Press, Cambridge

Die Zeit (2017) Studienführer 2017/2018. Zeitverlag Gerd Bucerius GmbH & Co. KG, Hamburg

Dilts RB, Hallbom T, Smith S (2015) Identität, Glaubenssysteme und Gesundheit. NLP-Veränderungsarbeit, 1. Aufl. Junfermann, Paderborn

Duckworth A (2017) Grit. Why passion and resilience are the secrets to success. Vermilion, London

Ericsson AK, Roring RW, Nandagopal K (2007) Giftedness and evidence for reproducibly superior performance. An account based on the expert performance framework. High Abil Stud 18(1):3–56. https://doi.org/10.1080/13598130701350593

Erpenbeck J, von Rosenstiel L, Grote S (2017) Handbuch Kompetenzmessung. Erkennen, verstehen und bewerten von Kompetenzen in der betrieblichen, pädagogischen und psychologischen Praxis, 3., überarb. u. erw. Aufl. Schäffer Poeschel, Stuttgart

Gardner H (1988) Frames of mind. The theory of multiple intelligences. Basic Books, New York

Glaubitz U (2014) Der Job, der zu mir passt. Das eigene Berufsziel entdecken und erreichen, 6., komplett überarb. Aufl. Campus, New York

Grüneberg T (2015) Fragen in Auswahlgesprächen. Eine empirische Analyse erfolgreicher Fragen aus Sicht der Auswählenden im Auswahlverfahren für die Begabtenförderung des Evangelischen Studienwerks e.V. Villigst. LIT, Berlin (Talentförderung, Expertiseentwicklung, Leistungsexzellenz, 14)

Heller KA (2010) Munich studies of giftedness. LIT, Berlin

Heyse V, Erpenbeck J (Hrsg) (2004) Kompetenzen erkennen, bilanzieren und entwickeln. Waxmann, Münster

Horndasch S (2011) Bachelor nach Plan. Studienwahl, Bewerbung, Einstieg, Finanzierung, Wohnungssuche, Auslandsstudium, 2. Aufl. Springer, Dordrecht

Kahneman D (2012) Schnelles Denken, langsames Denken. Unter Mitarbeit von Thorsten Schmidt, 5. Aufl. Penguin, München

Kötter R, Kursawe M (2015) Design Your Life. Dein ganz persönlicher Workshop für Leben und Traumjob!, 1. Aufl. Campus, Frankfurt am Main

Krumboltz JD, Levin AS (2011) Luck is no accident. Making the most of happenstance in your life and career, 2. Aufl. Impact Publishers, Atascadero

Kuhl J (2001) Motivation und Persönlichkeit. Interaktionen psychischer Systeme. Hogrefe, Göttingen

Kuhl J (2005) Eine neue Persönlichkeitstheorie. http://www.psi-austria.at/assets/psi-light_kuhl2005.pdf. Zugegriffen am 25.06.2023

Layard PRG, Neubauer J (2005) Die glückliche Gesellschaft. Kurswechsel für Politik und Wirtschaft. Campus, Frankfurt am Main

Lehwald G (2009) Beiträge zur Motivationsdiagnostik und Motivförderung in der Schule unter besonderer Beachtung von Underachievement. Der Fragebogen Erkenntnisstreben FES-K (5.–8. Schulstufe), das Bilderverfahren Anstrengungsbereitschaft BVA (5.–8. Schulstufe), der Fragebogen lernbezogene Angst LBA (5.–12. Schulstufe). ÖZBF, Salzburg (ÖZBF-Handreichungen zur Differenzierung von Lern-, Trainings- und Motivierungsprozessen, 2)

Mahlodji A (2017) Und was machst du so? Vom Flüchtling und Schulabbrecher zum internationalen Unternehmer. Econ, Berlin

Middendorff E, Apolinarski B, Becker K, Bornkessel P, Brandt T, Heißenberg S, Poskowsky J (2017) Die wirtschaftliche und soziale Lage der Studierenden in Deutschland 2016. 21. Sozialerhebung des Deutschen Studentenwerks, durchgeführt vom Deutschen Zentrum für Hochschul- und Wissenschaftsforschung. Projektwebseite. www.sozialerhebung.de

Neubauer A (2018) Mach, was du kannst. Warum wir unseren Begabungen folgen sollten – und nicht nur unseren Interessen, 1. Aufl. Deutsche Verlags-Anstalt, München

Nohl M (2018) Laufbahnberatung 4.0. Know-how und Tools für die Beratung in Beruf und Karriere, 1. Aufl. managerSeminare, Bonn

Nohl M, Egger A (2016) Micro-Inputs Veränderungscoaching. Die wichtigsten Modelle, Erklärungshilfen und Visualisierungen für das Coaching von Veränderungsprozessen. managerSeminare, Bonn (Praxishandbuch Coaching)

Nöllke M (2015) Entscheidungen treffen. Schnell, sicher, richtig. Haufe-Lexware GmbH & Co. KG, Freiburg (Haufe TaschenGuide)

Piolot P (2014) Studienabbruch und Alternativen. Durchbeißen, Fachwechsel, Umstieg in den Beruf. UVK, Konstanz (UTB Schlüsselkompetenzen, 4104)

Priddat B (2014) Wir werden zu Tode geprüft. Wie man trotz Bachelor, Master & Bologna intelligent studiert. Murmann, Hamburg

Ruthven-Murray P (2015) Was soll ich studieren? Alle Antworten für die richtige Studienwahl, 2., akt. u. erw. Aufl. Hogrefe, Göttingen

Schröder M (2015) Studienwahl unter den Folgen einer radikalen Differenzierung. Klinkhardt, Bad Heilbronn

Schwartz SH et al (2012) Refining the theory of basic individual values. J Pers Soc Psychol 103:663–688

Stangl W (2017) Werte. In: Lexikon für Psychologie und Pädagogik. lexikon.stangl.eu/8845/werte. © Online Lexikon für Psychologie und Pädagogik. Zugegriffen am 09.01.2017.

Storch M, Kuhl J (2013) Die Kraft aus dem Selbst. Sieben PsychoGyms für das Unbewusste, 2., überarb. Aufl. Huber, Bern

Tarnai C (Hrsg) (2014) Berufliche Interessen. Beiträge zur Theorie von J. L. Holland. Waxmann, Münster

Todd B et al (2018) 80,000 hours. Find a fulfilling career that does good. Centre for Effective Altruism, Oxford. Licensed under a Creative Commons Attribution 4.0 International license. www.80000hours.org

Urbatsch K, König E (2017) Als Arbeiterkind an die Uni. Praktisches für alle, die als Erste/r in ihrer Familie studieren. Springer Spektrum (essentials), Wiesbaden

Verse-Herrmann A, Herrmann, D (2013) 1000 Wege nach dem Abitur. So entscheide ich mich richtig; [Hochschulstudium und Duales Studium; berufliche Ausbildung und Bewerbung; Praktika und Freiwilligendienste]. Stark (Beruf & Karriere), Freising

Verse-Herrmann A, Herrmann D (2015) Der große Studienwahltest. So entscheide ich mich für das richtige Studienfach [Interessen herausarbeiten; Stärken erkennen; die optimale Studienwahl treffen]. [neue Ausg.]. Stark (Beruf & Karriere), Hallbergmoos

Voss R (2016) Studi-Coach. Studieren für Anfänger, 2., überarb. Aufl. UVK Verlagsgesellschaft mbH, Konstanz/München (UTB Schlüsselkompetenzen, 3773)

Walther H (2013) Abi, was nun? Das richtige Studium finden. UVK, Konstanz (utb-studi-e-book, 3906)

Wittgenstein L, Schulte J (2005) Bemerkungen über die Farben, 1. Aufl. [10. Druck]. Suhrkamp, Frankfurt am Main (Suhrkamp-taschenbücher wissenschaft, 508)

Stichwortverzeichnis

A

Abimesse 208
Abitur 218
Altruismus, effektiver 210, 214
Anschluss 56
Anschreiben 297
ArbeiterKind.de 24, 208, 281, 303
Arbeitslosigkeit 25
Arbeitsplatz 76
Assessment-Center 139, 251, 309
Attribution 62
Ausland 196
Auslands-BAföG 239
Auswahlgespräch 305, 306
Auswahlverfahren der Hochschule (AdH) 220

B

Bachelor 187
BAföG 237
Bauchgefühl 263
Begabtenförderungswerk 244
Begabung 144, 146, 212, 264
Berufsakademie 185, 188
Berufsausbildung 12, 201

Berufsberatung der Bundesagentur für Arbeit 13, 175, 206
Berufswahl 95
Berufswahl-Pass 143
Bewerbung 291, 296
Bewerbungsfrist 12, 217, 249
Bewerbungsgespräch 303
Big Five 65, 66
Bundesagentur für Arbeit 112, 152, 209
Buridans Esel 256

C

Career Service 241, 328
Chomsky, Noam 121
Crowdfunding 142
Csikszentmihalyi, Mihály 60

D

Datenbank 178
De Bono, Edward 276
DEEP-Circle 1
Deutscher Verband für Bildungs- und Berufsberatung (dvb) 207

Deutschlandstipendium 246
Dilts, Robert 283
Diplom 187
Duale Hochschule 185
Duckworth, Angela 61

E

Eignungsprüfung 13, 218
Entscheidung 256
Entscheidungsfaktor 258
Entscheidungsheuristik 268
Entscheidungsindikator 257
Entscheidungsmethode, intuitive 260
Entscheidungstabelle 5, 200, 257
Erkenntnisstreben 60, 93
Erpenbeck, John 130, 143

F

Fachhochschule 185, 188
Fachkompetenz 131, 133
Familienmotto 166, 168
Feedback 158
Fernstudium 186
Finanzierung 231
Flow 60
Freiheit 56
Freiwilligendienste 29

G

Gardner, Howard 128
Gehalt 25, 26, 82
Glaubenssätze 166, 169
Grit 61

H

Halo-Effekt 260
Hobby 88
Hochbegabung 144

Hochschularten 185
Hochschulinformationstag 13, 16
Hochschulort 191

I

Ich-AG 117
Ikigai 36
Impression Management 171
Intelligenz 144, 145
Intelligenztest 127, 144
Interesse 86, 90, 91, 93, 104, 109, 212

J

Jobben 241
Johari-Fenster 154

K

Kahneman, Daniel 259, 260, 265, 266, 271
Karriere 215
 wissenschaftliche 322
Karrieretyp 82
KODE-Test 143
Kompetenz 121, 129, 131, 138, 141, 142
Kopfstandmethode 21
Körper 91, 263
Kosten, versunkene 270
Krankenversicherung 234, 240
Kuhl, Julius 55, 67, 143, 276

L

Lebenslauf 115
 tabellarischer 298
Leistung 56
Leistungsmotivation 59, 61, 93, 146
Leistungstest 147
Losverfahren 222

M

Macht 56
Magister 187
Marker, somatischer 263
Master 187
Mediennutzung 97
Methodenkompetenz 131, 137
Mietkosten 232
Motivation 55, 130
   extrinsische 60
   intrinsische 60
Motivationsschreiben 297
Motive 55, 56

N

Narration 258
Netzwerk 155
Noten 148
Numerus clausus (NC) 13, 220, 221
Nützlichkeitsdruck 272

O

Opportunitätskosten 270, 271

P

Persönlichkeit 64, 117, 154, 157, 308
Persönlichkeitspsychologie 64
Persönlichkeitssystem-Interaktionstheorie 67
Persönlichkeitstest 66
Profil 4, 97, 103, 159, 171
Profil-PASS 143
Projektmanagement 15
Projektplan 292
Prophezeiung, sich selbst erfüllende 63
Prototyping 29, 267, 285

R

Ranking 191
RIASEC-Modell 110, 111

S

Schweinezyklus 273
Selbst
   erinnerndes 259
   erlebendes 259
Selbstkompetenz 65, 131, 135
Self-Assessment 145, 147, 150
Semesterbeitrag 231
Sinn 37
SMART-Modell 17, 294
Sozialkompetenz 131, 136
STAR-Prinzip 308
Stipendium 242, 243, 247
Studienabbruch 326
Studienfachwechsel 326
Studienfelder 176
Studiengebühren 231
Studienkredit 242
Studienordnung 200
Studienwahl
   Einflussfaktoren 2
   Interesse 93
   in 10 Schritten 1
Studifinder 112
Studium, duales 12, 188
80.000 Stunden 210
Stundenplan 96
SWOT-Analyse 124

T

TalentKompass NRW 143
Tetralemma 263

U

Universität 185

V

Vorlesungsverzeichnis 198
Vorpraktikum 13

W

Wartesemester 220, 221
Werte 43, 45, 54, 78
    berufliche 78

whatchado 184
Worst-case-Szenario 304

Z

Zeitschiene 11, 293
Zentrale Studienberatung 13, 207
Zugangsvoraussetzung 219

MIX
Papier aus verantwortungsvollen Quellen
Paper from responsible sources
FSC® C105338

If you have any concerns about our products,
you can contact us on
ProductSafety@springernature.com

In case Publisher is established outside the EU,
the EU authorized representative is:
**Springer Nature Customer Service Center GmbH
Europaplatz 3, 69115 Heidelberg, Germany**

Printed by Libri Plureos GmbH
in Hamburg, Germany